钢铁行业管理文选

那宝魁　编著

北　京
冶　金　工　业　出　版　社
2016

内 容 提 要

本书选编了作者有关质量管理体系、环境管理体系、职业健康安全管理体系、能源管理体系、“两化融合”管理体系和质量经营在钢铁企业的贯彻实施等方面的文章135篇。

本书可供钢铁企业的管理人员、从事质量管理认证工作的技术人员等参考。

图书在版编目(CIP)数据

钢铁行业管理文选/那宝魁编著. —北京：冶金工业出版社，2016.10

ISBN 978-7-5024-7330-3

Ⅰ.①钢… Ⅱ.①那… Ⅲ.①钢铁企业—工业企业管理—文集 Ⅳ.①F407.36-53

中国版本图书馆CIP数据核字(2016)第240926号

出 版 人 谭学余

地　　址 北京市东城区嵩祝院北巷39号 邮编 100009 电话 (010)64027926

网　　址 www.cnmip.com.cn 电子信箱 yjcbs@cnmip.com.cn

责任编辑 李培禄 夏小雪 美术编辑 吕欣童 版式设计 彭子赫

责任校对 石 静 责任印制 李玉山

ISBN 978-7-5024-7330-3

冶金工业出版社出版发行；各地新华书店经销；固安华明印业有限公司印刷

2016年10月第1版，2016年10月第1次印刷

169mm×239mm；30.75印张；1彩页；602千字；477页

105.00元

冶金工业出版社 投稿电话 (010)64027932 投稿信箱 tougao@cnmip.com.cn

冶金工业出版社营销中心 电话 (010)64044283 传真 (010)64027893

冶金书店 地址 北京市东四西大街46号(100010) 电话 (010)65289081(兼传真)

冶金工业出版社天猫旗舰店 yjgycbs.tmall.com

序

那宝魁教授是我国钢铁冶金界知名专家，20 世纪50 年代毕业于东北工学院冶金系。他经过“火红年代”的锤炼，事业心很强。80 年代我进入冶金部工作后，开始和他认识、接触，至今已近30 年。宝魁先生先在钢铁研究总院从事科研工作后任副院长，后又调任冶金部科技司副司长，继而升任质量司司长。我们业务对口，在这过程中交流频繁，一起研究工作，每每能从他的言谈中受到启发、教益。同时，也越发使人感到他学养深厚、勤于思考、涉猎广泛、视野宽阔，而且理论联系中国钢铁工业发展的实际，他的一些观点往往具有时代针对性和可操作性，给人以深刻的印象。

宝魁先生曾在不同工作岗位辛勤耕耘，阅历丰富，且著述甚丰。此次结集出版《钢铁行业管理文选》是他在改革开放以来我国钢铁工业发展过程中发表的一系列观点和论述，内容丰富，具体涉及工艺技术、质量管理、质量品牌、质量与环境、标准化、能源管理体系与企业节能减排、新常态下钢铁企业如何提高质量效益等诸多方面。这些论述，从一个侧面反映了中国钢铁工业发展的历史进程，阅读这些文章，一方面可以给人以历史的回忆，认识到前辈创业维艰；另一方面给人特别是后起精英以启发与反思，思考今后中国钢铁工业的发展理念和方向。

此书中涉及质量管理的文章较多，很多观点具有战略性、时代性、前瞻性。他指出：“质量工作不应只关心提高产品合格率和减少顾客质量异议，更应关注生产过程质量、管理过程质量和经营过程质量”。视野宽阔，意味深长。同时，又提出要“建立质量经营过程的信息系统并与企业管理信息系统融合、集成和可视化，有助于对企业经营全局采用数字化、形象判断和改进”。这一观点与当前的大数据、互联网、云计算、数字化、“两化融合”等概念、方向紧密相关，足见其前瞻性和持续发展观。

宝魁先生现已年逾八旬，身退而思不休，继续学习思考，思想活跃，敬业奉献，这些品格值得我们学习。

殷瑞钰

2016年6月

前　言

我在1984年从钢铁研究总院调转到冶金工业部，在科技司和质量司工作，到1994年又转回钢铁研究总院。在冶金工业部工作期间，我曾经在殷瑞钰和吴溪淳部长的领导下，学习和管理钢铁企业的管理工作。特别是在ISO国际管理标准公布后，我又进一步学习质量管理、职业健康和安全生产、环境保护、节约能源和“两化融合”的工作。我曾经到日本、美国、德国、意大利和瑞典等国进行过考察，也在泰国和墨西哥参加过国际质量管理交流会议。特别是在会见美国专家戴明先生和日本教授久米均时，对质量管理和质量经营有了新的认识。与钢铁企业交流，对企业管理具有重要的收获。

我在冶金部工作和转回钢铁研究总院期间，曾经编著过《解读质量管理》《钢铁材料质量检验实用手册》《ISO 9000冶金企业统计技术简明教材》《2000版ISO 9000转换实用手册》《“绿色钢铁”和环境管理》《钢铁企业安全生产》《钢铁企业标准化管理体系》《钢铁企业质量经营》《解读质量经营》《晚年回忆往事》《考察、进修和交流》和《我对日本的印象》等书。

另外，我也曾经在《中国质量》《技术监督》《钢铁》《中国冶金报》《冶金标准化与质量》《冶金管理》《冶金设备工程》《冶金自动化》《冶金分析》《冶金计量》和《计控技术》等报刊上，发表了一些文章。这些文章有对质量管理体系的理解，也有对环境管理体系、职业健康安全管理体系、能源管理体系、“两化融合”管理体系和质量经营在钢铁企业的贯彻实施发表的意见。

我考虑到钢铁企业在“十二五”期间大规模的基础设施的发展可能趋缓，而城镇化的建设和制造业的发展将有较大增长，拓展跨国经营，面临全球挑战，这种市场需求的变化必然会对钢铁工业的发展产生重要影响。我国钢铁工业必须实现结构性转变，不仅包括产品的结构性转变，也包括提高产业集中度和现代化水平，实现节能减排和安全生产目标，提高钢铁企业在全球市场的竞争力。为了实现结构性转变，质量工作不应只关心提高产品合格率和减少顾客质量异议，更应关注生产过程质量、管理过程质量和经营过程质量。建立质量经营过程的信息系统并与企业管理信息系统整合、集成和可视化，有助于对企业经营全局采用数字化分析、形象判断和持续改进。目前，不少企业基于节能减排的要求，正在策划能源和环境管理系统的信息化，但是企业质量经营“驾驶舱”和“方向盘”的建立更为重要。它不仅能对企业现时经营进行管控，而且对企业的未来发展和实现结构性转变具有重要作用。现在我将1985~2016年在上述期刊发表的有关质量管理、安全生产、环境管理、能源管理和“两化融合”的文章，选择135篇编著在即将出版的《钢铁行业管理文选》中。

我编著的《钢铁行业管理文选》，也是殷部长领导我进行钢铁企业管理的收获和心得。殷部长给了我他编著的《工程哲学》《冶金流程工程学》《冶金流程集成理论与方法》和《殷瑞钰文选》等书，我学习以后，对我编著《钢铁行业管理文选》起了非常重要的作用。

殷部长给我即将出版的《钢铁行业管理文选》写了序言。他认为该文选具有战略性、时代性和前瞻性。这既是关心我，也是鼓励我，对此我表示深刻的感谢！

邢宝魁

2016年6月

目　录

抓住时机迎接挑战，开创钢铁工业微型机应用的新局面*

目前，在世界范围内正在兴起一场新的技术革命。这场新的技术革命及其引起的新的产业革命，将对社会经济和人类生活带来重大的影响。我国也面临着这一挑战。把握时机，选择对策，迎头赶上，势在必行。

钢铁工业是一项传统工业。新的技术革命也将会为钢铁工业的技术改造提供更多的信息和技术，不断地提高技术水平和经济效益。其中微型机的应用，具有十分重要的作用和影响。微型机在钢铁工业中的应用，不仅可以促进技术与装备的更新换代，而且还可以提高产品质量，降低生产成本，扩大经济效益，促进生产过程自动化。

我国钢铁工业采用电子计算机并不晚，但是由于种种原因，过去一直没有打开局面。自从 1980 年以来，特别是 1982 年国务院成立“电子计算机和大规模集成电路领导小组”以后，冶金部遵循“从我国工业的现状和今后的发展方向看，都需要突出抓一下微型机的应用问题”的精神，积极地、有计划和有步骤地开展了微型机的应用工作，两年多一点的时间，取得了很大的成绩，初步地打开了局面，出现了好形势，但也存在一些急需解决的问题。

一、以提高经济效益为中心，以耗能设备为重点，在生产过程中应用微型机已初见成效

钢铁工业是国民经济中的耗能大户。虽然几年来钢铁工业的能耗有了一些下降，全行业吨钢综合能耗从 1980 年的 2.04t 标准煤下降到 1983 年的 1.85t 标准煤。三年下降了 190kg，降低 9.3%。但是，这一时期的能源的节约主要是来自加强能源管理，设备更新和技术改造所占的比例不大。如果按 20 世纪末钢产量达到 7000 万吨，而吨钢综合能耗降为 1.4t 标准煤来计算的话，那么在 20 世纪末就需要年耗量 9800 万吨标准煤，即比 1980 年增加 38%。也就是说，今后钢铁工业的增产，一半以下的能源靠开源，一半以上的能源靠节流。节能的措施是多方面的，而在生产过程中采用微型机也是一项不容忽视的措施。

---

* 原载于《钢铁》1985 年第 20 卷第 2 期。

首钢2号高炉采用微型机实现称重补偿、炉顶布料控制和焦炭水分补偿，每天可以节约焦炭3～6t，节约煤粉10多吨。马钢2号高炉在高炉称重系统也采用了微型机控制，每月可以节约焦炭300多吨，增产生铁500t，多创利润5万多元。吉林铁合金厂1650kVA硅锰铁合金电炉利用微型机调节功率和控制电极压放，解决了三相功率不平衡和三班操作不统一的问题，经济效益显著。在工业试验阶段，主要技术指标与人工操作的历史最好水平相比，降低单位电耗194kW·h，相当于节电4%；月增产60t，相当于增产3%。重钢五厂2号中板板坯加热炉采用微型机控制以后，吨钢燃料消耗比原来下降6%。成都无缝钢管厂环形加热炉采用微型机控制以后也可节约能耗8%～10%。

几年来的工作证明，微型机在生产过程控制方面的应用能否站住脚，关键在于能否给用户带来经济效益。对钢铁工业来说，节约能源是一个大问题，微型机的应用首先应当选择对节能有效益的项目，既有利于产品更新和技术改造，也有利于推动传统工业的发展。正如有关领导指出的："微型机的应用，对企业的改造，特别是对中小企业的改造，将会起到我们想象不到的作用。"今后，我们应当把推广微型机应用的工作作为节约能耗、提高效益和促进钢铁工业技术改造的重要手段。

二、以经济信息为中心，逐步向辅助决策过渡采用微型机提高管理水平

冶金系统在管理工作中采用电子计算机已经有七、八年的历史了。除了冶金部计算中心外，重点钢铁企业也都陆续地采用微型机来进行统计数据和处理信息，包括生产、经营、合同、财务、运输、工资、设备、材料和人事等。目前，冶金部计算中心利用微型机通过公用低速数据通讯网连通全国30多个重点钢铁企业和省、市、自治区冶金局的远程低速终端，实现了数据自动收集和统计处理，它不仅能够及时地收集前一天的生产日报数据，而且还可以用汉字编辑打印出各企业生产、设备、材料、能源、安全和急需解决问题的说明。

首钢在管理上对公司和二级厂矿的生产管理、成本计算、利润预测、工资计算等也采用了微型机，不仅仅减少了业务人员的手工计算劳动强度，更重要的是为各级领导在管理和经营决策方面提供了重要信息。

鞍钢在管理上也采用微型机进行生产、科研、设计、器材、劳资、人事等数据的统计和处理，例如，在产品质量分析中，共收集了十几年的数据，为解决争议和提高质量提供了科学依据，这是人工统计分析所办不到的。

目前，冶金系统利用微型机进行管理，虽然取得了一些成绩，但还处于起步阶段。有必要向广度和深度发展，特别是要从事务管理向辅助决策过渡。这就需

要相应地建立各种数据库和开发有关的经济数学模型，以便使得决策既有充分的数据基础，又有科学的辩证思维。最近几年，在各方面努力下，已经着手开发了“能源数据库”、“钢铁工厂投资数据库”、“合金钢种数据库”等，另外对于投入产出也做过一些静态分析，探讨过补偿贸易方案，也对钢材销售进行过预测。总的说来，还处于初期阶段，有待进一步发展和提高。

关于局部地区网络的研究工作也正在开展，它为科学实验开发了高层软件，为扩充高层者的软件和网络功能等提供了实验手段，对办公室内管理工作作出了示范，也为科研和教学培养了人才。

三、利用微型机使仪器仪表智能化，促进了生产建设，有利于技术改造和产品更新

冶金部自动化所研制成功的钢水温度、定碳、测氧的三功能仪表（CTO），就是用微处理机智能化的仪表。测量准确，操作简便，提高了炼钢过程的命中率。鞍山热能所研制成的带微处理机的热效率表，能够直接测定工业窑炉的热效率，对于节能有很大作用。鞍钢研制成功的带有袖珍计算器的钢坯在线测宽度仪，使用后显著地提高了成材率，每月的经济效益在5万元以上。建筑研究总院研制成功的微型机进行结构测量与数据处理系统以及环境监测系统，为工程设计和施工提供了可靠的数据。钢铁研究总院最近研制成功的带有微型机的相变测定仪，不仅能测出相变，而且还能测出微观分析反映不出来的更精细的、更早期的结构变化，使分析仪器的水平大大提高了一步。

今后将进一步开发更多的带有微型机的智能化仪表，像矿浆品位分析仪、高炉热指数测定仪和风口检漏仪等。冶金工业中使用的仪表是多种多样的。我们的重点应是专用仪表，用微型机使专用仪表智能化，不仅会使产品的性能价格比提高，而且还将促进冶金工业的技术改造，向自动化方向发展。

四、进一步抓好仿真研究和辅助设计，使微型机在技术改造和基本建设中发挥更大的作用

仿真研究就是通过反映工艺或材料本质的数学模型，借助于数学的优化理论和方法，以微型机为工具，通过仿真计算，进行方案选择。科研单位应逐步实现“计算机辅助试验”，设计部门应逐步实现“计算机辅助设计”。这就需要有一系列的仿真程序包和辅助设计软件包以及自动绘图的软件等。最近一个时期，应当抓好系统仿真和最优化控制的研究，发展相关的应用软件和应用软件的转换工作。

如果仿真研究和辅助设计经过开发、示范和推广，不仅可以提高科学研究水平，而且还能够提高设计水平和效率，对于技术改造和基本建设将起着重要作用。过去，不论从资金或人力方面，对这类工作的支持都还是不够的，有待今后统一组织开发，迅速提高水平。

五、机型应相对集中，要重视系统配套，并在推广使用上多下工夫

目前，冶金系统的计算机总数已经上千台，但机型比较分散，既不利于继承和共享软件资料，也不利于维修服务。为了向国家的优选机型靠拢，冶金系统决定以 INTEL 系列的微型机作为过程控制机的优选系列、IBM－PC、IBM－4300 系列机（及与之兼容的）和 VAX 系列机（及与之兼容的）作为管理计算机的优选系列。这些系列符合国家计算机优选系列，又适合冶金系统使用，系统软件丰富、设备配置齐全。既是国际上的发展方向，又是国内有应用经验的机型，货源充分，性能价格比高，容易联网，方便修理，既有数据库，又有汉字系统。在选择机型时应当充分考虑到系统扩充，软件支持，维修服务和供应渠道等问题。在应用软件开发中要重视系统配套，力求事务管理通用化和过程控制专业化。微型机的应用也要注意二次开发，否则很难发挥作用。对于生产过程控制来说，微型机的应用必须具有配套的检测仪表和执行元件。对于事务管理来说，微型机的应用必须有一定的管理水平。不考虑基础，不选好对象，不重视开发，即使买了微型机也只能摆摆样子，虚有其名，收不到实效。

六、重视软件开发，加快培养人才，把微型机应用提高到一个新水平

计算机没有软件等于只有躯体没有灵魂，没有思维的助手是没有用的。冶金系统根据行业的需要，几年来也开发了一些应用软件，对于提高微型机的使用能力和增加生产建设的经济效益起了一定的作用，但是对软件的管理工作（包括登记、评价、计价、交流和转让等）还做得很不够。有些单位只承认微型机是商品，买软件不能报销，更谈不上分析、利用和扩充。在当前微型机的应用有了一个新的起点时，应当十分重视软件的开发和管理工作，在条件成熟时，建立软件开发中心。

冶金系统已经初步形成了一批计算机技术队伍，但是仍感数量不足，水平不高。必须进一步加强人才培训工作，分层次地加以培养和提高。不断扩大大学生和研究生的招生名额，做好定向培养和轮训，尽可能地利用现有条件，办一些短训班，使各级领导、管理人员和技术人员得到计算机技术教育，适应微型机应用的新发展，为开创更新的局面做出贡献。

耐火纤维开发与应用中的几个问题*

耐火纤维由于它的容重轻和导热系数小，是一种新型的节能筑炉材料，它既可以减少炉衬的蓄热损失，又可以减少炉体的散热损失，有利于提高升温速度，缩短操作周期，减轻重量，便于操作，受到国内外的普遍重视。

目前，耐火纤维大致有两种类型：（1）硅酸铝系非晶质耐火纤维；（2）晶质耐火纤维。从生产工艺来说，有喷吹法、甩丝法和胶体法。

硅酸铝非晶质耐火纤维主要由 Al_2O_3 和 SiO_2 等氧化物组成。为了提高耐火纤维性能，国外有些厂家在成分中加入一定量的附加剂，如氧化镁、氧化铬、氧化硼或碳酸钠等。这样，虽然可以提高耐火纤维的性能和收得率，但是却降低了耐火纤维的使用温度。为了解决这个矛盾，国外曾做过一些尝试，如采用平吹喷吹或高速离心甩丝法。这种耐火纤维多用于1000℃和1200℃以下的各种工业炉窑。

普通硅酸铝耐火纤维在高温使用过程中会产生析晶，由于结晶和晶体长大，以及在高温下耐火纤维接触处的烧结，使纤维形成严重的收缩、粉化，直至失去纤维结构。为了解决这个问题，可以采用高纯度的硅酸铝，或者在纤维成型之后进行预处理，使它产生莫来石微晶体，避免在高温使用时产生再结晶。

对于1300℃以上的工业炉窑来说，最好使用氧化铝纤维。氧化铝含量在80%以上。这种耐火纤维不能再用熔融方法生产，需要采用胶体法。即在氯化铝或醋酸铝溶液中加入一些金属铝粉，加热制成母液，过滤后再加入一定量的二氧化硅胶体。经过过滤和浓缩，再根据黏度不同可分别采用喷吹法或甩丝法，也有用拉丝法的，这种耐火纤维属于多晶体。

另外，最近国外还发展了一种由硅酸铝纤维和氧化铝纤维按不同比例混合、采用真空成型方法制成的混合纤维，据称可以经受1200～1400℃的高温。

近年来，我国钢铁工业推广应用耐火纤维取得了很大的成效。普通硅酸铝耐火纤维已经在1000℃以下的工业炉窑中得到应用，并在烧结、炼铁、炼钢、焦化、耐火和轧钢等生产环节的炉窑上试用。目前，在鞍钢等12个企业已有1172台工业炉窑上采用了耐火纤维。3年来累计节能13万吨标准煤，综合经济效益6000多万元，获得了国家级奖励。今年将推广1400台耐火纤维炉，节能10万吨标准煤，创造经济效益3000万元，并且建成不同类型的全耐火纤维示范炉6台，

* 原载于《钢铁》1985年第20卷第9期。

要求节能效益 20% ~25%，提高生产率 10% 以上，节约筑炉钢材 30% 以上。

为了实现上述目标，建议在研究、开发和推广耐火纤维中注意以下一些问题。

一、进一步加强应用理论研究

硅酸铝耐火纤维在使用中会发生析晶、晶粒长大、烧结、形成新相，以致最后粉化损坏。这种非晶质耐火纤维的损坏机理是值得深入研究的一个重要课题，因为它对于正确评价耐火纤维的长期安全使用温度有着密切的关系。郑安忠等人的研究[1,2]表明，普通硅酸铝耐火纤维在大气气氛下长期加热过程中，从 90℃开始析出莫来石，1300℃莫来石达到最大量，在 1100℃开始析出方石英。随着温度的升高，析晶开始增多并长大。随着晶粒长大，耐火纤维进一步收缩、强度下降，以致粉化损坏。损坏的原因不在于析晶，而在于晶粒长大。加入 Cr_2O_3 可以起到抑制晶粒长大的作用，但是也不能长期超过 1200℃。高纯硅酸铝纤维不能长期超过 1100℃，普通硅酸铝纤维不能超过 1000℃。因此，对耐火纤维在高温下结构变化的研究是判定耐火纤维的最高使用温度和长期使用温度的关键，应当进一步研究在高温下耐火纤维的结构变化及其影响因素。

汪厚植等人[3]还对普通硅酸铝纤维、高纯硅酸铝纤维进行了结晶动力学的研究，并对其结构与性能做了分析。研究与分析的结果表明，在 980℃左右耐火纤维的差热分析呈现有明显的放热峰，经 X 射线衍射分析和扫描电镜观察，此时已经形成莫来石晶体。不过所研究与分析的 3 种耐火纤维的析晶活化能差别不大，只是峰温有所不同，这与杂质和工艺条件有关。另外，从再结晶动力学分析来看，析晶后的晶体长大速率与温度有关。如果能够确定临界晶粒大小，那么就可以推算出来在某一使用温度下的使用寿命。从断裂力学角度来看，$\sigma_c = Bd_c^{-3/2}$，当晶粒尺寸 d 长大到临界晶粒尺寸 d_c 时，耐火纤维的强度 σ 已下降到不能承受工作着的耐火纤维的自重和内应力时，就会使它粉化而损坏。如果确定临界应力 σ_c，并且找出不同成分与不同工艺条件下的常数 B，便可以求出临界的晶粒尺寸 d_c，从而推算出在某一使用温度下耐火纤维晶粒长大到 d_c 的时间，即可以估算出使用寿命。这一方面的工作仍需要进一步研究，但目前的研究工作已经可以肯定非晶质相中的杂质对黏度有很大的影响。凡是能降低黏度的杂质，例如，碱金属氧化物都是有害的，Ba、Sr、Ca、Mg 的氧化物以及 Fe 和 Ti 的氧化物也是不利的。那么什么样的杂质元素既能作为弥散的和细小的成核剂，又有利于保持非晶质相的黏度，也还需要深入的探讨。另外，从工艺条件方面来看，提高过冷程度有利于提高弥散度和减小析晶相的尺寸，但这也只是定性的判断，缺乏定量的描述。

二、深入探讨耐火纤维的吸热性能

耐火纤维作为高温保温材料，必须具有良好的隔热性能。耐火纤维是一种非均质的、多孔性的材料，它的隔热性能主要取决于表观导热系数。崔之开[4]曾经综述过温度、容重、气氛、湿度、纤维直径与方向以及渣球等对耐火纤维导热系数和隔热性能的影响。其中容重、直径与方向以及渣球等属于生产工艺问题，而温度、气氛、湿度属于应用范围的因素，为了改善耐火纤维的隔热性能必须从生产和应用两个方面加以研究。

为了在炉窑的炉衬厚度方向上按层次采用不同容重的耐火纤维，应当大力推广和应用连熔连甩成纤、针刺干法制毯的耐火纤维，并有计划地在全国合理布点，满足使用。耐火纤维的直径越细、长度越长，越有利于隔热，但容易产生收缩。为了解决这一矛盾，应当广泛地积累直径与导热系数之间关系的数据，以便指导生产工艺和应用技术。马鞍山钢铁设计研究院[5]为了减少辐射传热，尽可能使纤维方向与热流方向平行，采取了层铺一叠砌结构式耐火纤维炉衬，取得了较好的隔热效果，但在定量计算方面仍需要做更完善的工作。人们对渣球的弊病已经比较清楚，但如何使渣球含量降低，还缺乏系统的研究，即从改善耐火纤维的隔热性能出发，在生产工艺上还有不少有待深入探讨的课题。另外，为了更有效地指导推广与应用，还需要全面地测试与积累不同温度、不同湿度和不同气氛下的导热系数数据。

三、以传热理论为基础探索炉窑的最佳设计

为了有效地发挥耐火纤维的保温、隔热和节能效果，必须把炉窑、纤维和环境作为一个整体系统，以传热理论为基础，探索炉窑的最佳设计。陈洁珍等人[6]经过初步研究和分析，提出了连续式稳态传热炉窑的最佳设计原则，并提供了相关的数据和图表。该设计原则是把稳态传热炉窑的传热过程分为 3 个阶段，即炉内热源以辐射和对流方式向炉衬内表面传热；炉衬内表面以传导方式向炉衬外表面传热和炉衬外表面以辐射和对流方式向环境散热。在设计计算中充分考虑燃料与耐火纤维的价格，选取最佳的炉衬外表面温度，既保证散热最少，又不至于消耗过多的耐火纤维，找到最经济的设计。李家庆[7]对间断式不稳态传热炉窑进行了有限差分法计算分析。经过计算证实，这种计算方法基本上是准确的、可靠的，与实际很接近。同稳态传热相比，减少炉衬热损失 8% ~18%。通过这种计算可以合理地选择炉衬结构和准确地确定炉窑的燃料消耗。只要耐火纤维的容重和导热系数数据准确可靠，计算结果就可以用于设计。如果炉温为1200℃以下的

工业炉窑，最好选用复合层耐火纤维炉衬结构，外层矿棉厚度 40 ~ 60mm，内层耐火纤维厚度 80 ~ 220mm；炉温大于 1250℃的高温工业炉窑，可以考虑采用全耐火纤维炉衬结构。

无论是稳态传热，还是不稳态传热，目前的计算方法以及根据这些计算所进行的设计都还是一些初步的探索，应当进一步研究并在实践中进行验证，以便找到适合各种工业炉窑的最佳设计。

四、不断开发应用技术

在 1983 年，冶金部曾经制定过一个“普通硅酸铝耐火纤维应用规范（试行）”。当时曾经提出，对现有工业炉窑进行技术改造时，一般采用纤维贴面炉衬结构；新建的间歇式炉窑应当采用全纤维炉衬结构，并对平贴式和叠贴式、层铺式和叠砌式的施工技术做了原则性的规定，也推荐了一些相应的锚固件、接缝和拐角结构以及炉体钢结构，对耐火纤维的推广具有一定的指导意义。但是在实际应用中，锚固件和吊挂的材质与加工质量都出现过不少问题，施工水平和维护工作也有待改进。今后如果能够针对不同的工业炉窑提供不同的炉衬结构、优质适用的锚固件和吊挂件、正确的施工技术和维护技术，特别是全纤维炉窑的相关技术，推广和应用工作才有可能提高到一个新的水平。

五、建立科学的评价模型

高温工业炉窑推广应用耐火纤维以后，不仅起到了节能的效果，而且炉体寿命也延长了，因此在评价耐火纤维推广应用的经济效益时，应当包括这两方面的增益。曹冠之等人[8]认为评价炉体寿命不能单纯用使用时间的长短来表示，而应当用它的使用炉次来衡量。目前，对节能效果的评价主要是靠采用耐火纤维前后的热工测量或统计分析，有很多人为的因素、服役的状况和管理的水平等因素使得评价误差很大。从理论分析和实际测试的结合上，建立科学的评价模型以及必要的修正方法，对推动耐火纤维的推广应用具有非常重要的意义。

六、积极开发新工艺和新品种

目前我国已经引进了连熔连甩成纤、干法针刺制毯的工艺与装备，这对我国发展普通硅酸铝耐火纤维创造了有利的条件。只要合理布局、计划生产、认真推广就会收到实效。但是我们还应当加强对高纯硅酸铝耐火纤维和氧化铝耐火纤维的研究。积极开发胶体法，以便制取黏弹性好，易于成纤、没有渣球的氧化铝纤维，并且试制混合纤维制品以及各种异型制品，扩大耐火纤维的应用范围。还应当发展各种涂料，包括强黏结、耐冲刷和抗高温的涂料，使得耐火纤维充分发挥潜力，并得以合理应用，为节约能源做出更大贡献。

致 谢

崔之开、宋慎泰同志对本文提出过宝贵意见，特致谢意。

参考文献

[1] 郑安忠，宋树森．硅酸铂系非晶质耐火纤维热退化问题的研究［C］．冶金系统耐火纤维应用技术交流会议资料，1984.

[2] 何林朴．耐火纤维工艺及应用技术发展的新动向［C］．冶金系统耐火纤维应用技术交流会议资料，1984.

[3] 汪厚植，等．硅酸铝纤维结晶动力学过程及其结构与性能分析［C］．冶金系统耐火纤维应用技术交流会议资料，1984.

[4] 崔之开．耐火纤维应用技术的理论与实践［C］．冶金系统耐火纤维应用技术交流会议资料，1984.

[5] 崔之开．能源，1982（6）.

[6] 陈洁珍，曹冠之．最优炉衬设计［C］．冶金系统耐火纤维应用技术交流会议资料，1984.

[7] 李家庆．间断式全纤维衬炉不稳定态传热计算探讨［C］．冶金系统耐火纤维应用技术交流会议资料，1984.

[8] 曹冠之，陈洁珍．关于耐火纤维推广应用中的几个问题［C］．冶金系统耐火纤维应用技术交流会议资料，1984.

“六五”期间冶金科学技术取得显著进展*

“六五”期间，在对外开放、对内搞活的方针政策指引下，由于科学技术面向生产建设，生产建设依靠科学技术，使钢铁工业的科学技术有了很大的进步。冶金系统共获得重大科技成果1500多项，其中获国家发明奖89项，获国家级科学技术进步奖6项，并申报专利300余项，还有一些项目受到国家计委、国家经委和国家科委等的奖励和表彰。

在“六五”期间，冶金科学技术发展的特点是注意消化吸收国外引进的先进技术，提高研究与开发的起点和速度，面向技术改造和生产建设，进行重点开发、系统配套，使科研、设计、制造和生产相结合，实行一条龙的攻关，不仅提高了科学技术水平，而且也提高了社会经济效益。在一些重大的领域，还开展了应用理论和探索性课题的研究，使得冶金科学技术在理论、工艺、材料与装备的研究和开发方面有一定的储备。

一、大型露天矿成套设备研制成功

“六五”期间，在矿山方面最大的进步是年产10Mt级的大型露天矿成套设备已经研制成功，共有15种成套设备50多台套用于矿山生产。在穿孔和凿岩设备中，已经研制成功ϕ250mm、ϕ310mm和ϕ380mm轮钻与高风压潜孔钻。牙轮钻头、潜孔钻头和冲击器等不仅满足了国内生产的需求，而且还进入了国际市场。液压凿岩机和液压碎石机也有了很大的发展。10m^3和12m^3的电铲与108t和154t电动轮装载汽车也投入了使用，为露天矿开采设备的大型化，提供技术与装备，并正在向连续化方向发展。

在爆破技术方面，已经由单排孔齐发爆破发展到多排孔微差爆破。为了减少爆破对边坡稳定性和周围建筑物的影响，还开发了各种控制爆破技术，特别是小抵抗线爆破技术，不仅改善了爆破质量、降低了炸药的单耗，而且也提高了延米爆破量。

在浆状炸药得到推广应用后，又发展了乳化炸药系列，其防水能力、起爆性能和安全生产等水平已经进入国际先进行列。我国研制成功的无起爆炸药毫秒电

---

* 原载于《钢铁》1986年第21卷第6期。

雷管，取得了瑞典专利，并且已经向国外输出技术。

二、鞍山式贫赤铁矿选矿技术基本过关

在“六五”期间，冶金系统组织了东鞍山、齐大山、酒钢、司家营和海南铁矿的选矿技术攻关。东鞍山铁矿采用阶段磨矿—强磁选—浮选联合流程，在工业试验中得到含铁63%，收得率75%的精矿。齐大山铁矿采用阶段磨矿—重选—磁选—浮选联合流程，使得到的精矿品位达到65%，收得率达到78%。酒钢桦树沟铁矿粉矿，堆存了500多万吨，采用强磁和浮选新流程后，已可回收利用了。司家营也是采用磁选和浮选联合流程，获得了含铁65%、收得率75%的精矿。海南的贫矿和富粉溢流的回收利用也得到了解决。我国不仅在磁铁矿选矿方面跨入了国际先进行列，而且在贫赤铁矿选矿方面也有新的突破，特别是在充分利用重选、磁选和浮选联合流程方面，在技术和装备上都有特色。

三、炼铁技术与装备有新的发展

20世纪80年代初期，全国重点企业已有半数以上的烧结厂（或车间）生产高碱度烧结矿，使高炉的熟料比超过90%，入炉石灰石不断减少，焦比逐步下降。几个重点企业又研究和开发了低碳厚料层操作工艺，进一步提高了烧结矿强度，减少了粉末，降低了氧化亚铁，节约了燃料消耗。利用8m^2竖炉生产球团，不仅积累了丰富的生产经验，而且在装备上还有所创新。目前正在建设16m^2竖炉，预计1986年下半年可以投产。随着烧结和球团的发展，高炉炉料结构将得到改善。

“六五”期间，在消化吸收国外先进技术的基础上，高炉开始采用无料钟炉顶、余压发电、高炉软水循环冷却和碳化硅砖、热风炉烟气余热利用和炉前机械化等技术，并开展了低硅铁冶炼试验，都取得了较好的效果。

四、氧气转炉复合吹炼开始应用与推广

氧气转炉复合吹炼经过6t和30t转炉攻关，基本上掌握了透气元件的制造与使用技术，实现了透气元件与炉衬同步，并开发了一系列的相关技术，目前已有17个厂、30座转炉采用复合吹炼，重点企业的推广面已超过50%。采用复合吹炼以后，可降低吨钢钢铁料消耗5～10kg，节约合金料0.5%～1.0%，提高炉龄10%，增产5%～10%。1985年复合吹炼的钢可达8Mt，年经济效益2000多万元。

到1984年为止，氧气转炉已经可以冶炼所有平炉钢种和部分电炉钢种，转炉钢比例已经接近50%。按规划设想，1987年全国重点企业都应采用复合吹炼，1990年全国钢铁企业全部实现复合吹炼操作，钢的数量和质量将有很大的提高。

五、发展了连铸和模铸技术，提高了成材率

目前全国已有50多台连铸机，铸坯能力约为7.5Mt，连铸比由1980年的6.65%提高到1985年的11.43%。武钢是我国第一个全连铸化的工厂。一批小方坯连铸机已经投入生产。水平连铸在消化吸收引进技术的基础上，提高和加快了国内开发的水平与进度。我国自行研究、设计与制造的第一台不锈钢板坯连铸机和双流水平连铸机，在1985年底已经投入冷、热试车。与连铸有关的相关技术，例如，中间包、长水口、定径水口、保护渣、结晶器、喷嘴、液面控制、电磁搅拌和检测仪表等都已经实现了系统配套。为进一步发展大型板坯连铸和特殊钢连铸也做了大量的研究工作。

近年来，在模铸中推广绝热板、保护渣和防缩孔剂很有成效，可以使成坯率提高到90%以上，ZF法铸锭使沸腾钢成坯率提高3.5%。

六、以低合金钢为重点又开发了一批高效钢材

“六五”期间，全国高效钢材有了很大发展，1985年约为9Mt，占钢材的1/4左右。由于采取了铁水预处理、炉外精炼和控制轧制、控制冷却等技术，使得一批关键品种质量有所提高。按国际标准生产的钢材已经有4Mt。其中，造船板、石油管、深冲板、车辆用钢、矿山用钢等76种钢材等效或参照采用了国际标准。采油平台用的Z向CF钢、石油和天然气输送管线用的X60、X65和铁路车辆用的耐候钢等也都进行了研究，并已试制成功，达到了国外同类型钢种的水平。有机涂层彩色钢板也完成了小型试验，年产万吨级的工业试验机组也投入了运转。

七、资源综合利用又取得了新的成果

在稀土资源综合利用方面，“六五”期间解决了两个关键技术，一是稀土精矿品位提高到68%，并从包头稀土精矿中分离出氟碳铈矿和独居石；二是采用新的萃取剂从氯化稀土中成功地连续分离出七种单一稀土氧化物，使得稀土应用出现了一个新的局面。

在钒钛资源综合利用方面，除在高炉上继续提高配矿操作水平外，还开展了钒渣直接合金化的研究，采用钒钛铸铁生产钢锭模，利用多钒酸铵沉淀法生产高品位的 V_2O_5，含钛尾矿的综合利用，都取得了较好的技术经济效果。

八、焦耐生产技术也有新发展

在焦化生产中，消化吸收了国外的先进技术，掌握了高压氨水喷射消烟装煤，管式电捕焦油器、焦油氨水分离工艺、切焦机和焦炉车辆连锁装置等，并自行设计试验成功 8m 高的单孔焦炉。利用常规焦炉生产铸造焦和铁合金焦，填补了国内在这方面的空白。

在耐火材料方面，随着氧气转炉和电炉的发展，研制成功镁碳砖和镁白云石砖，使炉龄有了很大的提高。为适应连铸的要求，又研制成功锆质定径水口和直接复合定径水口以及中间包材料。在不定型耐火材料方面，最突出的是钢包整体浇注料，中小钢包可以普遍采用，耐火材料消耗比砖衬钢包降低 77%。在 1000℃以下的冶金炉窑已经推广应用了硅酸铝耐火纤维。在“六五”期间，已经有 15 个企业 1500 座炉窑采用耐火纤维，节约标准煤 250kt。正在开发高纯纤维、高铝纤维和胶体法多晶莫来石纤维等，其技术已基本突破，并转入试制试用阶段。

九、一大批节能技术发挥了重要作用

“六五”期间，钢铁工业的节能成绩十分显著，五年共节约能源 10Mt 标准煤，其中一大批节能技术发挥了重要作用，例如，低碳高料层烧结、高炉喷吹煤粉、热风炉废气显热回收、转炉煤气回收、采用连铸技术、钢锭热送和液芯轧制、采用节能耐火纤维、利用微型机控制工业炉窑以及各种能源管理技术和优化方案，都不同程度地得到了推广，取得了良好的节能效果。

十、微型机的推广应用出现了新的局面

据统计，冶金系统重点企业已拥有 1700 多台电子计算机。在生产管理和过程控制方面，大量地采用微型机。冶金部在国内第一个利用微型机在公用低速数据通信网建立了远程通信和数据处理系统。首钢实现了公司和厂、矿、处利用微型机进行经营管理。高炉上料系统、焦炭重量、水分补正和热风炉等生产过程，采用微型机控制系统和可编程序控制装置，目前已在一些企业得到推广应用，效益显著。利用微型机控制一些主要耗能设备的生产过程，不仅改善了技术经济指

标，而且也有利于减轻工人劳动强度和改善操作条件。成都无缝钢管厂已有 8 座加热炉采用微型机控制，能耗指标全部达到或大大低于冶金部规定的特等炉水平，每年经济效益为 358 万元。微型机在烧结、炼铁、炼钢、连铸、铁合金、轧钢等方面也得到了广泛推广与应用。另外，在软件开发和信息与数据处理方面也取得了很大成绩，出现了新的局面。

钢铁工业计算机应用的新发展*

“六五”期间，我国钢铁工业中计算机应用又有了新的发展。到1985年底冶金系统已拥有各类计算机2170台，从事计算机应用的技术人员有4000多人，共开展应用项目800多项，已取得成果并得到应用的400多项，已用于过程控制、经营管理、科学计算和数据处理、制作智能化仪表、软件开发等。概括起来，“六五”期间钢铁工业中计算机应用有如下四个方面的新发展。

一、微型机向网络化和系统化发展

武钢自动化研究所开发的微型机局部网络是汉字情报检索管理系统，具有多机开展同一工作、共享资源查询资料和减少机内存储空间等优点，可以在1km的范围内设置多台IBM-PC微型机联网，使多家用户共同使用该系统的资料库。

东北工学院开发的微型机实验性局部地区网络，已经完成了第二期工程。结点间传送距离也在1km的范围内，它为科学实验开发和扩充高层软件提供了手段，对办公室内的管理工作作出了示范，也起到了为科研和教学培养人才的作用。1985年前它已经成为包括有小型机和汉字终端在内的局部网络。1990年它将与国家公用网络相联。

首钢计算机管理系统第一期工程也已经完成。该系统由公司、厂矿和生产过程控制3个层次组成。通过9台微型机和90台终端，把全公司的9个业务系统和17个生产厂联成网，已经实现了资料和生产的动态查询、经营预测和办公室自动化。在此基础上，首钢拟进一步完善和提高综合业务数字网。目前，该系统由6台公司级计算机、9台厂矿级管理计算机和3台过程控制上位级和6条自动生产线、12套大型过程控制系统联成网络，进行数据收集和信息传递。该网的数据交换系统是5000门程控数字交换机，并且在北京和迁安矿山筹建卫星地面站，用有线、无线和卫星通信联成一体，形成首钢综合业务数字网。冶金部计算站从1980年开始研究建立微型机远程联机通信和数据处理系统。现在已经对全国34个重点企业和冶金厅（局）实现了数据收集和统计处理，用汉字编报各企业的生产、设备、材料、能源、安全等经济信息日报。这是国内第一家利用微型

---

* 原载于《中国冶金报》1986年8月8日。

机在公用低速数据通信网上建成的低速远程联机通信和数据处理系统。

二、控制系统向多级分布式发展

20 世纪 70 年代我国引进的武钢一米七工程是以小型机为主体的集散系统。80 年代引进的冶金设备，大量的则是以可编程序控制器作为主要控制手段。特别是宝钢从原料码头、电厂、烧结、焦化、高炉、转炉到初轧和无缝等共配置了 15 种 204 台可编程序控制器。目前，国内几个钢铁企业的高炉上料系统，大都采用了可编程序控制器。

TDC－2000 系列，是美国霍尼韦公司在 1975 年首次发表的以微处理器为基础的多级分布式控制系统，1983 年又推出了 TDCS－3000 系统。宝钢初轧均热炉采用的是 TDC－2000 系统。齐钢的可控气氛炉采用的是 TDCS－2000 系统。它们都是由 CB 型基本控制器、BC 型批量控制器或 PIU 过程输入装置组成的，可以任意选配，比较灵活。涟源钢铁厂和重钢四厂、五厂加热炉上所采用的是 KMM 型可编程序调节器，属于单回路分散型控制系统，具有比较丰富的功能模块，适于复杂的控制系统，投资比 DDZ－Ⅲ型仪表还要便宜。

首钢一烧结也是采用集散型微机控制系统。它有 350 多台 6800 型微处理器，控制 500 多个模拟量、3000 多个开发量和 380 多个回路。这套系统投入使用后，台车利用系数提高了 20%，生产工人减少了一半，年经济效益在 200 万元以上。首钢二高炉采用 PC584 可编程序控制器、MODVUE 彩色图像处理器和 NET－WORK－90 所组成的综合控制系统。它控制着高炉上料、高炉本体、热风炉和喷煤系统，一共包括 200 多台检测装置、800 多个开关量、300 多个模拟量、50 多个回路。这个系统投入使用后，高炉利用系数一直保持在 2.0 以上，每年可节约焦炭 1500t 左右，年效益在 200 万元以上，获得国家级科学技术进步奖一等奖。

马钢水平连铸机生产过程实现了微机控制。该系统具有自动起铸、自动转入恢复程序、在线修改拉坯参数、紧急停车和立即恢复起动等功能，控制最大误差 2%，接近国际先进水平。

在轧钢生产线上，采用计算机对轧制张力、厚度和位置等参数进行在线动态控制，已经在太钢、鞍钢、上钢一厂、上钢十厂、邯钢和重钢等企业得到应用和推广。到 1985 年年底，冶金系统已经有 120 座工业炉窑采用了微型机控制系统，平均每座工业炉窑节能 15%，减少了氧化铁皮，提高了成材率，每年可获利 20 万元，120 座工业炉窑共可获利 3600 万元左右。

“六五”期间，冶金系统在过程控制中采用计算机，以节能减耗和提高质量为重点，以提高经济效益为中心，初步打开了局面，收到了实效。

三、仪器仪表向数字化和智能化发展

利用微处理器和微型机系列组成冶金专用仪器仪表，包括智能化仪器仪表、程序控制器、数控装置、电子秤、监控器等，是“六五”期间的又一新发展。钢铁工业生产过程检测仪器仪表中，通用的有168种，专用的有150种。在“六五”期间，有9种烧结仪表和11种高炉仪表已经研制成功。炼钢用的CTO三参数仪表和连铸用的辊间距与椭圆度测量仪等也相继用在生产中。首钢开发的SG型可编程序控制器（PC），可用于实现逻辑控制、定时控制、计数控制等。重庆钢丝绳厂研制的钢丝绳定长停车数控仪表，可以用于钢丝绳的股绳生产时计长，并且具有定长自动停车和记录显示已经完成股绳根数等三种功能。南京第二钢铁厂研制的BCM－1电脑皮带秤，把计量和控制结合在一起，可用于企业的称量系统。鞍山热能研究所研制的FET－1型燃烧效率监测仪，可以连续自动分析烟气，并用机内微处理机进行数据处理、计算和显示燃烧效率，从而监控燃烧过程。

四、软件开发向工程化和商品化发展

冶金部自动化研究所研究与开发的程序自动生成器，可以用来产生出小型计算机事物管理系统。即使是非计算机专业人员也可以用它来产生出程序。通常人工编制一个事务管理程序需要几个月的时间，而采用该生成器只需要几个小时，这一软件开发的新成果已经变成了商品技术。东北工学院开发的线性最优控制程序，可以用在各种配有Fortran语言的中型计算机上，进行系统的分析和最优控制系统的设计。它是应用现代控制论中LQG技术和20世纪70年代最先进的数值线性代数方法而编制的Fortran子程序库，可用于一般的矩阵制算和方程求解，系统稳定性和可控性分析，各种最优调节器、滤波器的设计及解决线性模型跟随问题。北京钢铁学院等单位开发的多功能系统仿真程序包，适用于以偏微分方程或方程组描述的的分布参数系统动态的仿真，也可以用于以常微分方程或方程组描述的工程控制系统动态的仿真。它是采用标准Fortran语言编写的，程序与机型无关，对微型机和中小型机同样适用。此外，建筑研究总院开发的DJS－6计算机绘图系统、自动化研究院开发的物探数据处理系统、情报研究所等开发的微型机情报检索“MCDS”系统等，应用软件的开发也都取得了很好的经济效益和社会效益。

特别应当提到的是，近年来数学模型的研究有了很大的成绩，例如，武钢热轧厂精轧制压力数学模型的研究，由于日本提供的变形阻力模型不适合于武钢生产的钢种，必须建立自己的金属塑性变形阻力新模型和相配套的轧制变形区应力状态系数新模型，以及整个轧制压力新模型。武钢和北京钢铁学院研究的新数学模型投入在线控制使用后，预报精度高于日本模型，大大提高了产品的厚度精度。

武钢和北京钢铁研究总院研究的冷连轧数学模型，也取代了联邦德国提供的模型，改进了轧制压力模型的预报精度，成材率提高约3%，年获经济效益500多万元。

我国转炉复吹技术的发展*

一、概述

我国转炉复吹技术的研究与开发是从20世纪70年代开始的，“六五”期间又有了新的发展。开发了环缝式、狭缝式和微孔式透气砖等底部供气元件；除了采用惰性气体外，还进行了CO_2和O_2的底吹试验；不断地完善和提高了复吹工艺；扩大了复吹钢种，提高了钢水的质量；开发了相关技术，深化了基础研究，使得复吹技术逐步地推广和应用于生产。到目前为止，全国已有17个企业、31座转炉实现了复吹。复吹钢产量1985年为650万吨，1986年为80万吨，复吹的钢种有140个，收到了很好的技术经济效果，获得了国家三委一部的表彰，并被评为国家级科技进步奖。

二、发展现状

（一）开发了多种形式的供气元件

底部供气元件是复吹技术关键之一。日本多采用管式结构的喷嘴，西欧国家多采用透气砖形式。我国最初采用的是管式结构的喷嘴。首钢的6t转炉1982年采用双层套管，1983年改为环缝。虽然双层套管同环缝相比，除了使用N_2、CO_2、Ar外，还可以吹入O_2、粉料等，但是从结构上来看，还是环缝最简单。环缝比套管的流量调节范围大、控制稳定、不会倒灌钢水。在吹炼时，环缝气流速度可以接近音速，形成气流屏障，具有保护喷嘴和耐火材料的作用。套砖多为镁白云石砖或镁碳砖。太钢二炼钢50t转炉炉龄达到1228炉，并实现了底部供气元件与炉龄同步。马钢二、三炼钢的9t、50t转炉、上钢一厂、五厂的15t转炉和南京钢厂的15t转炉都是采用这种形式的供气元件。

唐钢30t转炉从1984年开始采用狭缝式透气砖。它是选择适合于复吹要求的耐火材料作为透气砖的基体，在两片砖之间形成一定宽度的狭缝作为气体通道。控制适当的气体通道间隙，调节底部供气范围，满足复吹工艺要求。武钢50t转

* 原载于《钢铁》1987年第22卷第3期。

炉以镁质材料为透气砖的基体，并加入适量的添加物和碳素材料，精心砌筑、注意维护和及时修补，底部供气元件也与转炉炉龄同步，超过了 1000 炉。

鞍钢 150t 转炉原来是以管式喷嘴进行复吹的，从 1984 年开始采用微孔式透气砖。它是以不锈钢管作为气体通道，埋在耐火材料中，经等静压成型和热处理而成。气体通道可以采用分散式的，也可以制成束缚式的。鞍钢在 150t 转炉上采用这种供气元件的平均寿命为 748 炉，最高 789 炉。首钢 30t 转炉，采用简易法制成的这种供气元件，平均寿命 685 炉，最高 980 炉。

（二）采用了不同的底吹气源

复吹是在顶吹的同时通过底部向熔池吹入适当数量的气体，强化搅拌，促进平衡。底部吹入的气体可以有很多种，例如 N_2、Ar、O_2 和 CO_2 等。N_2 比较便宜，但是对钢的质量有影响，而且冶炼的钢种也受到了限制。因此我国一般采用前期吹 N_2，后期用 Ar 切换或者用 CO_2 切换的工艺。武钢 N_2 加压能力不足，Ar 有余，所以采用了全程吹 Ar，并且在国内首次采用了终点停氧后用 Ar 搅拌的“后搅拌”工艺，取得了很好的效果。

上钢一厂的 15t 转炉和首钢的 30t 转炉复吹时，前期吹氮、后期用 CO_2 切换，使终点时钢中［N］含量为 20～30ppm[1]。首钢 6t 转炉复吹时，采用全程恒量底吹 N_2 工艺，终点钢中［N］含量与底吹供 N_2 强度 Q 呈线性关系，即［N］= $16.36 + 769.799Q$。如果采用 $0.05m^3/(min \cdot t)$ 的供 N_2 强度，那么终点钢中［N］含量将达到 5ppm。前期吹氮、后期吹 CO_2 时，终点钢中［N］含量一般相当于顶吹的水平，即 20ppm 以下。鞍钢曾经对 150t 转炉采用 N_2 搅拌时钢中［N］含量的变化进行过分析，也得出了钢中［N］的多少主要取决于底吹供 N_2 强度的结论。全程吹 N_2 的供气强度 $\leqslant 0.03m^3/(min \cdot t)$ 时，终点钢中［N］含量为 20～50ppm；而供气强度 $> 0.03m^3/(min \cdot t)$ 时，终点钢中［N］含量比顶吹高得多。而后期用 Ar 切换时，终点钢中［N］含量平均为 20ppm 左右，可与顶吹水平相当。

马钢在 9t 转炉上进行了底部吹入 O_2 的复吹试验，并获得成功。当底部吹 O_2 强度为 $0.05 \sim 0.25m^3/(min \cdot t)$，并利用中磷铁水或半钢冶炼中、低碳钢时，前期渣形成快，一倒脱磷率高达 90% 以上。吹炼平稳，喷溅少，金属收得率显著提高。底部供气强度稳定，熔池搅拌力强，促进了渣 - 钢反应平衡，有利于节约吨钢合金加入量。纯供氧时间短，冶炼速度快，经济效益显著。底枪采用轻柴油作冷却介质，吨钢消耗降到 0.36kg。钢中［H］无需用 Ar 或 CO_2 后搅拌也能满足钢种的要求，钢中［N］与顶吹水平相当。开发成功了底部热换枪技术，炉底

---

[1] $1ppm = 10^{-6}$。

寿命已超过400炉。

（三）不断地完善和提高了复吹工艺

我国几个主要钢厂在采用复吹工艺以后，经过研究与开发，不断地完善和提高了这项新技术，例如，后搅拌工艺、炉气二次燃烧技术、底部喷吹煤粉技术和中磷铁水炼钢技术等。

武钢二炼钢50t转炉为了准确控制成分、改善钢的质量和减轻RH真空处理的负担，选择Ar作为底部搅拌气体，吹炼深冲板用钢和硅钢等低碳钢。在终点[C]为0.04%左右，停氧后用Ar搅拌，供Ar强度为0.03～0.06m^3/(min·t)。这种后搅拌工艺可以降低钢水和炉渣的氧位，使渣－钢反应更接近平衡状态，改善了钢水内部成分偏析和温度的不均匀性，降低了钢中气体夹杂，提高了钢的质量。

在鞍钢150t转炉的复吹试验中，将原来的顶枪增加直筒形喷孔，形成单道双流氧枪，促进了炉气的二次燃烧，比普通氧枪燃烧比提高5%，CO燃烧热效率达80%，多装废钢5%。钢铁料和石灰消耗也有所降低，炉龄提高147炉，年效益360万元。攀钢120t转炉在复吹试验中采用的是双流道氧枪，也提高了炉气的燃烧比和燃烧效率，解决了热量不足，缩短了冶炼时间。

钢铁研究总院在试验室研究成功底吹氧气喷煤粉的技术，并在新抚钢的6t转炉上进行了扩大试验。从40炉的情况来看，只要适当控制煤氧比例，煤氧枪的工作是正常的。吹炼平稳、化渣快、热效率高。废钢比可以提高到20%～30%，个别炉号达到50%，为转炉直接使用固体料进行了探索。

马钢在50t复吹转炉上，试验了用中磷（0.3%～0.5%）铁水冶炼低碳钢的工艺，即采用高高低枪位，在终点压枪。底部供气强度控制在0.03～0.07m^3/(min·t)，先弱后强。复吹后终点磷比顶吹低0.0025%，而成品磷比顶吹低0.006%。另外，还试验了用中磷铁水冶炼中、高碳钢的工艺，认为底部供气制度以高低高型为佳，造渣制度以C_2S为主体，伴以若干量的C_3S，有利于脱磷。

钢铁研究总院采用小块石灰加双流氧枪以及熔池加温搅拌等工艺，吹炼含磷1%的铁水，获得了较好的脱磷效果。鞍山钢铁学院（现辽宁科技大学）采用顶喷石灰粉的方案进行了复吹试验，不仅具有较好的脱磷效果，而且可以实现高拉碳，为利用中磷铁水冶炼中、高碳钢进行了有益的探索。

（四）扩大了品种、提高了质量

首钢复吹可以生产普碳沸腾钢（BJ1～4F）、普碳镇静钢（BJ2～4）、焊条钢（H08A～H08E）和低合金钢（16Mn、20MnSi）等钢种。复吹钢中含氧量和含硫量低于顶吹，含氢量与顶吹相当，含氮量可降至顶吹的水平。脱磷能力不次于顶吹，钢坯和钢锭表面质量良好，质量合格率稳定在9%左右。武钢复吹可以生产普碳镇静钢、08Al、船板钢和硅钢等。特别是采用后搅拌，使得终点成分和温度的稳定性得到了改善。深冲钢的炼成率比顶吹提高了16.77%，其中酸溶铝的合格率提高了11.04%。车间硅钢的炼成率也比顶吹提高了2.11%。鞍钢复吹可以生产低碳钢和低合金钢，马钢也能吹炼顶吹所有牌号的钢种，并且能冶炼45号钢，太钢等正在采用复吹试验吹炼不锈钢。全国各钢厂的复吹转炉都在不断地扩大品种和提高质量。

（五）深化了基础研究工作

东北工学院（现东北大学）徐文派对炼钢用等截面喷枪的气体力学特性的研究和钢铁研究总院魏天秀等人从气体力学和加热—摩擦管理论出发，推导出来的底吹喷枪的计算公式，对于环缝式喷嘴的应用具有参考价值。

钢铁研究总院张荣生等利用水力学模型研究了熔池的搅拌现象，证实了小气量的底部供气的复吹熔池混匀时间主要取决于底部供气的能量速度，并提出了喷嘴数目和位置的影响，对于复吹转炉的设计与操作提供了参数。华东冶金学院李远洲等人利用水力学模型研究了熔池的搅拌和运动规律，提出只靠小气量底部供气是不可能显著缩短熔池混匀时间的，必须同时注意发挥顶枪的作用。北京钢铁学院（现北京科技大学）王尚槐等人在水力学模型中采用铝粉示踪法研究了复吹过程中熔池内的流谱，提出了小转炉用透气砖进行底部供气时在中心布置底吹点有利于搅拌的观点。

钢铁研究总院张泊汀等人在首钢30t转炉上，以N_2为底部搅拌气源，对复吹过程中氮的行为进行了研究，并提出了用混合控制模型来描述熔池氮含量的变化规律。用该模型计算出来的脱氮速度和钢中［N］含量随时间的变化与取样分析的结果相当符合。在吹炼初期，熔池中的［N］含量下降比较快，在脱碳速度高峰过后不久，［N］含量达到最低值。如果选择这个时间作为切换点，用Ar、CO_2或其他非氮气体作为搅拌介质，对于控制终点时钢的［N］含量具有明显的效果。切换气体的强度越大，效果越显著。另外，底部供氮强度对中后期钢中［N］含量有明显的影响。当供氮强度提高时，会使钢中［N］含量的最低点前移，而且使终点的［N］含量提高。为了控制终点［N］含量，必须将切换点适当提前。首钢和鞍钢的研究也指出，影响钢的终点［N］含量的主要因素是铁水中的［N］含量、底部供氮强度、供氮时间、终点到出钢的间隔时间和出钢温度等，这些都为控制终点［N］含量提供了重要参数。

钢铁研究总院、太钢和武钢对复吹过程中炉渣成分的变化进行过分析。开吹后炉渣成分从$FeO-SiO_2$边线开始，随着Si、Fe和Mn的氧化，石灰逐渐熔解。炉渣成分先进入钙镁橄榄石低熔点区，随着铁液中碳的还原，（FeO）降低，

(CaO) 增高，MgO 溶解度也在减少，随后炉渣进入多相区，产生了 C_2S。这时，调节炉底惰性气体的流量，有助于石灰的熔解，发挥炉渣的精炼作用。复吹炉渣中出现 C_2S 早于顶吹，而炉渣中的 C_2S 具有脱磷脱硫能力，所以复吹化渣快，前期脱磷效果好。

上钢一厂金国龙和东北工学院（现东北大学）分别研究了底吹 CO_2 的工艺特点和冶金效果。底部吹入 CO_2，由于发生 $CO_2+[C]=2CO$ 反应，增加了熔池的搅拌能，改善了炉内热效率，也提高了脱碳效率、降低了终渣中（FeO）和终点钢中［N］含量。但是 CO_2 对于底枪保护砖有侵蚀作用，使底部供气元件的使用寿命大大降低。钢铁研究院张泊汀等人研究了 CO_2 对底枪保护砖的侵蚀机理。在吹炼时［Fe］-CO_2 反应使镁白云石和镁碳砖形成（Mg，Fe)O 固溶体而引起变质，尤其是 C_2F 的形成、迁移和富集使得镁白云石砖的高温强度下降，从而导致快速蚀损，而镁碳砖工作面上未发现 C_2F 的富集层，其抗蚀能力高于镁白云石砖。这些研究工作对于喷枪套砖的选材和采取防止蚀损措施都有参考价值。

三、对我国发展复吹技术的几点意见

虽然我国在“六五”期间复吹技术有了很大的发展，但是还只是处于起步阶段。不仅装备水平比较低，而且气源问题也没有完全解决，操作技术也有待进一步完善和提高。在“七五”期间应重点解决以下几个方面的问题：

（1）根据具体条件，因地制宜开发各种底吹气源。全程吹 Ar 是不现实的，全程吹 N_2 也是不可行的。对于有 Ar 气的工厂应推广使用前期吹 N_2，后期吹 Ar。但是对大多数工厂来说，Ar 气是紧张的，应当开发使用 CO_2、CO 或 O_2，并解决相关技术。对于已经采用复吹工艺的转炉，要根据钢种设定供气模式，提高供气强度，发挥复合吹炼的效果。

（2）进一步延长底部供气元件的寿命。现在有一些复吹转炉的炉底寿命不能与炉衬同步。应当加强底部透气元件的气体力学和传热理论的分析，设计和制造反击小和寿命长的供气元件，改进耐火材料材质和砌筑方法，并注意正常维护和渣层保护。延长底部供气元件寿命的关键是尽可能地降低出钢温度。为了保证连铸所需要的钢水温度应当采取加热或保温等热补偿措施。

（3）继续扩大复合吹炼的钢种。这就需要使底部供气元件能够在较大范围内调整供气强度，同时发挥顶枪的作用，使之达到最佳的配合，并按不同的钢种选择最佳的工艺参数。在吹炼低碳钢和低合金钢的基础上向吹炼中、高碳钢和部分合金钢发展。为了解决中、高碳钢脱磷问题，还需进一步探讨喷吹石灰粉的工艺技术。

（4）促进炉气的二次燃烧，提高热效率，提高废钢比。研究不同形式的双流氧枪，扩大转炉使用固体料的比例，并相应地研究合理的复吹转炉炉型。正确处理顶吹与底吹的关系，选择最佳的顶枪形状和确定适宜的底吹气体位置，对于发展复吹技术也是十分必要的。

（5）根据需要和可能，发展铁水预处理技术，使部分复合吹炼技术向少渣的复合吹炼过渡。少渣操作可以提高脱碳效率，并能提高 Mn 或 Cr 的收得率，这不仅可以用来吹炼不锈钢，甚至可以发展成熔融还原技术。

（6）深入研究复吹的冶金反应，探讨准确控制终点的技术。特别是熔池中［C］和［O］的反应与平衡，或者渣－钢之间氧位的关系等，都需要进一步加以研究。寻求比 BOC 和 ISCO 更能反映复吹过程的工艺指标体系，将复吹过程中诸反应统一考虑进行调整与控制，为过渡到自动化打下基础。

对标准化工作的几点思考*

前不久，国家标准化组织 ISO/TC17 钢技术委员会主席青木朗和秘书丸冈秀俊先生来我国访问，我有机会同他们见了面，并听到和看到了一些有关 ISO/TC17 的介绍，印象颇深。

ISO 的宗旨是为了加强国际贸易和促进国际合作而开展标准化和相关活动的。现在已经公布了约 7000 个国际标准，对国际间的知识、科学、技术和经济交流起了重要的作用。ISO/TC17 是 ISO 中最大的、最活跃的技术委员会，特别是 1978 年 9 月日本承担秘书国以来，ISO/TC17 有了很大的发展。现在已有成员 61 个，P 成员 30 个，O 成员 17 个，工作组（WG）31 个，公布过 248 个标准，现在仍然使用的有 146 个，正在起草制定的有 146 个，成员国对 ISO 标准审查的投票达到 70%，这说明 ISO/TC17 的工作是很有成效的。

一、转折性的政策

在 1983 年 TC17 秘书国日本对有关钢铁的国际标准进行统计分析表明，虽然当时已经有了 130 个有关钢铁的国际标准，但是仍然感到满足不了需要；而当这种需求十分强烈的情况下，国际标准所能利用的资源却是有限的，从而导致制定标准的周期远比正常的周期要长；另外还有些已经公布的标准需要修改，所以就使这一问题变得更为严重。为了解决这一问题，1984 年 ISO/TC 的第五届理事会决定由秘书国起草一项政策，并于 1985 年批准了这项政策，即快速发展最急需的国际标准，广开资源、缩短周期。这项政策实施后，使标准开发的速度加快了，从 1979～1984 年平均每年增加 12.5 个标准，而 1885～1987 年平均每年增加到 19.3 个标准，效率提高了一半。这种利用通讯手段工作，而效率提高了一半。这种利用通讯手段工作而不是坐等下次会议的工作方式，充分发挥了 P 成员和 SC 成员的作用。不仅仅在 TC17 中这样做了，而且也被 ISO 的中央组织所采纳，可以称之为转折性的政策。这项政策使 ISO/TC17 具有了活力。

---

* 原载于《冶金标准化》1988 年第 5 期。

二、秘书国的实力

日本能够承担 ISO/TC17 的秘书国职责，是与日本国家工业标准化工作和钢铁工业的发展水平分不开的。在日本国家工业标准化活动中，日本的钢铁工业做出了很大的贡献，它已经开发了 312 个日本工业标准，并解决参加国际标准化组织的活动，1961 年日本就派出了第一个钢铁工业代表团参加了在新德里召开的 ISO/TC17 全会。从那以后，除非次要性会议，一般来说，日本都派代表参加 TS 或 SC 会议。因为日本钢铁工业的原料几乎全部依靠进口，而产品也大量出口，所以它十分重视国家标准化工作，为了使日本的产品在世界市场上具有竞争力，他们不仅按日本工业标准（JIS）生产，还参照世界上先进的标准，例如，ASTM、API 和 DIN 及船级社的技术条件。日本钢铁协会中设有标准化委员会，并对面向 JIS 的顾问委员会下的 6 个工作组和面向 ISO 的钢铁委员会下的 6 个工作组和面向 ISO 的钢铁委员会下的 17 个工作组给予指导。这些工作组是由钢铁企业为主体组成的，也吸收一部分院校参加。面向 ISO 的钢铁委员会下的 17 个工作组负责 ISO/TC17 的标准起草与制定、审议与投票等工作。该委员会有权决定派出代表团参加 ISO/TC17 或 TC17/SC 的会议，通常也是在相关标准工作中领先的钢铁企业派员组团，在某些情况下，也邀请院校参加，但经费主要依靠企业，国家只支付 5% ~7% 。

三、对“等效”的理解

为了提高我国钢铁工业产品的质量，近年来一直提倡向国际标准靠拢，有时提出按照国际标准生产或等效采用国际标准。日本政府则主张 JIS 与 ISO 一致（harmonizing 或 conforming）。在日本承认了关税贸易总协定标准法规以后，更强化了这方面的工作。为了做到这一点，首先是积极参加 ISO 标准的审议工作，并将 JIS 的技术条件体现到 ISO 中去，或者将 ISO 中的技术条件吸收到 JIS 中来。其次是积极参加 TC 或 SC 会议，为了使 JIS 与 ISO 有更多的一致性，发表意见和发挥作用。另外，日本还根据 ISO 导则 21 有关等效的分类，对 JIS 标准也进行了对照，对待等同的（identical）、等效的（equivalent）和不等效的（not equivalent）标准进行具体分析。对于等同的标准可以互相通用；对于等效的标准可以参照采用；对于不等效的标准求同存异，互不通用，特别是钢材标准，并不完全等同或等效，但是只要对出口贸易没有实质性影响，仍然允许有某些差异，特别是保留具有特色的。

四、企业界的观念

标准的研究与开发以及标准化的工作都需要经费。我们常常为钱少而办不了事而苦恼。我问了青木和丸冈先生，日本的JIS基本上是由企业界承担的，有关ISO/TC17的活动也是由各大钢铁公司为主来完成的。因为标准问题直接涉及企业的利益，所以他们对制定标准和参加ISO的活动是十分积极的。我认为企业界对标准的态度，反映了他们对制定标准和参加ISO的活动是十分积极的，也反映了他们的经营观念。如果我国的钢铁工业的产品，在国内外流通中强烈地受到竞争机制的制约的话，那么标准的意识，甚至国际标准的意识一定会表现出来，当前我国的标准化工作还依赖国家拨款支持的做法，将会逐渐被商品经济的发展所冲破。随着钢铁工业的技术进步，我们将在ISO/TC17中发挥日益重要的作用。但是，必须把标准化的立足点放在企业，依靠企业。企业界对标准化的观念是决定性的因素。今后应当有更多的归口单位落实在企业头上，充分发挥企业在标准化工作中的作用。同样，在参加ISO/TC17的会议时，也应当给企业以更多的机会，使他们在国际标准化舞台上经风雨、见世面，冲出亚洲，走向世界，也许标准化工作的改革就在这里。

开发相关技术，发展涂层钢板*

彩色有机涂层钢板是在带钢上涂敷各种彩色有机涂料的一种新型钢材。它具有易加工、耐腐蚀、美观鲜艳等特点，在建筑和家电等行业广泛应用，很受欢迎。据报道，目前全世界约有400多条彩色有机涂层钢板生产线，有500多个品种，年产量超过1000万吨。我国对彩色有机涂层钢板的需求也日益增多。现在，每年需要25万~30万吨，基本依靠进口。到目前为止，我国只有两条膜机组，一条为热轧贴膜机组，另一条为冷轧贴膜机组，年产量均为几千吨。通过“六五”期间国家科技攻关，鞍钢建立了一条年生产能力为1万吨的彩色有机涂层钢板工业试验机组。利用一涂一烘的设备，进行过两涂两烘的试验，基本上弄清了原板对涂层质量的影响，提出了符合彩色有机涂层钢板要求的原板技术条件。特别是武钢的镀锌钢板，表面平整，并有一定的粗糙度，适合于作彩色有机涂层钢板的原版。在表面热处理时，曾经试验过两种工艺，即喷淋式和辊涂式。还试验过国内试制的十几种涂料。对工业试验的彩色有机涂层钢板曾进行过附着力、冲击、杯突、弯曲和盐雾等试验，并在建筑、家电和家具等方面进行过试用，均达到了技术指标和使用要求，但与国外产品相比还有一定的差距。

为了适应国内对彩色有机涂层钢板的需求，我国从国外引进的几条彩色有机涂层钢板生产线，将在“七五”期间陆续投入生产。投产后，我国的彩色有机涂层钢板年生产能力将达到30万吨。但是，为了消化吸收引进的技术与设备，并逐步做到开发、创新和国产化，应当抓好以下三方面的相关技术。

一、辊涂式预处理剂的国产化和系列化

因为引进的机组是不同国家、不同厂家的产品，尽管多数是采用辊涂式预处理工艺，但是预处理剂的类型和组成都有很大的不同，而且不同的基板和不同的涂料，需要不同的预处理剂。预处理的主要目的是改善涂层的附着力和耐蚀性。一般采用磷化和铬化处理，使原版表面形成薄薄一层非晶质的复合氧化膜，并加有镍、钴等元素，使预处理剂系列化。据估计我国引进的机组投产后，每年大约需要300t预处理剂。因此，国产化是一项迫切的任务。如果能够研究与开发出

---

* 原载于《中国冶金报》1988年6月4日。

来适用于多种基材的通用性预处理剂，将会具有更重要的技术与经济意义。

二、发展多种用途的有机涂料

据初步测算，我国每年大约需要几千吨有机涂料，才能满足引进机组的生产需求。对于汽车工业来说，需要有含锌粉的环氧型涂层，以满足耐蚀性和可焊性要求。家电要求美观，而且加工性能好，应当开发聚酯型涂层。建筑行业，一方面要求美观，另一方面要求坚固耐用，一般底漆为环氧型，而面漆为聚酯型。为了某些特殊要求，还需要有硅改性型聚酯、丙烯酸、聚氯乙烯、聚氟乙烯等。另外，涂敷用的聚氨脂橡胶辊也应配套解决。

三、研究与开发涂层钢板应用技术

彩色有机涂层钢板中有75%左右用于建筑建材，家庭电器占10%左右，其他占15%左右。

建筑行业采用彩色钢板，用于建设工业厂房。其用钢量每平方米比采用预应力混凝土板节省钢材5～6kg，而且大大节省运输吊装和施工工程量。彩色有机涂层钢板是以压型钢板形式作为围护结构，以H型钢和冷弯型钢作为承重结构。因此，需要大力开发压型钢板的板形及其成型设备，使压型板系列化，满足建筑行业对彩色、线条、强度等多方面的要求。同时，还需要相应地对理论计算、工程设计、加工制造、零件配套和施工规范等进行系统研究与开发，以促进涂层钢板在建筑中的应用与推广。对于家电和家具行业来说，为了采用彩色有机涂层钢板，必须解决成型与焊接问题，发展专用模具和成型工艺，无损涂层焊接以及冲裁、弯曲、成型和连接等技术。

加速成果转化，推进技术进步*

《中国冶金报》的科技版与广大读者见面了。她为冶金工业的科技工作开辟了一块新的园地。愿我们广大科技工作者共同耕耘，使她花繁叶茂。我想借此机会谈几点有关如何使科研成果迅速转化为生产力的意见，作为奉献给“科教版”问世的一份薄礼，并以飨读者。

科技体制改革以来，冶金系统的科技工作，以品种质量为中心，为钢铁工业的技术改造和生产建设服务，大力开展研究与开发工作，取得了不少有水平、有效益的成果。通过消化吸收引进的技术和装备，并经过开发和创新，提高了研究起点，加快了开发速度，推动了冶金工业的技术进步。冶金系统的不少成果，还获得了国家发明奖、科技进步奖或专利权。尽管如此，从我国钢铁工业的总体来说，工艺技术和装备水平仍然是比较落后的。为了迅速扭转这种落后的局面，必须尽快地把钢铁工业转到新的技术基础上来，加速成果转化，推动技术进步，实行技术改造，才能实现多品种、高质量、低消耗、少污染、高效益。如何才能使科技成果迅速转化为生产力呢？我谈几点意见。

（1）绝大部分的研究和开发项目必须围绕钢铁工业技术改造的总目标，把解决品种、质量问题放在首位，为企业的技术改造服务。通过研究和开发，提高企业的技术水平和装备水平。我们应当提倡和推广钟廷珍教授对科研工作的指导思想，在企业技术改造中寻找课题，发挥作用。他针对全国的复二重轧机工艺稳定性差、轧机精度低等弊端，研制了 GY 型复二重短应力线轧机。这种轧机提高了轧机刚度，稳定了工艺性能，使线材尺寸公差控制在 ±0.3mm 以内。在洛阳、蚌埠、南京、广州等企业投产后，又对潍坊钢厂进行技术改造，投资少、见效快，颇受企业的欢迎。由此可见，科研项目只有在企业技术改造中找到自己的位置，才能为提高质量、扩大品种、降低消耗、改善环境发挥作用。

（2）既要做到重点开发，又要注意系统配套。企业在技术改造采用新技术和新工艺的同时，应注意做到功能完善效能高，提高技术水平，增加经济效益。成都无缝钢管厂的水平连铸投入使用后，由于炼钢和穿管等系统配套，不仅运转正常，而且收到了实效。而有些水平连铸，却因为系统不配套、备件供应不上，即使本身是好的，也难于发挥作用。鞍钢 6 号高炉，在高炉炉腹等部位采用了碳

* 原载于《中国冶金报》1988 年 8 月 6 日。

化硅砖。根据目前使用情况判断，寿命可达到8年以上。而国外一代炉龄可达10年以上。这里也有改进冷却系统和高炉操作等问题。只有在技术上系统配套，才能在生产上发挥作用。

（3）采用科研、设计、制造、工程一条龙的方式，将科研成果转化为生产力。特别是新工艺和新设备的科研成果，一定要与设计和制造相结合，才能使成果物化，变成企业技术改造中新的生产力。长沙矿冶研究院研制的SHP系列湿式强磁选机、北京科技大学研制的BG系列高炉液压矮泥炮和建筑研究总院研究的转炉煤气回收装置等，都是通过这种方式推广的。但对大多数科研成果来说，科研和设计结合得还不够紧密，必须从认识和实践上加以解决。

（4）通过技术市场或许可证贸易等形式，探讨技术扩散的新途径。过去，新技术推广主要靠国家计划来组织。今后，投资主体将转向企业。在技术改造中，采用什么样的技术和装备，企业将自行决策和选择。因此，技术市场或许可证贸易等技术扩散的新途径，将相应地会有所发展。我们应当探讨这些形式，拓宽这些途径。有偿的技术转让将使转让双方对技术的应用都负有经济责任。这样做有利于成果的转化，我们在这方面的经验还不多，需要摸索和积累。

（5）建立必要的中间试验基地，为科研成果向生产转化创造条件。一般来说，在建设和改造中必须采用成熟的工艺和技术装备，不允许把大生产作为试验厂。但是，试验研究和生产应用之间，应当根据情况建立必要的中间试验装置或基地，以便完成过渡性规模的技术与经济考核，对能否在建设和改造中采用作出判断。没有中间试验基地，很难使科研成果变为生产力。首钢、鞍钢、攀钢等企业已有一定的条件，如果适当增加科技投入，经过必要的完善配套以后，一定能够开发出一大批先进、经济、适用的技术，为我国钢铁工业的发展做出更大的贡献。

应当重视软科学的情报工作*

前不久，中国质量管理协会咨询组对上钢五厂的质量工作进行了一次比较全面的和深入的咨询。评价是“硬件不软，软件不硬”。在咨询评价中所提到的成绩多属于技术进步，而谈到的不足多属于经营管理。上钢五厂在1985年获冶金部质量管理奖，1987年被国家经委授予“推进全面质量管理成效显著单位”称号，是冶金系统首批进入国家二级企业的单位。就是这样一个企业，在经营管理上仍然存在着一些薄弱环节，其他企业就可想而知了。技术进步和科学管理是企业赖以生存和发展的两个轮子，冶金情报工作，除了关心技术进步以外，同时还应当重视科学管理、研究、开发和应用软科学方面的情报信息。

软科学所包括的内容是很广泛的，像科学发展战略、方针和政策；科技体制改革、理论与实践；技术商品市场的形成与运行；专利制度的实施与许可证贸易；基础研究、开发研究与应用研究的结构与纵深部署等，是当前科技界正在探索与改革的问题，它不仅关系到科技院所的生存和发展，也影响着国家未来的繁荣和富强。如果能从实际情况出发，去发掘与传播这方面的喜与忧，并分析这方面的成功与失败，使领导者正确决策，情报工作的地位与作用会变得更为重要。我觉得这方面的工作太少了，特别是在改革开放形势下，出现的一些新情况和新问题，如何去正确处理，多一些成功，少一些失误，情报工作具有十分重要的作用，办好了大有可为。

在社会主义有计划的商品经济条件下，企业的经营管理以什么为中心？有的企业提出的“以经济效益为中心”，有的企业则主张“以质量管理为中心”，究竟哪一种是体现社会主义企业本质的管理，目前理论界研究得如何，企业界实践得如何，应当提供这方面的情报与信息，使得经理或厂长们能够把经营管理放在一个正确的基础上，既能使企业短期有效益，又能使企业长期有后劲。又如推行企业兼并搞集团和联营，如何保证投资重点不转移；实行股份制扩大资金来源，是属于公担风险还是高利债券；企业升级中经济效益、物质消耗和产品质量等条件对提高基业素质，发展生产，增加供给的作用如何？我觉得这方面的情报工作就更少了。情报工作在注意技术进步的动向的同时，也要重视科学管理的信息，从技术与经济的结合上发挥作用，效益将会更好，办好了也大有可为。

---

* 原载于《冶金情报工作》1989年第1期。

为了搞好软科学的情报工作，就必须学习和研究软科学在冶金系统的发展，摆脱文献资料的局限性，走到火热的改革中去，为改革、开发形势下的科学管理，提供更多的情报信息，使得企业依靠技术进步和科学管理不断发展。我的这点想法是不是对头，希望与冶金情报工作者共同探讨，并预祝《冶金情报工作》在新的一年中办得更好。

我国熔融还原技术的发展*

熔融还原作为冶金领域的一项新技术，由于它可以用非焦煤作为还原剂，直接利用粉矿作原料，并具有设备投资少、能源消化低、应变能力强等特点，受到世界上很多国家的重视，甚至有人乐观地估计，在20世纪末就可能具有生产规模。我国从60年代开始，就有一些单位和专家开始探索熔融还原及其相关技术。但是，较多的进展还是在最近几年，特别是1984年冶金部在北京平谷召开熔融还原技术研究和开发论证会议以后，我国的熔融还原技术有了新的发展。

一、流态化床预还原

华东冶金学院采用经典式的鼓泡流态化床模型对铁精矿粉的预还原过程进行了比较系统的研究，对于鞍山等4种铁精矿的预还原流态化床的最佳参数进行了优选试验，并且初步找到了影响流态化床黏结失流的主要原因，提出了铁离子扩散固相烧结是造成黏结的主要机理。从3种预防黏结的方法中，推荐采用低温析碳方法来防止黏结失流和加速还原反应。另外，还研究了预还原中间产品的再氧化和从尾气中回收粉料的问题。

东北工学院在流态化床预还原方面也做了类似的研究工作。为了防止黏结失流，提出无筛板上扩张形流态化床结构，以强化床内颗粒的循环活动。中国科学院化工冶金研究所考虑到预还原气源温度很高、粉尘很多、不稳定等因素，提出不采用传统的鼓泡流态化床，主张采用载流和快速床结合的两级反应器，即流态化预热预氧化——两级载流快速流态化床预还原，但是目前还只限于ϕ90mm的试验装置。在日产半吨的试验装置建成后，将会使预还原的各种工艺条件更加符合实际的研究。

几年来，流态化床预还原的研究工作，基本上抓住了这一单元技术的主要问题。但是，距离一要顺行、二要联动的目标，还要做更多的工作，特别是与熔融还原过程相匹配的问题没有解决之前，流态化床预还原技术还不能说已经可行了。

---

* 原载于《钢铁》1989年第24卷第2期。

二、竖炉终还原

东北工学院以竖炉作为终还原反应器，研究了预还原铁精矿的熔化温度，在高温气流中的熔化和焦炭填充床中的熔化还原与滴落行为，铁水溶池中碳的溶解、FeO 熔渣还原和预还原铁精矿的熔化还原问题。另外，还在 5kg 的热模型上研究了矿粉和煤粉喷入焦炭填充层中进行熔融还原的可能性，探讨了终还原竖炉的结构、特点和各种工艺参数对熔融还原过程的影响等。

原来设定流态化床预还原度为70% ~80%，通过竖炉终还原，每吨铁需要消耗 553.9kg 标准煤，与高炉流程相近，应当说这一流程是比较合理的。但是，由于种种原因，目前还没有找到最适宜的预还原度、预还原料入炉温度和炉渣碱度等。在 5kg 的热模型上所进行的试验次数和组合还很有限，今后应继续完善试验方案，否则很难向日产 15t 的中间试验上过渡。

三、铁浴煤气化和终还原

化冶所采用埋入式套管型的低吹喷嘴，在 100kg 铁浴热模型上的铁浴煤气化和终还原试验，获得了符合铁矿预还原要求的还原气，$CO + H_2$ 为 80% ~90%，CO_2 可以控制在 5% 以下，铁浴温度达到 1500 ~1600℃，具有很强的熔融还原能力。通过控制喷入的 C/O 比来调整煤气成分和铁浴温度，并以快速流态化床预还原和铁浴终还原为流程，进行了系统模化，为工艺参数优化提供了评估手段。

钢铁研究总院和北京科技大学分别在复吹转炉和电炉上研究与开发了煤氧枪，不仅能向熔池内连续地、稳定地输送粉煤，而且还能有效地保护煤氧枪，这对发展熔融还原用的煤气枪具有重要的参考价值。北京科技大学还利用相似原理水模试验，分析了铁浴中工艺参数对铁水混合时间的影响，计算了能量密度与混匀时间的关系，从而提出了一个既有利于气化和终还原，又有利于同预还原相联的反应器模式。以竖炉—铁浴二步法为流程，进行了物料平衡与热平衡计算，确定了竖炉—铁浴熔融还原过程操作线，从热力学计算上将两部分联系起来，并有可能用数学模型来描述全过程。

鞍钢钢研所利用含碳冷固结球团经 1200℃、15min 预还原试验，金属化率可达 90% 以上。铁浴煤气化和熔融终还原采用顶吹氧、低吹氧、散落式加煤气化或在氧气中掺水增氢，还原气中 $CO + H_2$ 接近 90%，还原气温度达到 820℃。当熔池温度为 1500 ~1550℃时，含碳球团具有很大的熔化和还原速度。首钢采用粉料，终还原反应器是顶吹氧、低吹煤粉、矿粉和溶剂粉。从热平衡计算中可以看出“煤的可用热”没有得到充分利用，废气带出的和炉子散掉的热占 64.86%，相当于3倍还原所吸收的热量。

东北工学院与瑞典皇家工学院合作对3种流程进行基础分析，其中有两点对选择流程很有参考价值：（1）预还原器和终还原器之间要有一个适当的关系，即预还原部分能把终还原部分所产生的热能与化学能，最大限度地用掉，这就是要求我们找到一个最佳的预还原度和二次燃烧率；（2）影响二次燃烧率的重要因素是熔池的传热效率，如果熔池得到强烈搅拌，二次燃烧率可以提高。重庆大学所进行的熔融还原过程中的泡沫渣现象及其控制技术，也对完善熔融还原技术有重要作用。

四、铁合金的熔融还原

北京科技大学在1000～1200℃温度范围内，进行了碳直接还原氧化铬反应和含碳铬矿球团还原性的研究，为利用粉矿通过熔融还原制取铬铁提供了理论基础。钢铁研究总院研究了炉渣碱度和炉渣中 CaF_2 的含量对含碳球团和炉渣中铬氧化物还原速度的影响，又进一步为熔融还原生产铬铁提供了动力学方面的成果。上海工业大学和东北工学院与瑞典合作研究的 Fe－Cr－C 与铬铁矿熔融还原反应，不仅证实了顶吹预还原矿的方案可取，而且还探讨了熔剂对铬矿熔融还原的作用和铁水原始铬含量对前期还原速度和终点时铬的回收率的影响。

东北工学院在50kg感应炉内研究铬铁矿熔融还原之后，又对开发侧吹转炉型熔融还原反应器的技术可行性进行了研究。这种转炉的搅拌效果比较好，在合理选择喷吹参数时，可以获得良好的二次燃烧效果。1987年底在唐钢1号氧气侧吹转炉新炉开始生产时，进行了8h的煤气化和二次燃烧工业试验。虽然它可以满足铁合金熔融还原的要求，但是二次燃烧所产生的热量主要限于转炉熔池之上，而且氧位很高，如何使二次燃烧供热能有效地传递给金属熔池，而又不使它再氧化，是工艺上的一大难题。高温煤气的利用和耐火材料的选择也需要进一步解决。

因为高炉炼铁有着很多不可比拟的优点，所以要想用熔融还原来取代它，短时间内是绝对办不到的。但是对于铁合金生产来说，批量小、品种多，发展熔融还原方法代替矿热炉或其他反应器，是很有可能的。如果能够找到适宜的预还原工艺，充分利用终还原所产生的热能和化学能，控制二次燃烧，加强搅动，优化渣系，有可能在不太长远的将来，在铁合金上有所突破，但关键还在于技术经济指标，特别是产品的质量和成本。

总之，几年来我国的熔融还原技术已经有了很大的进展，取得了不少有价值的阶段性成果。如果适当增加科技投入，在“八五”期间完全有可能进入工业规模的试验。

积极采用微电子技术改造冶金工业炉窑*

在党中央提出的改革、开放、搞活的方针指引下，冶金系统积极采用微电子技术，改造各种工业炉窑，取得了很大的成绩，特别是近几年来，成效尤为显著。1985 年，全国钢产量为 4679 万吨，全行业吨钢综合能耗为 1.746t 标准煤。1986 年，全国钢产量为 5220 万吨，全行业吨钢综合能耗降为 1.705t 标准煤。全年节能 190 万吨标准煤。根据 1987 年上半年 84 个大、中型钢铁企业的统计，钢铁产量比 1986 年同期增长了 4.1%，而能源消耗却仅增长了 3.5%。当然，这种增产节能的形势是来自多方面的努力，其中也包括采用微电子技术改造冶金工业炉窑的贡献。到 1987 年 6 月为止，冶金系统已有 500 多座各种工业炉窑采用了微电子技术，实现了生产过程自动控制，平均每座炉窑节能 8% ~10%。

一、主要成绩

首钢现在已经有 40 多座工业炉窑实现了计算机控制。1986 年首钢的吨钢可比能耗达到了 895kg 标准煤，这是国内冶金企业中最好的指标，成为国家节约能源的一级企业。鞍钢也把 40 多座工业炉窑改造为节能型的，其中有相当一批炉窑采用微电子技术进行了改造，1986 年鞍钢的吨钢可比能耗达到了 898kg 标准煤，也成为国家节约能源的一级企业。

首钢 2 号高炉的微机控制系统具有三种功能：矿石称重补偿、控制炉顶布料和焦炭水分补正。经过使用证明，该系统技术可靠、效益显著。布料角度准确，保证了炉况顺行。每天可以节约焦炭 3 ~6t，节约煤粉 10t 多。马钢 2 号高炉的上料称重系统也采用了微机控制系统，对每批入炉原料自动进行补偿，每月可以节约焦炭 30 多吨，增产生铁 50 多吨。武钢 4 号高炉利用微机将风口流量变化和分布曲线图形显示在 CRT 的画面上，同时还能测定瞬时流量值和小时流量平均值，它可以用来判断炉缸煤气流的分布和变化，有助于改善炉况和稳定生产。PC - 584 可编程序控制器从 1984 年成功地应用于鞍钢 3 号高炉以来，又推广应用在鞍钢 10 号、11 号和 5 号高炉以及辽宁的凌源钢铁厂、吉林的通化钢铁厂和河北的

* 原载于《冶金自动化》1989 年第 2 期。

承德钢铁厂的高炉上。最近又开发了 PC－984，也取得了较好的效果，仅鞍钢 7 号高炉统计，每年可以获得经济效益 68 万元。

太钢利用微机控制转炉氧枪高度、氧耗量和吹炼时间，取代了原来从西德引进的逻辑控制系统，比原来系统方便可靠。炉前有氧枪枪位、氧耗量和时钟等大数字显示器，并能自动打印有关生产操作数据。通过控制枪位和供氧量可以控制冶炼过程，提高金属回收率，便于统一各班操作。据太钢统计，仅减少热停炉时间一项，每年可以获得经济效益约 8 万元。鞍钢利用微机控制氧气转炉复合吹炼底部供气的压力、流量和切换等也很有效果。

宝钢研究与开发的微机注速仪，可以在线检测钢液流入钢锭模的注流速度。经过两年生产实践证明，可以改善钢锭内在和表面质量，提高钢坯收得率。浇注镇静钢 15 万吨，取得了较好的经济效益。在消化吸收引进技术的基础上，冶金部自动化研究所开发的水平连铸自动控制系统，控制精度接近西德西门子公司为 T. G 公司设计的微机自动控制系统水平，在马钢、成都无缝钢管厂和吉林钢厂投入了运行。特别是武钢利用微机控制板坯连铸的二冷系统，改善了铸坯质量，提高了生产效率。

近几年来，采用微电子技术改造轧钢加热炉及控制工艺与燃烧过程，节能效果十分显著，一般都在 10% 左右。上钢五厂在 1984 年底对均热炉进行大修时，采用 DCP－511 程序控制器、KMM 可编程序调节器、KMS 固定程序调节器和 DDZ－Ⅱ型仪表来控制炉温、空气和煤气流量、护气成分和压力。1985 年 7 月投入运行，同手工操作相比，每小时可节约煤气 50m^3，6 座均热炉每年节约能源折合人民币约 40 万元。上钢三厂中板车间的 3 座两段式燃油连续加热炉，首先在 3 号加热炉上采用 TMC－80 微机和 DDZ－Ⅱ型仪表，投入运行后，在原来特等节能炉的基础上又节油 5. 2% 左右，金属烧损减少 0. 13%，仅按这两项指标计算，年效益在 20 万元以上。成都无缝钢管厂已有 8 座加热炉采用微机控制，其能耗指标全部超过规定的特等炉水平。据其中 5 座加热炉效益统计：天然气消耗平均下降 10%，年节约天然气近 30 万立方米，减少了金属烧损，平均提高成材率 1%，延长了炉龄，节约了投资，年总经济效益为 358 万元。重庆特殊钢厂的精锻车间，与精锻机配套的 9 座工业炉窑于 1985 年 3 月采用微机集散系统，投产后节约能耗约 10%，每年综合经济效益 10 万元以上。重庆钢铁公司与浙江大学合作，研制成功的"板坯连续加热离散状态空间模型和相应的优化控制方法"，用于生产后节能 10% 左右，减少烧损 0. 18%，年综合经济效益为 118 万元。该项成果为国内首创，并达到了 20 世纪 80 年代中期的国际先进水平。总之，冶金系统采用微电子技术改造工业炉窑，取得了很大成绩，对于节约能源、减少金属氧化损失、保证质量、提高产量都起到了十分重要的作用。

二、基本经验

冶金系统采用微电子技术改造工业炉窑取得很大成绩的主要原因在于各级领导重视，并加强和建立了计算机推广应用的管理机构，制定了发展规划，开辟了资金渠道，培养了专业人员，加强了二次开发。但是，以下几方面对于推广应用工作也是非常重要的。

（1）加强对件料的管理。采用微机控制工业炉窑是节能的一项重大技术措施。但它要有一个基本的前提，就是要加强对燃料的管理。要使燃料的压力、流量和热值等保持稳定，否则即使采用微机控制也很难达到预期的效果。目前，微机控制工业炉窑主要是控制空气过剩系数和完全燃烧程度。固体燃料应当具有适宜和均匀的粒度，液体燃料应当具有适合的温度和纯度，气体燃料应当具有稳定的热值、压力和流量。凡是燃料管理好的企业和设备，节能效果都比较显著。

（2）测试元件与控制仪表要配套。“六五”期间我们已经研究与开发了一批冶金专用仪表，为钢铁工业节能做出了一些贡献，但它仍是一个薄弱环节。钢铁工业中固体燃料占2/3，解决固体燃料称重十分重要，像地道衡、皮带秤等。对液体燃料应当重点配置压力、流量计控仪器，而对气体燃料还应当配置热值仪。实践证明，这些仪表的控制精度要高、控制的范围要宽，并且在数字调节器部分应具有多种补偿和控制功能。采用氧化锆分析烟道中残氧和研究与开发测量钢坯的实际温度对于节能的作用更大。在控制方式上大都采用单交叉限幅控制，个别的也有采用双交叉限幅控制的。

（3）正确设计控制系统。近几年来，在工业炉窑中多数采用数字式仪表。特别是在分散式DDC系统中，由CRT构成多回路的人—机接口，操作方便、控制精细，并能够把连续控制和顺序控制有机结合起来。当前DDC系统的规模越来越大，如果把它与上位机联网，便可以形成整个工厂自动化的管理系统，因此要注意设备控制级与生产过程控制级之间的协调和电气仪表系统与PLC的有机结合。正确设计控制系统，处理好总体结构中集中与分散的关系以及各种机器间的通信方式，对实现工厂自动化的长期目标是有好处的。

（4）抓好节能的相关技术。为了充分发挥微机控制效果，必须从系统节能观点出发，抓好相关技术的研究与开发，例如，提高燃烧技术、改进燃烧装置、选择合理炉型、开发筑炉材料、提高预热温度、回收利用余热等，运用系统工程的方法加以综合治理，才能求得整个系统的最佳节能效果。如果上述相关技术得不到很好的解决，微机的作用和潜力也不可能充分发挥出来。

（5）实行经济承包，做到有奖有罚。首钢不仅领导重视计算机的应用与推广工作，而且还成立了负责全公司计算机和自动化的职能机构——电子部和进行技术开发的电子公司，把计算机应用纳入企业发展和技术改造规划，同时层层实行经济承包，做到有奖有罚，调动了广大职工的积极性和创造性，促进了微机的推广应用。

三、今后目标和要求

“七五”后3年要继续抓好一批投资少、见效快、量大面广并有推广价值的微电子技术应用项目，当前重点是采用微电子技术改造工业炉窑。到“七五”规划完成时，冶金系统应有2/3的工业炉窑采用微电子技术。根据“七五”节能的奋斗目标，年节能率为2%～3%，1987年全行业吨钢综合能耗要达到1.67t标准煤，1988年和1989年要分别降为1.64t和1.59t标准煤。

各重点企业和地方骨干企业对矿山、选矿、烧结、焦炉、高炉、炼钢和轧制等主要生产过程和装备，结合技术改造推广应用微电子技术，逐步实现节能和自动化。同时还应继续研制一批冶金专用检测仪表，进一步提高配套水平，为钢铁工业的技术进步做出新的贡献。为了达到上述目标，必须做到以下几点：

(1) 进一步提高认识，加强领导，搞好规划，加快步伐。1986年，李鹏同志在国务院第二次办公会议上说：“节能工作要依靠技术进步，加强节能技术改造。”周传典同志在第五次钢铁企业节能工作会议上也谈到，今后的节能再继续靠“扫浮财”过日子，显然是不行了。多数企业应当把依靠技术进步来节能的工作摆到议事日程上来。

据统计，冶金系统重点企业和地方骨干企业共有各种工业炉窑300多座，其中绝大部分生产工艺和装备水平都比较落后，平均热效率和国外先进水平相差很大，即使国内各企业间差异也很大。如果能把我国现有的工业炉窑的热效率提高1%，每年就可以节约300万吨标准煤。通过微机控制燃烧过程，估计可以节能5%～10%。国务院《关于加强工业企业管理若干问题的决定》中也要求把节能降耗列为企业技术改造的重点，优先纳入计划。而且国家还规定各企业应从技术改造费用中划出3%～5%用于采用微电子技术改造现有设备和计算机管理与控制系统。各企业应当加强领导，搞好规划，使采用微电子技术改造工业炉窑的工作落到实处。

(2) 把节能工作的重点放在节电上，并继续抓好节煤、节油和节约天然气的工作。冶金工业的节电是当务之急，它在节能工作中占有重要位置。因此，除了利用微电子技术改造轧钢加热炉外，也要注意电炉、铁合金和碳素企业炉窑的节能改造。上钢五厂利用微机控制电炉冲击负荷，吉林铁合金厂利用微机控制电极压放和三相不平衡等都有很好的节电效果。今后在电耗比较大的设备和工序中，大力推广应用微电子技术，并继续抓好节煤、节油和节约天然气的工作。对有条件的企业希望能进行能源、流体生产和分配的计算机管理和控制，以期达到能源优化使用。

（3）进一步加强行业管理工作，做好统筹规划，协调开发、设计和应用的关系，加速微电子技术改造工业炉窑的推广应用工作。首先应当加强微机应用的基础技术工作，坚持统一优选机型，重视开发公共支持技术，要根据冶金过程特点开发应用软件。在数学模型很难描述生产过程变化时，仍可以连续 PID 控制为基础，加上前馈控制、自适应控制和顺序控制等构成自动控制系统；而 DDC 系统恰好可以做到这种有效的结合，这种一体化的分散型自动化系统是我们利用微电子技术改造传统设备和生产过程的方向。其次是在统筹规划的基础上，从协调开发、设计和应用的关系入手，发展横向联合，逐步建立机、电、自动化系统联合体，对冶金系统利用微电子技术进行改造必将发挥更大的作用。如果冶金系统能建成若干个像首钢电子公司那样的实体，便可以承担从设计到改造的总承包，冶金工业的技术改造的速度和水平都将呈现出新的面貌。

“质量彻底优先”的武钢企业文化*

企业文化是指企业在生产实践过程中所创造的物质财富与精神财富的总和，但往往又侧重于意识形态以及与之相适应的组织机构和管理制度，或者说是指企业以什么样的意识形态来科学地安排生产力和合理地调整生产关系，以使劳动者和生产资料实现优化组合，为社会创造出更多更好的物质财富和精神财富。《第三次浪潮》的作者阿尔温·托夫勒在《未来的冲击》中写道：“正如一个人能够在各种生活方式中进行有意识的选择一样，一个社会今天也能够自觉选择不同的文化方式。这是历史上的一个新的事实。过去，文化的形式并不经过事先的深思熟虑。今天，我们第一次能够把这一过程提到自觉的高度。通过采取自觉的技术政策（连同其他措施一起），我们可以勾画出明天文化的轮廓。”同样地，企业文化形式也可以经过事先的深思熟虑，并通过自觉地选择来勾画出企业的未来。

当然，企业文化形式是多种多样的。历史上不同时期和不同国度的企业，为了发展生产和谋求效益曾经采取过各种不同的意识形态来经营和管理企业，也都曾迸发出诱人的火花，起到过一定的作用。在18世纪下半期，亚当·斯密及其继承人大卫·李嘉图的“劳动价值论”；19世纪末期泰罗推行的定额和奖惩制度；二次世界大战时期形成的马斯罗的“人类需要层次论”、麦克格里戈的“X－Y观点论”、白莱克和英登的“管理风格论”、泰纳波姆和斯密特的“领导行为论”等，都曾被西方一些企业所接受并选用。但是比较著名的应属以泰罗为代表的定额管理和以梅约为代表的行为科学，以及以西蒙为代表的既靠严格管理、又靠人际关系来提高企业效能和个人效率的现代管理思想。工业发达国家中的一些企业以这些思想意识为基础，形成了企业的经营思想、管理模式和行为规范，追求产销一体化、组织系统化、方法定量化和手段自动化。

中国的企业，包括钢铁企业，从学习苏联管理经验到推行“鞍钢宪法”以及后来的“工业七十条”、“工业学大庆”、“抓革命、促生产”等，一直处于不断的批判与否定中。虽然从党的十一届三中全会以后开始拨乱反正，重新整顿，但是企业到底以什么样的思想意识来进行经营管理，并没有完全解决，也没有统一看法。有的企业提出以提高经济效益为中心，有的企业主张以企业管理升级为动力，并表现出不同的经营思想和管理模式。我认为以全面质量管理为中心的经

---

* 原载于《冶金管理》1989年第2期。

营思想和管理模式以及其所形成的“质量彻底优先”的企业文化，具有广泛而深刻的内涵，值得提倡。武钢的经验已经证明了这一点。

一、深思熟虑的选择

武钢推行以全面质量管理为中心的经营思想和管理模式是一个深思熟虑的选择，而且这种选择不仅是由企业领导者的主观判断决定的，更重要的是由企业的环境条件形成的。武钢在1979年时曾提出推行全面质量管理，但却没有收到实效。当时，十年动乱所遗留下来的问题急需整顿，又逢一米七轧机投产后一直不顺。不仅落后的前工序与先进的后工序不适应，而且传统的管理方式与引进的技术装备不适应。1982年武钢的钢产量为267万吨，可是废品竟达26.7万吨，接近10%。在这种情况下，搞全面质量管理是不可能的。武钢领导下决心集中力量搞整顿，从领导做起，从基础抓起，一抓就是5年。在一米七轧机达到了设计能力、双四百万吨的能力基本形成，每年利税增长1亿多元以后，企业才形成了生产均衡稳定运行的良性循环。另外，硅钢片钢厂在引进日本的技术与设备的同时，也学习和运用了日本的全面质量管理经验，并且收到了实效，武钢领导经过深思熟虑，决定从自己的实际出发，选择以抓质量为突破口，以推行全面质量管理为中心搞现代化管理。在谈到为什么做这样的选择时，黄墨滨总经理说有四方面的原因：第一，武钢的优势是一米七轧机，它是国际上20世纪70年代的水平，而产品又是国家的短线品种，这就要求能够生产出高质量的产品；第二，怎么样才能发展武钢一米七轧机的优势呢？经过再三考虑认为抓质量是企业最重要的，也是难度最大的基本功，抓质量可以促进企业整体管理水平的提高和一米七轧机优势的发展；第三，武钢双七百万吨规划的改造资金，只有依靠高质量产品所获得的经济效益来偿还；第四，硅钢片厂推行全面质量管理有了经验，其他各分厂也有能力办得到。武钢的领导认为质量与经济效益、质量与企业升级是统一的。从企业的短期行为来看可能有矛盾，但从长远利益来讲是统一的。几年来的实践表明，武钢通过抓全面质量管理，使企业管理升级的7项综合经济指标（除资金利税率外）都达到了国家一级企业水平，主要厂矿的工序等指标也多进入了一等工序。

武钢分析了国内外企业管理的经验，从本企业实际出发，突出质量，使企业管理进一步深化。1985年提出两个转移，即“抓生产由以产量为中心转向以质量为中心，抓企业管理由以经济责任制为中心转向以全面质量管理为中心”。在进一步的实践中，认识更加明确了，1987年提出突出两个中心，即“突出质量是武钢生产经营指导思想的中心，突出全面质量管理是武钢推进企业管理现代化的中心”。两个中心实质上就是一个中心，即突出质量。从观念上要突出质量为中心，在实际工作上要突出全面质量管理为中心。这就是武钢从实际出发，经过深思熟虑所做的选择。

二、全面质量管理的延伸

我国的全面质量管理一般是指全面的质量管理，全过程的质量管理和全员参加的质量管理。对于全面的质量有三种理解。一种看法认为是指产品的全面质量；另一种看法则认为是指工作质量、工序质量和产品质量。用工作质量保证工序质量，以工序质量保证产品质量。还有一种看法认为是指产品质量、品种、交货期、成本与价格、售后服务等。目前武钢已经超越了第一种看法，进入了第二种认识，并且向第三种理解延伸。武钢把全面质量管理推广到各种专业管理中去，使企业管理更加科学化和系统化，从而推动了企业的全面工作，并且向“质量经营”方向发展。

武钢的全面质量管理经过多维的延伸，呈现出主体的管理模式。在推行全面质量管理的初期，公司主要依靠技术监督处来工作。1983 年公司和二级厂矿又相继成立了以经理或厂长为主任的全面质量管理委员会，但办事机构仍设在技术监督处。根据企业整顿和升级的需要，公司又先后成立了企业整顿办公室和企业升级办公室。这三套综合管理机构，各有系统，各有中心，而且有的职能交叉重叠。随着“两个中心”经营管理思想的发展，武钢决定在机构上也要体现以质量为中心的观念，需要建立起一个对全面质量管理能起综合、协调、指导、监督作用的权威性机构，于是 1988 年决定三办合一为全面质量管理办公室，二级厂矿也相应地建立与健全了类似的机构，从上至下形成了完整的组织系统网络，使全面质量管理延伸到各级组织机构中去。

以产品为龙头的“一条龙”质量保证体系是武钢的全面质量管理在生产过程的延伸，它不仅包括了 22 个产品系列，而且还向原料系统和售后服务两头延伸。他们抓住了 13 个主体厂的 128 个工序，采用了“八步六表”的分析步骤，确定了 469 道工艺程序，94 项主要质量特性，分析展开 1146 条要素，并在直接影响产品性能、成分、精度、可靠性和安全性的关键工序建立了工序管理点，分别利用监测、控制、管理、联合等模式进行质量保证。为了使这些“一条龙”的质量保证体系有效地运行，武钢还建立了组织网络，健全了信息渠道。由质量、生产、技术、科研及其他有关部门与主体厂的主要负责人组成了“一条龙”质量管理协调组和一系列的子体系，并且从实物流、质量调度网和“一条龙”运行中及时获得信息，使得质量管理做到内外结合，静态与动态结合，单项与综合结合，有力地促进了产品质量的提高。

突出质量职能使武钢全面质量管理向专业管理中延伸。他们认为全面质量管理是以质量为中心的企业现代化管理，每项专业管理都要围绕质量展开，成为整个质量保证体系的一部分。另外，全面质量管理又是一门科学，用它的原理来指导专业管理，不仅可以推动专业管理水平，而且有助于形成以质量为中心的专业管理系统工程。根据这种认识，武钢对公司11个专业管理系统制定了质量职能。例如，设备系统推行TPM（全员设备管理）的同时，又建立了运行、检修和备件等三个质量保证的体系。财务系统建立了质量成本控制和核算体系，技术管理系统建立了技术进步和新产品开发体系，安全工作、销售部门和后勤系统也都把全面质量管理的思想和方法应用于本职工作中，实现了全面质量管理向各专业管理的渗透和融合，有效地提高了整体的企业管理水平，使得武钢呈现出以质量为中心的主体管理模式。

三、“质量彻底优先”的作用

武钢推行以全面质量管理为中心的经营思想和管理模式，不仅提高了企业管理水平和产品实物质量，而且在武钢形成了具有特色的“质量彻底优先”的企业文化，深刻地改变着人们的价值观念和行为准则，提高了企业质量意识和管理水平。这种企业文化的功能正在释放，群体的质量意识和职业道德呈现出巨大的精神力量和物质力量。目前武钢群众性的QC小组已经发展到3352个，有25000多人参加、向公司申报的QC成果所创造的直接经济效益累计达1.3亿元，有146个QC小组获得国家、部、省、市优秀称号。“质量彻底优先”已经在广大职工中形成了强大的凝集力，使得武钢的产品质量10年中呈现四个变化：一是由大幅度波动到稳定提高，主要产品质量连续6年稳定提高率为100%；二是由国内标准向国际标准过渡，1988年按国际标准生产的钢材已占总量的83.10%；三是实物质量有了明显提高；四是产品的包装质量和服务质量达到了国内先进水平。10年中，武钢实现了钢材产量、工业总产值、实现利税、上缴利税、劳动生产率和人均年收入6个翻番（其中实现利税翻了两番）。一米七轧机连续3年超过设计水平，是冶金系统第一家全面质量管理验收合格的大型联合企业。

“质量彻底优先”在武钢取得了巨大成效，职工的素质有了很大提高。目前，武钢的技术工作、管理工作和岗位作业都进入了标准化，使得各项工作逼近优化程度。现在全公司近3万个岗位，全面采用标准作业，覆盖面100%。文明生产发展到一个新水平，全公司已有原始记录10000多种，统计台账5600多种，统计报表6460多种，信息按ABC三级实行分类管理。12台微机使信息数据达到闭环处理，以冷轧厂为试点的定量管理正在全公司展开，并且已经收到实效。“质量彻底优先”还推动了技术进步，使得一米七前工序得到了全面改造，提高了总体装备水平。整个“六五”期间，改造和攻关项目100多项，用于生产和改造的工业性投资 10 亿元以上，使得整个装备水平基本上与一米七轧机相适应，为保证一米七产品质量打下了物质基础。武钢“六五”期间用于技术进步的 6.5 亿元投资中，直接用于提高产品质量的就有 1.3 亿元。1987 年，公司确定的 13 项重点攻关项目中有 11 项属于质量攻关。1988 年，公司在改进 35 条生产线上又直接安排投资 1.849 亿元。武钢共获得国家级科技成果奖和科技进步奖 2 项，国家发明奖 9 项，部、省、市科技成果奖和科技进步奖 160 多项，这在大型钢铁联合企业中也是领先的。

总之，“质量彻底优先”的武钢企业文化是在推行全面质量管理过程中形成的。武钢在企业管理中以全面质量管理为中心，并将全面质量管理向多维方向延伸，呈现出主体的管理模式和深层的企业文化。武钢的领导和职工以质量求生存，以质量求发展，以质量求效益，以质量求升级的观念和行动，使企业和职工着眼于长远利益和全局利益，这是社会主义企业应有的意识形态，是应当向经济界和企业家推荐并加以推广的。

实施标准化法，提高冶金产品质量*

《中华人民共和国标准化法》经第七届全国人民代表大会常务委员会第五次会议审议通过，并将在1989年4月1日开始实施。这是我国经济技术领域中的一件大事，它不仅有利于当前我国治理经济环境、整顿经济秩序和深化改革，而且对进一步发展商品经济，促进技术进步、提高经济效益具有更重要的作用。为了切实贯彻与实施标准化法，冶金系统打算做好以下几项工作：

（1）认真学习和深刻领会标准化法的精神，明确标准的法律地位以及在经济工作中的作用。掀起一个学习标准化法、宣传标准化法和实施标准化法的热潮，使冶金战线的广大职工熟悉标准化法、掌握标准化法、在生产和流通中正确运用和发挥标准化法的作用，并进一步强化标准化法管理机构，建立与健全有权威的、有法律地位的质量标准监督体系。

（2）加快采用国家标准的步伐，实现冶金产品的升级规划。标准化法将采用国家标准放到重要位置，这对于提高产品质量和竞争能力具有重大作用。到1988年底，钢铁产品国家标准和部颁标准总数为1450个，其中采用国际标准和国外先进标准（以下称“双标”）的为770个，占标准总数的53%。到1990年，冶金产品标准（包括矿石、焦化、耐火材料、生铁、铁合金、钢及钢材、理化检验方法等）要增加到1500个，其中采用“双标”的要占50%~60%，我们将在实施标准化法的过程中，抓紧冶金产品标准的修订、制定工作，加强采用国际标准的步伐，保证企业按“双标”生产，实现产品升级规划的目标要求。

（3）坚持标准、质量、价格三同步，用经济手段保证标准和质量的升级。《对采用国际标准的工业产品实行优质优价的规定》是鼓励标准和质量升级的有力政策。在实施标准化的过程中，仍然需要坚持做到“标准分级，质量分等，按质论价”的原则，进一步抓好标准水平等级的评审认定、产品质量的认证和评优，以及钢铁产品按质论价的管理工作。进一步加强对产品质量的监督检查，并逐步扩大颁发生产许可证的钢材品种范围，充分发挥各级质量监督与检测中心的作用，建立质量举报中心，对不执行和不严格执行标准的要严肃处理。

（4）依靠技术进步，不断提高标准和质量水平。冶金系统1990年重点企业要有40%以上的钢材按“双标”组织生产，地方钢铁企业在“七五”期间也要

---

* 原载于《技术监督》1989年第3期。

扩大按“双标”组织生产的产品的比例。为了确保这一目标，冶金系统准备建设能够按“双标”组织生产200个关键品种的462条工艺先进、设备配套的生产线，生产能力约为1829万吨，占这些企业的钢铁产品产量的40%以上。到1988年底，已经建成360条，产量为1300万吨，1989年重点企业还将打通80条，按“双标”组织生产的钢材产量将达到1659万吨，地方骨干企业要达到100万吨。另外，还要继续抓紧完成制定和修订钢铁产品标准的工作，进一步理顺标准体系，提高标准水平。标准的修订、制定工作是一项重要的科技工作，必须增加适当的投入和开展必要的研究工作，依靠技术进步来提高标准和产品的水平。

（5）在企业管理升级中坚持标准和质量考核指标，正确行使质量否决权，除了对标准水平进行公正地评审和认定外，还应加强对产品的实物质量进行监督检测。标准水平和质量等级达不到规定要求的，要在企业管理升级中实行否决权。在贯彻实施标准化法时，应当进一步建立质量标准的权威，并从法律位置上来维护产品质量标准。我们准备向企业推荐武汉钢铁公司重视标准和质量管理的经验。武钢十年一贯抓标准化和全面质量管理，围绕“企业生产经营以产品质量为中心，企业管理以质量管理为中心”的经验，很值得借鉴。

充分重视新兴技术的开发*

世界上钢铁工业正在发生微妙的变化。与高速发展的20世纪60年代和70年代相比，80年代的世界钢产量明显地下降了。但是，发展中国家的钢铁工业方兴未艾，蒸蒸日上。与此相应地，钢铁企业的建设规模也有从大到小的趋势。在60年代和70年代初期，为了在国际竞争中取得优势，有一批年产300万吨至1000万吨的钢铁联合企业投产。到了70年代中期，钢铁企业的规模出现由大型向小型转变的趋势，强调产品的单一化和专业化。到了80年代又出现了由小型向中型转变的势头。这些转变都是以资源条件和市场变化为背景的。为了适应中、小型钢铁企业的发展，近年来，相继出现了一批新兴技术，特别是不用高炉—转炉生产的传统工艺技术。例如直接还原、熔融还原、连续炼钢、薄板坯连铸、水平连铸和紧凑式轧机等。

对于发展中的中国来说，发展钢铁工业的途径在当前仍然是以传统工艺技术为主，即以高炉—转炉为主体，以挖潜、革新、改造、配套和扩建为重点，不断地增加产量、提高质量和扩大品种。但是，对于我们这样一个10亿人口的大国，只靠传统工艺技术来发展钢铁工业，在投资、规模、速度和效益上都会受到一定的限制。因此，根据我国的资源条件和经济能力，开发应用一些适合于中、小钢铁企业的新兴技术，无疑具有十分重要的意义。

当前，我国废钢资源十分短缺。而发展直接还原技术，从铁精矿生产金属化球团，是技术可靠、经济可行的途径。目前，全世界直接还原铁的年产量近千万吨，其中93%是以气体还原剂生产的，有7%是以固体还原剂生产的。竖炉是比较普遍的装备，但需要有从天然气转化为还原气的技术。回转窑也是可供选择的专备，如果能够克服回转窑结圈等弊端，用煤气作为还原剂，也有广阔的推广应用的前景。我国在直接还原的研究和开发方面，起步并不晚，投资也不少。但是由于气体还原法中的催化剂和固体还原法中的结圈问题没有解决，至今没有转化为生产。如果能够在特殊钢厂附近建设一个直接还原工厂，通过引进部分设备与技术，进行消化吸收和改进提高，然后逐步实现国产化是完全有可能的。

对于有煤、有矿的地区，发展地方中、小钢铁企业应当立足于非焦煤炼铁的

---

* 原载于《中国冶金报》1989年4月1日。

技术或直接炼钢的工艺。熔融还原就是一条重要的途径。熔融还原已有半个世纪的研究和开发的历史了。一步法是不现实的，二步法是有希望的。但不论是流态化或竖炉的预还原，还是竖炉、转炉或等离子电炉的终还原，各种方案都还没有达到工业化水平，有必要抓紧研究与开发。特别是利用铁浴造气法研究成功后，将不仅有利于熔融还原，还将有助于为直接还原提供还原气体。对我国来说，采用竖炉作为预还原、转炉作为终还原的方案，可能从设备与技术两个方面都容易解决。

直接还原铁进电炉或熔融还原铁进转炉冶炼成钢以后，对于板带产品来说，可以采用薄板坯连铸，对于管棒产品来说，可以采用水平连铸，完全可以摆脱初轧环节的制约，提高成材率，节约热能源。目前，国际上比较成熟的薄板坯连铸技术是西德 SMS 机组，可以直接浇铸厚度为 50mm、宽度为 1600mm 的板坯，并直接轧成 4. 8mm 的板带。水平连铸装备和技术，经过消化吸收，研究与开发的具有我国特色的成都无缝钢管厂管坯水平连铸机已经投产。正在开发小直径和特殊钢水平连铸机，估计不久的将来会得到推广应用。

网络解决连铸与轧钢同步问题，其主要途径有两种：一是提高连铸速度；二是采用大压下量的中间开坯机组。紧凑式轧机就是属于大压下量的可逆轧机，适于组成连铸连轧机组。它可以把尺寸单一的连铸坯轧成多种规格的成品。轧机刚度高、辊身长度短，不用孔型、平辊轧制、投资低、生产率高，可以自动控制。

诸如此类的新兴技术，逐渐出现，陆续配套，正在向适合于中、小型钢铁企业的工艺技术系统发展。如果说高炉—转炉大型化技术有很多共性的话，那么上述这些新兴技术却有很多个性，我们应当根据资源、能源、市场等因素，因地制宜地发展这些新兴技术。

为了使这些新兴技术能够迅速地转化为生产技术，发挥出技术与经济效益，应当从以下几个方面抓起：

（1）技术开发与技术引进相结合，提高技术开发的起点，加快速度开发的速度。一切从头搞起是不合算的。但是，引进也要有所选择，我们只需要引进核心技术和关键设备，通过消化吸收和系统配套逐步实现国产化。

（2）通过国际合作，发挥各自的优势，在互惠互利的基础上，共同开发新兴技术。像熔融还原这一类的技术，对于生产能力过剩、市场不景气的国家来说，很难推向工业化。而对于我国来说，却是有生命力的。通过不断加强国际合作，是有可能在中国首先实现工业化的。

（3）把基础研究、应用研究和开发研究有机地结合起来，发展具有中国特色的新兴技术。只有这样，我们才不至于总是学外国的、仿洋人的。基础就是未来的技术，不重视基础研究，就没有未来的技术。这一点恰恰是我们常常忽视的。

（4）解决技术开发、工程设计与加工制造的脱节问题，真正实现科研、设计、制造与工程相结合，使科研成果能够迅速转化成为技术与设备，这正是我们当前的一个薄弱环节。

（5）需要一定的开发基金。新兴技术具有一定的风险性，没有足够的经费是很难成功的，甚至有必要设立行业新兴技术开发基金，支持新兴技术的研究与开发工作。

认真贯彻《标准化法》*

今年4月1日起开始实施的《中华人民共和国标准化法》是我国标准化工作的基本法律。它规定了标准化工作的方针、任务、标准体制和制定标准的原则，执行标准的责任和违反标准的法律责任，是国家推行标准化、实施标准管理和监督的依据。我们应当很好地学习、宣传和贯彻。

近年来冶金工业按照“认真研究，区别对待，积极采用”的方针，鼓励采用国际标准和国外先进标准，取得了很好的成绩。到1988年底，冶金产品（包括钢铁、耐火材料、焦化产品、碳素制品、矿石等）的国、部标总数为1529个，其中采用国际标准的有951个，占国、部标总数的62%。重点企业按国际标准和国外先进标准生产的钢材产量达到1360万吨，超过1200万吨的计划目标。武钢按“双标”生产的钢材已达钢材总产量的84%。鞍钢在资金十分紧张的条件下，1988年投资1.64亿元，完成了25项质量技改项目，“双标”钢材产量达到400万吨，占钢材总产量的70%。上钢五厂也相续改造了轴承钢、不锈钢和工具钢生产线，“双标”钢材比例也达到了58%，并且已有22条探伤线，重点产品已经做到100%探伤出厂。另外，马钢、成都无缝、唐钢、重钢、太钢、大冶钢厂等企业也积极采用国际标准，从经营管理和技术进步两个方面来提高产品质量，成绩显著。

但是，与国民经济各部门的发展需要相比，冶金产品的标准和质量还有不小的差距。我们必须根据《标准化法》的要求，进一步理顺标准体系，提高标准水平。首先，要抓紧冶金产品标准的修制定工作。1988~1990年钢铁产品标准的制修定计划，列入国家标准和专业标准的工381项，其中国家标准274项，专业标准107项。在修制定标准过程中，要充分发挥标准化技术委员会的作用，并注意系统配套，形成体系。要重视标准的监督检查工作，防止任何虚假和浮夸，努力提高产品的实物质量。大力鼓励企业采用严格的内控标准来保证产品达到和超过国家标准或专业标准。继续贯彻执行按质论价和优质优价的政策，做到标准、质量、价格三同步，充分调动企业采用国际标准的积极性。要积极发挥钢铁产品质量举报中心的作用，并组织各级质量监督检测中心有计划、有重点地进行质量抽查。对不严格执行标准或产品质量有问题的企业，将根据情节给予应有的

---

* 原载于《中国冶金报》1989年4月13日。

处理。1988 年，冶金部会同国家技术监督局对 149 个（次）企业的 15 种产品进行了抽查，合格率为92.6%。根据抽查执行标准和产品质量不合格情况，部里给 2 个企业停产整顿，8 个企业不停产整顿，14 个企业警告处分的处理。

实行生产许可证制度，是严格执行标准，保证产品质量的重要措施之一。从 1985 年起，冶金部已对9 种产品实行了生产许可证制度。今后，将陆续扩大生产许可证的发放范围，加强对有证企业的监督和无证企业的控制。另外，还将充分发挥各级质量监督检测中心的作用，做好对参加评优产品、优质优价产品和计算“双标”产量的产品质量认证工作。结合各企业的实际情况，大力推行先进的质量管理经验，以提高企业的质量管理水平。

我们还必须重视标准化和质量管理方面的自身建设。继续健全机构，配备人员，学习与吸收先进的管理理论与方法，提高标准化和质量管理水平。要正确行使质量否决权，逐步确立标准与质量工作在生产与流通中的法律地位。要加强标准化的研究工作，探索建立产品质量指标体系。加强与国际标准化组织与工业发达国家在标准与质量方面的联系与合作，促进我国冶金产品的标准和质量早日达到国际水平和国外先进水平，满足国民经济各部门发展的需要。

当前冶金行业的计量工作*

一、进一步强化计量意识

当前，企业的经营管理思想有很多不同的提法，有的说要以经济效益为中心；有的讲要以企业升级为动力；还有的提生产经营以质量为中心，企业管理以全面质量管理为中心。尽管这些提法不同，但是哪一种经营管理模式都离不开计量工作。提高计量意识，仍是计算工作的重要任务之一。

首钢是对国家总承包，并且在企业内部实行层层承包，把企业的各项工作转移到以经济效益为中心的轨道上。承包制中的各种指标的考核，比如生产成本、原、燃料消耗、产品质量都要求计量工作为它们提供准确可靠的数据。从承包制的实施中，首钢认识到计量工作是现代化企业生产的三大支柱之一，是生产经营的重要技术基础，并且强调把计量工作扩散、渗透和融合到生产经营中去，为生产经营服务。这种计量意识的形成是承包制的需要，是以经济效益为中心的经营管理思想的内在要求。

武钢推行生产经营以质量为中心，企业管理以全面质量管理为中心的经营管理模式，这种质量概念已经超越了狭隘的产品的好坏，而是进入了质量经营范畴，这种经营管理思想必然要建立起从市场调查到售后服务在内的质量保证体系。在这种体系中必然包含着计量子体系，否则产品的质量和工作的质量是无法保证，也无法考核的。正因为武钢把质量提到了中心的地位，计量工作也就成了他们的内在要求。

上海冶金局是在经济体制改革和企业升级工作中不断地提高企业的计量意识。他们提出引导企业不满足于“符合型”，而应追求“适应型”，也是为了企业扩大品种、提高质量、降低消耗、增加效益服务的，也是按照企业改革、发展的自身要求来强化计量意识和加强计量工作的。

在强化计量意识时，我们不能只局限于一般的号召，而要做些具体指导，要从经营管理思想上去抓，使企业形成一种对计量工作有内在要求的条件与环境。

---

* 原载于《技术监督》1989年第8期。

二、当前冶金计量工作的方针

要在继续稳定和完善计量定升级和计量器具管理的基础上，向抓计量数据管理为生产经营服务过渡，探索实现最佳匹配和产生最佳经济效益的新经验。

在这些方面已经有一些企业做出了成绩。首钢计量工作的经验，其核心是把计量工作与生产经营紧密结合，并且为生产经营服务，做出了成绩，从而赢得了领导的支持。

有的同志说，企业升级、工序晋等、产品评优、质量创奖都有些实惠，唯独计量工作辛辛苦苦没有什么实惠。这一方面反映了我们对计量工作还缺乏有力的政策，另一方面也反映了某些同志对计量工作效益的理解还需要做某些修正。计量工作的实惠存在于企业的成本中、消耗中、质量中和效益中。成都无缝钢管厂的计量工作是以确保工厂目标的实现为原则和坚持为企业效益和社会效益服务为原则。为了使计量工作摆到应有的位置，并且在为企业和社会创造效益的同时，本身也得到合理的份额，他们在计量工作上推行经济责任制，在做出贡献的同时，得到了实惠。齐齐哈尔钢厂所推行的，既取决于你服务的主体部门的效益，又取决于你自身工作质量好坏的计量经济责任体制，也很有参考价值。邯郸钢铁总厂抓了生产过程中所需要了解的计量数据信息，抓了这些信息的计量检测点，也抓了这些数据是否经过了计量认证和由哪个单位归口管理，从而按物流的流向将信息的载体进行调整和优化，以求实现最佳配置，这个方向是对头的。

锦州铁合金厂提出的“工业企业计量管理的新阶段——数据管理”中的思路也很有见解，值得我们深入探讨。

这些都说明，理解和实践都在促使计量工作从稳定和改善计量定升级和计量器具管理向计量数据管理为生产经营服务过渡，去探索实现最佳匹配和最佳经济效益，这是计量工作的出发点和归宿。

三、加强冶金行业计量管理

目前已有63个冶金企业获得了一级计量单位的称号，但是在企业计量定升级中我们到底有哪些经验，有哪些教训，今后应当怎么改进这项工作，我们应总结提高。这不仅对稳定和提高已经定升级的企业的计量工作有帮助，更重要的是对那些未定升级的企业的计量工作有指导作用。

又如，计量工作与设计、施工、投产三同步问题。普遍反映许多企业没有从认识上和工作上解决“旧账未消，又欠新账”“有钱买马，无钱买鞍”。这个问题不仅仅是设计部门的问题，还有技术政策和装备政策问题等，是关系到基本建设和技术改造的大事。虽然国家已经立法，但是作为部门还应有实施细则，从制度上加以解决，也需要做过细的工作。

再如，计量队伍的建设问题。素质不高，应当继续教育，待遇不高应当加以调整，职称和奖励等也有不少问题。这些问题，各级领导部门应当帮助大家想一些办法，甚至制订一些合理的、可行的计划、措施和规定；另外也要计量工作者用自己的工作成效去争得应有的地位和待遇。

在加强冶金行业的计量管理方面，今明两年我们大家努力争取办几件实实在在的事情，推进我们的工作，冶金计量一定会出现一个新的局面。

进一步强化质量彻底优先的意识
——纪念推行全面质量管理十周年*

今年是我国推行全面质量管理十周年。冶金工业在党中央、国务院领导的关怀和有关部门的支持下，以及改革、开放方针的指引下，十年来取得了可喜的成绩。钢产量增加了2744万吨，平均年递增270多万吨，同时改善了品种结构，提高了产品质量。到1988年底冶金系统已有国家和部标准1529个，占标准总数的62%，达国际先进水平的13%，国际一般水平的49%。建成360条按国际水平标准组织生产的生产线，1988年产钢材1360万吨，占全国重点企业钢材总产量的42.9%。有的产品实物质量达到了国际水平。目前冶金系统优质产品中，国优126个（金牌27个，银牌99个），部优984个。1988年重点企业国、部优钢材产量率为48.5%，产值率为35.3%。4个单位获国家质量管理奖，70个企业获冶金部质量管理奖。

冶金系统从1979年开始推行全面质量管理，不少企业还创造了各具特色的经验，其中武钢是突出的代表。他们从本企业实际出发，学习和应用科学的管理理论和方法，强化领导和职工群体的质量意识，推进企业管理现代化，把稳定和提高产品质量作为改革和强化管理的出发点和归宿。依靠技术进步和科学管理，用质量意识保证工作质量，用工作质量保证工序质量，用工序质量保证产品质量，突出了全面质量管理是推进企业管理现代化的中心。全面质量管理对提高产品质量和改善经营管理都起了重要作用。

当前在治理整顿中钢铁工业除要树立过紧日子思想外，还应在提高产品质量等方面有所作为。近年来钢铁工业虽然发展很快，但产量、品种和质量都还不适应社会主义现代化发展的要求，特别是品种质量问题十分突出。治理整顿不但不能改变品种质量作为战略重点的地位，反而对品种质量的要求更严了、更高了。在当前资金短缺、煤电运等外部条件比较紧张的情况下，不少企业为保证正常生产，用很大精力抓外部条件是必要的，但对产品质量不能有丝毫的放松，全面质量管理不能有丝毫的动摇，按“双标”要求改造的生产线建设必须完成。为此要进一步强调强化质量彻底优先的意识，以推广武钢等单位的经验为重点，结合各企业实际深入推行全面质量管理。要认真学习、宣传和贯彻《标准化法》，理

* 原载于《钢铁》1989年第24卷第12期。

顺标准体系，提高标准水平，进一步加快冶金产品采用国际标准的步伐，要抓好120个关键钢材品种的质量升级。结合钢铁工业实际，深入推行全面质量管理，加强对产品的宏观监督，继续开展质量抽查、认证，做好生产许可证发放和管理工作。继续搞好国优、部优产品的评选，提高产品的实物质量。加强对产品质量监督检测机构的管理，充分发挥其作用，继续做好冶金产品的按质论价和优质优价工作。在党中央、国务院领导下，各部门、各地区支持和中国质量管理协会的指导下，我们一定能克服困难，在治理整顿和深化改革中，把质量管理和产品质量都提高到一个新水平，使钢铁工业持续、稳定地发展。

必不可少的质量保证体系*

党的十一届三中全会以来，我国的钢铁工业有了很大的发展，1989 年我国的钢产量已经突破了 6000 万吨，而且品种结构和产品质量也有了明显的改善。但是，钢铁工业与国民经济的发展需求，仍然存在着数量不足、品种不全、质量不高的矛盾。治理整顿中，品种质量是一个突出的重点。特别是质量，它不仅是冶金工业的发展战略，也是钢铁企业的经营基础。只有质量才能体现企业、国家和社会利益的统一，只有质量才能在煤电运和资金紧张的情况下，向国家和社会提供有效的供给，也只有质量才能以产顶进，节约外汇，出口创汇，为国产化和进入国际市场增强竞争能力。提高产品质量主要依靠技术进步和科学管理，然而，理化检验技术也是必不可少的质量保证体系。

理化检验在质量形成过程中具有十分重要的作用。第一，理化检验是质量的基础工作，没有理化检验，质量就没有衡量的手段。在制订产品标准的同时，必须制订相应的理化检验标准，否则产品的质量水平就无法表征。第二，理化检验是质量的保证体系，在质量控制点上行使着质量保证职能，特别是在线的理化检验技术，它不仅是表征产品的最终质量水平，而且是保证在制产品的质量形成。第三，理化检验还具有重要的质量监督作用，是产品质量是否达到标准的监督手段，是质量认证的重要组成部分，在评定优质产品中，理化检验所提供的数据是重要的依据。第四，理化检验技术还具有推动产品质量升级的作用。例如，轴承钢剩磁性能的测定为轴承钢提高使用寿命提供了新的判据，从而使它的质量有可能达到国际先进水平。

理化检验的重要作用是十分容易理解的，但是却往往被人们忽略。人们往往重视生产技术和装备，而忽略检验技术和装备，有时也看不到在理化检验岗位上辛勤工作的人的作用。在治理整顿中，要想调整产品结构，提高产品质量，必须重视理化检验的作用。充分利用它的基础、保证、监督和推动等功能，为提高产品质量服务。作为冶金部质量管理归口司局，我们应对理化检验给以充分的重视，并把它作为提高质量的必不可少的一个环节来加强必要的指导和协调，并做好服务工作，使它发挥出应有的作用。

有关在治理整顿期间的冶金产品质量工作，正在议论之中。我们初步设想，

---

* 原载于《冶金分析》1990 年第 10 卷第 1 期。

通过治理整顿将使冶金产品标准进一步提高水平，健全体系，不仅水平先进，而且要结构合理，要有必要数量和水平的基础标准，特别是理化检验标准。这就需要从事理化检验工作的同志们积极参与这一部分标准的修制订工作，使情报网与标准化结合起来，为提高标准的双采率（即采用国际水平和国外先进水平标准的比率），为调整标准结构和健全标准体系服务。目前冶金系统主要产品的双标率为40%左右，经过治理整顿，打算提高到50%，重点企业要达到60%，特别是120个关键品种，要有80%达到国际水平和国际先进水平。对于一些企业，应当在实物质量上达到国外先进水平。这也需要依靠理化检验技术，去提供国外先进水平实物的数据，并判断是否达到同类产品的实物水平，实际上在产品质量升级中，理化检验还起到相当重要的导向作用。另外，产品质量升级反过来也要求理化检验技术和装备不断地提高与更新。理化检验情报网在这些方面可以发挥很大的作用。

为了充分发挥情报网在上述质量工作中的作用，我提几点建议：

（1）情报网的活动应当将理化检验方法的标准化工作纳入计划，使情报网的工作与标准化工作熔合在一起，就像日本钢铁协会共同研究会下设的钢铁分析部会一样，把情报网的研究开发成果反映到国标或冶标中实现标准化，并通过国际标准化组织（ISO）同其他国家交流，缩短我国与世界先进水平的差距。

（2）在理化检验方法不断改进和提高的同时，仪器设备应有同步发展。以化学分析为例，工业发达国家已经走过了化学分析和仪器分析两个阶段，而进入了分析系统化时代，用计算机向生产现场传递分析信息和交换生产情报。而我国钢铁工业中的理化检验装备还比较落后，在主体进行技术改造时，分析测试系统也应得到相应的发展，否则产品质量是难以保证的。

（3）加强自身建设，包括人员素质的提高和技术装备的改善。今后将开展试验室认证工作，人员要经过考核，装备要经过标定，制度要经过审批，使理化检验出的数据具有科学性，有些检验单位还应当具有权威性和公正性。特别是各级产品质量监督检验测试中心，更应当具有科学性，权威性和公正性。

（4）对理化检验的研究与开发成果，应当给予评价，有的应授予适当的奖励，有的应在刊物上发表。目前的两个刊物（即《冶金分析》和《物理测试》）起到了很好的作用，但是还应当改进和提高，使它不仅受到科技人员的欢迎，也受到领导干部的重视，除了科技论文外，还应刊登一些与理化检验有关的经济信息和质量动态等，使刊物办得生动活泼，有吸引力。

（5）最根本的一条，情报网的工作要为生产服务，即为提高产量、降低消耗和增加效益服务。这是理化检验工作的出发点和落脚点，因此情报网的活动必须从生产实际需要出发，解决生产中急需解决的理化检验问题，为企业办实事。切不可脱离实际搞些不讲实效的东西，要使生产感到离不开，才能不断地提高理化检验地位，才真正成为必不可少的保证体系。

治理整顿期间的计量工作*

一、计量工作的地位与作用

中国共产党第十三届中央委员会第五次全体会议审议并通过了《中共中央关于进一步治理整顿和深化改革的决定》。大力调整产业结构，增加有效供给，增强经济发展后劲是治理整顿必须抓住的重要环节之一。在治理整顿期间，钢铁工业面临的主要任务也是品种质量问题。当过热的需求趋势受到控制之后，部分产品可能从卖方市场转向买方市场；为了换取铁矿石等原料和备品备件，要适当增加钢材出口；国家大量压缩关键品种钢材的进口，特别是一些引进生产线所需要的钢材要逐步实现国产化；在原、燃料和资金十分困难的情况下，必须增加有效供给。解决上述这些问题的唯一有效途径是增加品种和提高质量。只有产品质量提高了，才能适销对路，使企业在竞争中立于不败之地。企业只有坚持质量第一，才能正确处理国家和企业、生产者和消费者之间的关系，实现企业效益和社会效益，当前利益和长远利益的统一。而提高质量的基础是标准和计量。计量工作不仅仅是质量的基础，而且是质量的保证，没有计量就无法保证和衡量产品的质量。计控一体化正在成为产品质量保证体系中的重要环节。有相当多的计量工作还在起着推动技术进步和提高产品质量的重要作用。另外，计量工作在治理整顿中还具有重要的监督作用，它不仅仅能监督流通领域中掺杂使假、缺斤短两的问题，而且还能监督生产领域的投入和产出，以及各工序和最终的产品质量，计量工作在治理整顿中是很有可为的。

二、计量工作的主要任务

（1）继续通过定升级工作，使企业达到单位统一，量值准确，器具配齐，检测及时，管理科学，数据适用。为了使企业的定升级减少形式成分，增加有效内容，我们应当根据国家技术监督局修改后的计量定升级办法来制订《冶金企业计量定升级实施细则》。这个细则已经有了一个讨论稿，而且发给有关单位正在

---

* 原载于《冶金计量》1990 年第 1 期。

征求意见。它是一个行政干预性的措施，是会起到一定推动作用的。希望通过治理整顿，重点企业全部进入一级计量单位，地方骨干企业全部达到二级计量单位，其中有50%也能达到一级计量单位。其他企事业单位，包括矿山、机修、冶建、设计和科研单位，也应当达到相当的计量水平。

（2）计量工作具有很强的法制性质，但也是要体现行业特点。在治理整顿期间，要把重点放在制订冶金行业计量器具配备和管理规范上。这样就可以把计量工作同生产建设紧密结合起来了，成为生产要素的一部分，可以把计量工作同质量保证体系紧密结合起来，改变计量与控制相脱节的传统模式，而走向计控一体化的方向。对企业计量工作的考核与评价就会比目前的计量定升级更加讲究实效。这项工作很重要，但难度很大。现在的搞法是按工序分别起草，即炼铁、炼钢、轧钢等，我看这么搞恐怕有问题。企业有大小，装备有差异，技术有高低，不大容易搞成一个能为各样高炉、转炉和轧钢机都适合的工序计量器具配备和管理规范来。可不可以先搞一个行业配备规范，或者区分大中小，重点与骨干企业的配备规范，按层次搞，既有强制性，又有行业性，至于工序的配备规范能不能放到企业去搞，或者放到下一步去搞。总之搞出来是为了解决生产建设的实际需要，而不是为了应付定升级检查。使计量器具的配置成为生产要素的组合内容，这应是治理整顿中的重要工作。

（3）计量工作要逐步从器具管理过渡到数据管理，实现纵向溯源，横向一致。器具管理要实行ABC分类及彩标管理，并要求量值传递项目和等级合理，检测能力先进，计算MCP值和采用微机管理等，而且要求按能源、工艺、质量和经营等方面进行配备和检测，这些工作是重要的，仍然还应坚持做好。但是配备也好，检测也好，关键在于要从计量器具的检测中得到动态运行的数据，使它成为降低消耗，改进工艺，提高质量和改善经营的信息和依据，使计量工作产生实实在在的效益。如果做不到这一点，那么计量工作就等于虚设。在治理整顿期间计量工作必须用数据去表现和推动节能降耗、提高质量和增加效益。我们应多总结和交流这方面的经验，使计量工作发挥出应有的作用。

（4）首钢的经验值得学习。他们的经验很多，其中有几点很值得总结和推广，例如器具规范化，计控一体化，信息网络化，维修系统化，培训制度化。如果各企业都能按着这个方向去努力，计量工作便走上了与生产协调发展的道路，也就解决了所谓一个进入（进入生产主体）和两个扩展（由器具管理扩展到数据管理，由投入产出计量扩展到工艺质量计量保证），也就解决了计量与生产实现最佳配备的问题。这五方面的工作，核心是计控一体化，它包括技术进步和科学管理两个方面。只有计控一体化才能形成计量对质量的保证体系，才能把这个保证体系融合到整个生产与管理中去。为了实现计控一体化，当然要求器具规范化和信息网络化，也要求维修系统化和培训制度化。计控一体化就与上面提到的器具配备和管理规范有关系。如果结合起来，希望各企业能够通过工作提出一些可操作性的意见来，在全行业推广。

（5）计量工作要充分发挥监督作用。目前冶金系统的十个大型企业都进入了一级计量单位，重点企业已有21个进入了一级计量单位，占重点企业的84%，骨干企业已有74个进入一级企业，占骨干企业的67%。有关质量的计量的配备率和检测率都达到99%以上，这说明冶金计量工作已经完成普及阶段，进入了深化和提高阶段，但是我们工作还有差距。例如，有的企业有关质量的计量器具不准，致使产品成分达不到标准规定的范围；有的企业虽然配备了有关质量的计量器具，但是不经检验出厂，使不合格的流入市场和用户，这还谈什么纵向溯源，横向一致呢？由此可见，计量监督仍然是个重要的问题，不抓是不行的。只有标准监督、计量监督和质量监督同时运行起来，产品的质量才比较信得过。在治理整顿期间要使计量充分发挥起监督职能，还应有些具体规定。但是在依靠地方技术监督部门的作用的同时，也必须充分发挥行业主管部门计量机构的作用。因为计量监督不仅局限于缺斤短两和掺杂使假，还有更广泛的和深刻的技术与经济含义。特别是有些大中型企业生产的重要产品，往往地方是无力监督的。

三、几项具体措施

（1）计量工作要参与企业管理升级，质量管理奖、优质产品评选和生产许可证审议和发放工作，增加或补充计量在上述这些工作中的地位和作用，使之成为具有否决权的工作。当然权数不能过大，但是不能没有，具体指标可以讨论，经过必要的批准程序纳入这些工作中去。

（2）行使计量监督职能，并且实行定期或不定期的检查，“企业计量工作定升级办法”的第八条规定，各级政府计量行政部门和行业主管部门应定期或不定期对企业的计量定升级工作进行抽查，发现其计量工作低于证书等级时，要求企业限期整改，到期仍达不到标准的，有发证部门做降级或吊销其计量合格证的处罚。另外，冶金部和国家技术监督局联合发出的（89）冶质字第651号文件中第五条规定，为了保证已计量认证的质检机构和专业实验室保持其工作质量和公正性，国家技术监督局授权冶金评审组对计量认证的冶金行业质检机构和专业试验室行使日常监督职责，这也是一种监督，总之只要我们认真去办，计量监督是会发挥作用的。

（3）继续发挥冶金计量协会的作用，完成二届二次常务理事会所通过的工作，为企业办些实事。办好《冶金计量》杂志和快报，沟通信息，交流经验，开展技术培训和学术活动，探讨国际合作和参加国际会议，提高冶金计量队伍的政治与业务素质，表彰与奖励先进的单位与个人，把协会办得更好一些，更活一些和更受广大冶金计量工作者的欢迎。

贯彻冶金工作会议精神，开创冶金标准化新局面*

戚元靖部长在今年冶金工作会议上指出：“为了适应国民经济及国防建设的需要，为了节汇创汇的需要，钢铁系统从上到下都要把品种、质量放在首要位置来抓。”而为了上品种和攻质量，首先必须抓好冶金标准化工作。

冶金标准化工作不仅仅是产品质量稳定和提高的基础，而且还具有推动和监督的作用。1982 年起采用国际标准和国外先进标准后，钢铁工业的标准化工作取得了很大的成绩。到 1989 年底，冶金系统已有标准 1611 个，其中国家标准 1256 个，行业标准 317 个，专业标准 38 个，达到国际先进水平的 216 个，占 13. 4%；达到国际一般水平的 856 个，占 53. 1%；双采率已达到 66. 3%。采用国际标准，不仅提高了标准水平，还促进了质量升级。去年，我国达到国际一般水平和国外先进水平标准的钢材产量约为 1700 万吨，占全部钢材产量的 35%。其中。重点钢铁企业为 1550 万吨，双标率为 50%。武钢等一些企业的某些产品的实物质量已经达到国际同类产品的先进水平。但目前，钢铁产品质量仍存在成分波动、性能不稳、表面质量差、尺寸公差大和包装不好等问题，用户意见很大。

戚部长在冶金工作会议上指出，“今后钢铁工业的发展应该也必须在 6000 万吨的新起点上进入一个注重品种、质量的新阶段。”为了适应这一新阶段的发展，冶金标准化的工作必须做出相应的努力。

一、提高标准水平，健全标准体系

目前，冶金系统标准的数量已不算少，今后应当把重点放在提高水平和调整结构上。初步设想是，经过治理整顿使冶金标准的双采率达到 70%，进一步提高标准水平。其余 30% 多的合格品标准，有些需要提高，另外，还有 15% 左右的 60 年代的标准，也需要加以复审修订。

标准化工作一定要从国民经济各行业对冶金产品不断变化的需求和冶金工业的技术装备实际出发，防止片面追求水平的倾向。要防止在标准修制定和评级中一味拔高和迁就企业不合理要求的现象。不能执行的标准，甚至经过努力也达不

* 原载于《中国冶金报》1990 年 2 月 6 日。

到的标准是脱离实际的。把不够水平的标准评得过高也是有害的，不利于产品质量的提高，也满足不了社会的需要，是一种虚假的现象。

冶金标准体系不仅要求水平先进，而且要求结构合理，特别是要注意充实基础和填补空白。充实基础主要包括产品分类、名词术语、符号代码、取样方法和检验通则等。填补空白主要是解决短缺钢材品种和提高基础原材料质量。要把农业、能源、交通、原材料工业急需的钢材品种标准和与之配套的理化检验标准作为修制定的重点，并相应地制定炭素材料、耐火材料和铁合金标准，适应调整产品结构和提高产品质量的需求。研究和编制冶金标准体系表，使得标准的修制定工作更加符合冶金工业发展战略和现实需要，防止盲目性，增加自觉性。

二、组织实施标准，加强实施监督

标准是企业之间，商品之间，生产、经销和使用之间相互联系和协调的技术纽带。

标准化法中明确规定，标准化工作除了修制订标准外，还把组织实施标准和对标准的实施进行监督也列为标准化工作的重要内容，并规定了监督的方式和争议处理的法律依据。对企业实施标准的要求是，凡是正式产品必须严格按标准组织生产和按标准进行检验。不合格的原料不投产，不合格的半成品不下转，不合格的成品不许出厂。但是，现在有一些企业在订货时就不执行标准，在产品出厂时也不经检验就交货，甚至把不合格品当成合格品，损害用户和消费者的利益。在治理整顿期间，在鼓励企业积极采用先进水平和标准的同时，还必须对标准的执行情况进行监督。必要时要在订货会议上设立监督站。定期或不定期地对企业执行标准的情况进行监督检查。一方面要求企业要有严格的内控标准来保证产品质量达到国家标准或行业标准，另一方面检查企业是否有不经检验或把不合格品出厂的现象。去年，部里曾经组织过一次监督检查。发现有的企业竟执行落后于国家标准的企业标准；有的企业在订货时把几个钢号同时写在一个合同上，不是用户要什么给什么，而是生产出来什么给什么。甚至有的企业把不合格产品交货，而且加价出售。这些都是违反标准化法的，必须严格监督，加以制止，情节严重的，还要给以必要的处理。

至于如何组成监督机构和监督队伍，并保证其科学性、公正性和权威性，还可以认真讨论并提出可行的方案，但这件事是非办不可的。监督检查的项目和内容要尽可能规范化，结果评价尽可能从定性向定量过渡，并使这一工作逐步走向制度化。

三、加强标准管理，推广先进经验

近年来，冶金系统在积极采用国际标准方面，创造和总结了许多经验。例如在推行全面质量管理中如何以标准化为基础，如何以管理标准和工作标准来保证技术标准的贯彻执行，如何将标准化工作同经济责任制挂起钩来，如何比高于和严于国家标准或行业标准的内控标准来组织生产和保证产品的实物质量，等等，对提高企业管理素质都起了重要的作用，今后仍需要不断总结、提高和推广。但是，我们不能总停留在这个范围和水平上，应当探索新旧体制转换时期标准化管理的新经验，以适应有计划的社会主义商品经济的发展。

在标准化法实施细则出台后，我们应当清理并修改相关的各种标准化规章制度和管理办法，使标准化法中的规定变成适于冶金行业执行的条例。要着手酝酿冶金标准化技术委员会的方案。发挥各方面专家在标准的起草和审定中的作用，克服观望、等待和抵制的情绪。参考 ISO 的 TC、SC 和 WG 的模式，吸收外国的有用经验，经过深入细致的工作，建立起冶金标准化技术委员会。这个委员会的建立应当充分考虑到系统内外的结合和过去工作的连续性，使它具有权威性，又有代表性。积极参加国际标准化组织的活动，用我们的工作去争取与年产 6000 万吨钢的大国相称的地位。不能只限于对其他国家起草的标准提出意见，而且也应当多参加起草工作，主动承担力所能及的工作。在条件成熟时，我们可承担某些秘书国的义务，并行使相应的权利，提高我国在国际标准化中的地位。

四、开展研究工作，提高标准水平

促进技术进步，提高产品质量，标准化工作必须先行。标准是科技成果的一种表现形式，它不仅包括着提高产品质量的技术内容，也包括着组织生产的管理内容，同时它把资源、能源和经济效果等因素也统一起来，形成了一种特殊的科学技术，为生产和流通服务。标准化工作，包括采用国际标准绝不是单纯的起草和翻译工作，而是生产技术水平和社会需要水平的恰当结合。即使采用国际标准也需要必要的分析对比和试验验证，何况是结合我国资源、能源、生产技术和装备、安全和环保法规等诸多方面制约因素而产生的产品标准和其他相关标准，更需要进行必要的研究工作，也需要相应的经费支持。有人认为，标准修制定工作就是调查研究、翻译起草、讨论审定，只需要一点行政事业费就够了，那是一种严重的误解。标准的修制定不仅要吸收他人的科研成果，也还有自己的科研工作，甚至更为深入和细致的工作。就连标准工作本身也存在一系列的问题需要开展必要的研究工作去解决。例如冶金标准体系表，合理的标准水平和结构，标准在产品质量升级中的作用，标准数据的采集、收存和处理，标准化工作对技术进步和经济效益的贡献等也很需要研究，更不用说标准工作数据库的建立还需要软件开发和硬件支持。给标准化工作提供必要的经费，并有针对性地开展相应的研究工作，是决定冶金标准化工作水平和后劲的关键。

五、发挥协会作用，为企业办实事

冶金标准化协会成立后做了一些工作，也发挥了一定的作用。在治理整顿期间，协会应当发挥更大的作用，为冶金企业多办些实事。首先，协会应当在宣传贯彻标准化法方面开展活动，编写材料，组织活动，使标准化法的内容在冶金系统学得好，用得好。其次，协会可以组织标准化工作经验交流，为行业提供和推荐学习推广的典型，提高冶金系统标准化管理水平。另外，协会还可以为企业提供标准化工作的技术服务，帮助企业解决在标准化工作中遇到的困难，沟通政府与企业之间的信息和用户与企业之间的信息；办好期刊与快报，报道企业标准化活动动态。组织开办各种学习班和研讨班，提高标准化工作者素质和水平；为冶金标准化提供发展战略和决策建议等。

协会要把为企业办实事作为重要工作内容，定期与不定期地组织专家到企业去，特别是到中、小企业去进行标准化工作咨询和服务。标准公布后企业不能及时拿到标准文本，协会也可以通过与出版单位协商找出为企业提出方便的办法，一定会受到企业的欢迎。总之，协会只要把为企业办实事作为宗旨，一定会发挥出更大的作用，开创出冶金标准化工作的新局面。

在基本原材料企业质量工作座谈会上的讲话*

冶金系统基本原材料企业质量座谈会从 7 月 17 日开始到今天为止开了 5 天，完成了预定的议程和任务，就要结束了。

参加这次会议的有 10 个铁合金企业、8 个耐火材料企业、3 个碳素制品企业和有关研究院所以及质检中心的 72 名代表，有很多企业由厂级领导带队亲自参加座谈会。吉林省冶金厅也对会议给予了很大的支持。

在今年年初全国冶金工业会议上，戚部长指出：我国钢铁工业在数量上已经进入世界大国之列；但是，我们还应当清醒地看到，我国钢铁工业的品种、质量同数量上的大国地位不相称，今后钢铁工业的发展应该也必须在 6000 万吨的新起点上进入一个注重品种质量的新阶段。戚部长说，耐火材料、铁合金、碳素制品以及石灰等钢铁生产的基本原材料，目前也不适应钢铁生产技术发展的需要。这几种产品的共同问题是生产能力较大，数量有余，品种不齐，质量不高，特别是耐火材料的品种、质量已经直接影响钢的材质和经济效益的提高，影响一些先进工艺技术的采用。这种状况，必须在近期内加以改变。戚部长在讲话中进一步强调，钢铁系统从上到下都要把品种、质量放在首要位置来抓，产品质量是企业各方面工作的综合反映，抓质量必须树立系统工程观念，从头抓（从原料开始，包括基本原材料在内），全面抓（产品质量、工作质量……），综合抓（要从技术、管理等方面来抓），持续抓，一抓到底，抓出成效。

为了贯彻全国冶金工作会议精神和戚部长的指示，我们首先抓了全行业学武钢“坚持企业的社会主义方向，走质量效益型发展道路”的经验，强化质量意识，深化全面质量管理，不断提高标准水平和健全标准体系，并采取多种形式对产品标准实施和质量状况进行监督检查，对推动全行业的质量工作起了重要作用。当前，在全行业已经出现了学武钢、抓管理、上措施，提高产品质量和服务质量的好形势。武钢的基本经验概括起来有这么几条：（1）始终不渝地坚持社会主义方向，把国家利益和用户利益放在第一位；（2）强化领导层和群众的质量意识，形成以质量为中心的经营管理战略和指导思想；（3）运用系统工程的原理，建立以质量为核心的现代化经营管理体系；（4）依靠技术进步，加强产品开发，学习和运用科学的管理理论和方法，使技术和管理两个轮子同时运转；

---

* 原载于《铁合金》1990 年第 5 期。

(5) 坚持博采众长，兼容并蓄，从实际出发，走自己的路。武钢经验的形成和发展，最关键的一点在于武钢领导层具有强烈的质量意识和严格的科学态度。武钢的经验对冶金行业具有很好的示范和指导作用。今年3月份在武钢先后办了两期推广武钢经验的研讨会，共有264人参加，处级以上干部占80%，其中有很多的经理、厂长和总工程师。最近34个机修企业在常州机修厂也办了学习武钢的研讨班。武钢的经验不仅在冶金系统，在全国也引起了强烈的反响。武钢今年上半年接受考察和交流质量工作团体50个，共2053人，中质协还在武钢先后召开了秘书长和团体会员单位会议，推广武钢经验。全行业学武钢已经开始收到了良好的效果，不少企业的领导质量意识有了较大提高，经营指导思想有了变化，全面质量管理进一步深化，产品质量和服务质量正在向先进水平看齐，在社会上树立了良好的形象和信誉。

但是，基本原材料行业在学武钢方面，发展是不平衡的。有些企业认为武钢经验虽好，有点学不了。有些企业强调行业特点和客观条件感到不好学。我们这次把基本原材料企业请到吉林铁合金厂来，学习吉林铁合金厂坚持"以优质求生存，以优质争优势"，走质量发展型道路的经验，也许对我们这些企业更有说服力，更有直接借鉴的意义。

这次会议上，吉林铁合金厂徐世彬厂长作了"以质量为中心的企业发展战略是企业不断完善和发展的动力"的报告，概括地讲述了吉林铁合金厂质量发展型管理模式的形成和发展过程。由于他们坚持"以优质求生存，以优质争优势，以优质促发展"的方针，实现了质量和效益的一致性，质量和企业发展的一致性，以及质量和社会效益的一致性，促进了全面质量管理和专业管理相结合，促进了专业技术和企业管理相结合，促进了企业民主管理和生产经营集中指挥相结合，在生产经营和管理上受到了明显的成效。全质办副主任高超同志作了"坚持三优质方针，走质量发展型道路"的报告，系统地、全面地介绍了吉林铁合金厂在质量工作方面的经验，使全体代表不仅了解到了质量发展型管理模式的形成发展过程，而且了解到了它的内涵，即：(1) 有一个以质量为中心的发展战略和经营思想；(2) 有一个具有国际先进水平的质量目标；(3) 有一个以全面质量管理为基础的管理体系。吉林铁合金厂在推行全面质量管理过程中，还始终依靠技术进步，软件、硬件共同发挥作用，保证了质量发展战略的实施。从为会议所提供的专题材料中，我们还可以学到他们很多更为具体的具有可操作的经验。

与会代表都认为这次会议开得很好，很及时，很有必要。在全国冶金系统学武钢的形势下，把基本原材料企业集中在一起来研讨吉林铁合金厂的经验，是学武钢的延伸和发展，对基本原材料企业更有针对性。有的企业代表多年没有到吉林铁合金厂来了，这次听了一听经验，看了一下现场，感到确实变化很大。有的企业代表说，吉林铁合金厂的经验非学不可，但也并非高不可攀，也并非轻而易举，要根据自己的实际情况，下一番工夫，才能在学吉铁、学武钢中创造自己的经验。实际上有的企业已经动起来了。去年年底上海铁合金厂由厂长带队组成了16人的学习小组，到吉林铁合金厂来学习，回去以后就掀起了以“学吉林，学武钢，找差距，抓整顿”为中心的质量整改活动，他们提出“以质量整改和环境整顿为突破口”，坚决走质量效益型新路子。有的企业代表说，参观和考察了吉林铁合金厂以后，必须更新基本原材料企业必定会“脏、乱、差”的观念，完全可以实现定置管理和文明生产。代表们在讨论中都一致强调领导层质量意识是关键的，学吉铁也好，学武钢也好，都必须从领导抓起，从领导做起。其次，学经验要学本质、学精髓，学基本经验。我们学习吉林铁合金厂，最重要的是要学习他们把以质量为中心作为企业经营发展的战略方针。另外，学经验要系统地学，要用系统工程的思想分主次，分层次，分先后，有重点地去学。学吉铁也好，学武钢也好，不是任何企业在任何条件下都能学好，要能学起来，就得有一个基本的条件和适当的环境。要从基础抓起，从整顿抓起，在企业有了一个正常的生产经营秩序和良性循环条件的情况下才能谈到学吉铁、学武钢，否则就会摆样子，走形式，收不到实际效果。

在这次座谈会上有很多单位还提供了书面发言材料，像上海铁合金厂“学先进，抓整顿，坚持走质量效益型新路子”；锦州铁合金厂“狠抓完善质量体系，走质量效益型发展道路”；辽阳铁合金厂“学习武钢，推行全面质量管理”；峨眉铁合金厂“学武钢、找差距，深化全面质量管理”。湖南、南京、遵义、衡山等铁合金厂也对全面质量管理情况进行书面总结和交流。在耐火材料企业中，洛耐的标准化体系的建设，山东耐火材料厂的质量管理制度的完善，山东二耐的新产品开发的质量标准工作，上耐的质量跟踪管理等都有各自的特色。吉林碳素厂、兰州碳素厂和上海碳素厂也提供了很好的书面材料。吉碳厂指出“用武钢的原则学武钢”，兰碳厂提出的完善质量审核体系，上海碳素厂的克服困难为用户，创造条件保质量的经验也都是很值得提倡的。总之，这次会开得很热烈，很实在，很有成效。方才，上海铁合金厂、锦州铁合金厂、德阳耐火材料厂、山东耐火材料厂、吉林碳素厂等5个单位代表的发言，是对这次会议做的初步总结。

我们在这次会议上还对主要的基本原材料的质量现状做了分析，对如何进一步提高产品质量和服务质量提出了很多、很好的意见。这是一个很好的开端。我们想以此为基础，建立起基本原材料质量信息网和研讨组，以起到沟通信息、交流经验、提高质量、改进服务的目的。

最后，我想对如何传达贯彻这次会议的精神，提几点意见，供大家参考。

第一，要认真学习和消化吉林铁合金厂的经验，这次有不少企业来了厂一级领导，一些企业一级领导由于有其他工作没能到会。我希望大家回去以后，向厂领导层做一次汇报，把在吉林铁合金厂听到的和看到的经验，向厂里领导层做一次汇报，把在吉林铁合金厂听到的和看到的经验，向厂里领导层比较系统地做个介绍，并且要采取不同形式向职工群体也做广泛宣传，使领导层能够从吉林铁合金厂的经验中认识到企业必须把质量纳入发展战略和方针中去，真正把质量意识当成是社会主义企业领导者和职工必备的素质，把向国家和社会提供优质产品和服务看做是社会主义企业应尽的责任和义务。事实上只有质量最能体现企业和国家利益的统一，体现企业效益和社会效益的统一，体现企业经营方向和社会主义生产目的的统一。我建议：有的企业厂一级领导还没有来过吉林铁合金厂的，请他们抽时间来这里看一看、学一学，看没看过，学没学过，大不一样。自己亲自来看看，来学学很是必要的。只有领导层的质量意识提高了，才有可能影响职工群体的意识。另外，吉林铁合金厂许多可操作性的经验，如方针目标管理、工序管理和质量控制、质量奖惩、群众性质量管理活动、质量审核等，也希望大家回去宣传一下，使各层次的机构和人员都能从中学到具体的东西，改进自己的工作。

第二，工作要从基础抓起，标准化工作是最重要的基础工作。各企业要把以技术标准为主体的包括工作标准、管理标准在内的标准化体系抓好，根据国家技术监督局的安排，今后要把标准化工作纳入法制管理轨道，为此要先抓标准清理整顿工作。这项工作，我们在六月初冶金产品标准化工作会议上已经做了安排和布置。基本原材料行业也同样有这样的问题，也必须从清理整顿入手，逐步建立起适合本行业的标准体系表。今后的标准化工作，不仅仅要提高标准水平，而更重要的是健全标准化体系，使其水平先进，结构合理。基本原材料行业标准水平不低，而结构很不合理，必须加以调整。同时，我们要抓标准实施的监督工作和产品质量抽查。对不执行和不严格执行标准的企业要根据情况给予处理。标准化工作的基础在企业，希望企业要像吉林铁合金厂那样，为了执行具有先进水平的标准，首先要制订严于这些标准的内控标准和规程，使产品的实物质量总处于高于标准规定的水平。其次是制订管理标准和工作标准，使所有管理活动和各类人员的工作都实现规范化、标准化，用工作质量保证工序质量，用工序质量保证产品质量。吉林铁合金厂在标准化工作中坚持“三性”“四依靠”的原则很值得各单位学习，即在开展标准化工作中，坚持广泛的群众性、坚持标准的先进性、坚持考核的严重性；依靠领导的重视，依靠科学的态度、依靠全面质量管理，依靠认真的考核。除了标准化以外，吉林铁合金厂对这里教育、计量工作、原始记录、定置管理等基础工作抓住不放，一抓到底，也值得大家学习。我想各企业都能这样去抓，坚持数年，必有成效。

第三，运用全面质量管理的原理和方法，改善传统管理，提高各专业管理的水平，从而提高企业管理的素质，是吉林铁合金厂的一个很重要的经验。例如，材料供应处运用全面管理的思想，确定了以调查预测为先导，目标管理为核心，分类管理为基础，微机管理为手段，数模管理为重点，提高了物质供应管理的整体水平。又如机械动力处把全面质量管理的思想，运用到设备管理上做到了管理有制度，运行有规程，检验有工艺，验收有标准，并且用 PDCA 来检查和总结工作，多年来全厂设备完好率都在 96% 以上，重大设备事故为零，获国家设备管理优秀单位光荣称号。如何将全面质量管理的原理和方法向传统管理原理和方法中融合和渗透，从而达到改善和提高传统的专业管理水平，把各专业的管理纳入企业现代化管理的体系之中，使企业管理实现整体优化，这是我们推行全面质量管理工作遇到的一个非常实际的问题，弄得不好，还是“两层皮”，而吉林铁合金厂在这方面提供了可以借鉴的经验，那就是把所有的专业管理首先纳入系统管理之内，然后再用全面质量管理理论、思想和现代化方法去改善，使其系统化和科学化。各企业要像武钢、吉铁那样十分重视企业的现代化管理体系的建设。

第四，吉林铁合金厂的经验表明，要想使产品质量（也包括服务质量）处于稳定的受控状态，必须建立起从原料采购到售后服务“一条龙”的质量管理和质量保证体系。“三、一二”法就是这个体系的主要内容，这就是在对质量环的各要素的分析基础上，明确控制目标，落实控制措施，规定验收标准，完全符合 GB/T 10300 系列标准的要求，是比较系统的、科学的质量体系，对铁合金、耐火材料和碳素制品行业的各企业都有参考价值。各企业也要根据本厂生产的特点，借鉴武钢一流管理和吉铁“三、一二”管理方法的经验，建立起来适合于本企业产品特点的质量管理和质量保证体系，为贯彻 GB/T 10300 打下基础。

第五，要学习吉林铁合金厂依靠技术进步保证质量发展战略实施的经验，注意技术改造、产品开发、工艺改进和提高检测水平。吉林铁合金厂生产的 11 种主要产品全面被评为优质产品，4 个国优，6 个部优，1 个省优，几年来优质品率保持在 97% 以上，部分产品实物质量达到了国际先进水平，在国内外用户中享有较好声誉，这并不是只靠科学管理能办得到的。他们从 1983 年以来用了近 2 亿资金进行技术改造，不断进行工艺改进和产品创新，才能达到按标准生产产品质量分毫不差，按合同交货斤两不欠。目前铁合金行业也还存在炉子功率偏小，机械化、自动化程度低，产品成分不稳定，破碎设备落后，粒度分级困难等问题。耐火材料行业品种结构不合理，急需发展高效长寿品种，对落后的成型与烧成设备进行改造，也要依靠技术进步来解决。目前，我国大规格高质量石墨电极还供不应求。我们不能总依赖进口，也必须从工艺和设备两个方面来解决。有人说，科学管理在很大程度上可以使质量稳定受控，但技术进步才能使质量不断提高，并实现产品升级换代。武钢和吉林铁合金厂的经验都说明了技术进步对提高质量的巨大作用。各企业在注意管理进步的同时，决不可忽视技术进步，希望各企业在制订“八五”规划时，充分注意把品种质量问题优先考虑列入规划之中，以保证质量发展的后劲。

统一思想，提高认识，依法清理整顿现行标准*

最近召开的全国贯彻《标准化法》工作会议又一次重申，要依据《标准化法》对现行标准进行清理整顿。这项工作十分重要，且涉及面广，工作量大，必须统一思想，提高认识，周密部署，妥善安排，明确要求，做出成效。

为什么要对现行标准进行清理整顿？首先，我想对此做些说明。《标准化法》实施已经一年多了。冶金系统同其他部门、其他地区一样，也采取了各种形式进行宣传、学习和贯彻，不仅使全系统职工了解了它的基本内容，而且也增强了法制观念。但是由于相关配套的法规还没有出台，要使《标准化法》能够具体贯彻实施，还必须理顺关系、改善结构、提高水平、促进实施、加强监督，这样才能使标准化工作全面纳入依法管理的轨道。可是现行标准还不能够满足上述要求。以冶金产品为例，1982 年 11 月冶金部召开第一次冶金产品采用国际标准会议以来，把积极采用国际标准和国外先进标准作为发展钢铁工业的战略措施之一，并实行了“帮助分级、质量分等、按质论价”等政策，使冶金产品的标准和质量有了明确提高。同时，也存在一部分标龄长、水平低的标准，有 30% 左右的标准属于合格品，还有 15% 左右的 60 年代的标准，不适应国民经济各部门发展的需要。标准类型也比较混乱，部颁标准、专业标准、行业标准同时存在，不便于管理，现行的国家标准和行业标准也没有依法划分出哪些是强制性标准，哪些是推荐性标准，影响对标准实施的监督，也还有一些不适合使用范围的标准，所以必须对现行标准进行清理整顿，逐步建立起一个层次分明、结构合理、专业配套、种类协调、技术先进的标准体系和分工明确、各有侧重、协调配合的标准化管理体系。

其次，对现行标准进行清理整顿的主要内容是：第一要把现行标准根据标准对象的适用范围划分为国家标准、行业标准、地方标准和企业标准。标准级别的划分是标准结构问题，不是标准水平问题，应当以标准对象的适用范围而确定；第二要把国家标准、行业标准分为强制性标准和推荐性标准。保障人体健康、人身、财产安全的标准和法律、行政法规规定强制执行的标准是强制性标准，其他标准是推荐性标准。凡是国家需要控制的重要产品，可根据《标准化法》的要

---

* 原载于《中国冶金报》1990 年 6 月 21 日。

求，参照纳入国家计划管理的产品和国家控制价格的产品以及国家颁发进口许可证的商品应定为国标，而对矿产品及部分辅料可以考虑定为行业标准。另外国家需要控制的重要检验方法和重要产品标准属于强制性标准，而作为优质加价的推荐标准、严于现行强制性的超前标准，以及不做交货要求的理化方法标准等可属于推荐性标准，我们还要根据行业管理职能与范围，向国家提出所管行业范围，经审定后公布行业标准代号。根据新的行业标准代号，对清理整顿中确认为继续有效的行业标准重新给予编号，然后再备案、公布和实施。这次清理整顿中还有一项重要任务，就是把地方企业产品标准下放给企业制定，增强企业的自主权和责任感。

另外，在清理整顿中应当注意些什么问题呢？第一要统一思想，提高认识，明确清理整顿现行标准不仅是实施《标准化法》的要求，而且是治理整顿、深化改革的需要，要在认识上和观念上有一个转弯和更新。只有通过清理整顿才能使标准化工作达到简化、系列、通用、统一和组合的优化目标。第二要明确清理整顿现行标准的范围，即包括国家标准、行业标准、专业标准、部颁标准、地方标准和企业标准。由于冶金产品及相关检验方法的标准数量比较多，共1600多个，清理整顿难度很大，计划用三年左右时间完成。必须统一部署、周密安排。这不仅仅是国家和部门的事情，也是全行业的共同任务。要层层把关，共同负责。在清理整顿中还要搞好新旧交替过程中出现的一些问题，继续搞好标准的修制订工作。在清理整顿结果未公布前，原标准继续有效。

在清理整顿现行标准的同时还要进一步健全标准化工作管理体制，尽快建立起标准化技术委员会。强化对标准实施的监督，明确规定监督方式，并对违反标准，造成的后果规定了应追究的法律责任。因为所有国家标准、行业标准几乎都要企业贯彻实施，所以企业是标准实施监督的重点。要进一步重视和加强企业的标准化工作。不仅要杜绝无标生产，而且还要鼓励企业制订严于国家标准和行业标准的企业内控标准，提高产品的实物质量。

加强企业升级中的质量考核*

企业升级工作是行业管理和宏观调控的重要手段。几年来，冶金系统有近百家企业达到了国家级企业的要求，进入了国家一、二级企业行列。企业升级活动促进了企业提高产品质量、降低物质消耗、增加经济效益，也使企业的安全生产、环境保护，以及精神文明建设有了长足的进步。

国家级企业首先必须是坚持社会主义方向，有正确的发展战略和经营思想，管理水平先进，技术进步显著，质量好、消耗低、效益高的企业。特别是质量指标，应当成为重要的考核条件，因为质量指标不仅是考核企业管理水平的标志，而且还是衡量企业经营思想的尺子。几年来，多数企业重视质量工作，产品质量和服务质量也有了提高，但也不可估计过高。去年，中国质量管理协会用户委员会和冶金部有关部门组织的233家用户对冶金系统26个重点钢铁企业的产品质量和服务质量进行评议，虽然评分结果均属满意范畴，但满意度不高；今年，冶金部有关部门又请547家用户对冶金系统55个地方骨干钢铁企业的产品质量和服务质量进行评议，在产品质量和服务质量中都有用户不满意的企业。这说明冶金企业的质量问题不容忽视，在企业升级时必须严格考核。过去所采用的“分头负责，现场考核，统一审定”的办法是好的，也是有效的，但是还需要进一步改进和完善。以质量工作方面来看，应当进一步做好以下四个方面的事情。

一、不断健全和完善质量指标体系

“双标”率的考核曾经为企业采用国际先进标准，提高产品质量水平起了重要作用。随着管理和技术水平的提高，企业执行“双标”的能力和产品达到“双标”的比例也有了很大提高。只考核“双标”率已经不能准确地表征企业质量工作和产品质量水平的差异，所以又过渡到既考核“双标”率，又考核“双标”率中达到国际先进水平标准产品的比例，使企业不满足于一般水平，而追求先进水平。同时把质量考核的重点由“双标”率向实物质量转移，并规定国家二级企业要有部优以上产品，国家一级企业要有国优产品或在实物质量上有相当于国外同类先进水平的产品；主导产品要有生产许可证；在生产和使用过程中，

---

* 原载于《中国冶金报》1990年9月1日。

不得发生一级和二级质量事故；在国家和部门产品质量监督抽查中不得有受到停产整顿和不停产整顿的处分。应当说，上述这些规定，在企业升级考核中基本上起到了质量把关的作用，暂时不宜做太大改动。有些同志提议尽快制定出实物质量考核标准和考核办法。提高产品的实物质量是十分重要的工作，并且应当鼓励企业在产品实物质量上达到国际先进水平。但是我们只能要求企业制定高于和严于国家标准或行业标准的企业内控标准来提高实物质量水平，而不应当、也不可能要求企业执行相当于国外先进水平实物质量的标准。我们可以鼓励企业把自己的产品实物质量同国外同类产品的先进实物质量对比并争取达到相同的、甚至更高的水平；但在新的质量指标体系形成之前，目前的考核办法仍是可行的。

二、加强对企业的质量动态考核

目前企业升级的考核工作主要是现场考核。现场考核具有激烈作用、咨询作用和“百闻不如一见”的作用，但是只靠现场考核是不够的。这种考核也有“临阵磨枪”和突击应付的弊端，所以应当重视日常的动态考核。对于企业的质量状况来说，除了考核“双标”率和实物质量外，还应当注意用户对企业的产品质量和服务质量的意见。对国家、对社会不负责任、用户不满意的企业不应当进入国家级企业行列。现在个别企业计划内任务不执行合同，计划外产品不保证质量，签订合同不执行标准，出厂产品不经检验，甚至有的将不合格品强行推给用户，对质量异议置之不理等，这些问题在现场考核中是很难发现的。如果不进行动态考核就容易使某些产品质量和服务质量存在问题的企业进入国家级企业行列，在行业中产生不良的影响，失去了正常的调控和导向作用。为了做到动态考核，企业升级从推荐到预审，从预审到评审，要有一定的考核时间。以便有关部门和人员对企业进行动态考核，必要时还要组织有关单位和专家进行咨询诊断，为正确判断和审定提供充分的依据。目前我们对企业质量状况的动态判断主要是借助于产品质量监督抽查，用户对企业的质量评价，关键品种的质量管理和评优以及对企业的质量评价，关键品种的质量管理和评优以及对企业执行标准的监督检查等。上述这些动态考核工作，对衡量企业的质量状况也是相当重要的，在企业升级时也应当充分考虑。

三、重视对企业管理水平的考核

企业升级在很大程度上是企业管理水平的升级。产品质量、物质消耗和经济效益三大考核指标是企业管理水平的主要反映。但是由于企业多方面的原因，这三大指标也不见得能够完全充分地反映企业的管理水平。在考核企业时，应把重点放在管理水平上。企业在管理模式上不完全相同，但是就其实质内容来说应当是一致的。我们应当在企业升级活动中引导企业做到以下几点：（1）将企业管理的根本目的放在为国家和社会生产更多更好的产品，创造更多更好经济效益和社会效益上，没有经济效益和社会效益的管理是无效的；（2）将企业管理的核心放在管人上，只有能把广大职工的积极性和创造性充分调动起来的管理才是抓住了带动一切工作的动力；（3）将企业管理方法引导到动态管理和系统管理为主，以实现整体优化。目前冶金系统正在掀起“学武钢”的高潮，主要目的也是引导企业坚持社会主义方向，全心全意依靠工人阶级，以提高产品质量、降低物质消耗和增加经济效益和社会效益为目的，以全面质量管理为中心，提高企业素质和管理水平。“学武钢”应当成为冶金系统企业升级活动中的重要组成部分，并使“学武钢”的活动不断深化和发展，为提高企业管理水平在理论和实践上提供令人信服和可以操作的经验。

四、对升级企业进行有效的监督

到目前为止，冶金系统被考核审定为国家级企业的有 99 家，其中有 5 家为国家一级企业，8 家通过了国家一级企业预考核。绝大多数企业升级后都能继续加强管理，不断提高，各方面工作都有新的发展。像吉林铁合金厂在晋升为国家一级企业的同时，又获得国家质量管理奖。上钢五厂在晋升为国家一级企业后，不停顿地争创国家质量管理奖，而且收效显著，获奖有望。但是也有的升级企业“证书到手，管理放松”。个别升级企业的产品质量还不断出现问题，甚至有的升级企业完不成国家计划内的合同，产品质量和服务质量都有滑坡现象，给企业升级活动带来了不好的影响。进入国家级企业的单位，应当珍惜荣誉，不断前进。对这些企业来说，保持以国家利益和社会效益为重的经营思想和不断找差距，不断上水平的追求精神是至关重要的。除了企业本身要不断地整改，持续地提高外，在行业管理和宏观调控中也要加强有效的监督工作，从主观和客观两个方面共同采取措施巩固企业升级的成果。对国家级冶金企业进行复查是一个监督的好办法。特别是在质量抽查和用户评议中存在比较严重问题的企业，应当在复查前抓紧整改。对质量管理水平下降，产品质量和服务质量用户意见很大，有重大质量事故或异议的企业，应视不同情况加以处理，以保证企业升级工作的质量和声誉。

在当前企业升级工作逐步向纵深发展情况下，及时地抓好复查和监督工作，对企业升级的健康发展具有重要作用。

加快从引进到创新的步伐*

去年 12 月 7 日，在 1990 年度国家科技奖励大会上，李鹏总理亲自将国家科技进步奖特等奖的奖杯和奖状授给了“武钢一米七轧机系统新技术开发与创新”项目的代表，武钢总工程师张寿荣和副总经理刘玠同志。在此前的评审过程中，全体评委对武钢这一项目给予了很高的评价，都认为这是一个从引进到创新的好典型。

我国有不少企业在不同时期从国外引进过不少具有世界先进水平的技术与装备。其中有相当多的企业由于原有的生产条件、管理水平、人员素质和备品备件不适应，限制了引进技术与装备水平的发挥，甚至使先进的技术与装备受控于落后的基础与条件，严重地影响了企业的技术经济效果。

武钢一米七系统新技术开发与创新的过程给人们不少启发，他们的经验值得全行业借鉴。

“以新促老、全面提高”的技术方针提得好。武钢一米七轧机系统从 1982 年正式投产到 1985 年底核定生产能力，一共用了 4 年时间，在这一阶段，武钢一方面抓一米七系统的消化吸收和达产，另一方面抓老厂的技术进步与改造，使老厂不仅在生产能力上要与一米七轧机系统配套，而且还要使老厂在生产条件和技术水平上也能与一米七轧机系统适应。例如选矿降硫、高炉强化、转炉复吹、平炉用氧、铁水脱硫、炉外精炼、全连铸、能源介质和辅助材料等也通过一系列攻关，提高了水平，基本上满足了一米七轧机的要求。有了这些条件保证，一米七轧机才能在性能、精度、自动化程度和生产能力等方面充分发挥出水平。不仅把引进的 231 项技术专利和 217 项技术诀窍全部消化吸收了，而且使轧机产量超过了核定的设计水平。

在消化吸收基础上进一步开发创新干得好。当武钢一米七轧机系统达到了核定的设计水平以后，又把目标瞄准到国际 80 年代钢铁工业的先进水平。10 年来，武钢在以下 5 个方面进行了开发与创新：一是针对原引进技术和工艺的缺陷而改进和开发的新技术和新工艺；二是突破原专利的局限而发展的具有更高水平的新工艺、新技术；三是突破原设计大纲的产品规范而开发的新产品系列；四是适应一米七要求在前工序开发的新技术与新工艺；五是在能源介质、辅助材料和备品

* 原载于《中国冶金报》1991 年 1 月 19 日。

备件方面的开发与创新，不仅使武钢一米七轧机系统的产量超过设计水平，而且产品质量和技术指标也达到了80年代的水平。

能源介质、辅助材料和备品备件解决得好。一米七轧机系统的能源介质，包括电、汽、油、气、水等数量多、质量高、要求十分严格。备品备件6万多种，润滑油脂200多种，化工原料49种。任何一项跟不上，一米七轧机系统都不能正常发挥作用。而武钢为了使引进的设备能够正常运转并充分发挥作用，大力抓国产化工作。目前供电系统安全可靠，循环水利用率达到95%以上，煤气不仅做到了回收利用，而且品质不断提高。备品备件国产化率超过70%，油品国产化率也达到70%，化工原材料代用率达到80%，保证了引进装备的需要。有些企业这方面工作跟不上，每年还要花不少外汇来解决备品备件或辅助材料问题，甚至成了沉重的包袱。当然，更谈不上对引进设备和技术的开发创新。

推行以全面质量管理为中心的现代化管理管得好。武钢在消化吸收一米七轧机系统的过程中，一直以全面质量管理为中心，并围绕一米七轧机系统建立了以14个产品系列为龙头的“一条龙”质量保证体系，使产品在生产过程中实行了从原料进厂到成品出厂的全过程控制。另外，在直接影响产品性能、成分、精度、可靠性和安全性的关键工序建立管理点。目前一米七生产厂已有三级工序管理点93个，并发展成监控型、控制型、管理型、联合型4种模式，构成全方位的工序控制。

武钢的产品双标率已经达到96%，其中国际先进水平占92%。产品质量和服务质量连续3年在用户评议中名列前茅。国优产品金牌奖4枚，银牌奖5枚。有这样的好成绩，与一米七轧机系统新技术开发与创新是有很大关系的。通过消化吸收引进技术，并在此基础上加以开发和创新是企业技术进步的一条重要途径，很值得借鉴。

发展中的我国冶金计量技术*

我国的粗钢年产量已经达到了 6500 万吨，成为世界上第四位产钢大国。近十年来，我国钢铁工业发展很快，重要的原因在于党和国家实行了改革开放的政策和积极采取技术进步的措施，计量工作也对此做出了贡献。

自从 1985 年 9 月 6 日《中华人民共和国计量法》实施以来，钢铁工业的计量工作又有了新的发展。目前全国冶金系统共有各种计量器具 170 万台（套），其中属于强制检定的有 10 万台（套），非强制检定的有 160 万台（套），还有 7000 台（套）的最高标准器具，承担着全行业的量值传递工作。

为了使企业认真贯彻实施《计量法》，冶金部制订了《冶金企事业单位计量器具分类管理办法和管理目录》，并准备在制订《冶金工业企业计量器具配备通则》的基础上，编制主要工序的计量器具配备规范，使计量工作从器具管理向数据管理过渡，与生产实现最佳匹配，为质量、品种、效益发挥作用。

为了使计量工作纳入产品质量保证体系，除了应加强和改善计量管理外，还应不断地研究与开发计量技术，用以检测钢铁生产过程中的各种工艺参数。近十年来，我国钢铁工业的计量技术有了长足的发展，保证了品种质量、节能降耗、安全环保等方面的工作，并成为生产建设中不可缺少的生产力构成要素之一。

一、采矿和选矿

为了使大型露天矿和地下矿的作业率和安全性达到先进水平，研究和开发了几十种计量器具和仪器仪表，用于矿山测量、爆破、采场生产、充填系统、地应力监测和通风防尘等。其中比较主要的有钻机调平和钻头位置数字显示仪，炮孔测深仪和测角仪，地音、地压和岩体位移测量仪，多点边坡位移自动记录仪，采尘器和测尘仪等。这些计量仪器仪表的应用，保证了潜孔钻、牙轮钻、防水炸药、大区多排微差爆破和陡帮开采技术的发展。计量技术的进步促进了无起爆药毫秒电雷管的开发，不但改善了生产环境，使用也很安全。

我国的铁矿多为贫矿和难选的赤铁矿，在研究提高精矿品种和选矿回收率的过程中，还开发了测量瞬时流量和累计流量的电子皮带秤，测量矿浆酸度的放射

---

* 原载于《工业计量》1991 年第 1 期。

性同位素式或差压式密度计，检测岩矿回路返砂量的霍尔变送器，分析矿浆金属成分和品位的X光荧光分析仪和能排除磁性干扰的矿浆流量计。通过上述这些计器控制给矿量、岩矿浓度、分级溢流浓度和选矿药剂加入量等，可使岩矿效率提高5%，容矿和溢流浓度稳定在±2%以内。

二、烧结和炼铁

为了准确控制烧结过程的配料，开发了能够连续测定各配料矿槽料位的超声波式、X射线式和称重式料位计。利用透气性仪测定混合料的透气性或用中子温度计测定混合料的水分来调节混合加水量或控制混合料的水分和透气性，保证烧结矿的生产。在烧结过程中采用定点式料层厚度检测、扫描式点火温度检测，借助测量风箱废气温度控制烧结速度和终点，利用测量烧结矿的磁导率分析FeO含量，保证烧结矿的质量。

目前，高炉内各部位的温度基本上还是用热电偶和多点式电子电位差计来指示和记录，炉顶压力用差压变送器测定，而炉顶煤气成分用工业色谱仪和小型工业控制机联机分析，CO_2的分析精度为0.35%。送风温度用热电偶测量，而送风湿度用干湿温度计测量，利用高温流速管法可连续测量风口热风流量。在判断高炉炉内透气性时，有的采用多层料柱间静压差法，有的采用连续喷吹法，有的则采用压量指数记录仪。通过测量风口进出冷却水量差来判断风口破损情况，而高炉砌体烧损诊断装置可用CRT直观地表现出炉身砌体各点电偶温度、烧损变化和炉内煤气流情况。炼铁计量的重点是原料、烧结和高炉，随着单元组合仪表的发展和计算机的应用，计量、电控和计算机日益联结起来形成三电一体化的新格局，集散系统和可编程序控制器得到了广泛的应用。

三、炼钢和连铸

氧气转炉的原料称重、氧气压力和流量、钢水测温、定碳、定氧和炉气回收等用的计量仪器仪表，基本上满足了生产要求。CTO三参数仪表是具有自动校正零位和打印的数字智能仪表。利用脉冲方法测量氧枪高度，利用声纳原理测量炉渣状态和利用炉口微差压测量与调整回收转炉煤气等正在逐步地推广应用。例如，马钢三炼钢厂利用声纳监控转炉造渣过程，对中磷铁水冶炼低、中、高碳钢优先脱磷和保碳，提高终点命中率都有重要作用，对返干和喷溅能提前5~10s报警。

对连铸过程中的结晶器钢水渣面检测和控制，一般是采用放射性同位素Co^{60}或Cs^{137}射线探测法，而结晶器冷却水温差多用热电阻和热电阻温度变送器，结晶器冷却水流量多用节流装置式电磁流量计，并开发了结晶器冷却水热量和热功率检测仪。二冷系统水流量的检测主要靠节流装置或电磁流量计。铸坯长度数字显示仪、定长度切割自动控制和辊间距与椭圆度测定装置也已研制成功。目前，正在研究与开发凝壳厚度和拉漏报警装置。北京科技大学开发的连铸机性能参数的测量技术，对于连铸机的设计与制造具有重要作用。

四、轧钢和质量控制

目前各种均热炉和加热炉的炉温控制已经普遍采用了单参数的单环和多环调节。由于氧化锆残氧分析仪投入使用，实现了残氧校正串级控制。在轧制中广泛采用了测压仪、辊缝仪、测速仪、张力计、活套长度（位置）检测仪、测厚仪、测宽仪、测径仪和测温仪等，使钢材质量有了明显改善。中德合作研制的冶金测量车，可以对轧机的轧制压力、力矩、电流、电压、转速、温度、压下等进行测量，曾经对上钢一厂 1200mm 热带钢半连轧机、本钢 1700mm 热带钢半连轧机、马钢 850mm 初轧机、630mm 和 500mm 型钢轧机以及车轮轮箍轧机进行过工艺和设备参数全面测量，为企业的技术改造和工艺改进提供了科学依据。马钢采用多点红外测温装置能动态非接触式地测量热轧在线钢板温度，具有峰值和平均值显示、计数、打印和报警功能，并利用微机控制的 X 射线测厚仪测量中板厚度，减轻了工人劳动强度，提高了轧机作业率和负公差轧制水平。上钢五厂和新沪钢铁厂采用 CCD 测径，保证了钢材的尺寸精度。各企业还根据不同的产品要求选用了各种无损探伤设备。高压锅炉管都实现了超声和涡流（或漏磁）双探检查。上钢五厂引进的多功能检测仪器可以对钢材进行分选、强度、硬度、淬火深度等多功能测试。电磁超声设备已开始用于钢坯、锻件和中板的探伤。高能 X 射线设备也在高温钢坯探伤中得到应用。最近采用压力法在 1100℃ 高温下可检测出 ϕ5mm 当量缺陷和 ϕ8mm 的自然缩孔缺陷。

随着我国钢铁工业的发展，计量技术与管理日益进入生产经营的各个环节，并正在向计控一体化方向发展，成为质量、品种、效益保证体系中的重要组成部分。可以预计，在“八五”期间我国钢铁工业的计量技术将会有更大的发展。

为“质量、品种、效益年”做出新贡献*

国务院决定，从1991年起，要以调整产业结构、产品结构和提高经济效益作为经济工作的重点，并把1991年定为“质量、品种、效益年”，推动我国经济建设逐步转向依靠科技进步提高经济效益的轨道。这是国民经济治理整顿和深化改革向高层次发展的需要，冶金工业部门应当为实现这一目标做出应有的贡献。

十一届三中全会以来，党中央和国务院对质量工作十分关心，曾发出过一系列重要指示。1987年国务院决定，采用国际标准，促进技术进步，提高产品质量。多年来，冶金部一直把采用国际标准、提高产品质量作为发展钢铁工业的重要措施之一，并制订了“标准，质量、价格三同步”的质量升级规划，现已对35个重点企业、20个钢材品种的生产工艺装备进行了技术改造，使产品的质量有了明显提高。到1990年底，“双标率”已经超过50%，而且有一批产品的实物质量达到或接近国外同类产品的先进水平；全系统共有国优产品169个，其中金牌35个，银牌134个，部优产品919个；已获得国家质量管理奖的有4个企业，获得部质量管理奖的有63个企业。

但是，冶金产品的质量问题仍然比较突出。标准水平虽有提高，但标准体系不够合理；“双标率”比较高，但实物质量有差距，特别有一些企业尚未树立以质量为中心的经营指导思想，更谈不上由粗放经营向集约经营转变；企业基础工作薄弱，工艺操作纪律松懈，违章和质量事故较多；全面质量管理发展不平衡，有的企业流于形式，有的企业技术监督体制、人员素质、奖惩制度不适应要求，因而监督把关不力，执行标准不严。

1991年是“八五”规划实施的第一年，又是“质量、品种、效益年”。对质量管理工作来说，是一个难得的机遇，要扎扎实实地做好以下几项工作：

第一，要在全行业进一步提高质量意识。产品质量是人类文明的重要标志，是民族素质的集中体现，是社会发展永恒的主题，也是国民经济和科技进步的核心关键。“质量第一”是一个长久的方针，不是权宜之计。对钢铁工业来说，在钢的年产量突破6000万吨的形势下，尤其要注意不断地开发品种，提高质量，并把它放在主要的战略地位，才能不断地适应国民经济和国防工业发展的需求。

第二，在指导思想上要实现三个转变。一是投资上要从以扩大产量为重点转

---

* 原载于《冶金管理》1991年第1期。

移到以品种质量为重点上来；二是生产上要从抓“双标”产量率的提高转到抓产品实物质量的提高上来；三是经营上要从数量效益型转到质量效益型上来。

第三，要大力提高冶金产品的实物质量。一要把是否满足用户的使用要求作为主要检验依据。二要把构成产品质量的各项参数（包括化学成分，物理性能，尺寸精度，表面和包装等）作为工作重点。三要依据各企业的生产工艺、装备、管理和素质等状况，分层次推进，对于引进的和具有当代先进工艺技术装备的企业，其产品实物质量应达到国外同类产品的先进水平，对于已经执行和准备执行“双标”的企业，要进一步改进和完善工艺装备，保证产品的实物质量完全符合和高于“双标”的各项规定；对于其他企业或上述企业中某些产品，应以现有工艺装备为基础，适当进行改造，加强企业管理，提高人员素质，认真执行标准，不断提高产品的实物质量。

为了能够在“质量、品种、效益年”中，在提高产品实物质量方面收到成效，需要从以下七个方面加以推进：

（1）清理整顿现行标准。在提高标准水平的同时，健全标准体系，组建冶金产品标准化技术委员会，加强标准化管理工作。标准的修、制订计划和监督实施工作，都要以提高实物质量为中心。切实解决部分标准与用户要求或生产实际相脱节的问题，以及部分企业不严格执行标准，把不合格品作为合格品出厂的问题。通过清理整顿使标准化管理纳入法制管理轨道。

（2）依靠技术进步提高产品的实物质量。冶金企业不仅应有具体的质量升级目标，而且还要有实现这些目标的具体措施，特别是技术进步措施。企业的技术进步和技术改造应以质量、品种、效益为中心，大力抓好关键品种和基本原材料的质量升级规划，以适应国民经济和国防工业技术进步的要求，促进冶金工业持续稳定协调的发展。

（3）继续学习和推广武钢“坚持社会主义方向，走质量效益型道路”的经验。各企业应当根据本企业实际情况，研究以质量为中心的经营发展战略，并按全面质量管理的思想和方法，搞好企业的各项管理工作。要把全面质量管理渗透和融合到各项管理工作中去，使企业得到整体优化，为质量、品种、效益提供保证。

（4）各企业应当不断地访问用户，接受社会监督。对用户意见比较大的、常见、多发的质量问题，例如，化学成分不稳定，表面裂纹和脱碳严重，尺寸公差大，包装质量差，短尺、乱尺多等，应发动群众，从技术和管理两个方面加以解决，由废品减半搞起，坚持不许不合格品出厂，使钢材质量形象有一个较大的改观。

（5）在企业计量定级、升级基础上，把计量管理和计量技术抓好。既要配齐，又要管好，要从器具管理向数据管理过渡。今后冶金计量工作的重点要放在在线和受控上，实现计控一体化，使计量工作为质量、品种、效益服务。要按冶金过程组织制订计量器具配备规范，实现最佳配备和发挥最佳效果。

(6) 加强宏观调控和行业管理。强化企业升级中的质量考核与复查工作，加强各级质检中心的业务建设和作风建设，保证科学性、公正性和权威性，对重要产品要坚持生产许可证制度并加强对产品质量的监督检验和对关键品种的评优选优，从限制和鼓励两个方面把好质量关，并争取在优价方面有所作为。

(7) 对出口产品要实行质量认证制度。包括对实物检验和生产条件的认可，为发放出口许可证从产品质量和质量保证方面提供依据。对已获得出口许可证企业的产品质量，要进行经常的监督检验和必要的抽查，确保出口产品的质量。

“质量、品种、效益年”是我国经济建设走上良性循环的重要时期，也是冶金工业持续稳定协调发展的关键时刻。只有依靠质量品种，企业才能有稳固的效益；只有依靠质量品种，社会才能获得有效的供给。这是关系到国家长治久安和繁荣富强的大事，一定要抓好、抓实、抓出成效来。用实际行动在“质量、品种、效益年”中做出新的贡献。

技术监督的重点应有所转移*

国务院决定从今年起，以调整产业结构、产品结构和提高经济效益作为经济工作的重点，并把1991年定为“质量、品种、效益年”，推动我国经济建设逐步走上依靠科技进步提高经济效益的轨道。为了适应治理整顿、深化改革的这一新发展，技术监督工作的重点也应有所转移。

首先，以冶金工业的现状来看，技术监督工作应从流通领域转向生产领域。目前的技术监督多侧重于流通领域，主要是监督掺杂使假和缺斤短两。当然，这对维护消费者利益也很重要，但是更重要的应当是把监督的重点放在生产领域。只有生产领域的技术监督工作加强了，减少或杜绝伪劣产品流入市场，才能从根本上解决产品的质量问题。在企业内部形成自我约束的技术监督机制，比在市场上进行的质量监督更有成效。

第二，应当从产品出厂前检验转向生产过程的监督。根据全面质量管理的思想，应当对产品生产的全过程都进行质量把关，建立以产品为龙头的质量保证体系，并在关键工序设立质量管理点，只有这样才能保证产品达到要求的质量。可是目前的技术监督和质量抽查主要是以成品为主，缺乏对生产过程的技术监督，显然是不充分的和不全面的。

第三，应当从以监督为主转向以治理为主。目前在产品质量问题上强调管理多，包括在全国范围内推行全面质量管理和GB/T 10300《质量管理和质量保证》系列标准，但强调治理少。只抓监督，不抓治理是很难从根本上解决产品质量问题的。不从技术改造和科技进步上下工夫，产品质量升级就缺乏必要的物质基础。但是当前不论从机构上还是工作上都有些脱节，只有抓监督的，没有管治理的，这种局面不扭转，产品质量是难以提高的。监督与治理同时操作，才能使质量升级到一个新的水平。

---

* 原载于《中国技术监督报》1991年第1期。

以提高实物质量为目标，积极开展质量升级工作*

党的十一届三中全会以来，特别是“七五”期间，党中央和国务院对质量工作十分关心，并发出了一系列重要指示。冶金部遵照党中央和国务院的指示，多年来一直把采用国际标准和加强技术改造作为冶金产品质量升级的重要措施，并依靠技术进步和科学管理，使产品的质量有了很大提高。主要表现在以下几个方面：

（1）冶金产品标准的“双采”工作成绩显著。“七五”期间是冶金标准化工作采用国际标准和国外先进标准的重要时期。1979～1989年间，冶金产品标准增加了2倍多，超额完成了“七五”规划规定的1500个的目标。1990年底国家行业标准总数为1638个，标准水平也有了进一步提高。通过采用国际标准和标准水平的评定，国、部标准的“双采”数为1080个，占标准总数的6%，也超过了“七五”规划规定的50%～60%的目标。其中达到国际先进水平的有222个，占13.6%，达到国际一般水平的有858个，占52.4%，标准化工作也初步形成了统一和有序的管理。

（2）“七五”期间，为使35个重点钢铁企业、200个钢材品种能按国际标准和国际先进标准组织生产，将其工艺装备进行了技术改造和完善配套，从而使重点企业钢材的“双标”率逐年上升。1986年钢材“双标”产量只有400万吨，“双标”率为14%。1990年已分别上升为2300万吨和45.5%，比1989年增长近3.25倍，超额完成了“七五”规划规定的40%的指标。到1990年底，冶金系统共有国家优质产品169个，其中金牌35个，银牌134个，部优产品919个。

（3）冶金产品的实物质量明显改善。铁路用重轨已全部实行在线探伤出厂，攀钢和包钢的60kg/m钢轨已大量生产，并普遍用于主要干线上。客车车轮已全部执行国际水平标准，在工艺设备彻底改造前，马钢已能部分生产具有国际先进水平的A级车轮。武钢生产的车厢用耐大气腐蚀板，寿命达到10～12年，比原来的碳素钢板提高1倍。汽车轮辋型钢，鞍钢产品经西德专家鉴定已达到日本水平。大梁板有多个钢种、规格，可适用不同要求。货车车厢用冷弯型钢也可配套供应。大部分重点企业和部分地方企业的造船钢板已取得外国船级社的认可，产

---

* 原载于《轧钢》1991年第2期。

品可用于制造出口远洋船舶。煤炭工业用的耐蚀轻轨已开始批量生产，巷道支护用钢有新的发展，29U 型钢已批量生产，36U 型钢也研制成功。宝钢和鞍钢的石油管，成都无缝钢管厂的套管都可按 API 标准生产供货，有的已在超深井上使用。上钢五厂和大冶钢厂的高碳铬轴承钢平均氧含量已降到 12ppm 以下，接近瑞典 SKF 水平，武钢冷轧硅钢片已相当于日本水平。重钢五厂的压力容器板，经劳动人事部质量认证批准为全国免检商品。上钢三厂生产的控轧钢筋每年出口 10 万吨以上，受到外商好评。低压流体输送用焊管，水压已从 25kg 提高到 50kg。热轧窗框钢已从 25、32 系列发展到 40 系列，共 30 多个规格，并已大量出口东南亚。鞍钢、本钢半连轧改造后，特别是宝钢热轧和冷轧宽带钢连轧机投产后，卷板质量有了较大提高，厚度公差缩小，板形有了明显改善。另外，引进和国产的高速线材轧机投产后，我国的线材质量也有明显提高。尺寸精度可控制在 ±0.3mm 以下，而且盘重大，有的达到 2t，硬线比例也在不断提高。

（4）全行业的全面质量管理不断深化。“七五”期间全行业深入推行全面质量管理，除极个别企业外，重点企业和地方骨干企业均已达标并通过验收。到 1990 年底，在钢铁企业和基本原材料企业中，4 个企业获国家质量管理奖，63 个企业获部质量管理奖。特别是冶金部从 1989 年开始总结和推广武钢“坚持企业的社会主义方向，走质量效益型发展道路”的经验，已在冶金系统引起了强烈反响。对各企业强化质量意识、端正经营指导思想、把质量放在企业工作的中心位置、提高产品质量和服务质量等方面，都起了很好的示范作用。目前冶金企业逐步从强化质量意识开始，建立以质量为中心的经营发展战略，从实际出发，学习和应用科学的管理理论和方法，推进企业管理的现代化。不少企业把稳定和提高产品质量作为企业管理升级的出发点和归宿，改革和强化质量管理，突出质量职能，实行系统管理，并注意推进技术进步，加强研究开发，使技术进步和管理进步同时运转。

但是，冶金产品的质量仍存在以下不容忽视的问题。

1）在标准方面，一是由于没有建立一个科学合理、水平先进的标准体系表，标准的制、修订工作难免有些盲目性，以致标准层次结构不是很合理，标准数量过多，而基础标准却较少，某些关键品种钢材和高质量的原材与标准尚属空白，部分标准标龄长的问题未及时得到解决。二是有些标准水平不高，特别是在评定等级时有偏松现象；另一方面，在制、修订标准时也存在对现实生产条件和用户的多层次需求考虑不够的现象。

2）在“双标”率方面，目前产品“双标”率已很高，但有些产品质量指标并未完全达到标准规定。主要原因在于考核不严，数据不实，或条件限制，不能执行。如从 1988 年 1 季度到 1990 年 2 季度，国家监督抽查了 30 种产品，合格率 100% 的仅有 7 种，低于 80% 的有 5 种，最低的只有 41%。

3）在实物质量方面，用户意见主要是钢的化学成分波动大，经常发生混钢号现象，船用角钢曾连续发生碳、硫超标。尺寸偏差大，表面及外观质量不好，钢板的平整度和同板差均大于标准规定。轴承钢冷拔材表面裂纹和脱碳严重，有时废品率高达1/3。机械性能不稳定，锅炉用厚钢板时效冲击也常不合格，轴承钢小圆钢硬度不均，常使用户车刀损坏，一周的工作量要一个月才能完成，包装差、散捆、锈蚀、弯曲、标志不清是常见现象。

质量管理方面，一些企业尚未树立以质量为中心的经营指导思想，更谈不上由粗放经营向集约经营转变。忽视质量和轻视管理的现象仍不同程度地存在。基础工作薄弱，操作纪律松懈，违章和质量事故比较多。全面质量管理发展不平衡，不少企业流于形式。有些企业的技术监督体制、人员素质和奖惩制度不适应要求，因而监督把关不力，执行标准不严。产品不能执行“按质论价”和“优质优价”，这对钢铁企业生产优质产品的积极性影响很大，即使社会主义觉悟高、质量意识强的企业，长此下去也难以为继。

（5）“八五”是我国国民经济治理整顿和深化改革的重要时期。1991年又是“质量、品种、效益年”，为了适应调整结构和提高效益的需要，钢铁工业在质量上要实现三个转变。一是投资上要从以扩大产量为重点转移到以品种质量为重点上来；二是经营上要从数量效益型转移到质量效益型上来；三是生产上要从抓“双标”率转移到提高产品实物质量上来。所有钢铁企业的产品都应达到标准规定的要求，不允许不合格品出厂；有条件的企业应当使产品质量达到国际标准的要求水平；对于工艺技术装备先进的企业应使其产品的实物质量达到国外同类产品的先进水平。为此应进一步强化质量意识，深化全面质量管理，积极贯彻和推行GB/T 10300《质量管理和质量保证》系列国家标准。要继续学习武钢经验，以带动全行业质量管理水平的提高和经营指导思想的转变。通过清理整顿，提高标准水平，健全标准体系。尽快建立冶金产品标准体系表，健全标准门类，补充标准空白，加强标准制、修订工作。要增加基础标准，减少专业标准，提高标准的通用性，并做到互相衔接，控制标准总数。积极稳妥地组建标准化技术委员会，充分发挥各方面专家的作用。以提高实物质量为目标，切实搞好关键品种的质量升级。大力提高基本原材料的质量，不断满足钢铁工业发展的需要。充分发挥计量在提高产品质量中的基础作用，逐步推进计控一体化。充分利用宏观的调控手段，引导和监督企业不断提高产品质量。在企业升级中要提高产品质量的考核比重，除“双标”率要达到一定比例外，特别要考核实物质量水平。评选国家质量奖和部优产品要坚持“高标准、严要求、少而精”的原则，宁缺毋滥。优质产品要从关键品种中选取，必须执行国际水平标准，并重点考核产品的实物质量水平。加强产品质量监督抽查工作，扩大生产许可证的产品范围，积极准备实行质量认证制度。特别是对出口产品要实行质量认证制度，确保出口产品的质量和信誉。

“八五”期间，将选取时国民经济发展，有重大影响的50个关键钢材品种，作为提高产品质量工作的重点。首先要充分发挥引进的和国内现有的先进工艺设备的能力，不断提高质量。还要按照《“八五”钢铁工业技术进步计划》，在钢水净化、提高钢材性能、尺寸精度、表面质量和精整、包装等方面，推广应用一批新技术；按照《“八五”钢铁工业技术改造专项计划》，有重点地上一批技术改造项目，发展关键、短缺钢材品种和提高产品质量。

1）发电设备用钢。高压锅炉管和锅炉板，要在钢质清洁度、尺寸公差、表面质量方面赶上德国水平。高压锅炉管和汽轮机叶片钢数量不足，要新上5个技改项目，完成后可解决国产化问题。武钢的冷轧硅钢片要继续赶上日本，降低铁损，提高磁感，增加高牌号比例，减小纵向厚度波动，改善表面质量。

2）煤炭工业用钢。矿用型钢主要应提高尺寸精度，减小弯曲度。液压支柱管要增加品种、规格，提高精度。高强度耐磨轻轨和矿用钢丝绳要扩大生产能力。通过技术改造，在质量上赶上德国，在数量上做到基本上满足需要。

3）石油工业用钢。目前我国生产的油井管，在质量上与用户要求还有差距。“八五”期间除宝钢石油管外，鞍钢、包钢和成都无缝钢管厂的生产线都需要进行改造和完善，有的要引进设备，有的要组织技术攻关，要严格执行API标准，在质量上要赶上日本。

4）铁道用钢。重轨产量不少，在性能稳定性和耐磨性等方面与国外有差距，要采用全长淬火等技术，以提高使用寿命。马钢车轮、轮箍的工艺装备落后，不能满足铁路高速、重载的要求。车轴坯和垫板、挡板等铁路附件，质量也都存在问题。马钢车轮轮箍系统在“八五”全面改造完成后，车轮质量要达到国际先进水平，并部分弥补数量的缺口。

5）汽车用钢。深冲板、轮辋钢、大梁板、镀铅钢板、阀门钢、弹簧钢和半轴套管等，在质量上要赶上日本，满足汽车工业发展的要求，并部分解决引进汽车生产用钢材。

6）农业和轻工、化工用钢，主要是压力容器用钢板不锈钢管、镀锡板、犁铧钢、农收渔业用钢丝、钢丝绳等，“八五”也将通过技改解决质量数量和规格的问题。

7）轴承钢。目前，国内除少数企业钢材质量较好外，多数企业的工艺、装备水平落后，影响钢材质量和轴承寿命。“八五”期间，要继续采用钢水炉外精炼高刚度轧机和连续炉退火等，要有1/3产品的实物质量，达到和接近瑞典SKF的水平。

8）模具钢。随着电子工业和塑料工业的发展，以及军工行业的需要，对模具钢质量要求很高，要不断改进生产，采用先进钢种，提高质量。冷作模具钢要解决碳化物级别高、偏析严重、寿命低的问题。热作模具钢要提高钢质淬透性和等向锻造性能。塑料用模具钢要在解决钢种的基础上，扩大产量，满足用户需要。

9）齿轮钢。“八五”要进一步改善原材料淬透性质量，改革冶炼、加工工艺，要减小化学成分波动、减少钢中夹杂，缩小淬透性带、提高实物质量，以满足汽车工业和机械工业的需要。

10）硬线和金属制品。我国金属制品行业在常用的品种数量上，供需矛盾不大，但有部分产品的品种和质量，不能满足用户的要求。主要是作为原料的硬线质量问题较多，数量不足。马钢和酒钢要通过采用铁水预处理和炉外精炼提高钢的质量，用高速线材轧机生产硬线，以供钢丝绳厂使用。石油钻井用的超长钢丝绳等，就很需要这种线材作为原料。大连钢厂和陕西钢厂的生产线也要进行改造，用以生产军用航空轴承钢、高级弹簧钢丝和不锈钢丝等。

钢铁工业在质量上要实现三个转变*

冶金部遵照党中央和国务院的指示，多年来一直依靠技术进步和科学管理，把采用国际标准和加强技术改造作为冶金产品质量升级的重要措施，使产品的质量有了很大提高。

“七五”期间是冶金标准化工作采用国际标准和国外先进标准的重要时期，1979 ~ 1989 年间，冶金产品标准增加了 2 倍多，超额完成了“七五”规划规定的目标。1990 年底国家和行业标准总数为 1638 个，标准水平也有了进一步提高。通过采用国际标准和标准水平的评定，国、部标准的“双采”数为 1080 个，占总数的 66%，也超过了“七五”规划规定的 50% ~ 60% 的目标，其中达到国际先进水平的 222 个，占 13.6%，达到国际一般水平的 858 个，占 52.4%，标准化工作也初步形成了统一和有序的管理。

“七五”期间，为使 35 个重点钢铁企业、200 个钢材品种能按“双标”组织生产，对其工艺装备进行了技改和完善配套，“双标”率逐年上升。1986 年，钢材“双标”产量只有 400 万吨，“双标”率为 14%。1990 年已分别上升为 2300 万吨和 45.5%，比 1989 年增长近 3.25 倍，超额完成了“七五”规划规定的 40% 的指标。到 1890 年底，冶金系统共有国优产品 169 个，其中金牌 35 个，银牌 134 个，部优产品 919 个。

冶金产品的实物质量明显改善。铁路用重轨已全部实行在线探伤出厂，攀钢和包钢的 60kg/m 钢轨已大量生产，并普遍用于主要干线上。客车车轮全部执行国际水平标准，在工艺设备彻底改造前，马钢已能部分生产具有国际先进水平的 A 级车轮，大部分重点企业和部分地方企业的造船钢板已取得外国船级社的认可，产品可用于制造出口远洋船舶。煤炭工业用的耐蚀轻轨已开始批量生产，巷道支护用钢有新的发展，29U 型钢已批量生产，36U 型钢也研制成功。宝钢和鞍钢的石油管，成都无缝钢管厂的套管都可按 API 标准生产供货，有的已在起深井上使用。上钢三厂生产的控轧钢筋每年出口 10 万吨以上，受到外商好评。鞍钢、本钢半连轧机改造后，特别是宝钢热轧和冷轧宽带钢连轧机投产后，卷板质量有了较大提高。另外，引进和国产的高速线材轧机投产后，我国的线材质量也有明显提高，尺寸精度可控制在 ±0.3mm 以下，表面氧化铁皮少，而且盘重大，有的

---

* 原载于《企业技术进步》1991 年 10 ~ 11 期。

达到2t，硬线比例也在不断提高。

全行业的全面质量管理不断深化。“七五”期间全行业深入推行全面质量管理，除极个别企业外，重点企业和地方骨干企业均已达标并通过验收。到1990年底，在钢铁企业和基本原材料企业中，6个企业获国家质量管理奖，103个企业获部质量管理奖。特别是冶金部从1989年开始总结和推广武钢“坚持企业的社会主义方向，走质量效益型发展道路”的经验，已在冶金系统引起了强烈反响，起到很好的示范作用。目前冶金企业逐步从强化质量意识开始，建立以质量为中心的经营发展战略，从实际出发，学习和应用科学的管理理论和方法，推进企业管理的现代化，不少企业把稳定和提高产品质量作为企业管理升级的出发点和归宿，改革和强化质量管理，突出质量职能，实行系统管理，并注意推进技术进步，加强研究开发，使技术进步和管理进步同时运转。

冶金行业质量工作取得的成绩是较大的，但也存在着一定问题。

在标准方面，一是由于没有建立一个科学合理、水平先进的标准体系表，标准的制、修订工作难免有些盲目性；二是有些标准水平不高，特别是在评定等级时有偏松现象；另一方面，在制、修订标准时也存在对现实生产条件和用户的多层次需求考虑不够的现象。在“双标”率方面，目前产品“双标”率已报高，但有些产品质量指标并未完全达到标准规定。在实物质量方面，对于钢的化学成分波动大，经常发生混钢号现象，船用角钢曾连续发生碳、硫超标，尺寸偏差大、钢板的平整度和同板差均大于标准规定等问题，用户意见较大。此外表面及外观质量不好，包装差、散捆、锈蚀、弯曲、标志不清也是常见现象。在质量管理方面，一些企业尚未树立以质量为中心的经营指导思想，忽视质量和轻视管理的现象仍不同程度地存在。

为了适应调整结构和提高效益的需要，“八五”期间钢铁工业在质量上要实现三个转变：一是投资上要从以扩大产量为重点转移到以品种质量为重点上来；二是经营上要从数量效益型转移到质量效益型上来；三是生产上要从抓“双标”率转移到提高产品实物质量上来。所有钢铁企业的产品质量，都应达到标准规定的要求，不允许不合格品出厂，有条件的企业应当使产品质量达到国际标准的要求水平；工艺技术装备先进的企业，其产品的实物质量应达到国外同类产品的先进水平。

“八五”期间，冶金工业将选取对国民经济发展有重大影响的50个关键钢材品种，作为提高产品质量工作的重点。首先要充分发挥引进的和国内现有的先进工艺设备的能力，不断提高质量。还要按照“八五”钢铁工业技术进步计划，推广应用一批新技术、新工艺。按照“八五”钢铁工业技术改造专项计划，有重点地上一批技术改选项目，发展关键、短缺钢材品种和提高产品质量。具体如下：

（1）发电设备用钢。高压锅炉和锅炉板，要在钢质清洁度、尺寸公差、表面质量方面赶上德国水平。高压锅炉管和汽轮机叶片钢数量不足，要新上 5 个技改项目，完成后可解决国产化问题。武钢的冷轧硅钢片要继续赶上日本，降低铁损，提高磁感，增加高牌号比例，减少纵向厚度波动，改善表面质量。

（2）煤炭工业用钢。矿用型钢主要应提高尺寸精度，减少弯曲度。液压支柱管要增加品种、规格、提高精度。高强度耐磨轻轨和矿用钢丝绳要扩大生产能力。通过技术改造，在质量上赶上德国，在数量上做到基本上满足需要。

（3）石油工业用钢。除宝钢石油管外，鞍钢、包钢和成都无缝钢管厂的生产线都需要进行改造和完善，有的要引进设备，有的要组织技术攻关，要严格执行 API 标准，在质量上要赶上日本。

（4）铁道用钢。重轨产量不少，在性能稳定性和耐磨性等方面与国外有差距，要采用全长淬火等技术，以提高使用寿命。马钢车轮、轮箍系统在“八五”全面改造完成后，车轮质量要达到国际先进水平，并部分弥补数量的缺口。

（5）汽车用钢。深冲板、轮辋钢、大梁板、镀铅钢板、阀门钢、弹簧钢和车轴套管等，在质量上要赶上日本，满足汽车工业发展的要求，并部分解决引进汽车生产用钢材。

（6）农业和轻工、化工用钢。主要是压力容器用钢板、不锈钢管、镀锡板、犁铧钢、农牧渔业用钢丝、钢丝绳等，“八五”期间将通过技改解决质量、数量和规格的问题。

（7）轴承钢。要继续采用钢水炉外精炼、高刚度轧机和连续退火炉等，要有 1/3 产品的实物质量，达到和接近瑞典 SKF 的水平。

（8）模具钢。要不断改进生产，采用先进钢种，提高质量。冷作模具钢要解决碳化物级别高、偏析严重、寿命低的问题。热作模具钢要提高钢质淬透性和等向锻造性能。塑料用模具钢要在解决钢种的基础上，扩大生产量，满足用户需要。

（9）齿轮钢。要进一步改善原材料质量，改革冶炼、加工工艺，要减少化学成分波动、减少钢中夹杂、缩小淬透性带、提高实物质量，以满足汽车工业和机械工业的需要。

（10）硬线和金属制品。马钢和酒钢要通过采用铁水预处理和炉外精炼提高钢的质量，用高速线材轧机生产硬线，以供钢丝绳厂使用。大连钢厂和陕西钢厂的生产线也要进行改造。

要进一步强化质量意识，深化全面质量管理，积极贯彻和推行 GB/T 10300《质量管理和质量保证》系列国家标准。要继续学习武钢经验，以带动全行业质量管理水平的提高和经营指导思想的转变。通过清理整顿，提高标准水平，健全标准体系，尽快建立冶金产品标准体系表，积极稳妥地组建标准化技术委员会，以提高实物质量为目标，切实搞好关键品种的质量升级。大力提高基本原材料的质量，充分发挥计量在提高产品质量中的基础作用，逐步推进计控一体化。充分利用宏观的调控手段，引导和监督企业不断提高产品质量。在企业升级中要提高产品质量的考核比重。评选国优和部优坚持“高标准、严要求、少而精”的原则。加强产品质量监督抽查工作，扩大生产许可证的产品范围，积极准备实行质量认证制度。

重视理化检验技术，提高产品实物质量*

近年来，我国钢铁工业发展很快，不仅年产量突破了6000万吨，而且品种质量也有了很大的发展。当然支持我国钢铁工业发展的因素是多方面的，理化分析检验技术的进步就是其中之一。从质量体系来看，理化分析检验已经不局限于分析检验最终成品，而是参与生产过程的质量控制，特别是当钢铁工业发展已经转到以品种质量为重点的时期，理化分析检验技术就更加重要。10年前日本钢铁协会出版了一本书，书名叫做《日本钢铁工业高速发展的一个重要因素介绍：日本钢铁分析技术》。这本书已经由冶金分析情报网翻译出版发行了，虽然是一本10年前出版的书，其中有些观点至今仍然可取。在这本书的序言中，日本钢铁协会共同研究会钢铁分析部部长川村和郎先生有这么一段话，他说："人们常常把分析技术说成是'无名英雄'，但是在技术发展中，分析技术绝不是一种保守的因素。只有分析技术的发展走在其他领域技术的前面，另外也只有分析技术在这些领域中得到正确的应用，才有可能使得技术得以发展和完善"。下面我就今后理化分析检验技术如何适应钢铁工业的发展谈几点意见。

一、以标准化为中心，为钢铁工业生产提供适用的理化分析检验技术

目前冶金系统共有国家标准和行业标准1638个，其中理化分析检验标准411个，占25%，基本上保证了钢铁工业生产的需要，但是与世界上工业发达国家相比，还有一定差距。例如，钢铁分析技术中钢铁产品分析方法有70多个标准，但绝大多数是化学分析方法，仪器分析方法比较少。从世界范围来看，钢铁分析技术的发展已经经历了三个阶段。第一阶段是以化学分析为主，第二个阶段是以仪器分析为主，第三个阶段是在线分析。工业发达国家已经进入了第三阶段，而我国还没有完全跨入第二阶段，当然化学分析方法仍然是需要的，但其主要作用已经有所转移。像日本已不再用化学分析方法来承担大量的日常生产的分析检验，而主要是用于确定仪器分析中的标样成分，并以此来检定仪器分析的准确度。今后我们除应继续健全化学分析标准体系外，还应跟踪世界上的发展趋势，

---

* 原载于《冶金分析》1992年第12卷第1期。

逐步采用仪器分析，并建立相应的标准。开展研究工作，充分利用和发挥仪器分析的功能与作用。重点将是基础标准和微量分析标准，有一部分微量分析可以采用吸光光度法，特别是与有机溶剂萃取相结合。国外有很多新成果值得我们吸收，但是更多的工作应当依靠原子吸收和ICP，这是微量和超微量分析的发展方向，虽然有不少单位也做了一些工作，但标准化工作进展不快。

光电发射光谱应是现场分析的主要方法，但是由于受到金属组织、共存元素和成分状态的影响，有些企业的分析数据不稳定，影响准确度。标样的生产与使用也存在一些技术问题，甚至包括样品制备在内，都需要从标准化的角度加以研究，以提高分析的准确性。国外对激发光源和信息处理也做了很多研究工作，例如，利用高能预火化处理和辉光放电，使分析时放电稳定，消除偏析成分和基体元素影响，有利于提高分析精度。另外，利用脉冲强度分布测定钢中酸溶铝等和利用真空型ICP发射光谱来提高钢中P和B的分析精度，并能够同时对S进行定量。日本ICP发射光谱10年前就可测定46个元素，日本工业标准1982年的钢铁发射光谱分析光电测光法规定可以测定28个元素，而我国GB 4336—84碳素钢和中低合金钢的光电发射光谱分析方法只能测17种元素，GB 11170—89不锈钢的光电发射光谱分析方法只能测定12个元素，可见我们的工作还有相当大的差距。

X光荧光分析可以用来分析铁矿石、炉渣、铁合金、生铁、高合金钢和超级合金，特别是采用了超软X射线和新的分光晶体后，对轻元素的定量分析精度提高了，国外已经普遍用于生产部门，并在试样制备、分析方法、校正方法和数据处理等方面做了大量的研究工作，成为了能够直接分析 μg/g ~ 100% 的唯一方法。国内也有不少企业采用，很需要为标准化进行更加深入的试验研究工作。

另外，随着用户对钢铁产品实物质量不断提高的要求，气体分析与夹杂物分析也提到议事日程上来了，应当总结我们的研究成果，参照国外先进方法起草与制订适合我国钢铁产品生产与使用需要的标准检验方法，为钢铁工业生产服务。

二、以在线分析为目标，使理化分析检验技术积极参与质量控制过程

按照全面质量管理的思路，质量是生产出来的，而不是检验出来的。质量控制的重点在于生产过程各个工序，因此理化分析检验不只是限于最终把关，而是要积极参与过程控制。

目前的理化分析检验多是离线的，只有无损检验方法还算是在线的，但也是最终产品探伤多，半成品和在制品探伤少。国外近年来十分重视在线的分析检验技术的研究与开发。例如，转炉炼钢的冶金分析，过去一般都采用间接的方式或测量一部分元素，如利用电解质测定氧，利用熔点测定碳或者利用废气分析来测

定脱碳反应速度和控制吹炼终点。但是如果能够直接分析钢水成分的话，将会对提高吹炼命中率，使吹炼过程更加合理，使钢的质量更加提高。这不仅对炼钢过程起作用，对正在开发的熔融还原也有意义。最近国外这方面的技术有了新的发展，其中包括有在钢水表面直接进行光谱分析；在钢水表面直接进行等离子光谱分析；对钢水表面激发出来的微粒子进行等离子光谱分析；对钢水表面喷吹形成的雾状化合物进行等离子光谱分析；直接分析废气烟尘和测定气体平衡分压等方式来测定钢水成分，这些在线分析技术无疑对质量控制起着直接参与作用，变事后把关为事前预防，可以说是分析检验技术的一次革命。我们应当跟踪这个趋势，使得理化分析检验技术逐步向在线过渡。

前不久我看到《钢铁》杂志上的一篇论文，是东北工学院（现东北大学）张强教授等几位专家写的，题目叫做“热轧钢板生产过程中的组织和性能预报与控制”，即用模拟试验与计算机数值计算相结合，对生产过程中的各种金属学现象通过计算机仿真建立组织和性能预报模型，实现钢材成分、轧制工艺制度的最佳设计。这样一种在线控制系统中也必须有中间过程材质信息检测机构，通过在线测得的瞬时信息时计算机系统施行前馈和反馈控制，不仅需要有在线温度测定元件，而且还需要有在线的材质检测装置，例如，利用白光、紫外线、红外线或激光反射原理测定钢材表面状态和晶粒度；借助超声波、电磁波或 X 射线等来测定钢材中的夹杂物、织构和相变等。可见在线分析对产品质量控制的重要性，没有这些在线检测信息的反馈，很难完成准确的组织和性能预报与控制。

我们也有不少单位从事这方面的研究与开发，但是显得分散，缺乏系统化。为了促进这方面的工作，我从计量角度想了一些办法，即组织制订冶金工业生产装备计量器具配备规范，并开发了相应的计算机管理软件。在这个规范中，我们强调了计量器具要在线，要配齐，要用好。这些计量器具中有很多是属于理化分析检验的装置，有的是具有显示或记录功能，有的是具有控制或报警功能，像烧结过程的 FeO 测定装置、炼铁过程的炉顶煤气分析、炼钢过程的 CTO 三参数测定等都将列入配备规范，将来争取做到设计、施工和生产三同步，逐步从推荐到强制使一些理化分析检验技术实现在线，为质量控制提供保证作用。我觉得冶金分析和物理测试情报网也应当将在线检测技术列为研究开发和交流的内容。

三、以研究开发为对象，不断提高理化分析检验技术水平

理化分析检验技术已经不局限于生产过程测试与最终成品分析，更重要的是作为研究开发的一种不可缺少的手段，发挥着日益重要的作用。例如，力学性能测试，过去主要用于钢材力学性能测试，并为设计选用提供依据；现在已经扩展为分析研究钢材本质的工具，其中最突出的是断裂的研究、断裂的分类、断裂的

方式、断裂的过程、内部缺陷对断裂的影响，预防断裂的措施等，断裂力学是不是可以看成是力学性能测试技术从单纯测试到试验研究的一大发展。从而出现了更能反映材料本质的一些力学判断 K_{IC}、J_{IC}、COD 等，对安全设计与失效分析起了重要作用。电子探针微区域分析对钢水脱氧、脱氧产物和外来夹杂物的研究，弄清了钢水的脱氧机理和夹杂物形成机制，推动了脱氧技术的发展。电子显微镜观察技术和析出物与夹杂物分析方法弄清了钢中 Al、Ti、V、Nb 等元素的碳化物和氧化物的溶解与析出反应，发展了晶粒细化和析出硬化技术，开发了高强度钢、深冲钢和有织构组织的钢种，特别是对硅钢的发展起了重要作用。

冶金分析和物理测试技术在研究开发中的重要作用不胜枚举。但是目前，这些研究工作是分散的，没有围绕某些主题形成系统和发挥综合优势的作用。我曾经向情报网建议以提高产品实物质量为主题，把化学分析和物理测试组织起来，进行一些有计划、有组织的分析研究，先把一些钢质量方面的多发病和常见病弄清楚，并提出解决办法，然后再找一些材料研究工艺开发中的某些重大问题，开展研究，提出见解，发挥理化检验是研究开发的重要工具与手段的作用，也一定会搞出一些具有很高水平的成果。

从目前来看，理化分析检验技术的研究工作的重点应当主要围绕品种质量、节能降耗和安全环保，特别是品种质量方面有很多迫切需要解决的理化分析检验技术，也还有不少问题需要用理化分析检验技术去解决。随着钢的纯净度的提高，要求有更精确、更灵敏的化学分析技术，特别是超低碳、低硫、低磷的分析以及 μg/g 级的气体分析。深冲钢的发展，要求有更准确的表面质量分析检验方法和更适用的深冲性能测试技术。高技术用的超高强度马氏体时效钢，为了弄清析出相是哪一种金属间化合物以及其分布状态、尺寸、形态、密度，很需要分析电镜的衍射技术的支持，搞清其强化机理，以获得高强度和高韧性的材料。诸如此类的课题是大量的，但是从目前来看有某些脱节现象。这种脱节不仅不利于理化分析检验技术的发展，也有碍于研究开发工作的深入与提高。世界上工业发达国家科学技术发展很快，有很重要的一条原因，即有先进的理化分析检验技术的支持。即使在电子计算机仿真模拟技术高度发展的条件下，必要的实验仍是不可缺少的。没有足够的理化测试数据以及对这些数据的解析，材料与工艺的发展都是缺少科学依据和技术支持的。

四、以学科发展基础，逐步使理化分析检验技术完善化和系统化

以标准化为中心、以在线分析为目标和以研究开发为对象是从理化分析检验技术的应用角度来说的。但是从学科发展来说，不论是冶金分析还是物理测试，

都有其自己的学科体系，也需要完善和提高，过去有一种说法叫做“以任务带学科”。不论如何提法，学科仍然是需要发展的。像吸光光度法如何与有机革取分离相结合；原子吸收法如何与原子化技术相结合，发射光谱在激发与测光方面的深入研究很可能在表面与状态分析上有新的突破，X光荧光分析如何提高它对轻元素分析的灵敏度和更准确的修正方法；透射电镜的电子衍射理论和扫描电镜的图像解析技术；X射线衍射中强度测定和函数解析等，都有相当多的学科性研究内容。没有这些学科性技术的支持，也很难解决钢铁产品的理化分析检验问题。为了提高理化分析检验技术水平，必须有系统地、有重点地、有针对性地研究一些学科性问题，使之完善化与系统化。为了把这些工作能够向前推进一步，很有必要对我国的钢铁产品理化分析检验技术现状作一分析，与国际先进水平和国内生产需求之间还存在哪些差距，应当吸收国外哪些技术，研究开发哪些技术，应用推广哪些技术，搞一个规划，有目标、有进度、有分工、有措施，并提出应当解决的支撑条件，有组织地向主管部门提出建议，争取也列入“八五”发展规划的某些相关计划之中。当然我们也不能全部依靠国家，规划中相当一部分工作，可以组织有关企事业单位去合作研究，也有相当一部分工作可以同材料与工艺的研究开发同时解决。情报网可以很好地研究一下日本钢铁协会共同研究会冶金分析部会的共同研究与活动经验，以民间形式可以组织一些共同研究活动，可以获得一些先进、适用的成果。

情报网的专业组每年都开展活动，有年会发表论文，也有专业经验交流。有的在杂志上发表，有的在网刊上刊登，其中有很多论文是很有水平的，对于从事理论分析经验工作的同行很有帮助，对于从事质量标准的管理人员也有很大参考价值，从这个意义上讲，“冶金分析”和“物理测试”两个期刊起到了重要的作用，应当支持，不断改进和提高。

除了按专业进行活动外，适当组织一些围绕质量或标准为主的学术交流活动，不仅跨专业，而且跨行业。从化学分析和物理测试两个方面来对某种质量现象或某个标准问题加以讨论和分析，这样可以把专业学科的成果综合运用来解决某些实际问题，作用就更大了。

总之，钢铁工业的发展很需要理化分析检验技术的支持。特别是“八五”期间以品种质量为重点，理化分析检验技术的作用就更加重要，预祝情报网及各专业的研究与开发活动取得更大成绩，为提高产品的实物质量水平做出更大的贡献。

日本企业全面质量管理的特点*

应日本科学技术联盟的邀请，经国家技术监督局批准，中国质量管理协会组团于1991年1月赴日本，参加日本第三十二次质量月活动，并对日本企业质量管理进行了考察。访日期间，除在会上听了当年获奖企业的介绍和专题报告外，还先后访问参观了四家钢铁工厂、两家机电工厂和一家大型百货商场。从这些企业推行TQC（全面质量管理）的认识、做法和经验中，以及与日本科技联盟专家的讨论中，我们感到有以下四个方面值得注意和借鉴。

一、对“质量”的概念增加了新的认识

（1）“质量”的含义更广博了。日本企业的“质量”，不仅是满足用户需要的产品质量，而且是扩大到市场竞争的企业“质量”，目前又正在谈论要扩大到对社会负责的“质量”。企业的经营，不仅要提供用户需要的产品，防止产品质量不好对用户和社会造成的危害，而且还要考虑生产过程中资源的充分利用，以及对生态环境的保护。不断增长的人口与地球有限的自然资源，以及生态环境，要求企业家不能单纯地从本企业利润出发，而应赋予经营战略更广、更远的“质量”含义。从长远角度看，这样的企业在今后的社会上才会有自己的地位。

（2）“质量”的内容更丰富了。久米均教授在“探索今后的TQC”报告中指出：产品质量和服务质量的内容，一是基本质量，二是有魅力的质量；既讲功能性质量，也讲非功能性质量。前者在合同或标准中规定，如性能、寿命、可靠性等；后者就看生产厂家如何显示魅力吸引用户了。日本无论是钢铁产品的板带、钢管、型钢，还是机械产品、日用消费品，其包装之精良，外形之精美，以及服务之良好，都给我们留下了深刻的印象。这部分“质量”内容，很值得我们注意。

（3）“质量”的目的更突出了。日本所提的“质量”和“质量管理”突出之处是为企业经营目的服务的。质量又是其经营方针的中心，始终受到决策层的关注。久米均教授在报告中强调“TQC首先是重视质量的经营”，这就把两者的关系说得很透彻。我们访问的几个工厂都强调，他们的质量管理实质就是以质量

---

* 原载于《冶金管理》1992年第4期。

为中心的经营管理，始终围绕经营目的而运行。这些质量管理好的企业，总是在不断地适应市场需求，调整产品结构，向高附加值产品方向发展，以增加利润提高效益。

（4）“质量”的目标更明确了。日本企业开展 TQC 的目标非常明确：满足用户及市场需要。一是企业产品标准主要是根据用户的要求制订，而且比国际标准化组织（ISO）标准和日本工业标准（JIS）都严格。二是不断根据市场及用户需要开展质量改进。例如，住友金属大阪制钢所为新干线用整体车轮在轮缘内侧增加减震环。三是根据市场变化不断调整产品结构。例如，新日铁名古屋制铁所过去生产的大多是 60mm 以上的宽厚板，现在用户要求变化了，就很快调整到生产 40mm 以下的钢板。日本钢铁企业因为市场变化，关、停了一批高炉、转炉和电炉，减少了部分钢材产量（国家通过银行贷款干预），但通过调整品种结构和压缩库存等办法，1990 年发货量比 1989 年却增加了 2.2%。京都近铁百货商店称：“顾客不愿买的商品，再好也是不合格品”。这种服务从用户和市场需要来提高质量、调整结构、压缩库存的做法，很值得我们借鉴。

二、抓质量，既重视技术又重视管理

在技术进步方面：

（1）重视技术改造。日本各钢铁企业折旧率达 10%，比我国高了一倍。1990 年日本五大钢铁公司投资近 7000 亿日元，比上年度增加 30%，设备更新相当快。在技术改造中，十分注意系统性、连续性、经济性，不断改造，而且系统连贯。

（2）重视质量投入。日本各钢铁厂对炉前炉后的精炼处理十分重视，用相当一部分技术改造费用投入质量措施。既保证了品种质量，又提高了经济效益。

（3）重视技术开发。不仅是开发满足市场和用户需求的产品，而且也注意开发新工艺新技术来提高产品实物质量。如新日铁的 H 型连铸中间包等，都处在同行业领先水平。在新工艺新技术中还注意小改小革，如神户制钢的连铸按炉号划分用的钢框等小改进，都对保证质量很有成效。我们看到的几条连续退火生产线，改进了工艺，把过去酸洗和退火需要 10 天的工作，缩短到 10 分钟内完成。

（4）完善检测手段，实行计控一体化是质量保证的重要条件，日本企业十分重视这一点。如新日铁名古屋制铁所检测电焊钢管，既有在线的测径、测厚、测长，又有超声波探伤、磁粉探伤、压扁试验、水压试验；小松制作所小山工厂在装配线上采用在线检测及机器人等。正因为重视在线检测，产品质量才有可靠保证。

在质量管理方面：

（1）坚持从实际出发，做好基础工作。一是重视职工教育工作，多年来一贯坚持“始于教育，终于教育”。日本企业职工文化水平较高，日新制钢制造所职工平均年龄42.7岁，平均工龄已21.1年，仍十分强调职工的日常质量教育（包括技能教育）。二是十分重视标准，各企业不仅有严于JIS（日本工业标准）和ISO（国际标准化组织）标准的产品内控标准，而且各项工作、操作也有相应的管理标准和操作规程，实现了标准化作业。产品标准由日本通产省委托各类协会认可，并发给标记，五年一次，具有强制性。重要产品还要得到世界权威机构的认证。三是十分重视计量检测，特别是在线的计控一体化。四是十分重视信息，不仅市场、用户的信息，而且企业内部制造过程所形成的信息，也都要进入计算机管理。住友金属大阪制钢所每天还坚持召开部、课长碰头会，交流来自第一线的信息。久米均先生在部课长、技术人员QC大会上的基调演讲中谈到，国外有人常问日本QC有什么新试验，他认为不是每年都有新东西，最重要的是要把这些基础的工作扎扎实实地做好。

（2）高层经营者亲自抓管理。本次访问考察感受到三点：一是获奖企业均由各企业经理、厂长亲自上台交流，说明他们对TQC的重视与熟悉；二是企业十分重视方针管理，不仅经理、厂长亲自主持制订中长期和年度方针（住友金属大阪制钢所所长还在每年3月、9月主持制订半年度方针），并亲自带队进行方针诊断；三是对群众性质量管理活动十分关心，有了成果都由公司或工厂领导亲自颁发奖状，以资鼓励。

（3）有组织分工又紧密协调地推进TQC。住友金属等企业推进JK活动，不仅有推进组织，还有后援组织，而且中间有“事务局”协调，分工明确，层次清楚。近铁百货商店、日新电机等，也都是如此。企业内部分工明确，又服从整个系统目标，协调得相当好。不少日本企业在开展TQC中，往往把协作厂也一起考虑进去。从更广的角度看，日本企业之间既有竞争，又有协调。正如戴明博士在本届质量月颁奖大会上指出的那样，这是日本企业成功的诀窍之一。

三、不断提高职工的自主管理意识，提倡以“表扬为主”的管理

（1）日本企业开展TQC十分注意让企业职工共同参与。富士施乐公司在“优良企业的条件”中，特别强调要宣传企业的发展与职工的关系，以命运共同体的形式调动企业职工来参加TQC活动，尤其是定期调查青年职工的思想动态，应用行为科学，鼓励他们参与企业的生产经营活动。我们所到的几个企业，现场整洁文明，工装、物流有序，这些都靠现场职工自己干。正如久米均教授所说：

“TQC是大家参加的管理”。本次质量月的另一个主题是“始终充满活力的全员质量管理”，充分反映了日本企业推行TQC具有广泛的群众基础。

（2）全员参加管理不是一种简单的运动、一阵风，也不是一种模式，而是发挥每个人的积极性，尊重每个人的个性与特长，从而形成企业既有推行TQC的共性，又有各自特点的个性。富士施乐公司要建立一种能调动职工积极性的体制，为此他们采用了表扬为主的形式。新日铁提倡“性善论”，相信职工是想把自己的工作干好，关键是管理者如何去引导。我们访问过的这六家工业企业，由于自主管理和在线检测两方面发挥了作用，都取消了曾经设置过的专职监督检查，而是以生产者自检为主，把下一工序当作用户，自己负责。即使像小松制作所小山工厂柴油机零部件这类复杂产品，每月也只抽6件，其余均为自检。有的企业还分别在工厂、车间醒目的地方提出口号，如住友金属大阪制钢所的“自己提案，自己实行”等，使职工充分意识到自己的责任。为了调动积极性，他们的JK、QC等活动，还设置了开发智力的兴趣活动和以精神鼓励为主的奖励措施。住友金属JK小组成果“所长奖”不过100日元，人均10000日元与他们工资相比微不足道，但领导的发奖与奖状等荣誉，对职工的激励不小。日本企业的群众性质量活动，值得注意的是，他们各类活动比较协调，JK、QC小组和提案活动注意参与意识、能力提高与活动成果的综合评价，首先是参与，然后是效果。只有参与，才能提高能力，才能有效果。有了效果，才会吸引更多的人参与。

四、推广TQC，从实际出发，重视实际讲求实效

日本企业推广TQC之所以成效显著，很重要的一条是实事求是，不搞形式主义。通过这次考察访问，我们感到：

（1）日本开展TQC已有30多年了，有一大批这方面的专家学者，也遇到过种种问题。各位学者、各个企业对TQC的理解、对一些问题的认识不尽相同，但是他们（尤其是企业）不更多地纠缠于“定义”解释，或者争论以什么方法为主，而是按TQC的基本原理，根据各自的实际情况去实实在在地干，在实践中加深认识。石川馨先生讲过，“与其争论一些定义，不如进行一些实际的改进活动”就是这个意思。

（2）对方法、手段的应用，也是实事求是。QC、JK小组多数还是用排列图、因果图与对策表，不大用什么高难的手法。现在由于实现了计控一体化，自动化程度高，已基本上看不到控制图。钢铁企业由于在线检测的采用和普及，也已不再强调抽样检查等统计方法，只是在重复性和再现性检验及处理数据中必要时才运用。方法、口号很明确，措施也很实在。如住友金属公司的口号是：“十年效益增加10%，向21世纪进军，十项具体措施保证”；车间的口号是：“全员

参与改善，实现安全生产640天无事故、生产率提高114%和质量废品为零的三者一体化”。

(3) 日本全员性质量管理活动形式多样化，就是从实际出发的一个重要体现。特别应当指出的是，在动员职工参加活动方面也是实事求是，不硬性规定QC小组要有多少百分比，成果应该达到多少。住友金属大阪制钢所的现场职工，几乎全部参加了JK小组，但部、课级等职能机构人员参加的就比较少，没有勉强他们，而是通过其他提案活动等来体现他们的参与意识。

环境保护与质量管理*

国际标准化组织1991年10月在马德里召开过一次质量管理和质量保证系列标准技术委员会年会。在会上提出的ISO 9000修订草案中，除了体现了ISO/TC176“90年代国际标准的实施战略”的思想外，又增加了一些新的内容，其中之一就是环境保护。这次会上提出，社会对环境保护的要求越来越高，而且已成为世界性问题。为此质量管理中应提高对副产品、污染等的重视，把质量管理和环境保护联系在一起。

科学技术与工业经济的发展，给人类带来了日益增多的物质财富，同时也给地球带来了日益严重的环境问题。

工业污染使大气层中二氧化碳、甲烷、氟里昂、氮氧化物浓度增高，妨碍了地球的热辐射，改变了地球的热平衡，使地球变暖。温室效应引起气候变化、海水上涨、冰河融化、洪水泛滥、海面升高、沿海受灾；另外也改变了生态平衡，造成害虫增多、一并流行，威胁人类的健康与生存，影响了粮食与蔬菜的生长。

工业污染使大气臭氧层破坏严重。1985年卫星测量发现，南极地区10月份（相当于南极的春天）臭氧减少了40%。臭氧层中臭氧每减少1%，紫外线照射量就增加2%，皮癌发病率增加4%~6%。

工业废弃物使海洋遭受污染，而且使地球某些地区产生酸雨。酸雨既有害于水生动植物，也破坏土壤中维持生命的营养成分，并将汞等有害金属溶入地下，使木材、粮食减产。例如，瑞典受欧洲大陆酸雨之害，加拿大森林也受到美国酸雨之害，德国有50%森林毁于酸雨，荷兰、瑞士的针叶林被害也十分严重。

外国一些企业界正用全面质量管理的思想和方法分析和解决这一问题。像大家都熟悉的日本东芝公司，他们既生产电冰箱和空调器，也生产电子产品，1986年用了2000t氟里昂，其中45%用于制冷剂，55%用于清洗剂，他们根据上述地球环境问题，决定加以取代，计划1993年减少50%，1995年全部不用。今后衡量电冰箱和空调器质量指标之一就是是否使用非氟里昂的制冷剂。日本汽车制造业为了节油和减少污染，开发了节能汽车。日本汽车1L汽油跑16km，而美国汽车1L汽油跑11.6km，而且日本汽车排气中有害成分低。日本还有一个很有名的花王化妆品公司，生产肥皂和洗涤剂已不再采用石油来提取表面活化剂，而是采

---

* 原载于《中国冶金报》1992年5月19日。

用天然植物油，减少了对地下水的污染，产品在市场上具有很强的竞争力。由此可见，质量管理要成为经营之道，不仅要注意产品质量和服务质量，还要注意与环境和资源有关的社会评价，参与经营战略和与企业经营溶为一体。今后对产品质量和服务质量的评价不能只局限在买卖双方之间，还要看社会评价。比如说评价汽车，它的质量特征不仅仅是速度、起动快、刹车灵、好看、节油，还要包括排气中是否有有害成分。这不仅仅由买车人来判断，而且表现在使用后和在产品生产过程中。比如合成塑料，使用后仍在自然界，长期弃置而不分解，对地球造成污染。这种塑料对使用者来说，可能质量是满意的，但对社会是有害的，这种产品的质量也不能说是好的。目前还有的钢铁企业在生产过程中烟囱冒黑烟，“三废”也没有得到很好的治理，从社会角度来看，这个企业的质量也是不好的。要求企业不仅要提供用户需要的产品和服务，防止质量不好对用户和社会造成的危害（即通常讲的“质量是保护人类的大堤”），而且还要考虑生产过程中资源的充分利用，以及对生态环境的保护。不断增长的人口与地球有限的资源，以及生态环境，要求企业家不能单纯地从本企业的利润出发，而应赋予质量以更广泛的概念，并成为发展战略和经营之道。

改革质量标准管理工作，建立完善市场经济体制*

江泽民同志在中国共产党第十四次全国代表大会上的报告中指出：“我们要建立的社会主义市场经济体制，就是要使市场在社会主义国家宏观调控下对资源配置起基础性作用，使经济活动遵循价值规律的要求，适应供求关系的变化；通过价格杠杆和竞争机制的功能，把资源配置到效益较好的环节中去，并给企业以压力和动力，实现优胜劣汰；运用市场对各种经济信号反应比较灵敏的优点，促进生产和需求的及时协调。同时也要看到市场有自身的弱点和消极方面，必须加强和改善国家对经济的宏观调控。我们要大力发展全国的统一市场，进一步扩大市场的作用，并依据客观规律的要求，运用好经济政策、经济法规、计划指导和必要的行政管理，引导市场健康发展”。这是我国经济体制改革的重大突破，也必将推动我国国民经济在20世纪末，在提高质量、优化结构、增进效益的基础上迈上一个新的台阶，走出一条既有高速度又有较好效益的国民经济发展的路子。

为了使资源配置到效益较好的环节中去，即质量高、效益好、适应国内外市场需要变化，必须通过价格杠杆和竞争机制的功能，实现优胜劣汰，这样企业就会有压力和动力。而对价格和竞争具有战略影响和现实作用的是企业的产品质量和服务质量。因此国外有很多企业把质量管理称为质量经营，或者更明确地定义为重视质量的经营。价格只有与质量同步才能形成竞争机制，才能实现优胜劣汰。否则单纯靠“价格”，不仅会损害国民经济整体利益，而且也会使企业放松技术进步和科学管理，在日益激烈的国内国外市场竞争中丧失竞争能力。因此，在市场经济体制下的质量标准工作必须不断改革，使企业的经济活动适应供求关系的变化，促进生产和需求的及时协调，才能不断提高企业的素质和增强企业的活力。我个人认为，今后的质量标准工作将向缩小政府行政管理范围和增强市场调节机制作用的方向发展。

一、标准工作要能适应供求关系的变化

标准是“对重复性事物和概念所做的统一规定”。标准有利于统一、通用、

* 原载于《冶金管理》1993 年第 1 期。

简化和协调。但在建立和完善社会主义市场经济体制时，标准工作更重要的是要能适应供求关系的变化，为此要进行两方面的改革。一是缩小强制性标准比例，扩大推荐性标准数量，使企业适应市场需求，制订具有竞争力的企业标准，使用户有更大的选择余地；二是提高标准水平，向国际标准靠拢，以便适应国内外两个市场的需求。

政府行为主要在于统筹规划和组织制订适应国民经济发展的标准体系和国家标准与行业标准，而大量的产品标准要由企业在竞争中形成和发展。逐渐减少政府干预，培育市场激励机制，使标准工作向质量高、效益好、适应国内外市场需求变化方向发展。今后标准工作的重点将转向组织制定冶金产品标准体系表，体现社会主义市场经济体制的变化，根据体系表组织制、修订国家标准和行业标准计划，对标准物资的生产和销售进行必要的宏观调控和行政管理，指导好标准化协会和标准化技术委员会的工作。

二、质量管理工作要逐步实现标准化

江泽民同志在十四大报告中指出，进一步扩大对外开放，更多更好地利用国外资金、资源、技术和管理经验，积极开拓国际市场，促进对外贸易多元化，发展外向型经济也是钢铁工业走向市场经济的必由之路，因此质量管理工作要在推进全面质量管理的基础上，走向标准化和规范化，努力推行 GB/T 19000《质量管理和质量保证》系列标准，并使一批企业得到国际惯用的认证，产品可进入国际市场。欧洲共同市场准备把 ISO 9000 系列标准认证作为商品进入欧洲共同市场的条件。我国虽然从 1988 年就颁布了等同标准，但尚未形成具有国际影响的活动，我国钢铁企业除个别企业对个别产品（例如石油管的 API 和造船板的劳埃德）进行认证外，对多数产品和体系都没有进行认证，这种局面必须尽快改变，尽快建立起民间的、公正的产品认证和体系认证机构，开展认证工作或与国际有关组织进行相互认证，以便消除技术壁垒，为钢铁产品进入国际市场创造条件。这样，也符合关贸总协定的原则，即“对于不是国际认证制度或区域性认证制度国，但又参加关贸总协定的国家，如果他们准备执行国际认证或区域性认证制度，应该同样开放”。建立与推行国际惯用的认证制度，是建立和完善市场经济体制的一项重要工作，应当尽快组织起来开展工作。

三、提高产品实物质量是根本性任务

江泽民同志在十四大报告中提出：“当前，要紧紧抓住有利时机，加快发展，有条件能搞快一些的就快一些，只要是质量高、效益好、适应国内外市场需求变化的，就应当鼓励发展”。并在论述20世纪90年代发展速度时说，根据初步测算增长8%～9%是可能的，在提高质量、优化结构、增进效益的基础上努力实现这样的发展速度，到20世纪末我国国民经济整体素质和综合国力将迈上一个新的台阶。这样高的发展速度是要讲质量、讲效益、讲外向型经济的。没有质量就没有效益，没有质量就没有外向型经济，没有质量就没有社会主义市场经济。但是这并不是被所有人、特别是高层经营者所接受的。人们往往习惯于数量效益，而忽略或否认质量效益，当前钢铁产品供不应求，价格上涨，质量问题不容乐观。但从长远来看，不讲质量，不讲成本，是没有竞争能力的。特别是恢复关贸总协定地位后，我国的钢铁工业必然会受到冲击。如果质量差，成本高，一部分企业就有可能遇到严重的挑战局面，提高产品实物质量是一项根本性的任务，是有利于发展社会主义市场经济的战略工作。政府应当从投资、技改、价格和管理等方面加以导向，努力把产品的实物质量搞上去。在市场经济体制下，必要的行政管理与监督也是不可缺少的。

为了贯彻落实党的十四大精神，从质量标准工作上来看，重要在于把工作重点转到加强宏观调控上来，使标准工作适应供求关系的变化，使质量管理工作实现标准化，使产品实物质量稳步提高，适应内外两个市场的需求，在建立和完善社会主义市场经济体制中做出贡献。

坚持改革，加强管理，开拓冶金标准样品事业的新局面
——在冶金标准样品市场信息交流会上的讲话（1993 年 9 月 24 日）*

同志们，冶金标准样品市场信息交流会开了两天了。我们希望利用这个机会同代表们、与会的同志们一起研究有关加强冶金行业对标准试样的管理及与其有关的问题。根据这次会议的情况，并与有关同志交换了意见，为了把这项工作做得更好，我想就这次会议和有关的一些问题谈几点意见，供同志们在今后工作中参考。

第一，再重申一下为什么要开这次会。冶金标准样品是一种物质的标准，它是一种特殊的产品，对于冶金产品的生产，对钢铁工业品种质量的发展有着非常重要的作用。冶金标准样品经过了多年的，很多单位的努力，甚至于不是一代人的努力，已经使我们国家的冶金产品标准试样的研制和生产达到了一个相当高的水平。不仅品种齐全、数量充足，而且在质量上，不论是标准试样产品的均匀性，定值的准确性都可以说是达到了世界水平。一些外国朋友，对我们国家冶金标准样品的质量都很满意，认为中国冶金标准样品的质量是很高的。在研制过程中，我们的研究院所、工厂、企业的冶金分析人员做了很多默默无闻的，而且是开创性的工作。这些同志们，不仅想办法要把标样元素加得准，而且还要加得均匀，特别是在分析时，不仅要使用已经有的成熟的方法，有的还要探讨和开发一些新的方法，来保证分析定值的准确性。为了测准一个样品，要用几种方法、几组数据，是一项十分严密的工作。我国钢铁工业取得了现在这样举世瞩目的成就，去年达到了 8000 万吨，今年我国的钢产量可能突破 8700 万吨。特别是在品种质量上能够保证国民经济、国防工业需要上，应当说标准样品起到了很重要的作用，尤其是在健全我国的钢种系列方面，标准样品起了非常重要的作用。但是这项工作同标准化其他工作一样，虽然取得了很大的成绩，同时也面临着怎样适应市场经济体制的建立，进一步深化改革的问题，包括研制、生产、流通、使用。比如说，我们过去一些管理办法和一些规定基本上是在计划经济体制下制定的，虽然在过去曾经起到过一些积极的作用，也取得了很大成绩，但是在新的时

* 原载于《冶金分析》1994 年第 14 卷第 1 期。

期还有很多不适应，必须做某些改革。比如说，研制和生产标准样品的计划，过去主要是靠国家下达或是部门下达，国家或者部门拨款进行研制和生产，是一种任务。但是，是不是完全适销对路，这就很难说。现在钢材生产计划指令性的也取消了，企业生产多少钢，生产什么样的钢，主要取决于市场的需求，除了极少数保留了一部分保证重点工程的，像保证军工的、铁路的一些重点工程，还有一部分国家计划外，大部分都放开了，取决于市场和用户的需求。而我们标准样，钻的生产、研制的方式是不是也需要做某些改变，使计划更符合市场的需求，更符合用户的要求。实际上有很多单位的冶金标准样品的研制和生产已经转到了以市场需求为目标，只不过是管理办法没有做相应的改变，还落后于形势发展的要求。以市场需求为目标，并不排斥行业上加以协调，因为不及时地从行业上加以协调，就会产生生产单位从各自的用户需求出发，很可能有些重复，有余有缺。所以必须从行业上进行服务，提供信息交流和协调的机会。我们不能再搞指令性计划，但是，也不能不进行行业协调。怎么协调好，这就是这次会议的目的之一。今年想开个头，摸索一下。关于其他的产品标准和分析方法标准，今年也开始做了一些探索性工作。以前都是大家报上来，由技术归口单位做一些汇总、综合、协调，然后再返回去。但是，部门之间、企业之间交换情况不够。所以，今年我们开了一个冶金产品标准明年的计划协调会，就是想摸索一下工作怎么改革。一开始我们可能还不大习惯这种模式，还不适应，有些办法还不完善，需逐步健全，再成熟起来。所以我们有必要开这样一个会，希望大家互通信息。再如，我们研制和生产标样，怎么才算合格，才可以投入市场，才可以销售和使用。过去是靠鉴定的办法，这个办法是沿用了科技成果的管理方法，请一些专家组成鉴定小组或委员会，提出鉴定意见，经过行政管理部门的批准，产品就算可以到市场。而这种办法是这样沿用下去，还是需要做某些改革，产品和标准样品的生产是不是有些区别。我个人理解，标准样品有的是研制，有的是生产，既是产品，产品的合格与否，谁来负责，谁来判断？在推到市场之前，责任谁来负？推到市场之后谁来评价产品的好坏？我以为，主要是用户，所以是不是要有区别地把新研制的标样和老标样产品，在进入市场之前，一些鉴定的手续加以改革和简化，也需要大家进行讨论。又比方说，在计划上，研制、生产以及样品的审定方面，适应市场机制的运行，要做某些改革，那么管理办法也要作相应的改革，特别要明确行业管理到底要管些什么事情，关于行业管理，中央已经规定了四个方面，即统筹、协调、监督、服务。我的理解就是，统筹是把规划搞好，从冶金行业发展出发，标准样品的体系怎么样，也需要制定一个规划。从全局来看，一个企业可能办不到，就需要我们行业来统筹规划。第二是协调，协调是根据市场需要，对生产和需求进行协调，企业对自己的产品可能做到根据用户要求组织生产，从行业角度来说，有个数量余缺和品种适应的协调问题。第三是服务，现在最主要的服务是提供信息，像这次会议，我们认为是向生产和销售部门提供信息，互相提供信息，以便决策。第四是监督，依法进行监督和管理，对管理也应该转变一下观念，管理主要是服务，主要是为企业服务。转变职能是为了更好地为企业服务。开这样一个会，就是要与大家研究商量，怎么搞好研制、生产，怎么保证产品质量，怎么在销售环节上能够与生产使用衔接好，使标准样品在市场经济体制下继续发挥重要作用，这是我们这次会议的目的。

第二，既然把标准试样工作作为标准化改革的一个方面，要从什么地方开始改革，怎么改，下面谈一谈思路，与大家商量。

首先要从计划开始改，就是要改变指令性计划，变成指导性计划，要把计划从完成任务这个观念出发，改变成适应市场需求，不是上面下任务下面干，完成指令性指标，而是大家通过市场调查与了解用户的需求，然后再进行信息交流，共同商量下一个年度冶金行业应列入哪些冶金标准样品产品，行业上组织一些协调工作，每一年大家经过充分准备，交流信息，调剂余缺，制定一个行业可供参考的计划。这个计划是由下面、由企业、由市场调查提出的，行业做些归纳、协调；有些项目有必要报到国家，作为国家调控的项目，请国家技术监督局给予支持。因为这些项目需要国家来支持的，甚至还需要一些条件，或者是经费的支持，或者是政策的支持。如有可能，一年开一次信息交流计划协调会，根据需要，可以调整，这是计划方面的改革。

另外，想与大家商量标准样品的研制和生产鉴定办法是不是也可以做些改变，做些修正，是不是可以区别对待。新研制的标准样品，过去从组分、从含量或者是生产工艺、分析方法都很少接触，是属于新的标准样品，要花较大的力气来研究，可能过去在含量上没有搞过这一范围，或者是加入方法比较特殊，像高温合金中的微量的、痕量元素怎么加进去，加进去后怎么保证其均匀，过去从来没有搞过，加进去后怎么分析，现成的方法可能没有，还要为它开发一些方法，可能一种方法还不行，还要几种方法。我以为这样的工作是研究、开发，它是一个重要的研究项目，它需要有一些创造性的工作。因此，它出来的数据、结果，不仅是产品，它可能带来一些分析方法方面的成果，也是冶金科技成果，它需要鉴定。我们很多科研工作往往忽略了分析作用。我举个例子，以前我们搞过氮化硅结合碳化硅砖，需要解决氮化硅结合碳化硅物相的结构分析，不解决这个问题，砖是做不好的，但是报成果时往往是搞砖的人、搞工艺的人是第一、第二发明人，但是搞分析的人报不上。后来科技司搞成果的人认为，没有考虑分析人员的成果不能参加评奖，才勉强加了一个人。不然得报两个成果，严格说来，报两个成果，分析人员得奖的可能性也很小，而恰恰是分析工作为这个材料的研制和开发打下了很重要的基础。所以我认为，这样的项目不仅鉴定程序要严格，而且待遇要提高。过去我们曾给标准研究单独开个奖，虽然奖金少了点，但等级还是有的，最后纳入科技进步奖的序列里来。这样的项目要坚持请技术委员会召开有关专家参加的、按照固定程序进行的鉴定，通过鉴定的，经行政管理部门同意，产品进入市场。对于已经生产多次、重复生产的，由于数量上的需求，不断地要求加以补充，比如一般碳素结构钢和一些低合金钢，甚至有一些合金钢，不仅是一个单位，而是多个单位都根据市场需要多次生产，工艺方法比较固定，它就像一个产品一样按照技术委员会或者国家关于冶金产品分析用标准样品的技术条件生产，不同的方法，不同的数据，多种方法，多种数据，由生产企业自己判断，是不是符合标钢的要求。如果企业认为已经达到了要求，向技术委员会备案，技术委员会如果认为是合格的，在规定时间内回答，不要开会，进行编号，进入市场，出了质量问题还是要由生产者负责，是企业的责任。技术委员会无非是帮助企业把关，多一个人多一双眼睛，但最终还是要相信企业自己。如果技术委员会或专家对这个企业申报的没有疑议，应当按统一的规定、按照定点单位的编号，进入市场销售。作这种改革合适不合适，我们希望大家来讨论，如果合适，在管理办法中做出规定。我认为必要的鉴定要坚持，但也不能否认，有一些鉴定会也是走走形式，请专家来花几天时间，被鉴定单位花一点钱。我希望这样的会议要减少。现在科研成果也分几种形式，一种是专家鉴定；一种是现场测试；还有是通信鉴定，能不能标准样品在保证质量的前提下，做些适当的有利于企业、方便于企业的改革，请大家考虑。

第三方面的改革，对生产销售单位进行定点管理。可能大家一开始有些误解，定点生产、定点销售，是对生产销售的一种规范，并不是卡哪一家。把定点单位定下来，具备生产条件，组织起来，统一编号，大家一看，是什么钢，是哪一家的，是哪一年的，是哪一批的，比较清楚，销售单位也方便。我们觉得定点生产定点销售，首先是看条件，第一是要满足条件要求，第二要布局合理，东西南北中都要有，第三是定点生产销售，加上计划协调，有利于总量平衡。

第四方面的改革，要加强行业管理，主要是抓品种质量，标准本身就是调控手段，还有质量监督抽查，这也是个手段，怎么把这手段用好，所以根据部领导的指示，我们想在质量上、在标准上加强行业管理。首先抓像上面说的几项工作，但是只抓冶金部内部不行，而部外的怎么抓，这是个难题。不仅是标准质量的难题，而且是整个行业的难题，因为我们国家部门管理的习惯多少年了，想打开部门界限进行行业管理，不是一件容易的事，也不是一天能实现的。要想抓好行业管理，首先把系统内先管好，系统内没管好，没规范好，怎么去协调部外的？比如最近我们抓生产许可证，大家说冶金系统内部企业老老实实按照规定办，凭生产许可证生产螺纹钢，系统外的乡镇企业搞些伪劣钢材也无许可证，照样生产，你怎么管？对这类问题是没有现成的办法的，但是前一段六部委联合发了个通知，这本身也是一种行业管理。通知下去以后还是有一定威慑力的。我们去任丘伪劣钢材市场做了调查，写了份报告，国务院领导同志很重视。文件下去以后，各地冶金厅局与其他部门一起动作进行治理，还是很有效果的，任丘、唐山地区都发生了变化。现在据了解，有1/3已改行了。从六部委的文件来看，行业管理开始奏效了。最近，我们还打算准备请国家工商局参加，请国务院转发一个文件。先把法规的东西搞好，先把自己搞好，然后再推向全行业。我想我们冶金标准样品的管理，不像这么复杂，现在搞定点单位只是冶金部内部的，部系统外的，像机械、兵器等部门的机械部上海材料研究所、郑州机械研究所，还有兵器部系统52所等是具有很长历史的材料研究单位，不仅是标样，而且还搞材料研究，是很有特色的，我们将来希望他们也参加。定点生产，够条件同样对待，没有什么负担，大家一起统一编号，统一管理。大家可能担心，管来管去管的是系统内的老实人，系统外的人管不住。这要有个过程，市场经济体制下行业管理只是刚刚开始，要向那个目标努力，就要先起步、只要这个办法对企业、对整个行业有利，我相信系统外的行业部门都会支持的。现在的技术委员会就是跨部门的，包括我们冶金标准样品的标准化也都是跨部门的，这将是个大趋势。最近我们组织人到日本考察ISO 9000系列标准的审核和注册制度。现在国家技术监督局批了按地区配备的6个审核注册机构，日本不是这样搞的，日本是按产业搞的，这个问题我们要和国家综合部门协商，还是要按行业，今后部门可能要取消了，但产业不能取消。国外的质量体系的审核、注册，是以产业为主，而中心由三方面组成，一个是生产单位，一个是用户，一个是检验部门，也就是第三方，组成这个中心，没有产业部门参加是不行的，行业管理是个大方向。我们现在搞的工作，都是为了进一步实现行业管理的一个开始，先在系统内的企业组织协调的基础上，再进一步请系统外的单位参加，如果有的单位不够条件，也不是定点生产单位，对不起，不能给你编号，也不接受你的备案。销售点，也应当销售定点生产的产品，如果不这样办，对不起，你就不能成为我们的推荐单位。我们不是行政命令强制，而是要靠政策、靠规定来规范。市场经济是法制经济，是有规范的经济，并不是谁想怎么办就怎么办。行业管理的概念是把对系统内的有效办法扩展到系统外去。江苏省乡镇企业很多，钢厂规模很大，现在，江苏省电炉平均吨位是40多吨，如果规划的都完成了，将是70多吨。这些乡镇企业是按市场需要搞的，如果不协调，电哪来？废钢哪来？所以好事情也要协调，也需要行业管理。得到行业协调的企业发展就比较健康，如果不按照这个办法办，有些就可能垮了。总的说来，行业管理的工作开始了，这是个方向，开始还缺乏经验，但是不能不做，也不能因为系统内刚刚开始，系统外就不搞，可以逐步的向系统外延伸。

第三，如何更好地发挥技术委员会的作用，我们这个委员会叫全国标准样品技术委员会冶金分委员会，实际上对我们这个行业来说就是冶金标准样品技术委员会，技术委员会是起技术归口作用的。标准化工作有两方面的工作，一种是行政管理，一种是技术归口，行政管理主要是政府机关的工作，技术委员会主要是技术归口工作，过去，在冶金标准样品研制、生产过程中，我们标准化技术委员会发挥了很大的作用，对于建立健全我们标准样品的体系，同研究院所、生产企业一起做出了一些贡献。根据现在机构改革和转变职能的基本原则，技术委员会的作用今后还要继续发挥。在标准化工作中，技术委员会作用要加强，这个问题曾经跟标准化研究院的同志进行过商量，标准研究院是委员会秘书处所在的单位，技术委员会是行业性的。由跨单位、跨部门的专家组成的委员会，由跨部门的专家组成的，在很大程度上可以克服一个企业、一个单位、一个部门的局限性，所以要充分发挥它的作用。我想至少在下面几个作用要充分发挥，以前我们已经做了些，取得了一些成绩，但很不够，今后还要大家都来支持。第一个方面，要对冶金标准样品的发展规划、体系的建立提出建议，要从技术角度，从满足冶金工业发展角度，对规划、对体系要提出建议。像冶金产品标准、方法标准一样也要有一个体系表。第二个方面，就是对标准样品的研制生产当中的技术问题提出建议、见解，包括标钢生产研制当中到底存在一些什么问题，如何使我们的产品更均匀，定值更准确，技术更先进，品种更齐全，我们和国际上有什么差别，因为将来要实现两个市场接轨，我们的产品（包括标准样品的产品）在国际上、在技术上到底有什么问题，做出评价，给研制、生产，在技术上提出方向。我想以前也做过一些，今后应当形成一个制度，每年要有一个报告，用于指导我们生产单位和研制单位的工作。第三个方面，受部里委托，按收研制生产单位留每一批生产、研制的样品进行技术把关，生产的样品进行备案，研制的样品进行鉴定，对它们是否能够进入市场进行审查，提出意见。第四个方面，参与部里组织的，对一些定点生产和销售单位的推荐、审查、复查工作，或请某些专家提出意见。第五个方面，技术委员会要团结一些专家，包括团结生产单位的专家和销售部门的一些同志，充分发挥他们的作用，技术委员会的委员要发挥作用，不是委员的专家也要经常地请他们提意见，进行技术交流。我想这些工作还是很多的。研制、生产单位、销售单位要支持技术委员会在归口方面的工作。

要理顺行政管理跟技术归口的关系，将来在管理办法中要写清楚。不管是行政管理还是技术归口，都是为企业服务，仅是服务的方式、服务的渠道不一样。行政管理主要是用行政管理的办法进行信息交流、进行计划协调，利用一部分监督的手段保护企业的正当利益，保证在平等的基础上进行竞争，保证产品的质量；而技术归口部门，主要是通过技术规范使标样的生产提高到一个新的水平，是通过技术来服务的，这两个服务对象都是企业。

最后就是生产企业和销售企业将来要组织起来，自己管理自己，政府部门要精简，以后很多事情可能要靠协会一类的组织去办，规范自己的行为，自己管理自己，属于企业自己内部的事情，大家商量解决，属于政府部门的事情，用行政管理办法来解决，技术上需要顾问、咨询、服务的，由技术委员会来解决。为了更好地把冶金标准样品的研制生产、销售进一步做好，企业自己组织起来，把分力变为合力，共同来规范自己的行为。有些事情政府不再干预了，企业自己管自己，建立起自我的约束、自我发展的机制。我们这次会议还是一次尝试，以后想每年开一次计划协调会，通过信息交流达到计划协调的目的，将来也可能跟产品标准一块开，还是分着开，再商量。如果认为有些可以通过通信方式解决的，也不一定开会。总的说来，以某种方式进行信息交流，根据市场需要交换、协调计划。另外，也想不断地根据大家意见，把这些办法形成文件性质的东西发下去执行，这本身也是规范政府机关的行为，大家都要执行。使我们的冶金标准样品的研制、生产、使用都能够适应冶金工业上四个新台阶的需要，都能够符合我们恢复关贸总协定地位、走向国际市场的需要，使我们这个事业更兴旺发达，健康发展。

日本工业标准与政府管理职能*

应日本钢铁联盟邀请，冶金部几位同志曾有机会去日本考察 ISO 9000 在日本钢铁工业中实施的情况。在日本期间我们曾会见过日本通产省的标准部部长向井保先生，就日本工业标准与政府管理职能等问题进行过交谈，并送给我们一些文字资料，从其谈话和资料中我们可以看出日本政府对工业标准化具有明确的管理职能，发挥着十分重要的调控作用。

从历史上来看，过去日本的工业都是官办的，所以其工业标准多为官方所定，并于 1922 年正式组建工业产品标准化委员会，推行工业标准化制度。该委员会到 1941 年 4 月已经制定了 520 件日本工业标准。在第二次世界大战期间，由于军品的需要，简化了标准化程序，实施了临时日本标准化制度，制定了 931 件临时标准。战后，从 1946 后开始又重新组建了官方的工业标准化委员会，开始了日本工业标准化的新时期，并制定了 2100 件标准。后来在 1949 年 6 月该委员会停止了活动，对工业标准化统一了认识并明确了概念，为了保证全国的统一和未来的发展，制定了工业标准化法。

目前，根据工业标准化法组建了日本工业标准委员会（Japanese Industrial Standards Committee，JISC)，经该委员会审议，但日本工业标准（Japanese Industrial Standards，JIS）仍由主管部大臣批准生效。

一、工业标准化制度概况

日本工业标准化制度的内容包括两个主要方面：（1）根据工业标准化法制定日本工业标准；（2）根据工业标准化法实施日本工业标准标记制度（TIS 标记制度)。到 1993 年 3 月末日本工业标准共有 8406 件，JIS 标记认可数（国内）15689 件，JIS 标记认证数（国外）233 件。

（1）工业标准化的长期计划日本政府负责领导与组织制定工业标准化的规划，已经经过了六个长期计划时期，现在正进入第七个长期计划时期，每个时期都有其发展的重点，体现日本的经济发展政策。

1）第一个长期计划（1955 年制定)。重点放在术语、符号、试验方法、基

* 原载于《冶金标准化与质量》1994 年第 2 期。

础器件、原材料等产业的基础性的通用标准上面。另外为了对出口产品实施质量监督和对工厂矿山实施安全标准，采取必要的标准。

2）第二个长期计划（1963 年制定）。重点放在通用基础标准上，以便适应贸易自由化。为了振兴出口产业，制定了一些必要的标准，同时也为了振兴中小企业迎接技术革新形势，对各行业通用化标准加以调整。将 JIS 螺纹改制为 ISO 螺纹系列，以适应国际贸易的发展。

3）第三个长期计划（1968 年制定）。这次不仅限于单纯地制定标准计划，同时还包括修订标准计划、基础性调查研究计划、普及推进计划、国际标准化活动计划等。

4）第四个长期计划（1974 年制定）。由于国民对大气污染、水质污染、噪声、振动等产业公害的治理呼声很高，为了确保良好的社会环境，把标准的重点移向统一测定公害的方法，提高消费品的质量，使信息处理更加迅速、使机械装备更加安全等方面。

5）第五个长期计划（1981 年制定）。将标准化工作的重点放在对国际标准化做出贡献、使 ISO 和 JIS 协调一致、对不稳定的资源和能源形势提出对策等方面，将标准的修、制定工作的内容也放在推进节约资源与能源、提高国民生活质量、健全产业基础方面上。

6）第六个长期计划（1985 年制定）。适应日益发展的技术革新、信息交流和审查以及检查的效率。国际贸易，将工业标准的重点放在信息技术、新型材料、生产自动化和生物工程等新技术领域，以继续推进这些新兴产业的发展和国民生活质量的提高，与国际标准化协调发展和为国际标准化做出贡献。在这一时期，还将 JIS 标记向国外开放。

7）第七个长期计划（1991 年 5 月制定）。这一时期工业标准化的主要内容是树立国际化的新观念，积极为国际标准化做贡献。进一步明确 JIS 的作用。要从消费者的立场出发，形成超前的 JIS 体制，为生产发展和生活美好服务。开发与推广信息技术，解决地球所面临的环境问题。修改 JIS 标记制度，提高审查和检查的效率。

（2）JIS 的制定范围和分类。日本 JIS 主要是矿产品和工业品的标准，但是其中有些特殊的产品，像药品、农药、化肥、蚕丝以及部分农林物资不属于 JIS 对象。另外，目前日本所制定的 JIS 标准，根据其内容来分，只有 18 种（见表 1），但从其性质来分，有以下 3 类：

1）产品标准：有关产品形状、尺寸、质量和功能等方面的规定。

2）方法标准：有关检验、分析、检查测试方法、操作标准等方面的规定。

3）基础标准：有关术语、符号、单位、数列等方面的规定。

表1 1992年各部门JIS制定、修订、废止标准数

JIS部门	制定	修订	废止	1992年末标准总数	备注1	备注2
A（土木建筑）	6	111	30	508	95	14
B（一般机械）	31	38	36	1308	0	19
C（电子、电器机械）	17	85	15	794	0	0
D（汽车）	0	23	2	341	0	0
E（铁道）	3	27	6	215	152	5
F（船舶）	10	9	2	327	529	0
G（钢铁）	6	15	0	399	0	0
H（有色金属）	7	29	1	1593	0	0
K（化学）	42	272	10	308	0	0
L（纤维）	0	3	0	202	0	0
M（矿山）	0	20	9	93	0	0
P（纸张）	0	2	2	246	0	0
R（窑业）	6	14	1	236	0	0
S（日用品）	2	39	3	304	0	1
T（医疗安全用品）	16	21	2	91	187	57
W（航空）	0	4	3	216	2	9
X（情报处理）	31	5	6		0	0
Z（其他如基础、包装、焊接、原子能等）	9	47	11	685	1	18
合　计	186	764	139	8406	966	123

备注1：通产省大臣以外的主管大臣批准的标准。

备注2：通产省大臣和主管大臣共同批准的标准。

（3）JIS标记制度。JIS标记制度是根据工业标准法对质量内容用JIS具体加以规定，并对适合JIS的产品，给以一种表示适合JIS的特殊标记，很多国家也都采用了这种制度，但是日本的生产企业的产品达到日本工业标准要求后，需经日本主管大臣批准后方可采用JIS标记。标有JIS标记的产品，表明该产品或该产品经加工的质量是符合JIS要求的，便于用户和消费者选择。这种标记制度可以使用户或消费者放心，能够得到质量好的商品或加工品。对方便贸易和公平交易有很大好处。当然在认可或认证时，企业必须具有良好的标准化和质量管理条件，所以实施这一制度对提高中小企业素质也有积极作用。

日本除了上述国家标准化，社团标准化工作也很活跃。到1993年3月为止，全国共有194个社团，制定了4721个标准。除了社团标准外，企业内部也积极推行标准化活动。其中有一些是为了贯彻实施JIS标准和争取获得JIS标记而开展的，所以说日本的工业标准化对企业普及企业标准化和质量管理也具有重大推动作用。

（4）工业标准的制、修订工作。

1）标准研究。为了搞好标准的制、修订工作，首先必须开展必要的基础研究工作，包括基础数据的采集、体系与方法的确定等，而国家为主的研究课题主要涉及高龄化、福利性、消费者、环保、尖端技术等领域。

2）调查研究。一般来说，在 JIS 中对什么事项如何进行标准化需要进行调查研究，为此需要对现有的数据和信息进行收集和整理，必要时还需要进行实验加以证实。特别是一些基础性的或通用性的项目，不可能由企业自发地去开展，只能由政府委托或由国家为主进行调查研究。

3）标准起草。JIS 的起草工作，其大部分是由国家委托有关的民间团体（日本标准协会、产业界团体、学会协会等）进行，也有一部分是自发进行的。另外也有由政府主管部门或日本工业标准委员会秘书处起草的以及根据工业标准化法第 12 条，由有关方面向主管大臣申请要求起草 JIS 某项标准草案的。

4）标准的审议。根据工业标准化法第 11 条，在通商产业部的工业技术院（该院系政府机构）下面设立日本工业标准委员会负责标准审议工作，由民间团体起草的 JIS 草案，原则上都要经过日本工业标准委员会各专业部内会设立的专门委员会来进行审议，然后再向各专门部会申报，经过综合审定，除特殊情况例外，一般来说，各部会审定的草案可以直接由日本工业标准委员会会长报请主管大臣批准。审议的时间，一般来说，起草需 1 年，审议需 1 年左右。标准公布后，经过 5 年需要研究和确定是否需要重新制定、修订或废止。根据日本工业标准化法第 15 条规定，上述的制定、修订或废止手续也需由委员会报请主管大臣批准（如图 1 所示）。

5）标准特点。日本的工业标准有两大特点：①透明性。制、修订过程中，为了保证具有透明性，要对制、修订草案给以充分地征求意见和审查议论的机会，标准的主要内容要在通产省标准化委员会的日刊“通产省公报”和日本贸易振兴会的日刊“通商公报”上刊登，标准化委员会中的专门委员会的委员还吸收有非日本国籍的外国人参加。根据关贸总协定，日本在制定 JIS 时，要在“通产省公报”和“通商公报”上刊登预告消息，另外在 JIS 草案的起草过程中，为了确保透明性，起草单位还要请外国有关人员或单位参加，听取意见，同时还通过通产省新闻形式将 JIS 草案名称、起草单位、审议时间等向外国大使馆和外国商社、ISO 和 IEC 的成员公布。②国际性。日本积极参与国际标准化活动和进一步开放国内市场扩大进口，并利用这些机会使 JIS 标准与 ISO 标准融合，积极采用国际标准，并向国际标准化组织推荐 JIS 标准列入 ISO 标准，以促进日本的进出口贸易往来。

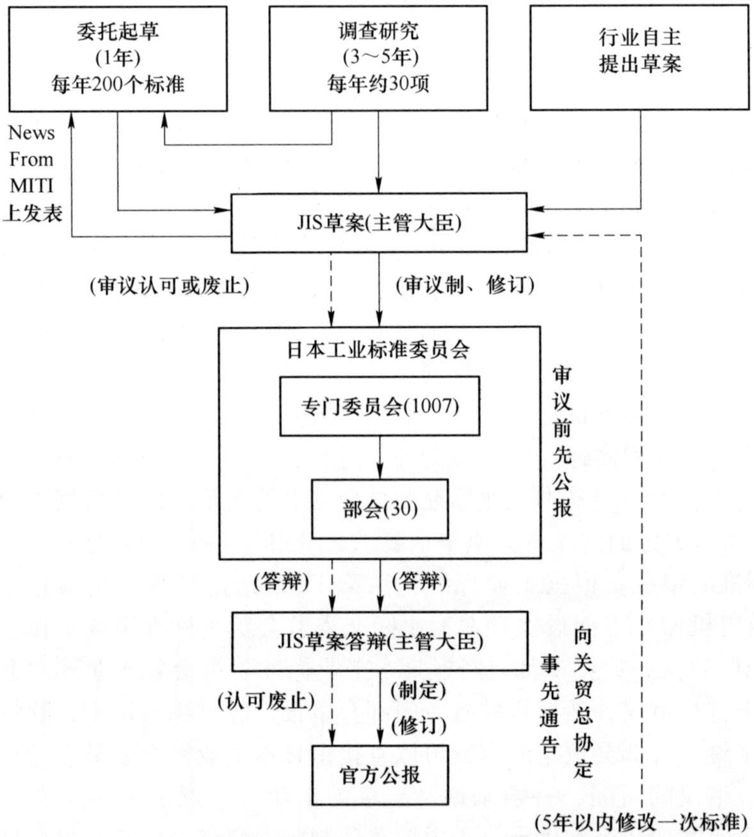

图1 JIS标准制、修订流程

（5）JIS标记制度。

1）指定品种。JIS标记的产品品种是从JIS的矿产品和工业品中指定一部分，并由主管大臣批准予以公报的。指定品种是由政府部门对这些品种的生产、销售、使用、消费的情况进行充分调查，并请日本工业标准化委员会咨询后才确定的。另外根据关贸总协定规定，所指定的品种要通过“通产省公报”、“通商公报”加以公布，并向关贸总协定各成员国通报。

2）提出申请。申请取得JIS标准的企业应当是这些指定品种的生产企业或加工企业。为了申请得到许可使用JIS标记，必须按指定品种以工厂为单位逐个品种、按规定的申报程序支付手续费用，向主管大臣申报，属于通产省主管的产品，由地方通产局和冲绳综合事务局通产部接受申请，进行审查和认可等工作。

3）审查认可。主管大臣接受申请后，向工厂派出审查官员，按审查事项和基准对指定品种对工厂的生产装备、检验设备、检验方法和质量管理等对质量保证作用的生产技术条件进行审查，要求工厂不仅当前应符合JIS要求，而且将来也能继续保证这种能力，达到这些要求时才能允许使用JIS标记。未经审查认可的工厂如果擅自采用JIS标记时、处以1年以下的徒刑或50万日元以下罚款。

4）认可公告。经审查认可时，由主管大臣发布公告，公布允许采用JIS标记的工厂以及法人代表。

5）实施监督。主管大臣获得JIS标记的企业要进行定期的书面调查，了解其质量管理状况，另外在必要时既要求有书面报告，又要到现场检查。一般说，这种监督是通过各地方通产局、冲绳综合事务局通产部和通产检验所进行。

6）工厂检查。通产省为了保证指定产、助的质量符合JIS要求，或者当JIS修订后产品仍能保证应有的质量，从1980年开始实行由民间检查机构（认定检验机构）对工厂进行检查。目前日本共有16个这种的认定检验机构，它们是日本规格协会、机械电子检查检定协会、日本电气用品试验所、日本轴承检查协会、日本照相机光学产品检查协会、日本车辆检查协会、建材试验中心、日本建筑总会试验所、日本燃气机器检查协会、日本文化用品安全试验所、全国瓷砖检验技术协会、化学品检查协会、高分子材料中心、日本涂料检查协会、日本燃烧器具检查协会、纤维检查协议会。

7）社会监督。通产省为了使消费者对JIS标记商品质量进行监督，建立了生活消费品质量社会监督员制度。这些监督员是从一般家庭主妇中选出的，全国715名。另外根据工业标准化法第21条，对JIS标记产品如有不合JIS要求时，任何人都可以向主管大臣投诉，主管大臣将立即采取措施加以处理。

（6）对外国产品实行JIS标记制度。1980年工业标准化法修改后，JIS标记制度也向国外开放，其主要内容如下：

1）申请标记。由外国生产JIS标记指走商品时可以向日本申请采用JIS标记。

2）审查认可。一种形式由主管大臣对指定的对外检验机构提供的数据进行书面审查。另一种由主管大臣委派日本政府工作人员去国外企业现场进行审查。这两种办法可以任选一种。目前在日本经通产省大臣授权的对外检验机构共有16个。

3）实施监督。同日本国内JIS标记企业一样，定期要求企业报告、派政府工作人员去现场检查等，另外也可由主管大臣认可的对外检验机构去检查。

4）JIS标记商品的进口。没有经过批准认可而擅自采用JIS标记商品，不能进口到日本国内市场来出售。

二、工业标准化的组织体系和工作程序

（1）工业标准委员会。日本根据工业标准化法设立了工业技术院，这是一

个政府机构不是民间单位，它除了进行工业标准调查审议外，还就有关工业标准化方面的问题，接受各有关大臣咨询和答疑，并向各有关大臣提出建议。

标准委员会如图 2 所示，由委员（任期 2 年人数在 204 人以内）、临时委员和专门委员组成，下设标准会议、部会、专门委员会等机构。为了对特定的重要问题进行审议，还设立了特别委员会，标准委员会的秘书处设在工业技术院。

本届标准委员会的会长是由三井造船公司的顾问山下勇先生担任，副会长是由宇宙开发员会的委员久良知章悟先生担任，全委员数为 9013 名。其中委员 231 名，临时委员 8244 名，专门委员 538 名，部会数共有 30 个，专门委员会数为 1007 个。

标准会议是由会长、副会长、各部会长和会长指定的委员组成，负责审议部会的设置或撤销，专门委员会的构成人员比例，调整各部会之间的相互关系，审查委员会全面业务的运行计划和对指定实施 JIS 标记产品的品种目录等。

部会相当于分委员会（SC），由会长指定的委员组成，负责审议各专门委

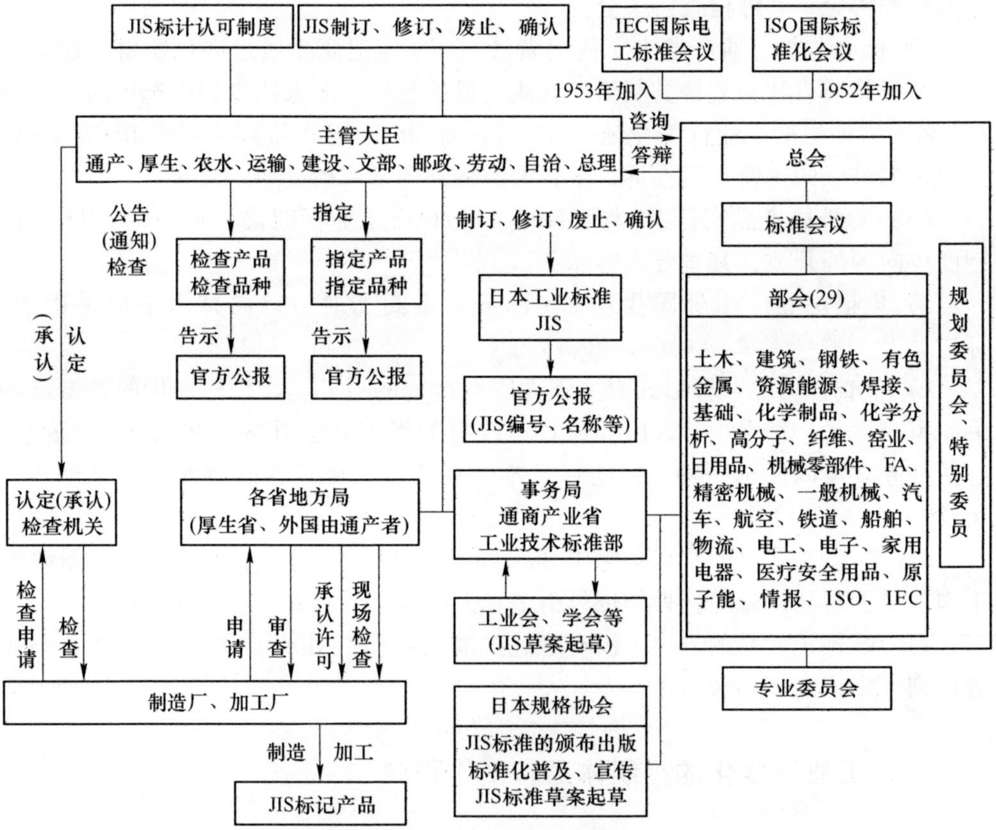

图 2 日本工业标准化组织

员会的设置或撤销，调整各专门委员会之间的相互关系，对专门委员会审议通过而提交上来的 JIS 草案进行最终审议，并承担有关指定品种目录的审议工作。

专门委员会相当工作组（WG），是按技术项目而设立，由生产者、使用者、消费者、销售者和中立第三方组成，负责审议 JIS 草案的实质性内容。

（2）JIS 的制、修订工作。

1）制、修订方针。

①促进国民生活的丰富多彩。将适应日益多样化的需求作为基本方针，维护消费者的利益，推广与人类自然协调发展的技术，适应老龄化社会的需求，进一步充实医疗福利事业。

②推动新技术的开发与普及，为了推动新技术的开发与普及，要对试验评价方法和对未来需求的新产品及时加以标准化。

③强化地球环境保护措施努力收集先进的情报信息，开展国际性的研究开发工作，推进有效利用能源和节约资源的技术，建立健全适应环境保护的各项标准。

④推进日本市场的国际化。利用 JIS 的国际化来为开发的市场做贡献。另外，从长远战略观点出发，必须重视开展国际合作。

2）制、修订原则。JIS 标准的制、修订主要根据国家的上述各领域的计划所确定的方针，适应社会经济形势的变化而进行的。在制、修订过程中主要考虑以下几点：

①在确定制、修订计划时，必须有明确的目的才能立项。

②必须保证与国际标准协调一致。

③必须体现先进、应变、快速的原则。

④要尊重用户和消费者的要求。

⑤要有适当的实施措施。

（3）JIS 标记制度。

1）指定品种目录。到 1993 年 3 月末，经过通产省指定的品种有 864 个，指定的品种主要是钢铁、有色金属、化工等基本原材料，机械、电子等机电产品以及日用消费品等。

2）认可情况。获得 JIS 标记的企业主要集中在日本关东和近畿地区，其次是中部和九州地区，外国企业获得 JIS 标记的有韩国和中国台湾，占 72%，其中钢铁企业有 78 个产品，其余为电气、日用品。

（4）JIS 草案的制、修订数量。1993 年度 JIS 新制定草案 39 项，修订 65 项。

（5）重视调查研究工作。为了制、修订标准，日本标准化工作者非常重视收集信息数据和开发大量的调查研究工作。这几年来为了对高新技术进行标准化，调查研究项目更有增多趋势。

三、工业标准化的普及工作

（1）重视 JIS 标准的印刷与发行。日本认为 JIS 标准与中产业部门全国国民有密切关系，所以必须正确、迅速、廉价地供应。日本政府委托日本规格协会负责印刷发行 JIS 标准，并对其实施情况进行监督。另外，日本各都道府县以及地方通产局也备有日本工作标准文本供国民阅览。

（2）号召全国都来执行 JIS 标准。工业标准化法第 26 条规定："国家与地方公共团体都必须执行日本工业标准"。在日本不论是生产销售卖出买进都必须以 JIS 为基准，并加以实施。

（3）进行质量管理负责人制度。从 1981 年开始，政府要求取得 JIS 标记的工厂，必须建立推进工业标准化质量管理的负责人制度。为此通产省大臣委托日本规格协会在全国推行工业标准化质量管理负责人讲座，进行培养教育。

（4）开展工业标准化教育。对于想取得 JIS 标记的工厂，进行技术辅导或标准化教育，使其能够达到适应 JIS 标记要求的质量管理水平。

（5）推行工业标准化奖励表彰制度。一是政府建立工业标准化表彰制度，对制定和普及标准有贡献者，授以兰公绶带或勋章以资鼓励。二是通产省对于实施标准化和质量管理有成效的工厂或个人设有通产者大臣奖、工业技术院院长奖、各地方通产局局长奖等。每年秋季表彰一次。

到 1992 年为止，受勋者 279 人，荣获兰绶带者 406 人，获通产省大臣奖者 1167 人和 191 个工厂，获工业技术院长奖者 406 个工厂，获各地方通产局长奖者 1276 个工厂。

（6）举办 JIS 讲演会和宣传品。由日本规格协会主持，每年春季召开一次 QS 全国大会。秋季召开一次标准化全国大会。另各地方也召开各种形式的讲演会宣传和普及 JIS 活动。另外每年 6 月日本出版"日本工业标准化"宣传品，通过各都道府县、消费者团体、通产局散发给消费者和生产者，对全民普及工业标准化活动。

（7）加强海外的宣传与普及。每年出版英文版的 JIS 目录（JIS YEAR BOOK）赠送给 ISO 和 IEC 各成员国，另外还通过外交部、日本贸易振兴会等驻外机构，向海外各国政府、商社、商工会议所、新闻单位等散发。

（8）开展工业标准化振兴运动期间活动。为了强化全民工业标准化意识，把每年 10 月和 11 月两个月定为工业标准化振兴运动期间，对推进工业标准化有功人员和有成效的企业进行表彰，颁发通产省大臣奖，召开讲演会，贴标语，挂旗帜等开展各种活动来推进工业标准化。

四、积极参加与支持国际标准化工作

日本 1952 年参加 ISO，1953 年参加 IEC 组织。日本政府一直重视和积极参加国际标准化活动，并把日本的观点和技术推荐给国际标准化组织，反映在国际标准中，并密切注视国际标准制、修订动向，收集海外技术情报信息，从国际的观点立场出发来进行 JIS 的制、修订工作，提高 JIS 的国际地位。日本除了积极承担国际标准化秘书国外，还积极参加国际标准的审议工作。1987 年成立了 JTC1 将日本国内的 ISO 和 IEC 活动统一管理起来，取得了很好的效果。

日本从 1969 年开始，连续担任 ISO 理事国并从 1979 年 9 月开始，同美、英、法、苏联和西德一起担任常任理事国，并向 ISO 的执行局和技术局派遣委员。日本现在承担 TC17（钢）、TC102（铁矿石）、TC135（无损检验）、TC164（金属的机械性能检验）、TC201（表面学分析）等 5 个技术委员会的秘书国和 TC8/SC9、SC18、TC17/SC1（化学成分定量方法）、TC22/SC22、TC28/SC5、TC61/SC11、TC67/SC5、TC79/SC4、TC102/SC1、TC114/SC11、TC127/SC3、TC131/SC1、JTC1/SC15、JTC1/SC23、JTC1/SC26、JTC1/SC29 等 12 个分委员会的秘书国。在 1985 年 9 月 ISO 全体会议在日本召开，有 64 个国家、13 个国际组织、450 名代表参加，在这次会议上讨论了今后 3 年的活动方针和 ISO 与 IEC 协调问题。到目前为止，日本在 ISO/TC 中担任 5 个秘书国，105 个出 P 员，55 个 O 成员，在 IEC/TC 中担任 5 个秘书国，84 个 P 成员。

（1）积极促进标准信息的国际交流。在关贸总协定中规定，各国政府应明确标准与认证制度的对外提供信息的窗户并促进这些信息交流、ISO 为了推动标准信息交流，将各国的标准机构的信息中心联系起来，设立了 ISO 情报网（ISONET），现已有 61 个国家、5 个国际机构注册参加了。日本从 1979 年注册参加以来，已将 JIS 社体标准等做了入网准备，并对数据进行了加工处理，健全了提供信息的体制。从 1985 年开始着手开发“标准信息（ISONET）在线系统”。使用户利用公用电话网便可以实现在线检索和利用标准信息。

（2）对发展中国家提供技术援助。发展中国家为了发展经济贸易，必然要推行工业标准化制度，因此很关心日本推行工业标准化，提高国际竞争能力的成功经验，近年来应发展中国家要求，向他们提供了工业标准化和质量管理方面的技术援助，这项工作主要是通过国际协力事业团（JICA）来进行，主要内容有：

1）接受研修生。日本国际协力事业团（JICA）和日本规格协会（JSA）设立了三个集体研修班，每年接受几十名研究生。

①标准化 TQC 实践研修班。主要为发展中国家培训政府或标准化机关的行政官员。每年一期 3 个月，每期 15 人（已培训了 379 人）。

②标准化高级研修班。主要为发展中国家培训政府负责标准化工作的领导官员。每年一期3个月，每期7人（已培训65人）。

③认证审核研修班。主要为发展中国家培训负责认证、审核和检查方面的政府工作人员。每年一期2个月，每期10人（已培训150人）。

2）对研修生进行再培训。日本国际协力事业团（JICA）和日本规格协会（JSA）对上述三个研修班中的标准化TQC实践研修班结业的研修生经过一段工作实践后进行再培训，已经在56个国家中选出2个国家（印度、斯里兰卡）进行这项培训。

3）派遣专家。到目前为止已向沙特阿拉伯、菲律宾、智利、印度尼西亚、巴基斯坦、加纳、阿根廷、多米尼亚、乌拉圭等国派遣了质量管理和标准化方面的专家进行指导。

4）开发计划调查。例如，智利制定工业标准化制度，马来西亚制定工业标准化质量管理振兴计划以及印尼、阿曼、摩洛哥等国在标准化开发过程中都请日本派专家参与调查研究制定发展方案。

5）对建设项目提供技术合作。例如，对泰国工业标准化试验研究中心的建设项目菲律宾工业标准化质量管理项目，日本派遣专家团组提供技术合作。

6）支持联合国工业开发组织（UNIDO）工作。1989年支持20万美元用于支援发展中国家发展工业标准化和质量管理事业。

（3）鼓励参加试验室国际认证体系。为了使各国试验室实现国际上相互认可，1977年由各国政府有关机关代表组成了国际试验室认可会议（International Laboratory Accreditation Conference，ILAC），每2年开一次会，目前正在讨论制定试验室相互认可有关的技术导则、质量管理手册的内容、试验室相互将近数据等。日本政府积极鼓励参加这一活动，并对未来发展提供建议。

五、几点启发和感想

谈到今后的发展时，向井部长说，工业标准化工作，主要是要适应国内国际社会与经济形势发展需要。他们正在实施第七个长期计划，主要目标是推进国际化，对形势变化提出工业标准化措施，使JIS标记更好地运转起来，基本方针和具体措施由各部会研究提出，由工业技术院归口，由政府决策而推进。

从这次考察中，我们得到了以下几点启发和感想：

（1）工业标准化是关系到国民经济发展和对外贸易的重要的宏观调控工作，日本政府是积极推行强化管理的。不仅抓方针与政策，也管立项与实施，并有相应的协调与监督措施。值得我国在政府机构改革和转变职能中加以借鉴。

（2）为了推行工业标准化，不仅应立法，而且还要有严密的组织机构和工作程序。我国也有“标准化法”，但标准化技术委员会（TC）、分委员会（SC）、工作组（WG）这一套组织机构及其相应的工作程序却迟迟运转不起来，长此下去必误大事。

（3）日本的工业标准修、制定工作十分重视用户的意见，这是市场经济的特点，而我国在制、修订标准中偏重于专家作用，今后既要重视专家意见，更要听取用户的呼声，并注意与国际标准一致，以适应两个市场的需要。

（4）日本实行 JIS 标记制度，这同我国的方圆标记认证很相似，但是在实行产品认证或体系认证时，日本很重视产业认证机构的作用，而我国偏重于依靠地方性认证机构，这种倾向应予纠正，否则将影响科学性、权威性和公正性。

（5）我国虽然已经参加了国际标准化组织（ISO）的一些活动，但是作用和贡献不多，主要是从事国际标准化的人员素质不高，外语水平低，专业知识差，办法少，组织协调不够，民间力量薄弱，政府职能削弱，今后应加强这方面的工作，以适应改革开放的需要。

（6）对工业标准化工作，即使在市场经济体制下也不是削弱政府职能，而是要强化政府职能。“外国政府不管标准”的说法是一种错误的宣传，不利于工业标准化工作的健康发展，今后应借鉴工业发达国家的经验，强化政府对标准化工作的领导和管理，使工业标准化工作为建设有中国特色的社会主义和实现四个现代化服务。

ISO 9000 系列标准第二版（1994 年版本）修订的若干问题（一）*

大家都知道，ISO 9000 系列标准是 1957 年颁布实施的，按国际标准化组织规定，每 5 年要修订一次，但因为种种原因，修订工作拖到了 1994 年。现在 1994 年版本已经公布实施，我国也在今年 6 月 1 日开始实施等同的新版本标准。现将第二版修订中的一些变化和有关问题进行整理归纳，供有关方面在贯彻实施中参考。

一、第一版（1987 年版本）存在的问题

ISO 9000 系列标准是国际标准化组织 ISO/TC176 从 1950 年开始，一直工作了 6 年多，才于 1987 年问世的。它的问世对于加强企业内部质量管理和对外提供质量保证起到了重要的作用。但是，通过多年的实施，发现这套标准也存在不少问题，应当在修订时加以解决。

1987 年版的主要问题是：

（1）整体水平不高，特别是 ISO 9001 ~ ISO 9003 虽然各有其适用范围，并逐次包容的，但给人一种感觉水平是逐一下降的。

（2）偏重于供方向需方提供质量保证，使需方建立信心，而对质量管理要求不严，要求也不多，所以 ISO 9001 和 ISO 9002 用得多，而 ISO 9004 用得少。

（3）传统的质量管理思想和方法比较多，现代的质量管理技术应用不够，而且缺乏对人的主动性的运用，比如只强调纠正措施，而没有提到预防措施。

（4）标准中对能证实控制有效性的统计技术要求不足，特别是对产品质量和服务质量的特性值的统计要求更低。

（5）标准偏重于质量体系的审核认证的需要，而在一定程度上忽视了顾客对供方质量体系的具体要求。

国际标准化组织，特别是 ISO/TC176 注意到了上述这些问题，在 1994 年修订的版本中作了改进。

---

* 原载于《冶金标准化与质量》1995 年第 9 期。

二、第二版（1994 年版本）的主要变化

（1）标准数量增加了，形成了相互配套的系列。1957 年版 ISO 9000 系列标准只有 6 个，而 1994 年版 ISO 9000 系列标准（包括 ISO 8402 和 ISO 10000 族）共有 16 个，另外还有 10 个草案。

（2）对用合同环境及认证的 ISO 9001 ~ ISO 9003 要素编号统一，如 ISO 9002 和 ISO 9003 中不要求的要素，在编号和标题下注明，以防止标准在使用要素编号发生混淆。在新版中更强调书面程序，明确了质量手册的地位。质量方针应当反映顾客的要求与期望，扩大了验证资源范围，提高了供方管理者的级别，强调了设计评审和设计验证，过程控制范围扩大了，不仅要求有纠正措施，而且还增加了预防措施，在搬运、贮存、包装和交付中增加了防护内容，强化了内审，重视了统计，使得每一个标准的水平都有了提高。

（3）ISO 9000—1《质量管理和质量保证标准第一部分：选择和使用指南》中在基本概念上有一些新的提法。

1）提出了“受益者”概念，强调供方应满足所有受益者的期望和需要。

2）为了避免派生大量的标准，对 4 个通用产品类型：硬件、软件、流程性材料和服务制定了指南。

3）归纳了对质量产生主要影响的 4 个方面：与确定产品质量需要有关的质量，与产品设计有关的质量，与产品设计的符合性有关的质量，与产品保证有关的质量。

4）提出了所有工作通过一个过程来完成的“过程概念”。

（4）ISO 9004—1《质量管理和质量体系要素第一部分指南》中将质量环改为产品典型寿命周期阶段，并增加了“售后监督”，成为 12 个典型阶段。

国际标准化组织 ISO/TC176 主席 R. N. Shaughnessy 先生在谈到 ISO 9000 的演变和发展时说，ISO/TC176 比较好地处理了 ISO 9001、ISO 9002 和 ISO 9003 标准在应用中的混淆问题、质量保证能力的证实问题、避免大量标准派生问题、标准解释问题和软件问题。但是，ISO 9000《质量管理和质量保证》系列标准将面临着环境问题，环境将成为质量概念的组成部分。ISO/TC207 正在发展 ISO 14000《环境管理体系》标准。今后，ISO 90000 系列标准将和 ISO 14000 系列标准并行发展，而且在结构上将具有一致性。

三、ISO 8402 的主要变化

ISO 8402 是有关质量和质量管理的术语标准。这个标准的目的是使质量管理

领域所采用的质量术语概念明确和标准化。ISO 9000 系列标准中采用的质量术语完全是按 ISO 8402 定义的。

1986 年 6 月颁布的第一版总共收入了 22 个术语。这个标准颁布不久就着手研究增加术语数量和扩大术语概念的问题，并对类似或相似的术语进行整理和区分。1994 年颁布的第二版共收入了 67 个术语，是第一版的 3 倍。这些术语分为 4 大类：

（1）基本术语。

（2）与质量有关的术语。

（3）与质量体系有关的术语。

（4）与工具和技术有关的术语。

不仅形式有变化，实质也有变化。在本次修订中增加、更改、扩充和整理的若干重要术语，不仅在标准定义中对概念作了准确的说明，而且在引言中对内涵也作了深入的分析，以便引起注意。例如实体（entity/item）这一术语是为了指出质量管理的对象而收入的，即用来替换质量定义的产品或服务的。它不仅用来表示产品，也用来表示人员、体系、组织、过程、活动等，指所有具有“质量”的东西，不仅产品有质量，其他也有质量，它是一个概念很广的术语，它不仅用在“质量”中，也用在“等级”、“质量要求”、“相容性”、“互换性”、“鉴定过程”、“鉴定合格”、“检验”、“质量保证”、“可追溯性”、“质量评价”、“不合格的处置”等术语中，可见质量管理的对象扩展了，内涵也深远了。

四、ISO 9000 的主要变化

ISO 9000 的修订标准 ISO 9000—1 与 1987 年版本比较，变化也很大。1987 年制定 ISO 9000 的目的，是为了说明如何区分和选用以 BS5750 为基础的 ISO 9001、ISO 9002 和 ISO 9003 标准与以 ANSI/ASQCZI—15 为基础的 ISO 9004 标准，即前者是为外部进行质量体系审核用的标准，而后者是为企业内部进行质量管理提供的指南。但是，在 ISO 9000 标准的审核认证制度在全世界广泛发展的情况下，再作这种说明已经没有太大的必要，所以标准的内容应作较大的修改。

ISO 9000 族标准这次的修改以及将来进行修改的主要目的，一是扩大质量管理活动的对象；二是在 ISO 9000 族标准中增加质量改进内容。ISO 9000—1 就是首先出台的一个。目前 ISO 9000 族的内容还未必能反映出这一思路，但是将来是向这个方向发展。原来是用于说明 ISO 9000 系列标准的选择和使用，将来则用于以质量管理为中心上面来。

五、ISO 9004 的主要变化

ISO 9004—1 是 1987 年版本的 ISO 9004 的修订版。修订的方针是使改动尽可能地少。即标准结构不变，以编辑少的更改为主，在技术上同 ISO 8402 的修订内容一致起来，使此标准不仅适用于制造业，也适用于服务业。

这次修订时将 ISO 9004 改为 ISO 9004—1，ISO 9000 系列标准在陆续颁布，在 ISO 9004 中已有几个标准颁布实施了，还有几个正在准备颁布实施。ISO 9004—1 是其中的第一个，但它是质量管理和质量体系要素的指南，而不是要求。

ISO 90004—1：1994 的主要修改内容有以下几点：

（1）该标准的目的和适用范围明确规定为，提供有关质量管理和质量体系要素的指南，并适用于建立和实施全面有准备的内部质量体系，以确保顾客满意。另外，还明确指出，本标准不适用于合同或认证，因此，本标准不是 ISO 9001、ISO 9002 和 ISO 9003 的实施指南。

（2）适用该标准的主体是“组织”（Organization），而 1987 年版本标准的主体是“公司”（Company）。另外，此次修订将用户全部改为“顾客”（Customer），将分供方改为“分承包方”（Subcontractor）。

（3）为了便于非制造业应用，明确提出产品包括服务。另外，认为“生产”（Production）只能用于限定在狭义的生产，在指广义的生产时，应用过程（Process）或（Processing）。

（4）新增加一个“质量改进”（Quality Improvement）项，扼要地叙述了 ISO 9004—4（质量改进）的内容。

（5）对质量经济性（Quality Economies）的阐述缩短了。1987 年版本对费根堡姆的质量成本（Quality Cost）概念，作过详细的说明，这次修订时精简了，并增加了其他一些考虑，但有人认为这些也不是限定的模式。

（6）新增加了技术状态管理（Configuration Management），并强调了这项管理的重要性。

（7）为了强调企业的社会责任感，在有关场合增加了有关环境（Environment）管理的说明。

（8）删去了关于“质量环”（Quality Loop）这一术语，但是仍保留 1987 年版本中的图，改称为“产品一般的寿命周期阶段”（Typical Life Cycle Phases of A Product）。

（9）1987 年版本中，把“搬运”（Handling）和生产后的职能放在一起叙述，这次修订时分开了，表示搬运是整个生产过程中的活动。

六、ISO 9001、ISO 9002、ISO 9003 的主要变化

1994 年的修订版本，在标准主体（章、节的构成）上，并没有多大变化，

只是在要求事项中有若干修改。主要修改内容如下：

（1）（标准中章节，下同）ISO 9001、ISO 9002、ISO 9003 标准的结构，均按 ISO 9001 的结构统一，即在 ISO 9002 和 ISO 9003 中不适用的节，也在形式上设节，但注明无对此项的要求。

1）在 ISO 9002 中增加了服务，所以 ISO 9001 和 ISO 9002 之间的差别仅在于有无“设计控制”。

2）在 ISO 9003 中增加了“合同评审”、“顾客提供产品的控制”、“纠正措施”、“内部质量审核”等节，所以与 ISO 9002 的差别仅在于“采购”、“过程控制”、“服务”三节。

（2）不仅局限于双方合同条件下，也适合于第三方认证。这是由于第三方认证机构在实行质量体系审核认证制度时，将该标准作为质量体系的基准文件的既成事实而采取的追加措施。

（3）该标准的目的，已从 1987 年版的“防止不合格发生”演变成为 1994 年版的“用防止不合格品发生来满足顾客要求”。另外，也要求在质量方针中追加“适应顾客的希望和需求”的内容。

（4）追加了应建立和保持作为描述质量体系的文件“质量手册”。在 1987 年版中在注中也提到了“质量手册”的概念，但是并没明确是属于要求的事项。另外，还规定质量手册应包括或引用质量程序，并概述质量体系文件的结构。

（5）从重视质量保证计划工作观点出发，设立了质量策划（Quality Planning）一项，并明确要求编制产品质量计划和质量体系计划方案。

（6）为了使不合格品发生的可能性降低到最小，将防止不合格发生的对象，不仅仅限于产品，而且还扩大到过程和质量体系。

1）基于同样的目的，在不合格控制中，应调查分析发生不合格的原因，将不合格也从不合格品扩大到过程和质量体系的不合格。

2）还有将“纠正措施”一节改为“纠正措施和预防措施”，扩大了要求内容。

但实际上，是否有可能预防或者即使用可能预防，应当预防到什么程度，很难评价。只能由供方的管理者根据问题的大小和影响来判断。

（7）在合同评审（Contract Review）中，增加了签订合同前的有关业务要求。这是因为在执行 1987 年版标准时，由于签订合同的时间或形式是多种多样的，应当什么时候，如何进行合同评审存有疑问，才增加了这一规定。

（8）设计评审，在 1987 年版中是作为设计验证的一种方法，但在 1994 年版中已正式作为一项必须进行的单独业务。

另外取消设计评审人员应有独立性的要求。这是考虑到设计评审的实际效果以及小型企业实施起来有困难，才做了这一修改的。

（9）引入了“设计确认（Validation）”的概念。“验证”（Verification）是指是否符合规定要求，而“确认”是指是否符合使用目的。由此可见，这一修改是把重点放在满足顾客实际需要上了。

将标准结构（项目的排列）统一列表对应可以看出，ISO 9002 要求事项中增加了“服务”，ISO 9003 的要求事项中，增加了“合同评审”、“顾客提供产品的控制”、“纠正措施”、“内部质量审核”等。

上述 3 个标准的要求事项的比较，见表 1。

表 1 ISO 9001 ~ ISO 9003 的要求事项比较

要 求 内 容	ISO 9001	ISO 9002	ISO 9003
管理职责	●	●	△
质量体系	●	●	△
合同评审	●	●	○
设计控制	●	—	—
文件和资料控制	●	●	●
采 购	●	●	—
顾客提供产品的控制	●	●	●
产品标识和可追溯性	●	●	△
过程控制	●	●	—
检验和试验	●	●	△
检验、测量和试验设备控制	●	●	○
检验和试验状态	●	●	○
不合格品控制	●	●	△
纠正措施和预防措施	●	●	△
搬运、贮存、包装、防护和交付	●	●	○
总理记录的控制	●	●	△
内部质量审核	●	●	△
培 训	●	●	△
服 务	●	●	—
统计技术	●	●	△

注：●表示与 ISO 9001 要求内容相同。

○表示与 ISO 9001 要求形式相同，但只限于最终产品、最终检验和试验。

△表示比 ISO 9001 要求内容程度弱一些。

—表示不适用。

ISO 9000 系列标准第二版（1994 年版本）修订的若干问题（二）*

ISO 9001 修订概要如下：

（1）该标准从原来用于双方在合同环境下评价供方质量保证能力改为也可用于第三方质量体系认证。

（2）为了防止误解认为这一国际标准是绝对的，在引言中明确指出，“对质量体系并不强行划一”。

一、范围

标准的主要目的，从“防止出现不符合”改为“通过防止出现不符合，以使顾客满意”。

这里提到的“满意”（Satisfaction）不是指一般的“顾客满意”的概念，而是指“使顾客有信心”（Confidence）。

二、引用标准

（1）在 1987 年版本中，引用了 ISO 8402 和 ISO 9000 两个标准，而在 1994 年版中只引用了 ISO 8402，其他有关国际标准，作为参考资料，附录在 ISO 9001 的后面。

（2）这是按国际标准制、修订规则而改变的，即根据国际标准制定规则，引用的标准分为两类，一类是“正式引用”，利用这种引用时，所引用的标准应属于标准中要求内容的一部分，而另一类是“参考引用”，只是作为参考资料而介绍的。

（3）在 ISO 9001 的第 3 章定义中引用了 ISO 8402 中的一些定义。也就是说，在 ISO 9001 中所使用的术语中，在 ISO 8402 中已经定义的，则完全采用其中的定义。

三、定义

（1）“产品”（Product）、“投标”（Tender）、“合同”（Contract）这三个术

* 原载于《冶金标准化与质量》1995 年第 10 期。

语，做了新的定义。

（2）“产品”（Product）的定义，与 ISO 8402 的定义为“活动和过程的结果”是一致的，但是，这里所说的产品只适用于向顾客提供的符合期望的产品。如注 4 中所记述的，在 ISO 8402 中产品的定义也包括向顾客提供的不符合期望的、影响环境的产品。而在 ISO 9001 中提供不应有不符合期望的“产品”。

（3）在注 2 中的四类产品的定义，在 ISO 9001—1：1994 中有解释。

四、质量体系的要求内容

（一）管理职责

1. 质量方针

（1）明确了质量方针负责人的级别。“供方的管理者”→“供方负有执行责任的管理者”。在 1987 年版中原为 Supplier's management”，它可以理解为不负有执行责任的中层干部，为了消除这一误解，原文改为“Suppliers management with executive responsibility”。

（2）在 1987 年版中将“方针”、“目标”、“承诺”等同并列表现的，但是一般来说，“目标”和“承诺”应当包括在质量方针中，基于这一认识，这次修订中在表现形式上有了变化，即质量方针包括质量目标和承诺。

（3）在质量方针中增加“应体现供方的组织目标和顾客的期望与需要”。因为质量概念相当广泛，所以对质量方针的内容，应当增加一些具体说明。

2. 组织

（1）职责和权限。

1）防止发生不符合的对象从“不合格品”扩展为“过程和质量体系有关的不符合”。

2）质量问题也从“产品质量问题”扩展为“过程和质量体系有关的质量问题”。

（2）资源。

1）在 1987 年版中只对必要资料进行“验证活动”，在 1994 年版中将验证对象扩大到“管理”和“执行工作”。

2）将内部质量审核由独立的第三者进行的内容移到内部质量审核中去了。

3）在 1987 年版中“验证活动包括检验、试验和监视”，考虑到 ISO 8402 的定义，将内部质量审核也包括在验证活动中。

（3）管理者代表。

1）管理者代表应是供方组织内管理者，所以不允许任命外部人员担任“管理者代表”。

2）管理者代表的权限在“实施和维持质量体系”外，还增加了“建立质量体系”。

3）管理者代表的工作增加了向管理者报告质量体系的运行情况，以便为质量体系评审和改进提供依据。

4）增加了注5，管理者代表的职责还包括就供方质量体系有关事宜与顾客和外部各方面的联络工作。

3. 管理评审

（1）作为应当达到的要求，增加了“供方应规定质量方针和质量目标”。

（2）关于管理评审的时间间隔，1987 年版规定为“应定期”进行评审，而 1994 年版则改为“应按规定的时间间隔”进行评审，所以间隔必须事先规定。

（3）删除了有关管理评审的以下注解。“管理者评审通常包括对内部质量审核结果的评定，应由供方对质量体系负有直接责任的管理者亲自或以其名义进行”。

这主要是反映管理者评审必须由负有执行责任的管理者本人亲自进行，不允许他人代行。

（二）质量体系

1. 总则

（1）增加了供方应编制覆盖本标准要求的质量手册。

（2）增加了质量手册应包括或引用质量体系程序。

（3）增加了质量手册应包括概述质量体系文件的结构。

（4）有一注6，推荐 ISO 10023 提供了质量手册的编制指南，但这不是要求内容。

2. 质量体系程序

（1）增加了供方应当制定不仅符合 ISO 9001 要求的，而且还应当与质量方针一致的书面程序。

（2）增加了有关程序的范围和详略程度的说明。因为超出必要范围的文件化，对质量体系的运行是不利的，所以对程序的范围和详略程度做了规定。

（3）在注 7 中记述，书面程序可以引用规定某项活动如何进行的作业指导书。

3. 质量策划（新项）

（1）基于质量策划在质量体系中具有重要作用，所以增加了这一新项目。

（2）增加了质量策划应与供方质量体系的所有其他要求一致，并形成适于供方操作的文件。质量策划是一个过程，质量策划的结果需构成文件，不管是新产品还是老产品。

（3）增加了应用规定如何满足质量要求事项，并文件化（编制质量计划）。质量计划是针对具体合同、产品、项目控制措施的文件，原则上各产品都应有此文件，但形式可以多样化，繁简程度也应根据需要确定，具体来说：

1）针对老产品，质量计划内容可能已经体现在有关程序文件中，此时质量计划实际已标准化，不再需要单独编制“质量”的控制文件。

2）针对新产品，需编制专门“质量计划”控制文件，当然其中可引用现行的程序文件。

质量手册必须是一个单独的文件，但质量计划没有必要汇总成一个单独的文件。

（4）在 1987 年版中（a～b）是参考项目，而在 1994 年版中改为正文中要求的内容。

（5）在 f）项中，增加了确定产品形成适当阶段的合适的验证。

（6）增加了注 8，即质量计划也可以采用引用相应书面的程序方式，所以在后面（十）的检验和试验中有“根据质量计划和（或）程序规定”的表现形式。

（三）合同评审

1. 总则

增加了供方应建立并保持合同评审和协调合同评审的书面程序要求。

2. 评审

明确要求在投标或接受合同或订单（对要求的说明）之前，供方应对标书、合同或订单进行评审。

增加了在以口头方式接到订单，而对要求没有书面说明的情况下，供方应确保订单的要求在其被接受之前得到同意。

3. 合同修订（新项）

增加了供方应确定如何进行合同修订，并正确传递到供方组织内的有关职能部门。

（四）设计控制

1. 总则

增加了供方应建立和保持产品设计控制和验证的书面程序，以确保满足规定的要求。

2. 设计和开发的策划

将“供方应制定设计开发计划，对各个设计和开发活动规定责任”改为“供方应对每项设计和开发活动编制计划”和“计划应阐明或列出应开展的活动，并规定这些活动的责任”。

3. 组织和技术接口

将“不同部门之间在组织上和技术上的接口”改为“参与设计过程中的不同部门之间在组织上和技术上的接口”，明确了部门的具体对象。

4. 设计输入

（1）增加了应考虑合同评审活动的结果。

（2）在“设计输出”中应“符合有关法规要求”一项，因为这是在设计输入时就应考虑的，所以移到“设计输入”中来了。

5. 设计输出

（1）增加了设计输出应形成文件，并以能够对照设计输入要求验证和确认的形式来表达。

（2）在c）中作为举例，增加“操作、贮存、搬运、维修和处置的要求”，来说明标出与安全和产品主要功能关系重大的设计特性。

（3）增加了设计输出文件在发布前应予评审。

6. 设计评审（新项）

（1）在1987年版中“设计评审”中是作为“设计验证”的一种方法，而在1994年版中将“设计评审”作为单独一项，规定对设计结果进行正式评审，并形成文件。

（2）增加了参加评审人员应包括与被评审的设计阶段有关的所有部门的代表（必要时也应包括其他专家）。

7. 设计验证

（1）增加应记录设计验证中使用的方法。

（2）正文中举例说明了设计验证的方法，包括有采用其他方法进行计算，与类似设计进行对比，进行试验和证实，对各设计阶段文件进行评审等。

8. 设计确认（新项）

（1）增加“应进行设计确认，以确保产品符合规定的使用者需要和（或）要求”。

（2）增加注11～14。

1）根据ISO 8402将“确认”（Validation）和“验证”（Verification）的定义用以下定义明确区分：

①确认（Validation）：通过检查和提供客观证据表明某些针对某一特定预期用途的要求已经满足的认可。

②验证（Verification）：通过检查和提供客观证据表明规定要求已经满足的认可。

2）原文中的“Design validation”设计确认中的确认一般是对最终产品进行的，所以对于不能试制的产品（大型结构件），在设计阶段不可能进行确认。另外，对软件产品来说，软件未完成也很难确认。所以确认是以最终产品为对象时，那么把它包括在设计控制中是否合适，据说对此有过异议，但却被驳回了。

9. 设计更改

在明确规定了设计更改的批准应由授权人员进行的同时，还增加了这些批准应在变更和修改之前进行的规定。

（五）文件和资料控制

1. 总则

（1）增加了对文件控制程序的文件化要求。

（2）将“文件”改为“文件和资料”，这里的“资料”是指引用的资料，不是只局限于数据资料。

（3）控制对象中包括有标准或顾客提供的图纸等外部编制的文件。

（4）作为参考，增加了文件媒体种类，例如计算机软盘、缩微胶片和光盘等。

2. 文件和资料的批准与发布

（1）在 1987 年版中，要求从所有发放和使用场所收回作废的文件。但从法律观点和存档需要出发，有时也需要保留一些已作废的文件，所以如能切实防止由于疏忽而使用已作废的文件，也可以不收回。

（2）将 1987 年版中“以防使用作废的文件”改为“以防使用失效和（或）作废的文件”，表述得更详细了。

3. 文件和资料的更改

对文件经过多次修改再发布时所要求的事项，删除了一些比较含糊的用词。

（六）采购

1. 总则

增加了应建立并保持书面程序以确保所采购的产品符合规定要求。

2. 分承包方的评价

（1）将原文标题中的“Assessment”改为“Evaluation”，在 ISO 8402 中的“质量评价”也改为“Quality evaluation”。

（2）将“分承包方的选择”改为“分承包方的评价和选择”，强调评价的作用。

（3）增加了对分承包方的控制方式和程度的规定。

（4）增加了“控制方式和程度取决于所购产品的类别以及其对最终成品质量的影响，适当时，还取决于已证实的分承包方能力和业绩的质量审核报告和（或）质量记录”的规定。

（5）将1987年版中下列一段，因为概念含糊而被删除了。“The supplier shall ensure that quality system controls are effective”（供方应保证其质量体系能对分承包方进行有效控制）。

3. 采购产品的验证

除原来的顾客验证外，还增加了供方对分承包方货源处的验证。

（七）顾客提供产品的控制

（1）增加了应建立并保持对顾客提供产品控制的书面程序的要求。

（2）顾客提供的产品，除了成品中包括的产品外，也包括其他活动中使用的产品，例如检验和试验用设备和软件等。

（3）将原来注解“供方的验证不能减轻需方提供合格产品的责任”移入正文中。

（八）产品标识和可追溯性

增加了对产品标识建立书面程序的要求。

（九）过程控制

（1）服务也是过程。

（2）将“Process characteristics”（过程特性）改为“Process parameters”（过程参数）。

（3）增加了“对设备进行适当的维护，以保持过程能力”。

（4）将“Work instructions”（作业指导书）改为“Procedures”（书面程序）。

（5）f）中有关技艺评定准则增加了图示方式。

（6）将“特殊工序”改为“特殊过程”，从正文中移到注解中。

（十）检验和试验

1. 总则（新项）

（1）增加了应建立并保持进行检验和试验活动的书面程序的规定。

（2）增加了所要求的检验和试验及建立的记录应在质量计划和（或）书面程序中详述。

2. 进货检验和试验

关于确定进货检验的数量和种类时应考虑的事项从注解改为正文。

3. 过程检验和试验

（1）在1987年版中规定的对工序的监控和工序控制方法，因为不属于检验范畴，所以在1994年版中都删除了。

（2）对不合格作出标识的规定，因为与不合格品控制中重复，所以也从这一项中去掉了。

4. 检验和试验记录

（1）不仅在合格情况下，对不合格情况也要记录。

（2）在原来的检验和试验状态中所规定的“记录中应注明负责合格品放行的检验部门”移到这一项中来了，并将“检验部门”改为授权检验者。

（十一）检验、测量和试验设备的控制

1. 总则

（1）增加了应建立有关检验、测量和试验设备控制、校准和维修的书面程序的规定。

（2）删除了有关设备所有者的叙述。

（3）在注 17 的参考项中，说明“设备”（Equipment）中包含有“器具”(Devices)。

2. 控制程序

（1）将 1957 年版的 a）和 d）项合并为 a），表述设备应具有所需准确度和精密度。

（2）在 b）中，除与国家标准器具外，还增加了或与国际标准器具对照的规定。

（3）在注 18 中作为参考项，推荐 ISO 10012 所提供的测量设备的计量确认体系可以用作指南，但不是要求的事项。

（十二）检验和试验状态

（1）增加了“应按质量计划和（或）书面程序中的要求，保护好检验和试验状态标识”的规定。

（2）“授权特许放行的产品”也应包括在通过检验和试验的产品中。

（3）删除了有关表示检验和试验状态的一些具体例子。

（4）有关记录要求的表述都移到检验和试验的 4. 10. 4 中。

（十三）不合格品的控制

1. 总则

增加了应建立和保持不合格品控制的书面程序的规定。

2. 不合格品的评审和处置

为了统一术语，将原文中标题的“Nonconformity”（不合格），改为“Nonconforming product”（不合格品）。

（十四）纠正和预防措施

1. 总则

（1）将纠正措施和预防措施加以区别。

1）纠正措施：为了消除实际发生的不符合原因，而采取的措施。

2）预防措施：为了消除潜在的不符合原因，而采取的措施。

（2）增加了应制定和保持实施纠正和预防措施的书面程序的规定。

（3）预防措施也增加了应执行和记录由于预防措施所引起的书面程序的任何更改。

2. 纠正措施

（1）在a）中增加了“有效地处理顾客的意见和产品不合格报告”。

（2）在b）中规定调查不符合原因，不仅有产品不符合，也有过程和质量体系的不符合。另外还增加了应记录调查不符合原因的结果。

（3）在c）中将“研究防止再发生所需的纠正措施”，改为“确定消除不符合原因所需的纠正措施”。

3. 预防措施（新项）

增加了“为消除潜在的不符合原因所采取的预防措施应与问题的重要性及所承受的风险程度相适应”的规定。

在审议这一条款时，有过很大的争议。赞成派主张：“质量体系的目的在于防止出现不符合，所以消除潜在的不符合原因是重要的”。而反对派主张：“实施什么样的预防措施是合适的，缺乏客观的基准，很难评价”。争论结果以采用上述一些修饰词来达到妥协。

（十五）搬运、贮存、包装、防护和交付

1. 总则

增加了“应建立并保持产品的搬运、贮存、包装、防护和交付的书面程度”的规定。

2. 防护

增加了“防护”一个新项目。

（十六）质量记录的控制

（1）增加了建立并保持有关质量记录控制方面的书面程序的规定，并增加了有关记录利用方面的要求。

（2）保持质量记录的目的，从“证明达到了所要求的质量和质量体系正在有效运行”，改为“以证明符合规定的要求和质量体系有效运行”。

（3）删除了所有记录都应字迹清晰后面的“并分清是指何种产品”这句话。质量记录从其本质上来说，不一定与产品都能对应，或者说为了达到对应需要花费很多费用，所以为了证明符合规定要求，不一定要求所有记录都同产品相对应。

（4）将“分承包方的质量记录”改为“来自分承包方的质量记录”，该记录也应成为质量记录的组成部分。

（十七）内部质量审核

（1）有关审核员独立性的规定，移到这里。

（2）增加了“在跟踪审核活动中，应验证和记录所采用纠正措施的实施情况及其有效性”的内容。

（3）在注 20 中指出，内部质量审核的结果是管理评审活动输入的不可缺少的内容。

（4）在注 21 中指出，ISO 10011 给出了质量体系审核的指南，但只是推荐参考而不是要求事项。

（十八）培训

增加了应建立并保持书面培训程序的要求。

（十九）服务

（1）将“合同规定提供服务时”改为“在规定有服务要求时”。

（2）增加了应建立并保持实施、验证和报告的书面程序，以满足规定要求。

（二十）统计技术

增加了应建立并保持书面程序，确认需要并实施和控制统计技术的应用。

全球性 ISO 9000 现象的形成和发展*

刘淇部长在1995年的全国冶金工作会议的工作报告中，谈到1995年形势和工作重点时，他说："鼓励企业提高执行标准水平，努力提高产品实物质量，争创名牌产品；同时认真贯彻实施 GB/T 19000 - ISO 9000 系列标准，健全质量体系。有条件的企业要争取早日通过第三方公正机构的质量认证，从而提高企业在市场上的竞争能力"。

在1995年冶金质量工作会议上，吴副部长对贯彻实施系列标准和健全质量体系也作了重要指示。贯彻实施 ISO 9000 系列标准正在成为冶金企业在激烈的市场竞争中一个相当重要的战略选择，具有十分重要的现实意义和长远利益。

不久前，武钢和宝钢已经通过了质量体系认证机构的审核，获得了 ISO 9000 系列标准认证证书；上钢五厂和成都无缝钢管厂等企业也通过了质量体系认证的现场检查，还有一大批冶金企业准备将质量体系认证工作提到议事日程上来。对于质量体系认证这件事情，如何认识，如何实践，已经认证的企业在理论和实践上有什么经验和教训，向我们提供了什么样的启示，还有什么问题，将成为当前和今后一个时期工作中的重要话题。

一、全球性的 ISO 9000 现象引起的思考

国际标准化组织总秘书长 L. D. Eicher 先生在1994年5月在泰国曼谷召开的 ISO 9000 国际论坛会议的发言中提出，目前在全世界范围内形成了一股 ISO 9000 热，也称为 ISO 9000 现象。据不完全统计，现在全世界已经有70多个国家和地区，等同或等效地采用了 ISO 9000 系列标准。

为什么由这样一个非官方的组织制定的自愿性的标准，会在全世界如此广泛地被采用，并形成了全球性的 ISO 9000 现象呢？

主要有以下四个方面的原因：

（1）技术规范的局限性要求健全质量体系。任何技术规范都不可能将所有的使用要求和用户期望都包括进去，并做出明确规定。技术规范所规定的要求大多数是代用质量，并非使用性能，很难与使用质量对应。技术规范中所规定的各

---

* 原载于《冶金分析》1996年第16卷第1期。

种各样的验证，都不可能将生产中的全部缺陷暴露出来。而且验证多数是抽样进行的，只能是一部分，而不是全部，具有一定的风险性。所以用ISO 9000系列标准来补充，使企业既具有技术规范，又有质量体系的保证，才能长期地生产出符合规定要求的产品和服务。

（2）关贸总协定关于统一合格评定的原则。技术条例和标准只是为了保证国家安全，防止欺诈行为，保护人类健康或安全，保护动植物的生命或健康，保护环境等，不应形成贸易壁垒。在制定技术条例和标准时应以相关的国际标准为基础，并努力参加有关的国际标准的修、制定工作。如果技术条例和标准内容不符合国际标准的规定，应在早期适当阶段，在出版物上刊登通告，坚持早期通报和透明度的原则。不建立特殊的进口产品合格评定程度，包括抽样、试验和检验程序，合格的评价、验证和保证程序，注册、认可和批准程序，也包括产品认证和体系认证合格评定程序。

（3）市场竞争中企业为了取得用户的信任。一个企业取得ISO 9000系列标准中任何一个标准的认证，便作为根据ISO 9000系列标准建立起质量保证的企业，在认证机构中登记注册，从而在国内外具有很好的声誉。如果该企业的产品出口欧洲、美国、日本或东南亚，取得ISO 9000认证，生意就比较好做，对方对其产品质量比较放心。在出口时如果每次都向用户展示质量手册，而且还要翻译成英文，相当麻烦；如果取得ISO 9000认证，由第三方认证机构证明，可以减少不少麻烦。如果大型企业都进行了质量体系认证，那么作为分供方的中、小企业是大型企业质量体系的一部分，也必须取得认证，所以中、小企业也积极参与。质量认证可以减轻用户对供方的质量审核，否则众多的用户对供方进行第二方审核也很麻烦。

（4）实施系列标准提高企业质量管理水平。由于取得了第三方认证机构的审核注册，有利于提高职工的自信心和自豪感，增加企业的凝聚力。质量体系认证使企业的质量体系文件化，方针目标明确，程序规定清楚，职责分工落实，控制项目具体，提高了工作效率，有助于提高产品质量和服务质量。

按ISO 9000系列标准建立起来的质量体系体现了全面质量管理的基本思想，使质量管理进一步发展，对现代化的企业管理提供了新的工具。

上述四方面的原因使得ISO 9000系列标准在全球得以推行，并形成了一种可以称为“现象”的“ISO 9000现象”。

不过，“ISO 9000现象”产生的根本原因，主要是在于所谓“自由贸易”的需要。“自由贸易”在西方是一种已经确立，并受到支持的经济哲学。关贸总协定也好，世界贸易组织也好，都是为了实现“自由贸易”。主张“自由贸易”的学者认为，“自由贸易”不仅对发展各国经济有利，而且可以改善人们的工作质量、生活质量和环境质量。自由贸易需要平等的竞争环境，而这种平等的竞争环境是可以用共同的标准来保证的。欧共体为了保证在欧共体内流通的产品质量，首先采用ISO 9000系列标准作为欧共体各国建立质量体系的通用标准。欧共体的这种动向也影响了北美和其他地区。欧共体对某些敏感的工业，例如医疗设备和玩具的生产，甚至将实施ISO 9000系列标准作为一种法规要求，强制执行。在80年代末，这种动向曾被一些非欧共体国家反对，认为这是一种非关税的贸易壁垒。但是，欧共体仍然坚持他们的主张，他们认为对于正规产品来说，产品标准和体系标准都将促进自由贸易。他们甚至主张只有采用ISO 9000系列标准的企业的产品才能进入欧共体市场，否则他们将拒绝或抵制进口。

欧共体是美国和日本最大的贸易伙伴，ISO 9000在欧共体的实施，对美国和日本有着强烈的影响，北美自由贸易区接受了ISO 9000标准。日本本来认为“好酒不怕巷子深”，他们认为全面质量管理是企业向顾客和老板提供信心的最好的管理方法，ISO 9000是一种新的非关税壁垒，开始并不积极，但是ISO 9000作为向顾客提供保证的证据，已经被世界自由贸易普遍接受的情况下，终于坚持不住了，不得不在1993年底也组成了日本的质量体系认证机构国家认可组织，大有后来居上的趋势。

在日本标准化协会委员长久米均先生还在喋喋不休地谈论ISO 9000和TQM之间的关系时，美国质量管理协会的顾问S. A. Marash和D. W. Marquardt在1994年5月份的美国期刊“Quality Progress”上发表了一篇了文章，题目叫“质量，标准和自由贸易”，他们在文章的结尾时写道，在衡量了既要促进参与自由贸易，又要防止步入欧洲后尘之后，他们认为实施ISO 9000系列标准会给美国、加拿大和墨西哥等北美自由贸易区国家带来利益。这一系列标准同他们各国自由贸易的利益是不矛盾的，而且可以促进整个北美大陆的质量改进。从长远利益来考虑，实施ISO 9000标准还会提高这些国家的产品质量和生活质量，提高在欧洲和远东的竞争能力。

我想这也许就是ISO 9000现象形成和发展的原因和动力。我国冶金行业的许多企业家对于这种ISO 9000现象早已感受到，并开始了行动。武钢就是其中最突出的一个。1995年2月24日武汉钢铁（集团）公司总经理刘本仁在通过国内外质量体系认证新闻发布会上讲了这么一段话，他说：“ISO 9000系列标准是一种文化，是一种哲学，是一种管理上的储备，是企业的一次机遇，是市场导向质量的管理”。他还说，贯标的目的，就是要建立过硬的、有效的质量体系，大大提高武钢的竞争能力、应变能力和发展能力。如果冶金行业的所有企业都能这样地认识和理解ISO 9000现象，并有相应的措施，我想我国的冶金工业在世界范围的自由贸易中一定会具有很强的竞争能力。

二、ISO 9000传递着质量就是竞争的信息

我国正在建立社会主义的市场经济，只要是市场经济，不管是社会主义的，

还是资本主义的，竞争是不可避免的。ISO 9000 系列标准带给我们的不仅仅是标准本身的东西，更重要的是使我们懂得了市场竞争。ISO 9000 系列标准的实施和发展是市场竞争的结果。ISO 9000 的质量信息就是竞争。

加拿大在 1993 年曾经进行过一次调查，在销售额为 1000 万到 5 亿美元之间的 254 家企业的调查中，竟有 48% 的高级职员根本不知道 ISO 9000 是什么东西，只有 8% 的企业打算进行质量体系认证，有 26% 的企业听说过 ISO 9000，但他们还不知道对他们的企业会有什么作用。但是，到了 1994 年却发生了很大的变化，有 83% 的人回答说他们的企业正在准备取得 ISO 9000 认证，62% 的人认为 ISO 9000 对于市场竞争具有战略意义。加拿大的 11 个比较有名的通用电气公司，有 6 个已经取得了 ISO 9000 认证，还有 5 家将在今年完成。由此可见，世界范围的自由贸易的发展和竞争的加剧，使 ISO 9000 系列标准正在成为具有战略眼光企业家的一种竞争手段。

我国也是如此，我可以武断地说，冶金企业的领导知道 ISO 9000 系列标准的不少，但能把它看成是竞争手段的不多。可喜的是已经有越来越多的企业领导，感觉到 ISO 9000 系列标准的重要性，因为顾客向他们要求出示 ISO 9000 认证证书或质量手册，他们回过头来向质量处长要，并要求限期交出。竞争已经到来，这就是 ISO 9000 的质量信息——质量就是竞争的需要。没有竞争，就没有 ISO 9000，没有竞争，ISO 9000 也贯彻实施不下去。政府的指令远不如竞争的需要。

最近，美国标准化协会提出一个新的理论，叫作战略性标准化管理（SSM）。这种管理就是将一个组织的各项业务全部标准化和规范化，以此来增强竞争能力，实现战略性的目标。这种理论的基础就是市场全球化和标准国际化，并认为 ISO 9000 可以用于实现这种管理重要手段之一。我认为朱副总理提出的，质量管理是企业管理的纲，是具有战略发展意义的。我们冶金行业部分企业和同志，前几年过分地依靠提高钢材价格，虽然企业得到了一时的利益，却造成了进口钢材和假冒伪劣冲击国内钢材市场，这种影响至今仍未完全消除。刘部长在冶金工作会议的工作报告中也提到，钢材价格一味上升，甚至大大高于国际市场。在一段时间内，企业虽然得到了一些眼前利益，但为此付出了很大代价。连续几年我国进口钢材二、三千万吨，不能不说是由于过高的价格刺激的结果。一个钢产量超过九千万吨的钢铁大国去年出口（包括钢坯）只有 371 万吨，而其中约 1/4 是宝钢出口的。目前，我国钢材出口数量同钢产量的地位很不相称。刘部长在工作报告中还提出，国际钢铁产品市场的竞争会更激烈。如果我们在质量、价格和服务上缺乏竞争力，国外钢材势必大量进口。必须不断地提高产品质量，降低生产成本，与国外的产品竞争，占领国际市场。打入国际市场，不仅要有好的产品，还要有用户。现在出口上不去，一个主要问题是客户不多。因此，要始终坚持扩大出口的经营策略，不能因为国内市场转好，就把刚刚开拓的国际市场再次丢掉。

刘部长的工作报告给我们冶金企业提出了一个十分重要的问题，在市场经济发展过程中，企业必须学会面向国际和国内两个市场，不能参与国际市场竞争，国内市场也保不住，这一点已经被现实所证实，但不一定被每一位企业家所理解。要想高质量，低成本，增强竞争力，只能依靠技术进步和科学管理。而 ISO 9000 系列标准正是这方面的最有力的武器。为了论证这一点，加拿大标准化协会的 J. McCarthy 博士提供了一个成功的例子。

加拿大阿尔贝塔省有一家很小的家具公司，原来的经营也很不景气。后来他们决心采取新的经营战略，并实施 ISO 9000 系列标准，得到了认证，确实发生了很大变化。

第一，三年前该公司的销售额在同行中占第九位，现在已跃居首位；第二，生产能力增加了 60%；第三，亏损每月减少 10 万美元；第四，价格降低了 23%；第五，出口增加，占领了北美、英国和中国香港市场；第六，与一家国际银行建立了 850 万美元的质量保险，从而赢得了更多的用户。

美国 AGOdate 公司对 20 个通过质量体系认证的企业进行统计，通过 ISO 9000 质量体系认证后对企业内部带来的好处如下：（1）提高产品可靠性 1.3%；（2）提高准时交货率 47%；（3）缩短订货加工周期 12%；（4）降低工作差错率 10%；（5）缩短订货 - 交货时间 5.8%；（6）提高库存周转率 7.2%；（7）降低成本 9%。

美国 AGOdate 公司对 130 个通过质量体系认证的企业进行统计，通过 ISO 9000 质量体系认证后对企业外部带来的好处如下：（1）增加用户满意度 2.5%；（2）减少用户投诉 1.6%；（3）增加回头客户 1%；（4）提高市场份额 13.7%；（5）提高人均销售额 8.6%；（6）固定资产回收率 1.3%。

我不完全相信这种宣传，至少我不相信这种成功完全来自 ISO 9000，但我相信实施 ISO 9000 系列标准，会使这家企业感受到 ISO 9000 系列标准对于参与国际市场是多么重要。这就是 ISO 9000 带给我们的质量信息，即质量就是竞争。

武钢的领导是很早地认识到了这一点的。在党的十一届三中全会以后，武钢坚持改革开放，坚持技术进步，坚持以全面质量管理为中心的现代化管理，几届领导班子不变调，是难能可贵的。“六五”期间抓企业整顿，“七五”期间相继提出实现两个转移和两个突出的战略转变。1989 年提出了走质量效益型发展道路，进一步确立了“质量效益型”的经营战略，建立了以质量为核心的生产经营管理体系，创建了“质量优先”的企业文化。大家都还记得，1991 年国务院充分肯定了武钢走质量效益型发展道路的经验，并获得了国家质量管理奖。

在这么多成绩和荣誉面前，武钢的领导并没有止步不前，而是在进一步思考，如何深化全面质量管理，如何发展质量效益型发展战略，如何适应市场经济的挑战。他们认识到在当今社会中，企业产品在市场上的竞争能力，主要取决于产品的质量和企业的信誉，而企业的信誉的基础是企业的质量保证能力。于是为了适应经济的发展，他选择了贯彻实施 ISO 9000 系列标准，作为武钢质量效益型发展道路在新形势下深化和发展的重要措施。这一战略选择完全符合市场经济发展的要求，并且是抓管理，练内功，以健全的质量体系来满足市场的需求和用户的希望，为武钢赢得了荣誉，赢得了市场，也赢得了发展。1994 年虽然是冶金行业非常困难的时期，武钢仍实现销售收入 145.7 亿元，利税 4.1 亿元，名列全国 500 家企业的前 7 位，技术开发能力名列百强企业第二位。今年一季度销售形势也很好，上半年的镀锌板、镀锡板和冷轧硅钢片已经订购光了，可见企业领导者的战略选择是何等的重要，他们对质量就是竞争的认识，与他们选择贯彻实施 ISO 9000 标准有着密切的关系。我们从武钢的经验中可领悟到 ISO 9000 给我们带来的信息是质量就是竞争。

三、ISO 9000 的演变和发展

大家都知道，ISO 9000 系列标准是 1987 年颁布实施的，按国际标准化组织规定，每五年要修订一次，但因为种种原因，修订工作拖到了 1994 年，现在 1994 年版本已经公布实施，我国也将在今年 4 月 1 日开始实施新版本的标准。我在这里不想讲具体的修订内容，只介绍一下 ISO 9000 系列标准的演变和发展趋势。

ISO 9000 系列标准，是国际标准化组织 ISO/TC17 从 1980 年开始工作，一直工作了六年多才于 1987 年问世的。它的问世对于加强企业内部质量管理和对外提供质量保证起到了重要的作用。但是，通过多年的实施，也发现这套标准存在不少问题，应当在修订时加以解决。

1987 年版的主要问题是：

（1）整体水平不高，特别是 ISO 90001 ~ ISO 9003 虽然各有其适用范围，并逐次包容的，但给人一种感觉水平是逐一下降的。

（2）偏重于供方向需方提供质量保证，使需方建立信心，而对质量管理要求不严，也要求不多，所以 ISO 9001 和 ISO 9002 用得多，而 ISO 9004 用得少。

（3）传统的质量管理思想和方法比较多，现代的质量管理技术应用不够，而且缺乏对人的主动性的运用，比如只强调纠正措施，而没有想到预防措施。

（4）标准中对能证实控制有效性的统计技术和证据要求不足，特别是对产品质量和服务质量的特性值的统计要求更低。

（5）标准偏重于质量体系的认证注册的需要，而在一定程度上忽视了顾客对供方质量体系的具体要求。

国际标准化组织，特别是 ISO/TC176 注意到了上述这些问题，在 1994 年修订的版本中作了改进。

1994 年版本的变化如下：

（1）标准数量增加了，形成了相互配套的系列。1987 年版 ISO 9000 系列标准只有 6 个，而 1994 年版 ISO 9000 系列标准（包括 ISO 8402 和 ISO 1000 族）共有 16 个，另外还有 10 个草案。

（2）对用合同环境及认证的 ISO 90001 ~ ISO 9003 编号统一，如果 ISO 9002 和 ISO 9003 中不要求的要素，则在编号和标题下注明“本标准无此要求”，以防止标准在使用编号时发生混淆。在新版中更强调书面程序，明确了质量手册的地位，质量方针应当反映顾客的要求与期望，扩大了验证资源范围，提高了管理者代表的级别，强调了设计评审和设计验证，过程控制范围扩大了，不仅要求有纠正措施，而且还增加了预防措施，在搬运、贮存、包装和交付中增加了防护内容，强化了内审，重视了统计，使得每一个标准的水平都有了提高。

（3）ISO 9000—1《质量管理和质量保证标准　第一部分：选择和使用指南》中在基本概念上有一些新的提法。

1）提出了“受益者”概念，强调供方应满足所有受益者的期望和需要。

2）为了避免派生大量的标准，对四个通用产品类型：硬件、软件、流程性材料和服务制定了指南。

3）归纳了对质量产生主要影响的四个方面：与确定产品质量需要有关的质量，与产品设计有关的质量，与产品设计的符合性有关的质量，与产品保证有关的质量。

4）提出了所有工作通过一个过程来完成的“过程概念”。

（4）ISO 90004—1《质量管理和质量体系要素　第一部分：指南》中将质量环改为产品典型寿命周期阶段，并增加了“售后监督”，成为 12 个典型阶段。

国际标准化组织 ISO/TC176 主席 R. N. Shaughnessy 先生在谈到 ISO 90000 的演变和发展时，他说，ISO/176 比较好地处理了 ISO 9001、ISO 9002 和 ISO 9003 标准在应用中的混淆问题，质量保证能力的证实问题，避免大量标准派生问题，标准解释问题和软件问题。但是，ISO 9000《质量管理和质量保证》系列标准将面临着环境问题，环境将成为质量概念的组成部分。ISO/207 正在发展 ISO 14000《环境管理体系》标准。

今后，ISO 9000 系列标准将和 ISO 14000 系列标准并行发展，而且在结构上将具有一致性。

四、文件化质量体系的建立和运行

在 ISO 9001 和 ISO 9002 的 4. 2. 1　中规定：“供方应建立并保持文件化的质

量体系，作为确保产品符合规定要求的一种手段。供方应编制覆盖本标准要求的质量体系的质量手册。质量手册应包括或引用质量体系程序，并概述质量体系文件的结构”。

文件化的质量体系主要包括质量手册、程序文件和作业文件。在新版本中还将质量策划归入质量体系。

一些企业在编写质量手册时，常常不知如何写好，有的写得非常多，唯恐遗漏；有的写得非常具体，很像程序文件。

关于质量手册的编制，我们可以参考 ISO 8402 的 3.12，ISO 9004—1 的 5.3.2 和 ISO 10013 的 5.1.3、5.2.1 和 5.4.2。

编写质量手册和质量体系的有关文件应注意：

(1) 完整性：质量手册必须覆盖企业所选择实施的标准的要求，即必须满足该标准的每条每项的要求。换句话说，质量手册必包括该标准中各项条款的要素要求。

(2) 系统性：质量手册从封面到最后一页都要求有系统性。所谓系统性就是要求质量体系文件层次清楚，上下对应，逐级展开，层层保证。

(3) 一贯性：从体系要素到体系文件，从实施到检查，实行谁负责，谁编写，谁实施，谁检查。不能写一套，做一套，两层皮。但质量手册最后还是要由质量保证处或全质办出手。

(4) 实用性：质量手册不仅要将质量体系文件化，而且要能按文件规定的去实施，并把实施的情况记录下来，要符合 SW1H 的原则，特别是质量方针要具体，组织机构要落实，管理者评审要进行，质量文件要齐备，规定的要素要有实施程序和验证方法。

(5) 优化性：质量体系对任何一个企业都是客观存在的，只是是否符合 ISO 9000 系列标准要求的问题，建立文件标准优化的过程。至于质量体系文件大家可以很好地学习一下武钢的“遵循五项原则，处理五个关系，认真编好质量体系文件”的经验。武钢的编写质量体系文件的五个原则是：1) 充分满足标准要求的原则；2) 密切结合企业实际的原则；3) 具有可操作性的原则；4) 分级管理的原则；5) 谁编写谁组织实施的原则。

五个关系是：1) 数量和质量的关系，简化管理环节，优化管理程序；2) 程序文件和其他文件的关系，明确关系，分级管理；3) 质量文件和技术文件的关系，分清层次，理顺接口；4) 程序文件和管理改进的关系，支持改进，不断优化；5) 程序文件描述现状和逐步改进的关系，实事求是，不断完善。

武钢的文件化质量体系，不是另搞一套，而是原有文件的重组和优化，使得武钢的所有质量保证活动都按 SWIH 进行，不仅目标明确，任务清楚，而且职责分明，接口严密。武钢把过去推行全面质量管理，强调发挥职工的积极性和创造

1994版ISO 9000族标准及相关标准

ISO 8402:94名词术语

ISO 9000族

用于质量管理指南

ISO 9000—1:94	选择指南
ISO 9000—2:93	ISO 9001～4实施指南
ISO 9000—3:91	软件指南
ISO 9000—4:93	可信化指南

ISO 9004—1:94	质量管理和质量要素指南
ISO 9000—2:91	服务指南
ISO 9000—3:93	流动性材料指南
ISO 9000—4:93	质量改进指南
待定标准(草案)	
ISO 9004—5	质量策划指南
ISO 9004—6	项目管理指南
ISO 9004—7	技术状态管理指南
ISO 9004—8	质量管理原理

ISO 10011—1:90	审核
ISO 10011—2:91	审核员
ISO 10011—3:91	审核管理
ISO 10012—4:93	计量检测设备的认可体系
待定标准(草案)	
ISO 10012—2	测量过程控制
ISO 10013	质量手册编写指南
ISO 10014	全面质量管理经济效果指南
ISO 10015	培训
ISO 10016	产品试验方法
(13425)*	统计方法

用于合同环境及第二、三方质量认证和认可

ISO 9001:94	设计/开发、生产、安装和服务的质量保证模式
ISO 9002:94	生产、安装和服务的质量保证模式
ISO 9003:94	最终检验和试验的质量保证模式

性与现在的贯彻实施质量管理和质量保证标准，强标化和规范化的质量活动结合起来，提高了企业的管理水平。这也是贯标的重点和难点，武钢的经验为全行业提供了成功的借鉴，很值得学习和推广。

成功的质量体系不仅仅在于是怎么写的，更重要的如何贯彻和实施，即质量体系的有效性。武钢在这方面也有很好的经验。我认为武钢结合实际情况，进行内部质量审核，保证质量体系的有效运行的经验就是其中之一。武钢狠抓三项活动，即验证体系文件的可行性活动，检查专业管理的实效性活动和评价质量体系运行的有效性活动，这三项活动是通过自我审核、自我评估、自我改善来实现的。这是内部质量审核的创造性的实践，把内部质量审核活动提高到了一个新的水平。

认证机构的审核、跟踪和监督或是定期的，或是抽样的，真正发现质量体系中的问题主要靠内部质量审核。武钢开展的这三项活动不仅使内部质量审核内容更加实际，而且也使质量体系的运行更为有效。只有质量体系文件可行，质量体系运行才能有效。只有加强专业管理活动，才能使质量保证活动落到实处。武钢在贯标和认证过程中，特别强调专业管理，并认为有效的体系必靠专业管理来保证。武钢提倡的“部门一贯制”的做法，将质量要素及其展开的质量活动，分配给直接有关的部、处、室，由他们承接展开后，落实到每个岗位，专业部门的工作做好了，贯标和认证也就达到了要求。这些作法及其所产生的效果，对冶金企业是很有启发的。

质量体系中的电子媒体：在 ISO 90001—94 版的 4.5 文件和资料控制的 4.5.1 总则下面有一个注 15，文件和资料可以呈任何媒体形式，如硬拷贝或者电子媒体。这里所说的电子媒体包括计算机内存，软盘，硬盘和磁带等。

在质量体系中采用电子媒体一般有三种情况：

（1）利用计算机下达生产或作业指令，这时操作者也可以观察计算机屏幕来操作，并同时将记录也可以输入计算机；另外也可以观察计算机屏幕来操作，记录就从计算机里输出来了。这种电子媒体的管理同文件控制和质量记录一样管理。

（2）利用电子计算机进行设备控制时，例如过程计算机，则应按设备进行管理。

（3）打字机、个人计算机等也属于电子媒体，其打印出来的文件不属于电子媒体管理范畴。

五、国内体系认证和国际间相互认可问题

目前国内质量体系认证发展很快，形势是好的。

国家技术监督局系统，在 1994 年 4 月成立了中国质量体系认证机构国家认可委员会（CNACR），1994 年 10 月又成立了中国实验室国家认可委员会（CNACL），1994 年 12 月还成立了中国认证人员国家注册认可委员会（CRBA）。

国家技术监督局通过中国质量体系认证机构国家认可委员会的评审认可的质量体系认证机构有 18 个，审核机构有 3 个。

还有冶金、航天、建材、通讯、中国方圆委、中国电工产品认证委员会和江苏等也在积极筹备和申请认可。在国家认可前，冶金工业质量体系认证中心也可以开展质量体系认证工作。

国家技术监督局设想在各个行业、每个地方都建立一个质量体系认证机构，以便有针对性的服务，但是各个认证机构的建立是一种竞争，只要是符合认可要求，就有条件申请认可，不好强制规定。冶金工业质量体系认证中心已经成立，并且配备了经过国家授权机构培训和考试合格并给予注册的国家注册审核员，成

立了有用户部门专家参加的管理委员会，建立了文件化的质量体系，配备了必要的办公设施，具备了认证的条件，在经历三个企业质量体系认证后便可以接受国家认可。

国家出口商品检验局通过出口商品生产企业质量体系（ISO 9000）工作委员会评审认可的质量体系认证机构有20个。

到1994年底国家技术监督局系统共发了140张认证证书，国家商检局系统共发了70多张。

中国的质量认证工作运行，除了在国家认可机构上需要协调一致外，基本属于正常。有人认为质量体系认证机构是否多了，国家注册的审核员是否少了，质量认证工作会不会走过场等，确有许多担忧，不无道理。

为了使质量体系认证工作真正达到其原有的宗旨，应注意以下几点：

（1）认真学习和贯彻ISO 9000系列标准，使质量体系符合要求，运行有效。

（2）审核机构和审核人员要按国际指南进行评定和认可，公正地去审核。

（3）国家认可机构要统一，并积极参与国际或区域间相互认可合作活动。

（4）减少政府和地方行政性干预和保护主义，使企业自主、自愿和自由。

ISO 9000系列标准的建立和实施，在很大程度上是为了消除非关税壁垒。通过了ISO 9000系列标准的认证，表明了一个组织的质量体系达到了国际标准规定的水平，他们的质量保证能力可以使用户放心，不仅使国内用户放心，也使国外用户放心。但这要有个前提，即国与国之间要实现认证的相互认可。

为了创造国际相互认可的基本条件（包括标准统一，认证规范和程序统一，审核人员水平统一等），国际标准化组织于1985年成立了合格评定委员会（ISO/CASCO），研究制定有关国际间相互认可的问题。现在参加ISO/CASCO活动的正式成员国有54个，观察成员国有17个，我国是正式参加国。

相互认可是一个非常复杂的事情，方式也有各种各样的。

为了促进相互认可活动，ISO理事会批准了CASCO的报告，成立了一个“质量体系评定和承认特别委员会”（QSAR），负责解决国际互认问题。参加QSAR的各国应当有一个按国际指南运行的认可机构，这个认可机构要接受国际同行评审。经过QSAR评定和互认的各国国家认可机构批准的质量体系认证机构所从事的认证活动及其证书在世界上才被承认。

在国际标准化组织进行的同时，环太平洋各国和地区也开展了地区性的互认活动。1994年10月26日在美国洛杉矶召开了环太平洋地区互认合作第一次会议，成立了合作组织，起草了章程，制定了计划，明确了与其他组织的关系，决定发行出版物，并决定在1995年第三季度召开第二次会议，可惜我国没有参加这个会议。

国际标准化组织主持的在各国认可机构之间的相互认可，大大减少了众多认证机构之间相互认可的麻烦。

在这个问题上中国也许还要遇到一点麻烦，一是中国现在存在两个认可机构，一个是国家技术监督局及其下属的中国质量体系认证机构国家认可委员会，另一个是国家进出口商品检验局及其下属的出口商品生产企业质量体系（ISO 9000）工作委员会。另外，在环太平洋地区国家间相互认可问题上还有一个如何处理中国台湾的问题。

从上述情况来看，国际范围的相互认可问题还正在进行，各国的质量体系认证机构之间都还没有交叉承认的规定或限制，有的仅仅是合作。有的质量体系认证机构发了“几个国家的证书”，其实是该质量体系认证机构得到了几个国家认可机构的认可，在该质量体系认证机构的证书上可以盖几个国家认可机构的标志。

在国际标准化组织主持的CASCO和QSAR相互认可活动进展的同时，各国认可机构之间的双边互认，认证机构之间的合作也在广泛开展着。

六、关于产品认证和体系认证的选择

经常听到有的企业的同志问，我们是搞产品认证好呢，还是搞体系认证好，犹豫不定。其实这首先要取决于用户，用户希望你搞哪一种认证。如果用户一时还没有提出来，或者用户比较多，要求也不一致，那么企业自己要进行考虑和决定时，可以从以下几点来分析。

（一）产品质量认证和质量体系认证的选择

（1）品种单一、数量大的产品适合搞产品认证，而多品种、小批量的产品适合搞体系认证。

（2）希望在产品上使用标志时，可申请产品认证，用户希望提供质量体系证明时，应当进行体系认证。

（3）法规要求强制认证的产品应申请产品认证。

（4）科研、设计部门和建筑公司适合申请体系认证。

认证的范围也需要很好地设计，有以下几条原则可供参考：

（1）认证的范围首先要听用户的意见，以用户认可的范围和规模为依据。

（2）认证的范围以一个管理者代表所涉及的范围和规模为依据。

（3）以产品生产活动的核心工厂为基本认证单位。

（4）产品品种比较多时，把类似产品的生产系统作为认证范围。

（5）同一企业平行生产两种产品时，可以按两种产品的系统分别认证。

（6）同一企业虽然生产两种产品，但管理部门分不开时，应一起认证。

（7）从原材料到成品检验在一个企业内完成应总体认证。

（8）从原材料到成品检验在一个企业的两个分开的分厂完成，前工序分厂可以分供方的形式处理来申请认证。

（9）如果生产中有部分工序是外订货，外订货工序可作为分供方来处理，不单独认证，但必要时也可以申请认证。

（10）整个工序全部属于外订货，这样的企业也可以申请认证。在我国方圆认证属于产品认证，它是一种合格认证。除了需要进行型式试验外，也需要对质量体系进行审核。对冶金产品来说，主要是采用 ISO 9002 作为质量体系的标准。全国有产品方圆认证委员会，各地方设工作站，冶金行业也有一个冶金工作站，设在国家钢铁产品质量监督检验中心，已经得到国家技术监督局的授权和认可，可以接受产品质量认证工作了。

质量体系是一个企业为实施质量管理的组织结构、职责、程序、过程和资源的总和。任何一个企业在客观上都存在着质量体系，关键是是否有效。一个企业只能建立一个质量体系，它既是企业自身的需要，也是用户的需要。企业建立什么样的质量体系主要取决于用户的要求，用户可根据产品的不同，选择不同的质量体系保证模式。

质量体系认证就是审核质量体系是否符合规定标准的要求。质量体系认证的对象就是质量体系，也叫作质量保证体系或质量保证能力。质量体系认证的依据是 GB/T 19000 – ISO 9000《质量管理和质量保证》系列标准，具体选择其中哪个标准主要取决于用户要求。鉴定质量体系是否符合上述某个标准的要求的活动和方法叫作质量体系审核，质量体系审核分为外部质量体系审核和内部质量体系审核。外部质量体系审核是由第三方公正机构进行的。质量体系认证的证明方式是质量体系认证证书和标记。

（二）质量体系认证的作用

主要是有利于企业向用户提供质量保证能力的证明，增强用户对质量体系保证能力的信赖，也有助于提高企业的质量信誉和竞争能力。质量体系认证还可以减少企业来自各方面的重复检查的负担。由于这种质量体系认证是按国际惯例进行的，也有助于企业进入国际市场，参与国际竞争。由于我国的质量体系认证制度是由国家技术监督局统一领导、由中国质量体系认证机构国家认可委员会统一认可，并在国际标准化组织的协调下国际间相互承认的，所以我国的质量体系认证是符合关贸总协定有关合格评定的原则和国际标准化组织的国际指南规定的，也就是说，在国内、国际都是有效的。

无论是产品认证，还是体系认证，它们只是一种向用户提供质量保证的一种表现形式。正像武钢领导认识的，通过认证只是一种责任。通过认证并不是贯标追求的最终目的，不断满足用户明确的或隐含的需要，才是企业真正的追求的目标。贯标就是要承担这种责任，即永远要对用户和消费者的利益负责。从这个立场出发，是搞产品认证，还是搞体系认证，关系不大，重要的是向用户提供有质量保证的产品和服务。意识到这一点，就不会把贯标和认证只当作一件工作去做，而是当作一项事业去奋斗。

七、如何申请质量体系认证

一个企业在选定了质量保证标准，建立了文件化的质量体系并运行有效后，可向经国家认可的质量体系认证机构申请质量体系认证。根据我国“质量体系认证实施程序规则（试行）”规定，申请质量体系认证的企业必须持有有关登记注册证明，并已按 GB/T 19000 – ISO 9000 系列标准或其他国际公认的质量体系规范建立了文件化的质量体系。申请的企业应按规定向质量体系认证机构提出书面申请，并提交有关的文件资料。在质量体系认证机构受理申请时，相互签订合同。

企业在申请质量体系认证时，必须有完整的质量体系文件，并运行三个月以上；文件控制符合标准要求；实际行动与书面文件或非书面承诺一致；质量体系运行有效，并有可以追溯的记录。一般质量体系认证机构在受理申请后将及时地组织审核组进行质量体系审核。被审核的企业应按审核组的审核计划接受审核，提供工作方便和必要证据。质量体系认证机构在审核合格后将批准认证、颁发证书和登记注册。在获准认证后应按规定按期交纳认证费用，接受质量体系认证机构的监督管理。

当企业的认证标准变更、认证范围变更或者认证证书持有者变更时，应按照有关规定重新申请换证。

企业申请质量体系认证应遵循自愿原则，并有权选择认证机构。企业在选择认证机构时，应尽可能地选择对本企业产品及其工艺技术比较熟悉的机构，在接受审核和监督时比较方便，在经费开支上比较合算，并不一定非要外国的认证机构认证不可。

一个企业经过申请和审核，取得了某一质量体系认证机构的认证，说明了这个企业的质量体系符合 ISO 9000 系列标准中某一个标准的要求，并不意味着质量管理和质量保证已经完美无缺，从此就可完事大吉了，相反地，它是一个新的起点，并接受认证机构的监督管理。

首先，企业应继续保持质量体系运行的有效性，并接受认证机构监督（每年不少于一次）。当质量体系变更、质量体系达不到规定要求、证书或标志使用不当，违反认证规则的将被暂停使用证书和标志。严重的或指出不改正者，将被撤销证书和标志，一年以后方可重新提出体系认证申请。

获准体系认证的企业应不断地按规定标准的要求，使质量体系有效运行，并通过管理评审、内部质量审核和有关活动，提高产品质量和服务质量，继续取得用户和认证机构的信任，保持良好的信誉和市场竞争能力。

目前冶金行业正在贯彻实施 ISO 9000 系列标准，有的企业已经由经理正式颁布了质量手册，有的正在编制质量手册，但大多数企业还处于学习和理解阶段，也有相当一部分企业对 ISO 9000 不甚了解。面对这样一个现状，应当组织培训和筹备认证同时开展起来，把普及和提高结合起来，特别是培养一批明白人（包括国家级审核员和企业内部审核员），使贯彻实施 ISO 9000 系列标准的工作能得以健康地发展。

八、质量管理和质量保证的关系

在 GB/T 6583 – ISO 8402 质量术语中对质量管理的定义为："确定质量方针、目标和职责，并在质量体系中通过诸如质量策划、质量控制、质量保证和质量改进使其实施的全部管理者领导。质量管理的实施涉及组织中所有成员。注 2 在质量管理中要考虑到经济性因素"。从这个定义可以看出，质量管理是一个范畴比较大的概念，纵向涉及质量方针、质量目标和质量体系；横向涉及质量策划、质量控制和质量改进。对质量保证的定义为："为了提供足够的信任表明实体能够满足质量要求，而在质量体系中实施并根据需要进行证实的全部有计划和有系统的活动"。质量保证包括内部质量保证和外部质量保证，内部质量保证是为企业领导取得信任，外部质量保证是为用户取得信任。质量体系是质量管理的核心，而质量体系的有效运行主要依靠内部质量保证和质量控制。在企业内部，质量保证是一种管理手段；在企业外部，质量保证是对用户提供的一种信任。为了向用户提供信任，使用户放心，必须提供相应的质量保证证据，包括质量体系文件和质量记录等。

GB/T 19000 – ISO 9000 系列标准既可以用于质量管理，也可以用于质量保证。

当建立和实施内部质量管理的质量体系时，应采用 GB/T 19004 – ISO 9004，而在合同环境下或向用户提供质量保证时，应选择 GB/T 19001 – ISO 9001 ~ GB/T 19003 – ISO 9003。质量管理是质量保证的基础，为了提供可靠的质量保证，必须强化质量管理。但是，质量管理和质量保证毕竟是不同的，有区别的，特别是在建立文件化质量体系时，应把质量管理手册与质量保证手册加以区别，提供给用户或认证用的是"质量保证手册"，质量保证手册必须与 GB/T 19001 – ISO 9001 ~ GB/T 19003 – ISO 9003 相对应，而在强化质量管理时，应遵照 GB/T

19004－ISO 9004 编制“质量管理手册”，确保质量体系有效运行，提高企业竞争能力，经济有效地实现产品达到规定的质量要求。

我国推广实施全面质量管理（TQC）已有十多年的历史，在各行各业都不同程度地取得了很好的效果。现在，又在全国贯彻实施 ISO 9000 系列标准，并开展质量体系认证工作，那么 ISO 9000 和 TQC 到底是什么关系呢？

ISO 9000与TQM的关系

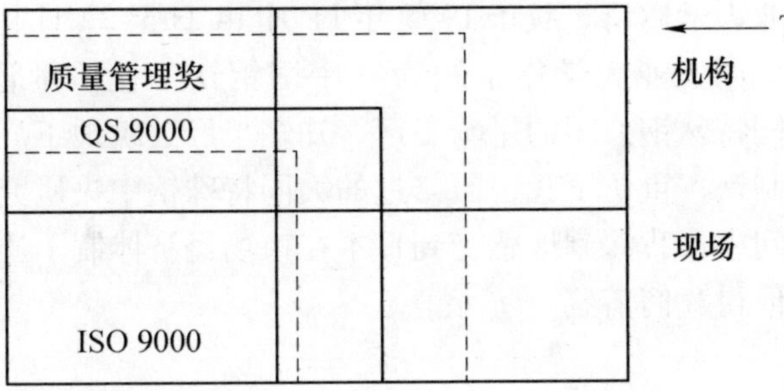

ISO 9000 系列标准和全面质量管理的理论和原则基本上是一致的，方法也是互相兼容的。两者都强调产品质量是在生产产品的全过程形成的，所以对质量体系中诸要素都应进行控制。两者都把人、机、料、法、环看成是一个整体系统，并按 SWIH 有程序地进行管理和控制。两者都提倡领导带头和职工群体参与，技术进步和科学管理两个轮子一起转，来不断地提高产品质量和服务质量。

但是，两者也有某些差别。ISO 9000 比较强调法规制度的作用，而 TQC 比较强调职工的自主性管理；ISO 9000 是自上往下贯彻，而 TQC 是自下往上实施；ISO 9000 比较侧重质量保证，而 TQC 比较侧重质量管理；ISO 9000 比较突出文件化，而 TQC 比较突出小组活动。尽管如此，两者并不矛盾，并不相悖，相反地，两者是相辅相成的。贯彻实施 ISO 9000 并不等于废弃 TQC，推广实施 TQC 更有助于深入执行 ISO 9000。

冶金工业正面临着市场经济发展的新形势。“第三次浪潮”的作者托夫勒在这本书中谈到市场的含义时说：“市场并不是资本主义固有的，像这样的（生产与消费）交换枢纽，正好是形成社会主义工业社会必不可少的条件，正像它作为‘利润刺激’的工业主义一样”。社会主义的中国，中国的钢铁工业的发展，也离不开市场这一必不可少的条件。特别是参与国际市场的竞争，建立和健全质量体系是十分必要的，寻求第三方的认证也是必不可少的。谁认识得早，谁动作得快，谁就将赢得用户，赢得市场，赢得生产经营的主动权。我们完全有理由相信，在实行十多年全面质量管理的中国冶金工业，在贯彻实施 ISO 9000 系列标准，建立健全质量体系方面一定会创造出更新、更大、更好的成绩。

访日归来话质量*

应日本大同工业大学邀请，我于1995年11月14日至22日赴日本参加了质量月活动，在日本大同工业大学作了题为“中国钢铁工业质量管理和标准化”的演讲；参观了大同特殊钢公司的星崎工厂、知多工厂、筑地工厂和涩川工厂以及中部钢板和王子制铁；重访了我曾研修过的大同特殊钢中央研究所和新日铁技术开发中心。在访问中，我深刻地感受到日本在市场经济体制下质量的观念和管理都有其特殊性，值得我们借鉴。

一、质量是用户的要求

质量是什么？质量是符合性，是适用性，还是其他什么，在我国有过不少讨论。很多企业认为质量就是符合标准规定，有些企业认为质量就是满足顾客使用，日本企业界则认为质量就是不断满足顾客的现在和潜在的要求，不仅包括产品质量，还包括服务质量，甚至涉及环境保护的概念。在这种思想指导下，日本钢铁企业从产品的研究开发开始，就以顾客要求为目标，追求最大限度地满足使用要求，包括未来的潜在需求，以此来增强企业的竞争能力和经济效益。

大同特殊钢中央研究所研究开发汽车的齿轮钢，不仅要对钢的力学性能进行研究，而且还测量和分析钢的工艺性能和使用性能。例如，研究加入硼提高钢的淬透性和降低锰含量提高钢的冷锻性；研究等离子渗碳提高齿轮传动的抗剥离性；研究汽车齿轮钢的喷丸表面硬化提高钢的抗疲劳性。新日铁的技术开发中心正在研究的减振钢板，为了满足用户要求，大量地进行疲劳试验和焊接试验，在桥梁等大型构件上使用前，先在锯条和窗帘盒上试用，确定其减振效果。该中心为了加速科技成果转化为生产力，将设计部门也合并在中心机构中。大同特殊钢公司设备研究和开发部门的设计，为了满足用户要求，不仅在设计时尽可能考虑顾客现在的和潜在的需求，而且还将一半的设计场地让给顾客的设计人员，使得将来生产的产品更能符合用户的要求。这种质量意识是市场竞争的产物，不仅值得我国钢铁企业学习，也值得研究单位借鉴。

---

* 原载于《冶金标准化与质量》1996年第1期。

二、质量首先取决于人

日本的产品质量和服务质量好，主要取决于人的素质。大同特殊钢公司的现场职工的业务培训和资格认可是极其严格的。在涩川工厂的车间里，悬挂每一位工人业务培训和资格认可的标识。特级和一级技能由日本国劳动大臣发给认可标识，二级技能由地方劳动局官员发给认可标识。非经认可不得进入岗位。职工的技能已经从单项的和专一的，发展成多项的全能的。无论是冶炼、加工、热处理，还是营销管理，都大量使用计算机。我曾问："使用计算机以后，工人的劳动是否轻松多了"？回答是："不，需要他们不断地学习新东西，不断提高，不断进步，不断掌握过去不熟悉的业务或技术，对他们的要求不是低了，而是更高了"。我看到一位工人操作四台加工中心，熟练地从车间控制室选取计算机软盘送进加工中心计算机的驱动器中，精心地进行产品加工作业，产品的质量得到了可靠的保证。更使我感到意外的是，有些岗位的职工技能水平竟需用户来认可。例如，宇航用钢、原子能用钢和发电设备用钢等的生产现场职工的技能必须经用户进行认可才能进入操作岗位。为此，日本的钢铁企业把职工的培训和教育作为质量体系的重要要素加以控制，在历来质量重视发挥人的主动性和积极性的日本企业，继续工程教育已成为了质量管理和质量保证体系的重要支柱之一。

在我所参观的研究所，研究人员都很年轻，计算机已经普遍地应用在研究工作之中，研究方法有了根本的改变，研究结果的解析和数据的处理也大量使用计算机，信息传递和交换更为方便，这对研究开发高质量的产品也是十分重要的。

三、质量需要不断投入

质量需要不断投入似是常识性问题，但是在这个问题上，从认识到实践仍是我们没有解决的问题。我国不少企业为提高产量肯花投资，但为提高质量投入并不那么积极，从根本上没有解决质量也需要投入的问题。但在日本的钢铁业界在质量上是否肯投入是衡量一个企业是否有竞争优势的标志。例如，大同特殊钢的涩川工厂，每年的设备投资平均为 14 亿日元，设备折旧费 15 亿日元，另外还有 4 亿日元的检修费，这些投入在很大程度上都用于提高质量和扩大品种。为了生产高质量的产品，涩川工厂除配备了电炉、感应炉、真空电弧炉、真空感应炉、LFV、AOD 炉外精炼和连铸设备外，还有 3500t、2600t 和 1500t 水压机和精锻机，轧机是现代化和连续式的，热处理设备齐全，既有连续处理炉还有台车式和竖井式炉。3 台加工中心，13 台车床，8 台立车，1 台卧式镗床，3 台龙门铣床，3 台深孔钻，生产出来的产品几乎是接近用户使用的形状和尺寸，受到用户的欢迎。

我所参观的工厂无一例外在质量和品种方面年年都有投入。1993 年我曾去日本考察过 ISO 9000 系列标准的运行情况，当时也曾参观过日本的中部钢板工厂，今年又一次访问，面目又有改观。200t 底出钢电炉—钢包精炼—连续铸造系统生产无缺陷坯，紧凑式四辊轧机采用液压 APC 系统和计算机过程控制，使钢板内在质量、外观质量和表面尺寸都具有很高的水平。王子制铁是一个生产窄平材的工厂，主要生产 3 ~ 40mm 厚，20 ~ 250mm 宽的平材。主要用户是建筑、机械、汽车、造船和工程机械等方面，销路很广，效益很好，对我国的中、小型企业的产品结构调整很有启发。

四、质量与工艺设备的关系

一个企业采用什么样的工艺和设备，主要取决于产品，取决于产品的品种和质量。大同特殊钢知多工厂是世界一流的特钢厂，但连铸比也只有 60% 左右。为什么不搞全连铸呢？回答说，有些特殊钢，例如工模具钢很难使用连铸，必须采用模铸。大同特殊钢的涩川工厂锻件占 2. 5t，最大钢锭为 32%，所以不仅使用模铸，而且还开发了同时铸不同锭型的铸锭工艺。最小钢锭为 32. 5t，在此之间可以任意组合，不受限制。即使采用连铸，对特殊钢企业来说，初轧机仍不可少，即连铸大断面，提高生产效率，初轧机开坯改善钢组织，同时提高产量和改进质量。脱离产品的质量和品种要求，盲目地追求新技术和新设备是不对的。但是反过来说，质量和品种要求必须采用某项技术和设备时，企业舍不得投入，必然在市场竞争中被淘汰。质量品种决定工艺，决定采用什么样的技术和设备，这也是一个常识，但对我国当前钢铁工业结构调整来说，又是一件非常现实的问题。我们不是经常有追求新趋势，赶新浪潮的病吗？见到日本的这些情况，我感到很有启发、很有教益。这又使我想起直流电炉这一新技术，在一次中日技术交流时，有人问到为什么大同特殊钢没有采用直流电炉时，他们回答说，我们的交流电炉使用的很好，为什么要换呢。可见日本钢铁企业的结构调整，是从市场实际需要出发的，而不是“跟月亮走”或“人家走我也走”。

五、质量认证是大趋势

在 1993 年我们去日本考察 ISO 9000 时，日本才刚刚起步。只有少数企业取得 ISO 9000 认证证书。这次访问时，发现发展非常快。1993 年认证的冶金企业只有 10 个，1994 年认证的冶金企业达到 50 个，到 1995 年 10 月 1 日为止已经认证了 153 个企业，其中绝大多数是冶金企业。像新日铁、住友金属、川崎制铁、NNK、神户制钢、大同特殊钢、日新制钢、山阳特殊钢、日本冶金工业、东海钢业、日立金属、住友特殊金属、东北特殊钢和黑崎窑业等均已认证注册。由于日本钢铁企业一直实行全面质量管理，企业的基础工作比较扎实，质量管理和质量保证体系比较健全，所以按 ISO 9000 标准要求进行文件化时，比较容易。例如大同特殊钢涩川工厂在实施 ISO 9000 系列标准前，已经接受了美国 BOING 公司、GE 公司、TEXTRON – LYCOMING 公司、CIVIL AVIATIONAUTHORITY、德国的 MESSERSCHMITTBOLKOW BLONM、法国的 SNFA、澳大利亚的 BOHLER 等用户的第二方审核，具有很好的质量体系和保证能力，所以申请 ISO 9000 认证是水到渠成的事。在我参观知多工厂的那天（11 月 15 日）正赶上他们接受日本机构 JICQA 的现场审核。整个工厂秩序井然，有条不紊，没有丝毫特意摆形式搞过场的架势。

质量认证是大势所趋，ISO 9000 之后紧接还有 ISO 14000（环境保护），美国又在推行 QS 9000，这些都是市场经济的产物，是顾客提出的要求，企业必须从战略高度来认识这个问题。我们的企业也应当像日本的钢铁企业一样，从基础工作抓起，在树立自我信心的基础上向用户提供质量保证，这才是 ISO 9000 的宗旨。任何搞形式、走过场的想法和做法不仅有损于企业形象，也有害于中国质量体系认证的形象。在当前认证工作商业行为比较盛行的时候，企业的领导必须保持清醒的头脑。

对质量监督检验机构的几点分析*

我国实行质量监督管理已经10年了。这10年来，在国家技术监督局的指导下，冶金系统建立了七个国家级产品质量监督检验中心、七个行业产品质量监督检验中心和一大批地方产品质量监督检验中心。这些冶金产品质量监督检验中心共同承担国家和地方监督检验任务和行业监督检验（统检）任务。质量监督检验是国家宏观调控的一项重要措施，对加强行业管理、规范市场行为，推动技术进步和提高产品质量都有重大作用。但在市场经济发展的新形势下进行改革是摆在我们面前的、不可回避的问题。

一、质量监督检验机构的作用

（一）质量监督检验提高了企业的法制意识

质量监督检验是以《标准化法》和《产品质量法》为依据，以重点产品为对象，以科学的检测方法为手段，依法进行的质量监督和质量管理，是在建立社会主义市场经济过程中不可缺少的宏观调控手段。这种监督检验对企业树立法制观念和提高法制意识具有很大作用。企业通过质量监督检验了解到生产和销售不合格产品是违法的，不仅应当追究经济责任，还应负有法律责任。在监督检测中发现的严重不合格现象，例如天津大邱庄某轧钢厂用重轨轧制螺纹钢，受到了当地政府的处罚，唤起了企业的法制观念，增强了厂长的法律意识，使他们认识到生产合格产品不仅是职业道德问题，更是法律问题，这对全行业从法制角度来认识、依据标准保证和提高产品质量的必要性，起了推动作用。

（二）质量监督检验促进了企业的质量管理

质量监督抽查对企业领导提高产品质量具有一定的促进作用。抽查出现不合格产品，不仅厂长面子上不好看，也影响企业形象和产品销路。不少企业为了防止质量监督抽查出不合格，都不同程度地加强了质量管理和建立了内部监督制度。像山东莱芜钢铁总厂等一大批地方骨干钢铁企业都建立了技术监督处，实行企业内部质量监督管理，防止不合格品出厂。武钢对集团内的企业也采取了监督

---

* 原载于《冶金标准化与质量》1996年第2～3期。

检验，保证出厂产品的质量。更多的企业则逐步建立和健全质量管理和质量保证体系，推行 GB/T 19000 – ISO 9000 系列标准，狠抓“三规三制”，狠抓基础工作。例如长城特钢公司开展“三工序”活动，即检验上工序，负责本工序，保证下工序，使产品质量有了明显提高。鞍钢开展提高一次合格率活动，对产品质量和经济效益都有很大推动作用。

（三）质量监督检验推动了企业的技术进步

质量监督检验中发现的企业中存在的质量问题，有一些是技术或设备造成的，例如江苏的一些生产不锈钢管的企业，钢管的晶间腐蚀不合格，主要原因是固溶处理设备问题，而且没有晶间腐蚀检验设备，于是及时地组织学习班，通过学习，他们找到了问题出在什么地方，于是改造和增加了设备，提高了产品质量，像南通特种钢厂生产的大口径不锈钢管在国内居于领先地位，在很大程度上与质量监督管理的推动有关。上钢一厂和鞍钢的半连轧带钢，也在质量监督检验过程中发现过问题，推动了设备的改造。在监督检验中发现的质量问题，使冶金部下决心，限期消灭镇静钢开口锭，并逐年增加钢水精炼比，全行业产品实物质量有了明显提高。

（四）质量监督检验拓宽了行业的管理思路

质量监督检验对冶金行业来说，是一种重要的质量信息来源。除了监督检验的质量数据，目前还没有任何其他更多可以判断行业产品质量水平的信息，只有监督检验的资料能比较量化地衡量行业产品的质量状况。各级政府的质量管理部门也从质量监督的数据来分析质量形势和拓宽管理思路。例如冶金行业产品质量要从提高“双标率”向提高实物质量转变；从符合标准要求向满足用户需要转变；从产量效益向质量效益转变等都是在质量监督管理过程中不断分析质量形势和动态悟出来的。又如前两年乡镇企业异军突起，但伪劣钢材也十分严重，使各级政府部门十分被动。如何对乡镇企业进行行业管理，一直是困扰着各行业部门的问题。质量监督检验不仅发现了问题，而且也提出了解决问题的思路，这就是疏堵结合，加强引导，鼓励先进，限制落后，打击伪劣，事实证明这些措施是有效的。

（五）质量监督检验也培养了一批质检人才

十年来，各级质量监督检测中心在国家技术监督局的指导下，在行业部门的支持下，通过执行监督检验任务，也培养了一批懂标准和法规、会检验和测试、认真负责、勤勤恳恳、坚持原则、廉洁奉献的人才。这批人才尽管在职称和待遇上遇到很不公平的处境，但是他们还是以国家任务为重，坚持监督管理岗位，为我国产品质量的稳定和提高在默默地工作。其中有很多同志具有很高的技术水平和严格的工作作风，在行业和企业中发挥着重要作用。不仅严把质量关，而且还经常为提高质量出主意，想办法，作出了实实在在的贡献。

另外，质量监督管理制度实施十年来，还建立了一大批检验试验机构，拥有相当雄厚的设备和仪器，积累了相当丰富的经验和信息，无疑这也是了不起的成绩。在回顾这十年的成就时，这些人，这些物，都是不应忘掉的，“质量兴国”少不了他们的一份奉献、一份工作。

二、质量监督检验机构面临的主要问题

（一）质量监督检验任务越来越少

各级质量监督检验中心过去主要靠各级政府下达监督检验任务，经费由政府或受检企业承担。但是，随着政府职能的转变和市场经济的发展，政府下达的质量监督检验任务将会越来越少。任务少意味着经济收入少，各质量监督检验机构面临着是否能够生存和发展的挑战。那么是否可以请各级政府多给下达一些监督检验任务呢，这是不大可能的。原因有两条：一是政府的监督检验经费也有限；二是企业走向市场，顾客对产品的直接监督多了，政府的监督检验的力度会有一定程度的弱化。所以，各级质量监督检验机构的任务将会逐渐少了。

（二）技术装备水平不如企业高

由于经费不足，在检验测试设备的更新上感到乏力，没有钱购买先进的设备和仪器。今后的质量监督检验也好，质量评价检验也好，质量检测中心的设备精确度和准确性赶不上企业，中心的科学性和权威性就不行了。而目前各质量检测机构的设备普遍不如企业，至少不如重点企业或大型企业。中心能测的，企业也能测，企业不能测的，中心也不能测，甚至企业能测的，中心反而不能测，这就难办了，这种局面可能越来越严重。

（三）人员来源和素质也有问题

由于质量监督检验机构属于公益性、非营利机构，任务不满，效益不高，再加上评职称和涨工资等方面的不平等待遇，使得质量监督检验人员来源不兴旺。对质量监督检验人员的要求和考核缺乏有针对性的办法，单纯从效益或单纯从论文来评价质量监督检验人员都是不合适的。现在已经从事质量监督检验的人员也存在不稳定的问题，特别是年轻人，是否献身于质量监督检验事业，对一些人来说，都是个问号。另外，由于任务不满，条件不好，人员成长也比其他领域慢。

（四）思想保守，缺乏开创精神

由于长期受上级和职能的影响，任务等上级下，经费靠上级给，思想相对比较保守，缺乏开创精神，总怕影响公正性，因此不少机构处于不景气状态。这与上级部门的指导方针也有很大关系。在这种情况下，对从事质量监督检验工作的同志来说，确实是一种挑战。一方面应当肯定这些同志的受业敬业精神，另一方面应当面向未来，思考一下质量监督检验机构的生存和发展问题。

三、探讨改革和发展的新思路

（一）建立市场经济意识，更新质量观念

在市场经济体制下，质量不再是或至少不全是政府的要求和标准的要求，质量是顾客的要求，包括显在的和潜在的要求。对质量的评价将主要由顾客来进行。政府的监督检验将逐渐减少，依靠政府下任务经费的局面也不会很持久。各质量监督检验机构应及早更新观念，建立市场经济意识，用市场经济的模式来考虑未来的规划和工作。估计国家和部门不可能支撑这么多的质量监督检验机构，更不大可能在经费和任务上对质量监督检验机构做出更多承诺。因为国家对企业的管理不可能代替市场的选择，政府只能在有限的范围内进行宏观的管理，供需双方的事主要靠合同来制约。

（二）加强中心自身建设，扩大质量认证

在市场经济体制下，质量监督将逐步被质量认证所代替，质量监督检验机构应考虑向质量认证方向发展，成为某种质量认证的型式试验机构。从国家来说，有方圆标志认证，但能进入方圆委指定试验室的也不会很多，可积极寻求其他质量认证，特别是产品认证的检验机构，有水平、有能力的检验机构也可考虑与国际和国外某些认证机构建立联系，成为他们的指定检验机构，经过努力或联合成为国内有影响的和有权威的检验机构。这就要求质量监督检验机构要加强自身建设，首先是按 ISO/IEC 导则 25 建立质量检验机构的体系，并得到有关认可机构的认可，使中心具有适应质量认证的资格。

（三）积极开拓潜在市场，发展社会服务

国外有不少检验机构已经独立地成为检验和试验的公司，为供方或需方承担委托检验和试验或质量仲裁任务。现在有些检验和试验机构也对外承接检验任务，但是多属找上门来的，缺乏主动找市场，找任务的精神，更没有营销人员和固定顾客。今后应在这方面多发展，多开拓，甚至可以为企业开展监制和检验工

作。可以开展代替中、小企业检验和试验，代理申请质量认证和生产许可证工作，为实物质量鉴定和评定提供有偿服务。

（四）探讨开展多种经营，积极增加收入

质量检验机构也可以开展多种经营，例如洛阳耐火材料质量监督检测中心经营质量检测设备；建筑钢材质量监督检测中心生产钢材标牌；国家金银和饰品质量监督检验中心与地方黄金首饰市场建立质量检验和为顾客鉴别和导购商品，效益也还不错。是否还有其他品种或项目，也是可以探索的，比如参与生产标准试样或试剂，代理销售理化仪器，利用企业边角余料生产小商品，提供技术咨询和技术服务，指导建立工厂试验室等。

十年来，质量监督检验机构做了大量对社会、对行业有益的工作，取得了很大成绩，但是，现实又遇到了新的情况，新的问题，我们必须寻求新的思路和做法，即把主要为政府服务转为要为市场服务，从政府的附属机构转为市场服务，从政府的附属机构转为市场经济的服务体系，相信在完成这种改革后，以法律为依据，以市场为对象，质量监督检测工作，未来的十年将会比过去的十年更加重要。质量监督检验事业不是一个即将衰退的工作，恰恰相反，将是一个永恒的事业。

访日散记*

前不久，应邀去日本作一次短暂的访问，并参观了几个钢铁企业。虽然多次到过日本，但每次都感到有新的收获。

一、日本政府的公务员

受有关方面的委托，经新日铁朋友的介绍，拟会见日本通产省（相当于我国的经贸委）的官员，了解有关JIS标记认证的事情。原来新日铁的朋友打算在我抵达日本东京后，在市里的一个餐馆里见面，一边进餐，一边交谈。谁知我一出机场，这位朋友说，安排有变化，因为日本政府有规定，公务员不能受请在机关外边吃饭，更不能边吃边办公。我们必须到通产省去见面和交谈。可是当时已经是当地下午4点多了，如果赶到通产省肯定是过了下班时间了。我的这位朋友说，不要紧，日本政府的工作人员经常加班加点，同企业公司的工作人员一样，要工作到很晚才下班。果然当我们到通产省的办公大楼时，虽然已经黑天了，但是办公大楼却灯火通明，工作人员仍在忙忙碌碌，不像已经过了下班时间，人们还在尽心尽力地工作。当我们谈完走出大楼时，环顾四周的高楼大厦，无不银灯似昼，人影似梭。我的这位朋友告诉我，日本现在经济不景气，必须努力工作，尽快摆脱困境。这使我想到中国的机关和企业，有劳动法保护，倒是比日本潇洒和轻松得多。

二、教授的经费来源

经过新日铁朋友的介绍，一年前我同日本大阪大学的志水隆一教授认识，这次又在日本东京见了面。他也是来通产省办事的。志水教授是日本电子显微镜学会会长，是一位基础理论专家。他告诉我，他每周要来东京二、三次，有时是参加学术会议，有时是到文部省（相当于我国的教委）汇报，有时也到通产省谈标准起草的工作。这使我感到很意外，搞学术性研究的著名教授，同政府的工业部门也有联系，而且还介入标准的起草工作。他解释说，这不仅可以得到研究经

---

* 原载于《中国冶金》1996年第3期。

费，而且可以同生产实际相结合，是一举两得的事情。他还说他同企业也保持着良好的合作关系，从企业接受委托任务，同时也得到研究经费。他还用日本的国际协力基金努力促成国际合作，既可以得到研究经费，又可以进行国际交流，他的活动能力使我很佩服，日本的学者为了得到研究经费也是需要广泛活动和多方争取的。

三、研究开发的新变化

十五年前我曾在日本的大企业研究所进修过，这次我旧地重返，时过境迁，研究开发工作发生了很大的变化。首先是研究人员平均年龄比过去年轻了，中、青年研究人员多了；其次是在研究工作中普遍应用计算机，几乎每个人的桌面上都有笔记本式的计算机；另外，研究课题不仅限于生产领域，还进入了应用领域。例如，大同特殊钢公司的研究所为了研究新的汽车用齿轮钢，不仅研究成分和力学性能的关系，还研究钢的工艺性能和使用性能，建立了齿轮在汽车实际使用条件下的性能实验室。新日铁的研究中心，就建在新日铁的君津钢铁厂的附近，并把研究开发中心改成研究工程中心（RE），体现了研究开发和工程设计相结合的思想。尽管日本的钢铁业很不景气，但是他们对科研的投资依然很多，新日铁研究工程中心的研究经费每年大约相当60亿人民币，这是一个何等巨大的投入啊。研究开发和工程设计的能力成了日本企业提高竞争能力的关键，举国上下都很重视。

四、同用户一起进行设计

在一个冶金设备制造企业，只看到设计和组装两个过程，他们说，中间的加工制造过程全部采取分包的方式进行。为此，他们将设计工作放在一个很大的“车间”内进行，“车间”的一侧是本企业的设计人员，另一侧是分包企业的设计人员，通过联网的计算机进行共同设计和分解设计，以达到配合密切和有效衔接。这种合作设计完成的图纸和加工的部件，在组装时能够十分准确和有效地组合和装配，整机的功能非常好。有些设计还与用户一起进行，既可以反映用户的实际需要，又减少了设计部门审核的环节，提高了设计质量，有利于制造，有利于使用，有利于供需双方的了解和合作。这也许是市场经济高度发展的结果，一切为顾客着想，全面为用户服务，体现了全面质量管理的思想和原则，所以生产或制造出来的产品，在质量上是世界一流的。在日本，主张顾客需要什么我就设计什么，而不是我设计什么顾客就用什么，真正体现了“顾客是上帝”的思想。

五、非常重视职工的岗位培训

日本钢铁企业的职工本来的文化程度和技能水平都比较高，现在在推行 ISO 9000 系列标准时，更加注意岗位培训。有些培训要经过政府有关部门的考试，有的要经过用户的鉴定，才能上岗操作。位于日本群马县的涩川钢厂，是一家生产航空、核能和工程机械用钢的钢厂。该厂的工人都经过多次岗位培训和资格认可，在车间里挂着每个人的资格认可铜牌，特级和一级技能者由劳动大臣认可，二级技能者由地方劳动局长认可。还看到有些岗位的技能者的资格（连同他们使用的设备）由用户认可。从技能认可表上可以看出，每一位在岗职工的技能状况，包括已经获得的和即将认可的资格，没有这些技能的岗位培训和资格认可是不能上岗的。由此可见，日本的产品是真正建立在以人为本的质量管理和质量保证体系的基础上的。只引进先进的技术和设备，没有良好素质的人员去操作、去掌握，产品的质量仍然上不去。相比之下，我国钢铁企业职工的培训工作还有不少差距，如不重视，势必吃亏。

正确处理质量体系认证中的若干问题*

当前一些冶金企业（包括冶金建筑和冶金机械企业）正准备按 ISO 9000 系列标准建立质量体系，并考虑申请进行质量体系认证。这是企业在激烈的市场竞争中一种战略选择。市场竞争主要是质量和成本的竞争。企业在利润的刺激和驱动下，经营者比较重视降低生产成本但对产品质量和服务质量，相对来说，重视不够，或管理不力。尽管推行全面质量管理已经十年，特别是推广武钢质量效益型经验以来，冶金企业的质量意识和质量管理有了很大变化，但是，只有在市场竞争的形势下，企业的质量方针和质量追求才真正走向以满足用户需要和为用户提供保证的方向。

一、正确理解和认识 ISO 9000 标准的作用

在 ISO 9000—1 标准 1994 年版本中提到主要质量目标和质量职责时指出，一个组织应：（1）根据质量要求达到、保持并寻求不断改进其产品质量；（2）改进其自身的工作质量，以持续满足所有顾客和其他受益者明确的和隐含的需要；（3）为其内部管理者和其他员工提供一种信任，即质量要求正在得到实现和保持，质量改进正在实施；（4）为顾客和其他的受益者提供一种信任，即质量要求正在或将会在交付产品中得以满足；（5）提供质量体系要求被满足的信任。从这一段表述中我们可以理解到，实施 ISO 9000 系列标准不仅能满足顾客对产品质量的要求，而且还可以满足其他受益者（包括员工，所有者、分供方和社会）明确的和隐含的需要。这些需要分别是员工对职业和工作的满意，所有者对投资效益的期望，分供方继续经营的机会和社会要求的认真负责的服务。

企业的管理者把贯彻实施 ISO 9000 标准不仅应看成是一种质量目标，同时还是一种社会责任。从冶金行业整体来看，有一部分企业的领导认识到了这个问题，但是多数领导并不清楚。主要是有两个方面：一是对 ISO 9000 标准宣传和学习得不够；二是对市场经济条件下质量和效益的关系理解不深。对企业领导来说，学习 ISO 9000 标准主要不是标准的目的和作用。当前 ISO 9000 标准贯彻实施的主要问题在于企业的领导对它的目的和作用认识不够，对它的重要性体会不

* 原载于《冶金标准化与质量》1996 年第 4 期。

深，有点“中间热，两头温”，企业领导和职工的积极性还有待进一步调动和发挥，所以对整个冶金行业的贯标工作不能估计过高。要想把贯标工作推向一个新的局面，必须在企业领导层中进行教育和培训，应将此看成是实现两个根本性转变的重要条件。

二、质量体系认证的目的在于提供质量保证

为什么要进行质量体系认证，这是首先要明确的问题。质量体系认证是企业为了让用户放心，向用户提供质量保证的一种方式。它与争创质量管理奖不同，不是单纯为了荣誉和名气，而是为了健全质量体系，符合规定标准取得用户信任和提高竞争能力。ISO 9000 标准引言中说：“每个组织都希望提供的产品满足顾客的需要或要求。全球竞争的加剧已经导致顾客对质量的期望越来越高。为了竞争和保持良好的经济效益，组织供方需要使用更加行之有效的体系，这样的体系应导致持续的质量改进，并不断提高组织的顾客和其他受益者的满意程度”。这段话将建立和健全质量体系的目的已经讲得十分清楚。企业的领导贯彻实施 ISO 9000 标准和进行质量体系认证的目的在于满足用户要求，在于建立符合顾客要求的质量体系，在于表明具有质量保证能力。如果顾客没有这种要求，如果企业的产品不出口国外，尽管加强质量体系仍是十分重要的，但是不一定、也没有必要去进行质量体系认证。只有顾客要求或进入国际市场时才有这种必要。现在有个别地方和部门政府下达指标，今年必须认证哪些企业，甚至必须由哪个机构来认证的做法都是与 ISO 9000 标准的宗旨相悖的。只有用户才能有这种愿望和要求，只有企业才能有这种权利和选择。

三、恰当地设计和界定认证的质量体系

ISO 9000 标准的引言说：“强制质量体系的统一不是这些标准的目的。组织的需要各有不同。质量体系的设计和实施必须受具体的组织的目标、产品和过程及其实践的影响”。在 ISO 8402 标准中在解释质量体系时说：（1）质量体系的内容应以满足质量目标的需要为准；（2）一个组织的质量体系主要是为内部管理的需要而设计的，它比特定顾客的要求要广泛，顾客仅仅评价质量体系中有关部分；（3）为了合同或强制性质量评价的目的，可要求对已确定的质量体系要素的实施进行证实，质量体系的设计和标准模式的选择主要要听用户的意见，并由企业自己决定。

一般来说，认证的范围是产品类似的群体产品生产线（或称为体系），而不是整个企业。正确地设计质量体系不仅有利于质量体系的有效运行，而且还有利

于节约人力和经费。特别是对我国钢铁企业，多数是小而全，设备和工艺水平不同，产品质量档次不一样，是否整体都参加认证，还是选择其中必要的部分，很值得研究。至于集团申请体系认证时，可以集团公司的名义申请认证，通过认证所覆盖的产品来界定认证范围；也可以相应的分厂、分部的名义申请认证，但此分厂、分部应有证据表明它能独立地承担法律责任。这两种申请方式，在部分质量活动的控制思路上和认证审核的检查范围上可能存在差异，比如：很多集团公司的分承包方评定工作由总部负责，若以集团公司名义申请认证，则分承包方评定活动作为采购要素一部分接受认证审核；若以分厂、分部名义申请认证时，分承包方评定的工作成为一项由分厂、分部承包出去的服务来处理。

另外，多数冶金企业的生产都属于没有设计和开发过程。除个别企业贯彻实施 ISO 9001 外，大多数企业应执行 ISO 9002，现在有些企业打算用实施 ISO 9004，来保证 ISO 9002 的认证，严格来说也不一定合适。过多或过高的承诺，也对企业不利。还是应以用户的要求为目标，以企业的实际需要为依据，来恰当地设计和选择标准。

四、正确理解 ISO 9000—1 和 ISO 9000—2 与 ISO 9004—1 的关系

ISO 9000 族标准适用于四种情况：（1）质量管理指南；（2）合同情况，在第一方和第二方之间；（3）第二方认定或注册；（4）第三方认证或注册。一个供方往往同时处于上述各种情况。供方可按两种方式中的一种选择使用 ISO 9000 族，这两种方式可分别称为“管理者推动”和“受益者推动”。在任一情况下，供方首先应研究 ISO 9000—1 标准—ISO 9000 族的路线图，以便理解基本概念和 ISO 9000 族中适用的标准类型。

在管理者推动时，供方自己的管理应积极开展这一工作，对正在出现的市场需要和趋势做出预测。在这种情况下，首先要使用 ISO 9004—1 为建立一个质量体系所需要的质量管理提供指导，以便提高供方的质量成就。此后，在任何顾客要求之前作为一种预备措施，应尽可能获取认证，供方能使用 ISO 9001、ISO 9002 或 ISO 9003 中某一适用的要求标准，作为质量保证模式以证实质量体系的适宜性。在受益者推动时，供方首先要根据顾客或其他受益者提出的直接要求，实施一个质量体系。首先要使用 ISO 9000—2 为建立一个质量体系所需的质量保证提供指导，这在实施的初期特别有用。所选择的质量体系要符合 ISO 9001、ISO 9002 或 ISO 9003 中某一适用标准的要求。在这种情况下，供方管理者必须起到明显的领导作用，但是其工作要受到外部受益者的推动。通常供方会发现产品质量、成本和内部在此同时或在此以后，供方还会开展质量管理工作以获得进一步的改进，并以所选择的质量保证模式作为核心结构，建立更加全面的质量

体系。

在管理者推动方式中所实施质量体系通常要比受益者推动方式中所实施的质量体系更加全面和更富有成效。但是我们从上述中可以看出，ISO 9001、ISO 9002 和 ISO 9003 是 ISO 9004 的预备措施，也是建立更加全面的质量体系的核心结构。一般是先建立 ISO 9002、ISO 9002 或 ISO 9003，然后再建立 ISO 9004。

五、文件化质量体系的建立和实施是关键

在申请质量体系认证时，质量体系文件化是至关重要的问题。例如，如何编写质量手册，如何清理程序文件，如何形成和保存记录，如何进行内部审核等，很多企业都下了许多功夫。武钢提出的“遵循五项原则，处理五个关系，认真编好质量体系文件”的经验，对冶金企业很有参考价值。一般来说，企业的质量体系是客观存在的，关键是是否符合 ISO 9000 标准的要求。在文件化时，首先应将已有的质量体系文件与 ISO 9000 标准进行对比，来找差距和问题，修改质量手册和程序文件。对于一个程序文件比较完整的企业来说，应先清理程序文件，后编写质量手册；然后展开成为程序文件，也是可行的。

武钢在质量体系运行中通过自我审核，自我评估和自我改善搞好三项活动，即验证质量体系文件的可行性活动、检查专业管理的实效性活动和评价质量体系运行有效活动，对于把文件化的质量体系变成有效运行的质量体系是非常有效的。其核心是怎么去写的就怎么去做，这是贯彻实施 ISO 9000 的关键。在这个问题上不容得有半点马虎或走过场。如果在认证 ISO 9000 过程中走了过场，损伤的不只是一个企业，而会影响到中国的质量体系认证的国际信誉。

六、正确地选择审核机构和认证机构

现在我国质量体系认证机构很多，另外不少国外的认证机构也争夺中国这个市场。有的企业担心国内认证机构的审核和认证国际上不承认，想找外国认证机构；有的企业迫于某种压力或影响，去找技术或业务范围都还不大对口的认证机构，这对企业是很不利的。首先，应当明确外国和中国的认证机构在认证工作上具有同等效力，不存在国内机构国际不承认问题。相反地，中国参加了国际相互认可的组织，按国际指南接受国际同行审评，并实现国际间的机构互认。另外，质量审核目的是评价是否需要采取改进或纠正措施。专业不对口的认证机构怎么可能对改进质量体系发挥作用呢？对这个问题国际标准化组织在认证机构的专业范围上是有专门规定的，非对口的认证机构是否会得到顾客的满意也值得企业考虑。决定选择认证机构的原则，一是考虑认证机构的公正性和权威性；二是考虑

认证机构的业务范围对口；三是在认证过程中对质量体系的改进和提高；四是认证的费用和其他支出。认证后认证机构每年还要进行两次监督审核，如果是个外国认证机构，不仅费用高，而且语言文字的障碍也是一个很大的问题。选择业务范围不对口的认证机构，对质量体系的理解和帮助也很不利。选择认证机构时，企业应当做些比较，权衡利弊后再作出决定，对认证和认证后都很重要。

七、权衡体系认证和产品认证的利弊关系

质量认证包括质量体系认证和产品质量认证。在 ISO 9000—1 中指出，“ISO 9000 族标准把质量体系要求和产品要求区分开来。用种区分的方法，使 ISO 9000 族标准能适用于提供各种通用产品类产品的组织以及所有的产品质量特性。质量体系要求是对产品技术要求的补充”。质量体系所覆盖的是产品，而产品质量认证是针对某一个具体的产品。中国的质量体系认证是按国际指南，我国方圆标志认证在国标上没有得到互证，所以除非顾客指定要求某种产品质量认证，例如 AIP、ASME 或劳氏船级社的标志认证以及某些强制性认证，一般来说，企业应先进行质量体系认证。产品质量认证也要求对质量体系进行审核，但是涉及的范围比较小。质量体系认证后，在产品认证时应当承认质量体系认证的结果。但是方圆标志认证后在质量体系认证时仍然需要审核质量体系，这不仅因为产品认证时的质量体系审核的范围是针对某个具体产品的，而且在方圆标志认证机构以外的质量体系认证机构也不一定承认产品质量认证是质量体系审核的结果，所以企业在选择质量体系认证或产品质量认证时要很好地衡量利弊得失再做出决定。

八、ISO 9000 认证制度出现的问题和焦虑

如同其他事物一样，ISO 9000 认证制度在运行中出现了令人担心和焦虑的问题。问题出现在两个方面，一方面是在被认证方，即供方。某些方只把 ISO 9000 作为走向国际市场的通行证，而没有或真正在质量保证体系上下工夫。更没有注意 ISO 9000 标准主要是为了满足顾客质量要求，向顾客提供质量保证，而且经常防止出现不合格，并且采取纠正和预防措施。另一方面是在认证方，即认证机构。某些认证机构的商业行为正在减轻认证的分量和认证制度的权威。不少认证机构的素质和水平令人担忧，不仅没有专业人员，而且缺乏审核方面的培训和技能。有的国际上很有权威的专家指出，如果认证机构看不到这种危险的存在，并继续采取他们那种傲慢行为，那么他们将会看到第三方认证的信誉将会下降，直至导致它的崩溃。一旦这种事情发生，要想重新建立目前这种形势的认证制度，就将是几代人的事情了。这就要企业对 ISO 9000 标准有正确的认识，在实施质

量体系时讲究实效，不走过场；在选择认证机构时要从能帮助改进质量体系和提高顾客信心角度出发，做出正确判断。

九、质量管理的理论和实践在不断地发展

从统计质量控制到全面质量管理，质量管理的理论和实践有了很大的发展。但是，科学技术和经济的发展，传统的质量管理受到了严峻的挑战。在市场竞争中，质量和成本是决定性的因素。但是，成本有一整套的现代化的管理制度，包括现代化的会计制度，有规范化的管理办法和报表，有统一的统计指标和对比，有认可有教育专业的职称，而质量却没有这一套。质量效益很难算出来，ISO 9000 使质量管理向规范化前进了一大步，但是仍然达不到成本管理的程度。著名质量管理专家朱兰预计，在 21 世纪质量不仅要立法，而且将成为国家和决策人关注的重大问题。质量管理将会像财务管理一样，具有国际统一的制度和指标报表，在质量和成本之间将形成一种相互关系。质量将同成本和效益一样，成为衡量企业好坏的定量的依据。学校将进行质量教育，并设有质量专业和学位。企业建立质量管理机构，并设有质量职位和职称。将来不是任何人都可以从事质量管理工作，它像会计和律师一样，要有资格认可和工作任命。质量管理工作在企业里如同成本一样，受到老板的重视和关心。为了达到这一点，质量管理还需要从理论和实践上进一步发展，例如同市场营销结合，同技术创新结合，同环境保护结合，同危机管理结合，同创造活动结合等。

总之，质量是人类永恒的主题，是建立现代企业制度必不可少的。在市场经济条件下质量正成为企业生存发展的主要因素，特别是在实现两个根本转变的形势下，质量和质量管理正在走向它本应属于自己的位置。ISO 9000 只是这漫长路程的一个新起点，我们从事质量工作应当珍惜这个机会，起好步，开好头，让质量管理在实现两个根本转变中发挥重要作用。

粉末冶金工业和 ISO 9000 系列标准*

一、全球性的“ISO 9000 现象”

当今世界上出现了一股“ISO 9000 热”，也称为“ISO 9000 现象”。什么是“ISO 9000 现象”？为什么会出现“ISO 9000 现象”？要回答这个问题还得从关贸总协定说起。

关贸总协定在“东京回合”的谈判中，关于消除贸易中非关税壁垒问题是主要的议题。谈判后形成的“贸易技术壁垒协议”中就涉及消除由于技术条件、标准和质量认证而形成的国际贸易障碍问题。在“乌拉圭回合”谈判中，进一步完善“贸易技术壁垒协议”，并将质量认证扩展为合格评定程序，即参加关贸总协定的各缔约国应保证其政府所实施的合格评定程序符合国际指南。各国的合格评定程序不仅适用于本国产品，也适用于进口产品，并向各缔约国及时通报和提供合格评定程序，得到相互承认，以便减少和消除由此而形成的贸易技术壁垒。

根据关贸总协定“贸易技术壁垒协议”的要求，国际标准化组织（ISO）先后制定一系列关于合格评定程序的国际指南，其中包括产品质量认证和质量体系认证。ISO 9000 就是国际标准化组织在 1987 年 3 月发布的《质量管理和质量保证》系列标准，它是对质量体系认证合格评定程序的国际指南之一。1994 年版本已经颁布实施。

目前，世界上已有近百个国家等效或等同采用这一系列标准作为国家标准。我国在 1988 年等效采用后，又于 1992 年等同采用，并颁布了我国的 GB/T 19000－ISO 9000《质量管理和质量保证》系列标准，并且在 1995 年推出了等同于 1994 年版本的新标准。

采用 ISO 9000 系列标准，可以使我国的质量认证，以国际指南为基础，有利于同国际接轨，保证第三方认证机构的公正性，并可以实现国际相互承认。实施这一标准并得到认证注册，不仅标志一个企业可以满足用户规定的要求、提供符合标准的质量，而且有利于提高企业的竞争能力，走向国际市场。前一个时

---

* 原载于《粉末冶金工业》1996 年第 6 卷第 4 期。

期，欧洲曾经流传一种说法：从1994年开始，未得到ISO 9000认证的产品不能进入欧洲共同市场。于是许多国家都纷纷推行ISO 9000系列标准，开展质量体系认证工作，形成了全球性的“ISO 9000热”，即“ISO 9000现象”。粉末冶金产品也要面向国内和国际两个市场，所以也必须在质量管理和质量保证上，采取同国际市场一致的模式，同国际接轨。

二、产品认证和体系认证

质量认证是国际上通用的合格评定方式，按被认证的对象分为产品认证和体系认证。

产品认证的目的是为了取得认证标志和用户信任。认证的条件是产品质量符合规定的产品标准的要求，而且质量体系也符合指定的质量保证标准的要求。认证的主体是第三方公正的认证机构。认证合格后，由认证机构发给产品质量认证证书和认证标志。我国实施的产品质量认证标志是方圆标志，也叫合格标志。除有国家有关法规要求的强制认证（例如安全认证）外，产品质量认证一般为自愿认证。获得产品质量认证的产品可以使用认证标志。

体系认证的目的是为了取得认证证书和用户信任。认证的条件是质量体系符合申请的质量保证标准要求。认证的主体也是第三方公正的认证机构。认证合格后，由认证机构发给认证证书和认证标记，但这种标记目前规定不能用于产品上。体系认证也是自愿认证。

产品认证时，除了对产品进行型式试验外，还需对质量体系进行审核；而体系认证则只是对质量体系进行审核。质量认证既有利于取得需方的信任和选择，也有利于供方减轻来自需方的检查负担，是国际上通行的合格评定程序。

产品认证和体系认证都是自愿性质的，但认证后则实行强制管理。

粉末冶金产品既可以申请产品认证，也可以申请体系认证。对于品种单一的企业，最好选择产品认证；对于多品种，小批量的企业，适合选择体系认证。

三、质量体系认证的特点和作用

质量体系是一个企业为实施质量管理的组织结构、职责、程序、过程和资源的总和。任何一个企业在客观上都存在着质量体系。一个企业只能建立一个质量体系，它既是企业自身的需要，也是用户的需要。企业建立什么样的质量体系主要取决于用户的要求，用户可根据不同的产品选择不同的质量体系保证模式。

质量体系认证就是审核质量体系是否符合规定标准的要求。质量体系认证的对象就是质量体系，也叫做质量保证体系或质量保证能力。质量体系认证的依据是 GB/T 19000 - ISO 9000《质量管理和质量保证》系列标准，具体选择其中哪个标准主要取决于用户要求。鉴定质量体系是否符合上述某个标准的要求的活动和方法叫作质量体系审核，质量体系审核分为外部质量体系审核和内部质量体系审核，外部质量体系审核是由第三方公正机构进行的。质量体系认证的证明方式是质量体系认证证书和标记。

质量体系认证的作用主要是有利于企业向用户提供质量保证能力的证明，增强用户对质量体系保证能力的信赖，也有助于提高企业的质量信誉和竞争能力。质量体系认证还可以减少对企业来自各方面的重复检查的负担。由于这种质量体系认证是按国际惯例进行的，也有助于企业进入国际市场，参与国际竞争。由于我国的质量体系认证制度是由国家技术监督局和国家进出口商品检验局分别领导，由中国质量体系认证机构国家认可委员会和中国进出口商品企业（ISO 9000）工作委员会分别认可，并在国际标准化组织的协调下国际间相互承认的，所以我国的质量体系认证是符合关贸总协定有关合格评定的原则和国际标准化组织的国际指南规定的。因此，在国内、国际都是有效的。

粉末冶金企业申请质量体系认证可以选择有流程性材料或机械零件专业的认证机构，例如冶金工业质量体系认证中心或冶金质量评审中心。

四、ISO 9000 的组成和选择

ISO 9000 是一个系列标准，它包括 16 个标准，其中比较主要的有 6 个：

（1）GB/T 6583 - ISO 8402 质量管理和质量保证术语。

（2）GB/T 19000.1 - ISO 9000—1 质量管理和质量保证标准　第一部分：选择和使用指南。

（3）GB/T 19001 - ISO 9001 质量体系——设计/开发、生产、安装和服务的质量保证模式。

（4）GB/T 19002 - ISO 9002 质量体系——生产、安装和服务的质量保证模式。

（5）GB/T 19003 - ISO 9003 质量体系——最终检验和试验质量保证模式。

（6）GB/T 19004.1 - ISO 9004—1 质量管理和质量体系要素　第一部分：指南。

其中，GB/T 19000.1 - ISO 9000—1 是一个指导性标准，指导标准的选择和使用。

GB/T 19001 - ISO 9001、GB/T 19002 - ISO 9002 和 GB/T 9003 - ISO 9003 是用于合同环境或第三方认证时可供选择的 3 种质量保证标准模式。

GB/T 19004.1 - ISO 9004—1 是一个基础性标准，阐述质量体系的建立和

运行。

根据用户对供方所要求的质量保证能力，产品的重要性和复杂性以及风险和费用等因素来选择某一个标准。

对粉末冶金企业来说，多数都选择 GB/T 19002 - ISO 9002，因为粉末制品基础上是具有固定标准和大批量生产的，即使有时用户提出一些新产品，也可以在质量计划中加以解决；但是需要建立设计/开发时，则应选择 GB/T 19001 - ISO 9001。

上述 3 种质量保证模式，虽然属于推荐性的标准，但都是用强制性语言写成的。一经在合同上采用或在认证中选用，就必须强制执行。在合同环境下，经供需双方协商，对标准可以进行剪裁或删减，但用于认证时是不能剪裁和删减的。实施 GB/T 19000 - ISO 9000 系列标准并不是使所有企业的质量体系变成一个模式，而是为企业根据市场情况、产品类型、生产特点和用户要求等提供可供选择的质量保证模式。

五、建立文件化的质量体系

在实施 ISO 9000 系列标准时，一个十分重要的任务就是建立文件化的质量体系，所谓文件化的质量体系就是将标准中规定的内容或者说是企业运行的质量体系用文件形式加以描述，使企业的质量活动有法可依，有章可循。用一句简单的话来表示，文件化的质量体系就是把应当做的都写下来；按照写下来的去做；把做的都如实地记录下来。

文件化的质量体系主要包括 3 个方面的内容：(1) 编制质量体系文件；(2) 配备必要的资源；(3) 贯彻质量体系文件。

质量体系文件包括质量手册、程序性文件、操作性文件和质量记录。

质量手册是最高层次的、通用性的文件，在质量手册中主要有企业的质量方针和质量目标；企业管理者、质量验证人员和与质量活动有关的人员的职责和权限；质量体系要素及其运行的程序描述；手册的评审、修改和控制。

程序性文件是质量手册的支撑性文件，它主要是规定开展某项质量活动的目的和范围，也就是阐述 5W1H 的问题，所有这些都必须符合质量手册的要求 (5W1H 是指 What、When、Where、Who、Why 和 How，意思是做什么、何时做、在何处做、由谁去做、为什么做和如何做)。

操作性文件是程序性文件的支撑性文件，它主要是规定进行某项程序活动的操作细节，包括操作规程和作业指导书等。

质量记录是完成质量活动和程序的客观证据，它不仅记载程序过程，也记载活动结果，是防止不合格与采取纠正措施的依据，有利于产品的标识和可追溯性。质量体系文件之间必须协调一致。

在企业编制质量文件时，应首先明确标准的规定要求，清理现有的程序文件，对照标准要求找出差距。综合程序文件编制质量手册，根据质量手册修改和补充程序文件，贯彻和执行质量体系文件。这些是实施 ISO 9000 系列标准必不可少的重要工作内容。

六、如何申请质量体系认证

一个企业在选定质量保证标准，建立文件化的质量体系并运行有效后，可向经国家认可的质量体系认证机构申请质量体系认证。根据我国质量体系认证的有关规定，申请质量体系认证的企业必须持有有关登记注册证明，并已按 GB/T 19000 - ISO 9000 系列标准建立了文件化的质量体系。申请的企业应按规定向质量体系认证机构提出书面申请，并提交有关的文件资料。在质量体系认证机构受理申请时，相互签订合同。

企业在申请质量体系认证时，必须有完整的质量体系文件，并运行 3 个月以上；文件控制符合标准要求；实际行动与书面文件或非书面承诺一致；质量体系运行有效，并有可以追溯的记录。一般质量体系认证机构在受理申请后将及时地组织审核组进行质量体系审核。被审核的企业应按审核组的审核计划接受审核，提供工作方便和必要证据。质量体系认证机构在审核合格后将批准认证、颁发证书和登记注册。在获准认证后应按规定按期交纳认证费用，接受质量体系认证机构的监督管理。

当企业的认证标准变更、认证范围变更或者认证证书持有者变更时，应按照有关规定重新申请换证。企业申请质量体系认证应遵循自愿原则，并有权选择认证机构。粉末冶金企业在选择认证机构时，应尽可能地选择对粉末冶金产品及工艺技术比较熟悉的机构，在接受审核和监督时比较方便，在经费开支上比较合算，并不一定非要外国的认证机构认证不可。

七、获准体系认证后的监督管理

一个企业经过申请和审核，取得了某一质量体系认证机构的认证，说明这个企业的质量体系符合 ISO 9000 系列标准中某一个标准的要求，并不意味着质量管理和质量保证已经完美无缺，从此就可万事大吉了。相反，它是一个新的起点，并须接受认证机构的监督管理。

首先，企业应继续保持质量体系运行的有效性，并接受认证机构监督（每年不少于一次）。其次，当质量体系变更、质量体系达不到规定要求、证书或标志使用不当和违反认证规则，将被暂停使用证书和标志。严重的或指出不改正者，将被撤销证书和标志，1 年以后方可重新提出体系认证申请。

获准体系认证的企业应不断地按规定标准的要求，使质量体系有效运行，并通过管理评审、内部质量审核和有关活动，提高产品质量和服务质量，继续取得用户和认证机构的信任，保持良好的信誉和市场竞争能力。

目前粉末冶金行业也在贯彻实施 ISO 9000 系列标准，有的企业已经由经理正式颁布了质量手册，有的正在编制质量手册，但大多数企业还处于学习和理解阶段，也有相当一部分企业对 ISO 9000 不甚了解。面对这样一个现状，应使组织培训和筹备认证同时开展起来，把普及提高结合起来，特别是培养一批明白人（包括企业内部审核员），使贯彻实施 ISO 9000 系列标准的工作能得以健康地发展。

八、ISO 9000 和 TQC 的关系

我国推广实施全面质量管理（TQC）已有 10 多年历史，粉末冶金行业也不同程度地取得好的效果，现在又在全国贯彻实施 ISO 9000 系列标准，并开展质量体系认证工作。那么，ISO 9000 和 TQC 到底有什么关系呢?

ISO 9000 系列标准和全面质量管理的理论和原则基本上是一致的，方法也是互相兼容的。两者都强调产品质量是在生产产品的全过程形成的，所以对质量体系中诸要素都应进行控制。两者都把人、机、料、法、环看成是一个整体系统，并按 5W1H 有程序地进行管理和控制。两者都提倡领导带头和职工群体参与，技术进步和科学管理两个轮子一起转，不断提高产品质量和服务质量。

但是，两者也有某些差别。ISO 9000 比较强调法规制度的作用，而 TQC 比较强调职工的自主性管理；ISO 9000 是自上往下贯彻，而 TQC 是自下往上实施；ISO 9000 比较侧重质量保证，而 TQC 比较侧重质量管理；ISO 9000 比较突出文件化，而 TQC 比较突出小组活动。尽管如此，两者并不矛盾，并不相悖；相反地，两者是相辅相成的。贯彻实施 ISO 9000 并不等于废弃 TQC，推广实施 TQC 更有助于深入执行 ISO 9000。

粉末冶金企业在采用 TQC 以后再贯彻实施 ISO 9000 系列标准，一定会在产品质量依靠技术条件或标准的基础上，建立健全文件化的质量体系，向用户提供更加可靠的保证，在国内国际市场竞争中立于不败之地。

ISO 9000 与 QC 小组活动*

ISO 9000 没有对 QC 小组活动提任何要求，那么是不是在贯彻实施 ISO 9000 系列标准时，QC 小组就没有作用了呢？其实不然，在贯彻实施 ISO 9000 系列标准过程中，QC 小组仍然能发挥重要的作用。

一、ISO 9000 系列标准与全面质量管理是相容的

ISO 9000 系列标准是以标准为中心的质量管理。它强调企业领导人对企业的经营要有质量方针，要对顾客和社会表明质量承诺，要有质量追求。对于现代化的企业强调职责分工明确，互相接口清楚，并且具有足够的质量活动资源。企业要根据标准构筑的质量体系和形成的书面规定进行所有质量活动，包括从合同签定到产品交付，必须按符合标准的书面规定去实施和运行，并有记录证实。这样能使顾客对企业提供的产品或服务具有信心，是向顾客提供质量保证的一种有效途径，在全球范围内已推开，并且以认证来表示企业质量保证能力。

全面质量管理是以人为中心的质量管理。它强调对企业领导和职工进行培训，使他们认识到质量的重要性，从而对工作认真负责，努力提高产品质量和服务质量。全面质量管理也重视方针管理和职能分配，也强调 5W1H，特别是更强调如何去做。全面质量管理始于教育，终于教育，鼓励开展 QC 小组活动，努力改进质量。全面质量管理提倡推行质量管理奖，并以此来体现企业质量管理的水平和成绩。

从质量角度来看，ISO 9000 主要是依靠防止出现不合格的产品，向顾客提供符合要求的产品，取得顾客的信任。而全面质量管理是从产品的市场调研开始，注意产品开发和设计，生产顾客满意的产品，满足顾客长远的要求。从过程来看，ISO 9000 以质量体要素来确定质量活动，重视文件化和质量审核，活动的效果取决于贯标企业的实施水平。全面质量管理首先设定最佳的过程，追求质量、成本效益和交货期，对不充分的环节进行改进，活动的效果取决于职工素质和培训程度。从质量保证的成熟程度来看，全面质量管理比 ISO 9000 更强一些。

但是，两者并不相悖。质量管理的核心是质量体系，而质量体系是由质量控

---

* 原载于《冶金标准化与质量》1996 年第 6 期。

制和质量保证组成的，全面质量管理覆盖了质量管理的整体，而 ISO 9000 只是覆盖了其中的一部分。实施 ISO 9000 是市场驱动的，而推行全面质量是管理者驱动的，两者是相辅相成的。全面质量管理搞得好的企业，在取得 ISO 9000 认证时比较容易，取得了 ISO 9000 认证对继续推行全面质量管理也有帮助。由此可见，贯彻实施 ISO 9000 也不能丢掉 QC 小组活动，相反地，QC 小组活动对贯彻实施 ISO 9000 也会有帮助。武钢和宝钢就是很好的例子。

二、QC 小组对 ISO 9000 标准是有用的

虽然在 ISO 9000 中没有提到 QC 小组的问题，但是 QC 小组活动对质量体系的建立和保持有重要作用。我们知道，QC 小组是在同一工作现场自主开展质量管理活动的小组，它强调发挥人的积极性，重视教育培训，鼓励全员参加，应用 QC 手法，不断进行改进，为提高产品质量和服务质量作出贡献。QC 小组的活动从选择题目，设定目标，编制计划，分析原因，提出对策，验证效果到管理标准化，这些程序对 ISO 9000 中不合格控制和纠正与预防措施显然是可以适用的。在贯彻实施 ISO 9000 系列标准过程中，强调应用统计技术来监控过程参数和评价产品特性，QC 小组活动中采用的统计方法，包括直方图、排列图、散布图、管理图和时间序列分析等对 ISO 9000 中的 4. 20“统计技术”有帮助。至于 QC 程序的四个阶段和八个步骤对于制定程序文件和作业文件也是有用的。这并不是说在贯彻 ISO 9000 系列标准时，要对顾客或认证机构承诺 QC 小组在质量体系中的责任和义务。但是正确认识和对待 QC 小组在贯彻实施 ISO 9000 系列标准中的作用，对巩固 QC 小组成绩和完善质量体系具有重要意义。我们不能因为贯彻 ISO 9000 系列标准而丢掉 QC 小组活动，有效的 QC 小组活动和贯彻实施 ISO 9000 系列标准并不矛盾，积极持续地开展 QC 小组活动将会对 ISO 9000 质量体系的建立和运行起到保证作用。

三、全面质量管理的发展要求改革 QC 小组活动

全面质量管理对企业的经营发展起着重要作用。不仅在日本，在全世界范围内也有相当的影响，特别是在东南亚地区普遍推行，我国从 1980 年开始也在全国推行，十几年来取得了明显成效，但是全面质量管理也有其局限性，例如全面质量管理是以加强质量管理来保证向顾客提供满意的产品或服务，而不是根据市场或顾客要求来建立和完善质量体系，缺乏主动性。全面质量管理重视质量改进和稳定，但是对质量创新和发展不够，缺乏进攻性。全面质量管理偏重质量，对成本和效益重视不够。不少企业领导体会不到质量效益在什么地方。在这种情况

下，QC 小组的活动也有同样的问题，随着市场经济和科学技术的发展，顾客对产品和服务的要求越来越高，企业不仅要满足市场的显在要求，而且还应考虑顾客的潜在要求，在质量改进的基础上追求质量创新。在提高质量的同时，降低成本和提高效益。QC 小组活动也要拓宽范围，更新观念，改进方法。包括选题内容要适应市场需要和质量创新，小组成员要有不同岗位的人参加，活动目标要有创新和发展，使用的方法要管理和技术相结合。过去曾经有一种说法，QC 小组活动重在参与，不太注意效果。今后的 QC 小组活动恐怕要讲究实效，要能对提高质量或降低成本产生作用，否则企业领导为什么要支持 QC 小组活动呢？

最近，有人形象地提出 TQC 应当是 T（Time）交付时间，Q（Quality）质量和 C（Cost）成本，这意思是说，全面质量管理不仅要注重质量，也要考虑交付时间和生产成本。这就给 QC 小组提出了新问题和新任务，QC 小组也面临改革和发展的新课题。

四、QC 小组应为贯彻实施 ISO 9000 作出贡献

在市场经济发展过程中，顾客始终是企业的上帝。不断满足顾客显在的和潜在的要求，是企业追求的质量目标，QC 小组应为这一目标作出具体的贡献。第一，在编制质量文件时，特别是在编制作业文件时，QC 小组应将多年来符合标准要求的作业程序纳入进去，使作业文件对质量保证发挥作用。第二，在执行质量体系文件时，QC 小组不仅应当研究如何去做，而且还有应当提供验证，做好记录。第三，质量体系的运行可以有效地防止不合格品的发生。一旦发现了不合格，一定立即采取纠正措施。QC 小组活动对提出纠正措施可以起到基础作用，特别是在采取预防措施方面更能起到群策群力的作用。只有把 QC 小组的作用发挥出来，质量体系的活动才能落实到实处。第四，QC 小组在组织教育培训方面也能发挥干什么学什么的作用，特别是一些特殊的岗位或工种，通过 QC 小组活动可以不断提高能力和水平，强化质量保证能力。

贯彻实施 ISO 9000 必须加强基础工作，否则就会说一套，做一套，两层皮。依靠 QC 小组活动对落实质量活动按计划进行和保证质量体有效性起着基础作用，所以在贯彻实施 ISO 9000 时不但不能放弃 QC 小组活动，相反地，应加强 QC 活动来提供保证。ISO 9000 提出受益者概念，其中包括职工也是受益者。以职工的满意去赢得顾客的满意也是 ISO 9000 的追求目标。QC 小组活动能提高职工的积极性和创造性，发挥职工的作用，显然对提高产品质量和服务质量有积极意义。ISO 9000 不仅不排斥 QC 小组，相反地应鼓励和强化 QC 小组的活动。

市场经济体制下的标准化和质量管理工作*

最近有机会去德国和日本进行了一次考察，了解在市场经济体制下产品的标准化和质量管理问题，得到了一些启发，把其中一部分整理出来，提供给有关同志在工作中参考。有不对之处，欢迎批评指正。

一、市场经济要求有不同层次和不同功能的标准

德国和日本是市场经济比较发达的国家，也是钢铁工业比较先进的国家，他们的产品不仅供应国内，而且出口国外，参与国际市场的竞争。对这些国家的钢铁企业来说，国际标准是用于参加国际竞争的基本技术规范，国家标准是在国内市场用于供求双方签订合同的基本技术条件，但是不管是国际标准还是国家标准，只是最基本的、最通用的技术条件。不可能满足各方面顾客的具体使用要求，因此必须在签订合同时，根据顾客的具体要求进行必要的补充。新日铁的专家认为，企业的标准化工作就是国家标准或国际标准 + α，这个 α 就是针对不同顾客的具体要求，企业制定的产品标准或补充的技术条件。但是不同的顾客，不同的企业，制定的标准过多，对于供需双方的管理都很麻烦，于是行业协会出面制定了一些行业标准，简化了供需双方的管理程序，例如日本铁钢联盟在协调供需双方的技术条件的基础上，制定了汽车用钢板的行业标准，受到了顾客和企业的好评。用一句简单的话来说，国家的标准起着基础的作用，行业标准起着协调的作用，企业标准起着保证的作用，市场经济体制要求有不同层次和不同功能的标准体系，国际标准、国家标准、行业标准和企业标准具有不同的功能和作用，并不意味着级别的差异和水平的高低，强制实行国家标准或采用国际标准都不符合市场经济发展要求。

二、企业的标准化工作的重点是满足顾客要求

我们看到德国和日本的钢铁企业为了满足顾客要求，不仅制定了符合顾客要求的企业标准，而且还建立了满足这些标准的技术规程和管理体系。不同的产品

---

* 原载于《冶金标准化与质量》1996 年第 9 期。

具有不同的质量计划，在这些质量计划中包括生产工序的控制，过程参数的监控，产品质量的检查和设备与人员的认可等。企业的标准化不是、也不仅仅是制定某个产品的标准，而是标准 + 技术 + 管理的总和。

我国钢铁企业多数将标准工作和质量管理分离，质量管理和质量保证分家，质量监督和技术工艺脱节，这种管理体制是计划经济的产物，是对标准化不正确或不完善的理解所造成的。一般来说，国外不采用“质量监督”这个词，而特别强调互相保证，把产品标准和质量措施密切结合在一起，负责质量标准的职能机构叫作品质保证部，他们的工作有 5 个方面：（1）建立符合 ISO 9000 标准和国家法规要求的质量体系；（2）向企业管理者和顾客提供质量保证，包括建立标准和进行检验；（3）实行有效的质量管理，包括 TQM、QFD 和 SPC 等；（4）建立企业内部生产活动的共同准则（包括作业程序和管理规范）；（5）参与国际标准化活动，使企业适应国际市场的竞争。企业的标准化工作包括标准管理和质量保证，重点是规范满足顾客要求的技术措施和管理活动。

三、行业标准化的作用在于协调供求关系

日本钢铁工业的主要用户之一是汽车工业。由于竞争的需要，各汽车厂家制定了具有各自要求特点的产品标准，各钢铁企业也为了适应用户的要求制定了具有各自特点的产品标准，仅汽车用钢板就有 660 多个，这对钢铁企业的生产管理和用户的应用管理都带来了很多麻烦，双方都要求简化。日本铁钢联盟认为市场经济既要讲竞争，又要讲协调，于是便组织钢铁企业和汽车厂商共同协商起草了铁钢联盟的标准，也就是钢铁行业的标准，起到了调解作用，这对双方都有好处。日本铁钢联盟在原材料、分析方法、钢材和汽车钢板等几个方面组织企业和顾客以及学术界共同制定行业标准，发挥行业的协调作用，受到企业和顾客的欢迎。

我国现在引进的汽车车型很多，不同国家有不同的标准，甚至同一国家也有不同的标准，在汽车国产化的过程中标准过多，会给生产和使用都带来不便。在石油、化工和工程机械等方面也存在类似现象，加强行业标准化工作，会起到重要的协调作用。否则各用户直接提出按国外标准订货，钢铁企业的生产组织将会遇到很多麻烦，行业标准化的重点在于协调其中的供求关系。制定既符合顾客要求又方便订货和生产的标准，应是今后行业标准化的重要任务之一。

四、采用国际标准也要有明确的指导思想

采用国际标准曾经是我国的一项重要的政策，但是为什么要采用国际标准，

指导思想未必明确，也未必正确。未用国际标准主要是为了进入国际市场，参与国际竞争，不是为了说明、也不可能说明采用了国标标准，我们的产品就具有了国际水平或国际先进水平。参与国际标准化活动，采用国际标准，甚至将本国标准推荐为国际标准，会对本国产品进入国际市场带来方便，但是我国把产品的质量水平用是否采用国际标准来衡量，似乎不够合理。要求国家标准一定要达到国际水平，企业标准不能低于国家标准等提法和做法，也有一定的问题。

德国、日本在技术术语、尺寸公差、检验方法和基础标准等方面应尽可能采用国际标准，但是在产品标准方面，能采用的尽量采用，不能采用的也不必勉强，否则会引起供应市场的混乱和企业生产的麻烦。他们认为作为国家标准应当尽可能地与国际标准一致，而企业标准则要根据顾客要求和市场需求来确定。

五、合同上使用什么标准由顾客来决定

德国和日本的国家标准（DIN 和 JIS）绝大多数是推荐性的，只有涉及人身安全的标准才是强制性的。如果国家某项法规规定在某种产品上必须使用国家标准中哪一个钢号，那么这时标准才具有强制性，除此之外，国家标准绝大部分都是推荐性的。推荐性标准的意思是说顾客可以在国家标准之外，提出符合使用要求的某条件，而意味着企业可以低于国家标准水平来生产。

在合同环境下供需双方使用什么标准来签订合同，主要取决于顾客。一般来说，是以国家标准为基础，另外附加某些特殊要求（即 α）。而这些要求，有的是顾客提供的技术条件，有的是企业的产品标准或技术条件。产品是否合格也只能以此为准。

从这个意义上来讲，对企业标准进行水平评级或对企业产品进行监督抽查都是不符合市场经济体制和机制的。在德国和日本只有对非合同性产品，比如消费品等，政府或协会才可以适当组织对供方的产品进行评价，而对合同产品的评价主要靠用户。用户满意不满意主要靠企业自己去调查了解，而不是由政府去组织。

由α引起的思考
——用技术质量创新思想来改革质量标准工作*

不久前有机会到德国和日本去考察，本来是想了解市场经济条件下标准化和质量管理问题，但是经过这次考察我对工业发达国家通过技术创新来推动质量工作，有了一定的了解，受到某些启发。特别是在日本新日铁，负责技术工作的前原乡治先生在介绍企业接受订货签订合同时，在技术条件中注明国家标准 JIS + α，这个α引起了我对质量标准工作的一系列的思考。其中，有些经验是否也可以对我们制定质量振兴计划有参考价值。

一、α体现了标准首先应满足市场和顾客要求

市场经济比较发达的国家，特别是钢铁工业比较先进的国家，他们的产品不仅供应国内，而且出口国外，参与国际市场的竞争。对于任何一个以市场经济体制运行的国家，市场竞争是没有国界的。对这些国家的钢铁企业来说，国际标准是用于参加国家竞争的基本技术规范，国家标准是在国内市场用于供求双方签订合同的基本技术条件。但是不管国际标准还是国家标准，只是最基本的、最通用的技术条件，不可能满足各方面顾客的具体使用要求。因此为了满足顾客要求和在市场竞争中取胜，必须在签订合同时，根据顾客的具体要求进行必要的补充，即国家标准或国家标准 +α，这个α就是针对不同顾客的具体要求，企业制定的产品标准或补充的技术条件。这个α不仅反映顾客的要求，也反映企业的技术创新水平。一个企业的技术创新的水平越高，这个α的内涵就越丰富，对市场的适应性越强。我国的钢铁企业一般只能用国家标准来订货，不能适应用户千变万化的需求，归根到底是企业的生产技术和生产方式不适应。一般来说，是以国家标准为基础，另外附加某些特殊要求（即α）。而这些要求，有的是顾客提供的技术条件，有的是企业的产品标准或技术条件。产品是否合格也只能以此为准。目前我国钢铁企业中α太少了，其实反映了企业的产品市场适应能力差，工艺技术支持能力差和市场营销能力差，一句话概括就是技术创新能力差。

---

* 原载于《冶金标准化与质量》1997 年第 6 期和《中国冶金》1997 年第 1 期。

国家的标准只起着基础的作用，企业标准才起着保证的作用，市场经济体制要求有不同层次和不同功能的标准体系，国际标准、国家标准、行业标准和企业标准具有不同的功能和作用，并不意味着级别的差异和水平的高低，强制实行国家标准或采用国际标准都是不符合市场经济发展要求的。目前我国钢铁工业的标准仍然是计划经济的产物，虽然近两年把大部分国家标准从强制性改为推荐性，但是，标准的体系和结构并没有改变，还是适应不了市场和顾客的要求。市场和顾客需要的产品，没有相应的标准。为了适应市场和顾客的要求，企业应当首先了解和确定市场和顾客需要的产品质量，然后再开发和设计出确定的产品质量，生产出开发和设计的质量和保证产品寿命周期的使用质量。产品标准是企业满足市场和顾客对产品要求的第一步，体现企业的市场经济观念，也体现产品开发和设计是否以市场需求为第一要求的战略思想，具体来说，就是企业要有自己的α。钢铁工业要实施质量振兴计划，标准改革是一个关键的环节。

二、α是企业市场定位发展战略的产物

钢铁产品和其他产品一样，具有不同类型和不同层次的顾客，他们对产品具有不同的要求。钢铁企业则应根据自己的优势选择自己的市场定位，这个α值就是企业经过市场调查和分析，在细分市场中找到自己的市场目标后产生的。像德国蒂森公司为德国大众汽车公司提供汽车用冷轧薄板，日本的大同特殊钢公司为日产，爱知制钢为丰田提供汽车用特殊钢，都是长期的和固定的供需关系，对顾客的显在的和潜在的需求都非常清楚，所以钢铁企业提供的α，就是顾客的具体要求。这样，企业的标准化就不是、也不仅仅是制定某个产品的标准，而是标准+技术+管理的总和。在这些企业中，一旦顾客的订货和合同确定后，一系列的生产活动都是围绕着这些合同展开的。每一个合同后面有整套的标准化作业。所有的技术选择和工艺组合完全是与合同适应的。蒂森钢铁公司为满足大众汽车的要求，不仅研究开发了具有深冲性能的汽车板，还提供各种耐腐蚀和高强度的钢板，针对不同的车型，提供不同的薄板，并正在研究开发含磷钢、双相钢和低合金钢，适应汽车减重要求，正在试验不同厚度的钢板的拼焊技术和烘烤硬化技术。丰田汽车公司的原材料研究所就设在爱知制钢厂内，共同研究开发汽车用特殊钢产品。凡是对产品适用的技术，不论是如何获取的都将纳入标准化体系中。一个订货合同下达到现场时，同时下达一组代码，它是一套生产指令和检验指令，其中包括生产这一产品技术 KNOW—HOW。不同的用途，不同的要求，有不同的工艺代码，代表不同的生产技术和控制参数。而不是用同样的生产技术和生产方式对付所有的顾客。我国不少钢铁企业的标准化工作，同顾客需求是脱节的，同企业的过程控制和质量管理也是脱节的。这是计划经济的产物，是对标准

化的不正确或不完善的理解所造成的。日本和德国都特别强调互相保证，把产品标准和质量措施密切结合在一起，负责质量标准的职能机构叫作品质保证部，他们的工作有5个方面：（1）建立符合ISO 9000标准和国家法规要求的质量体系；（2）向企业管理者和顾客提供符合顾客具体要求的质量保证，包括建立标准和进行检验；（3）实行有效的质量管理，包括TQM、QFD和SPC等；（4）建立企业内部生产活动的共同准则（包括作业程序和管理规范）；（5）参与国际标准化活动，使企业适应国际市场的竞争。企业的标准化工作包括标准管理和质量保证，重点是市场和顾客需要什么就生产什么，而不是企业生产什么就向市场和顾客销售什么。满足顾客要求的技术措施和管理活动是企业的标准化（α）的主要内容。

三、α体现技术创新概念的特点

企业为了满足顾客要求，在α中规定了从市场调查到售后服务的整个过程的活动要素。例如对每一次订货都要对质量标准、销售价格、交货时间和订货数量等进行评审，彻底弄清顾客要求和验证企业能力。接受订货后要进行质量设计，必要时还将进行某些研究和开发，设计开发的结果要经过评审、验证和确认，然后才能提出采购计划。采购的对象和厂商应事先经过评价和选择，采购的物资要进行验证。生产过程要进行控制，过程和产品要进行监测。产品要进行标识并具有可追溯性，出现不合格品不仅要及时处理，而且要及时采取纠正和预防措施。所有的设备和人员要经过认可，所有贮存和运输要进行控制。重要岗位的人员要经过培训和考核，重要的工序要进行统计和分析。售后要提供安装和调试、定点维修和备品备件的服务，钢铁企业也有对用户服务的承诺。例如，大同特殊钢承诺在钢厂对齿轮钢进行机械加工性能实验，并提供实验结果。蒂森钢铁公司承诺在钢厂进行不同厚度的薄板进行拼焊试验，以减轻车身重量。所有这些控制项目都包括在α中。是不是可以认为，α中反映了企业的产品开发、技术选择、营销服务的技术创新战略；是不是可以认为，α中表现了企业的技术创新的四个阶段的缩影；是不是可以认为，α中包含了技术创新的运行机制，因为在实现α过程中组织机构是健全的，运行程序是文件化的，管理方式是物资流和信息流共同受控的。

四、行业管理的职能之一是协调α

日本钢铁工业的主要用户之一是汽车工业。由于竞争的需要，各汽车厂家制定了具有各自要求特点的产品标准，各钢铁企业也为了适应用户的要求制定了具有各自特点的产品标准，仅汽车用钢板就有660多个，这对钢铁企业的生产管理和用户的应用管理都带来了很多麻烦，双方都要求简化。日本铁钢联盟认为市场经济既要讲竞争，又要讲协调，于是便组织钢铁企业和汽车厂商共同协商起草制定了铁钢联盟的标准，也就是钢铁行业的标准，起到了调解作用，这对双方都有好处。日本铁钢联盟在原材料、分析方法、钢材和汽车钢板等几个方面组织企业和顾客以及学术界共同制定行业标准，发挥行业的协调作用，受到企业和顾客的欢迎。同时铁钢联盟还打算用3年的时间，把日本的国家标准同国际标准接轨，以增强日本企业在国际市场上的竞争能力。他们的做法是基础标准和方法标准等同采用，产品标准能等同尽量等同，不能等同的尽量等效，不能等效的保持固有的标准。所有这些协调工作也是为了国内国际市场竞争的需要。

我国现在引进的汽车车型很多，不同国家有不同的标准，甚至同一国家也有不同的标准，在汽车国产化的过程中标准过多，会给生产和使用都带来不便。在石油、化工和工程机械等方面也存在类似现象。加强行业标准化工作，会起到重要的协调作用。否则各用户直接提出按国外标准订货，钢铁企业的生产组织将会遇到很多麻烦。行业标准化的重点在于协调竞争中的供求关系。制定既符合顾客要求又方便订货和生产的标准，应是今后行业标准化的重要任务之一，不进行这种管理方式的变革，钢铁工业永远摆脱不了被动局面。

采用国际标准曾经是我国的一项重要的政策，但是为什么要采用国际标准，指导思想未必明确，也未必正确。采用国际标准主要是为了进入国际市场，参与国际竞争，不是为了说明、也不可能说明采用了国际标准，我们的产品就具有了国际水平或国际先进水平。参与国际标准化活动，采用国际标准，甚至将本国标准推荐为国际标准，会对本国产品进入国际市场带来方便，但是我国把产品的质量水平用是否采用国际标准来衡量，似乎不够合理。要求国家标准一定要达到国际水平，企业标准不能低于国家标准等提法和做法，也有一定的问题。

技术创新的理论强调生产技术和生产方式的变革，而这种变革实质上就是生产要适应市场的需求和变化。我国钢铁工业当前的困境，表现在经济效益差，实际上是对市场的应变能力差。不仅是生产成本有问题，品种质量的问题更多。这是长期计划经济所造成的，如果不像工业发达国家那样从技术创新战略来考虑问题和解决问题，是不可能彻底扭转被动局面的。我国钢铁工业在计划经济条件下的供不应求和以数量规模求效益的时代已经结束，在市场经济条件下，必须以提高质量、降低生产成本来赢得竞争优势。目前钢铁企业遇到的生产成本高和销售价格低的挑战，出现了全行业亏损的局面。这只是一个开始，估计在解决了成本的同时，质量品种的挑战也将接踵而来，质量振兴计划势在必行。而且不久，环境保护的问题将成为钢铁企业新的难题。

技术创新理论认为，一个国家、一个企业是否具有竞争能力在很大程度上取决于技术创新能力。这种技术创新能力主要表现在产品适应市场需求，技术支持竞争优势，管理保证运行程序。我国钢铁工业和钢铁企业目前正处在从计划经济向市场经济转变、从粗放经营向集约经营转变的关键时期，要想摆脱困境赢得主动，以技术创新的思路来推动质量是非常重要的。

通过系统结构优化促进钢铁质量振兴

——对制定和实施《冶金工业质量振兴实施计划》的几点意见*

1996年我国的钢产量突破1亿吨，钢产量居世界第一。这是一件很了不起的大事，不仅是我国钢铁工业发展史上一个新的里程碑，也是我国国民经济和社会发展的重大成就。对中国来说，钢产量达到1亿吨，确实是一个划时代的成就。它不仅是数量上的成就，也是质量上的成就。“大”本身也是“强”，不能把“大”和“强”截然分开。我国钢铁企业生产出来的1亿吨钢和8551万吨钢材，产销率达到9%，而且国民经济和社会发展所需钢材的8%，包括国防工业和尖端技术、能源交通和城乡建筑用的钢材都是依靠自己供给的，这本身就是“强”。我国钢铁工业的固定资产已经达到4100亿元，全世界年产钢200万吨的大型钢铁企业中，中国占1/10，改革开放以来一大批具有现代化水平的生产设备陆续投产，并发挥作用；一大批产品达到了发达国家同类产品的实物质量水平，顶替了进口，这本身也是“强”。我国钢铁行业自新中国成立以来在实物形态上为国家积累了约15亿吨钢，12亿多吨钢材，在价值形态上为国家积累了约400亿元的税，为国民经济和社会发展作出了巨大贡献，这本身也是“强”的表现。

但是，我国过去十多年的改革开放，国民经济发展太快了。工业发展速度接近20%，国内生产总值GDP的发展速度也在10%左右。在这样高速发展的形势下，对资源配置的要求是动态的，被计划经济控制多年的钢铁工业在某些环节上还不能完全适应，这是不可避免的，是发展中的问题，它需要有一个过程。国民经济和社会发展对钢铁总量和结构的需求也在不断地发展和不断地变化，不平衡是绝对的，平衡是相对的，即使是钢铁强国，也会有资源配置的不平衡问题。应当说，改革开放以来，我国钢铁工业重点解决了总量不平衡问题，在数量上变得强大了，但是随着形势的发展，在“九五”和21世纪，我国钢铁工业将在结构上向强大发展，同时钢铁工业的整体素质和效益也会有很大的提高，在增长方式上也要有较大的改变。钢产量达到1亿吨以后，品种质量问题就更加突出了，是从保证总量供给向动态优化配置转变的关键。在稳定总量供给的同时，更要适应

---

* 原载于《冶金标准化与质量》1997年第3期。

市场需求进行结构调整，以达到资源的有效配置。

目前冶金企业遇到的困难多是成本问题，但是品种质量可能是影响企业市场竞争力和对国民经济有效供给的更深层次的问题。在前一个时期，甚至今后相当长的一个时期，把降低成本放到了一个十分突出的地位，显然是十分必要的。但是，同抓成本管理相比，抓质量管理的力度就很不够。甚至个别企业出现有牺牲质量降低成本的问题。为了使我国钢铁工业变得更“强”，为了提高企业的市场竞争力和对国民经济提供优化配置的资源，品种质量必须提高到应有的地位，并注意通过系统结构优化，促进钢铁质量振兴。

一、质量振兴的关键仍然是质量意识问题

对质量的认识也有一个发展过程。在计划经济时期，质量好坏主要是是否符合标准，只要符合国家标准或行业标准，产品就算合格，就可以交给国家去分配。质量好坏对企业的经济效益和长远发展关系不大。在那个时期，行业上也鼓励企业采用国际标准，统计所谓“双标率”。在市场经济时期，质量好坏主要是是否符合用户要求，只有满足用户要求才能占领市场，才有竞争力，才有经济效益。但是习惯计划经济的经营思想和管理模式的部分企业以及这些企业的领导，仍然没有认识到质量对企业发展的重大意义，甚至认为只有产量有效益，质量没有效益，所以对质量只是表面上和口头上重视，实际上仍然只追求增产和降耗的效益。他们抓产量、降消耗有办法，但是抓质量，既没有这种要求，也没有相应的办法。不少企业把质量工作只限于质量检验和质量监督，只要符合标准，用户没有异议，就完成任务。“质量第一”在不少企业还只是一个口号，质量方针和质量目标也是空的，没有具体的措施加以保证。要想振兴质量必须从质量意识抓起。如果企业的领导没有自觉地认识到质量是关系企业的市场竞争力的主要因素之一，质量振兴就是一句空话，所以抓质量振兴，必须先抓领导的质量意识。提高质量意识，一方面要靠市场的教育，另一方面也需要政府的引导，包括利用法律、法规和典型的教育。既然全国通过学邯钢来降低成本，为什么不可以通过学习质量好的企业，来推动钢铁质量的振兴呢，是没有这样的企业，还是政府部门也存在质量意识问题，没有去发现和总结他们的经验，把质量工作放在了第二、第三或更次要的位置？在推行质量振兴计划纲要时，是不是首先应当解决一下各级干部和职工的质量意识问题呢？

二、振兴钢铁质量，必须改革产品标准体系，调整标准结构

目前多数钢铁企业对所有的用户几乎都采用清一色的国家标准或行业标准，

这是在计划时期形成的，确实为当时钢铁工业的发展和提高产品质量起了重要的作用。但是，显然这种标准体系和结构是不可能满足市场经济条件下用户的特定要求的。为了满足用户千差万别的要求，企业必须制定和形成相适应的企业标准供用户选择和使用。不同的标准不仅标志着产品质量指标的不同，更重要的是这些标准要求有不同的技术措施和管理程序。即在订货合同上执行的国家标准和行业标准之外附加一些用户需要的技术条件。企业的产品标准越多，表明企业的产品开发、市场竞争力和满足用户要求的能力越强。国家标准和行业标准应重点解决统一和互换问题，而企业标准才是满足用户具体要求的依据。过去把国际标准采用到国家标准和行业标准中来，并且规定必须达到国际先进水平和一般水平，而企业标准又不能低于国家标准和行业标准，这就把企业标准推到了一个行政命令的高度。一个时期，某些企业执行不了国际先进水平或一般水平的国家标准和行业标准，于是便制定具有“国际先进水平”或“一般水平”的企业标准，用以提高企业的“双标率”，达到企业升级的目的。其实用户使用的是产品的质量，而不是产品标准，标准水平再高，实物质量不好，用户仍然不满意。在市场经济条件下，用户需要的钢材也是多种多样的，不是只靠国家标准或行业标准就能解决的，必须有相应的企业标准来满足不同用户的各种不同的要求。国家标准、行业标准和企业标准之间不存在哪个水平高，哪个水平低的问题，不同层次的标准，具有不同的功能，解决不同的需要，起着不同的作用。为了振兴钢铁质量，应当号召企业根据用户需要和企业能力，制定企业标准，体现企业之间质量的竞争，技术的竞争和管理的竞争。在这个问题上统一认识是不容易的。

三、不断地调整技术结构，使企业具有能满足用户对产品需求的固有技术

有一种学术观点认为，产品质量主要依靠企业的固定技术，管理只是一个小于或等于 1 的系数。管理只能在固定技术潜力内发挥作用，不可能超过固定技术范围。因此，企业的固定技术是影响产品质量的关键。不同的产品，应配备不同的技术和装备，在技术选择和获取上要有针对性。

改革开放以来，我国已经引进了不少先进的设备，例如高速线材轧机已经有 20 多套，但是能生产高质量硬线的寥寥无几。例如没有配套的炼钢和精炼技术，缺乏钢坯修磨设备；中板轧机台数也不少，但是也是炼钢、精炼和后步工序不配套，能生产优质船板的也比较少，其他短线产品也有类似现象。关键是没有针对具体产品进行技术结构和设备结构的调整，也没有相应的技术措施和管理程序。企业的固有技术应是针对具体产品依靠技术进步，进行结构系统优化的设备和技术的总和。要想把质量搞上去，企业必须有自己的固有技术和相关的设备，并把

技术和设备的优化作为质量振兴的重要内容。行业上也应尽量避免不提和少提不符合实际的口号，盲目地宣传某种技术，强制地推广某种工艺，不利于企业固有技术的发展，也不利于产品质量的提高。

四、进一步强化质量管理和质量保证能力，也是质量振兴必不可少的

在普遍实施全面质量管理的基础上，根据市场和用户的需要，通过以 ISO 9000 为依据的质量体系认证，向市场和用户展示企业的质量保证能力，提高企业的市场竞争能力，为走向国际市场完成合格评定程序方面的准备，是国际发展的一种潮流。在不久的将来，关于环保的 ISO 14000 也将向钢铁企业提出严峻的挑战，钢铁企业也必须做出积极反应。

当前钢铁企业在实施 ISO 9000 标准和推行体系认证方面取得了可喜的进展，但还只是刚刚起步，并已经出现了一些值得注意的问题。首先是要端正认证的目的，认证的目的是向用户展示企业的质量保证能力，不是为了装门面、走过场，个别企业已经有用钱买证的现象。甚至有的企业为了尽快取证，就去找专业不对口的认证机构认证，虽然容易通过，但有风险性。还有一个比较容易出现的问题是质量体系文件写的一套，而做的是另一套。

为了正确地贯彻实施 ISO 9000 标准，促进钢铁质量的振兴，企业应把提高质量管理和质量保证能力作为一项战略任务来抓。它不仅是市场和用户的要求，也是巩固和发展全面质量管理的需要。在工业发达国家追求质量管理新发展的形势下，我们在贯彻实施 ISO 9000 标准这样一个比较低层次的质量管理时，切不可搞形式主义、走过场，否则质量就无法振兴。

五、改造销售环节，建立市场和用户反馈体系是质量振兴计划中不容忽视的重要内容

这不是指一般意义的访问用户和售后服务，而是深入了解用户需求和动向，分析研究和积极改进质量、开发产品和占领市场的战略举措。国外钢铁企业的机构设置有的就是以市场和用户为对象，建立直接满足市场和用户要求的生产经营体系和强化营销活动的动向。销售人员不仅懂得产品销售业务，而且还懂得生产技术。适应市场经济发展的销售系统应当强化市场的调查研究和分析，重视市场信息的交换，加强生产和流通之间的沟通，针对市场营销开发质量管理和质量保证活动。在日本推行 4 个 P 的活动，即（Product 有适销对路的产品）、P（Price 有竞争能力的价格）、P（Place 有稳定的销售渠道）、P（Promotion 有促进产品销

售的方法和手段)。我们也应当通过质量振兴纲要的实施，改革销售工作。通过销售工作寻找市场定位和产品定向；通过销售信息确定价格水平和效益目标；通过销售环节，扩展营销渠道和市场份额；通过销售网络，开展促销活动和反馈营销信息。使销售部门不仅仅是企业生产什么就销售什么，而是能够通过销售，了解市场需要什么，企业应当研究、开发和生产什么。这是企业保持销售经久不衰，并能从中获得适当效益的关键环节。

六、引导长线产品提高质量，降低成本，转移市场

在我国钢产量达到1亿吨以后，必然有相当一部分产品，在现有的市场上是供过于求的。要想使这一部分产品转移成为短线产品是很困难的，投资和改造都不是那么容易的。这些产品出路之一是提高质量、降低成本和转移市场，包括推动老产品进入新市场和开发新产品进入老市场。出口也是转移市场的一种方式，面向广大农村市场也有相当大的潜力。为了使长线产品能够出口，必须在质量和成本上具有竞争力。例如引导一部分企业把建筑钢材出口到东南亚或其他地区，必要时由主管部门牵头组织取得国外权威机构的质量认证，帮助打开出口销路，转移市场。另外，针对农业机械化的需求，组织研究开发农业用钢，利用原有的生产装备，转移产品，并逐步实现专业化生产和经营，引导他们不在大市场中占有小份额，而是在小市场中占领大份额，办出特色，真正走品种质量效益的道路。

七、采取规划、政策和法规性措施，制定《质量振兴计划》

冶金行业的《质量振兴计划》必须要有企业和用户参加，否则容易脱离实际。政府、企业和用户共同商量制定的《质量振兴计划》既有市场的实际需求，又有改造的投资，也有技术进步的措施，并有政策法规的支持。

工业发达国家也有一整套的调控办法，包括实行限制进口数量、反对低价倾销等。为了发展我国钢铁工业的品种质量，也必须有保护国有企业和民族产业的政策和法规程序。在《质量振兴纲要》中也必须包含这方面的内容。

八、质量振兴是一个系统工程，要靠方方面面的努力和协同才能见效

比如强调降低成本，既要降低消耗，也要注意质量。片面强调降低消耗，用牺牲质量来降低成本，质量成本将会上升。质量异议就会增加，质量损失也会加

大，反过来质量就会惩罚成本。个别企业为了降低成本，少加合金料，缩短吹氢时间，过分地搞负公差轧制，质量问题有增加的趋势。同样地，质量搞不好，也会影响降低成本。例如，高炉喷煤时不改造炉料和焦炭质量，喷煤数量、置换程度和降低成本的效果就不会显著。只有通过系统的结构优化，才能使钢铁产品的质量品种得以发展、生产成本才能不断下降。

九、加强质量教育，使企业的管理者既懂质量的重要性，又会把质量搞上去

质量教育的重点应是企业的最高管理者。应当像办党校一样，办厂长经理学习班，提高他们对市场经济的理论水平和管理水平，并成为考核干部的重要内容之一。其实党校学习，何尝不可以增加一些这方面的知识。在“质量振兴纲要”中应把质量教育也包括进去。工业发达国家的企业管理者不断地更新着自己的管理知识，协会和学会也经常举办各种类型的讲座，出版各种有关质量管理的书刊，例如《质量职能分解》（QFD）、《产品质量责任》（PL）、《市场营销学》（Marketing）等。企业管理者对质量的理性认识提高了，抓质量管理的主动性和自觉性也增强了，质量振兴才能落实，否则还是容易形成“一阵风”。

有必要在大专院校成立质量管理专业，在科研机关开展质量课题研究与开发，在有条件时培养质量管理方面的高层次人才，包括硕士生和博士生。建议政府有关部门建立质量工作岗位的技术职称系列，使质量工作者具有合法的工作地位和权威，在质量振兴中发挥更大的作用。

十、同有关部门共同协作建立和健全质量法律和法规

产业部门单独建立法律和法规是比较困难的，但是同有关部门协作，提出建议和草案，通过立法机构建立和健全有关质量的法律和法规，不仅是必要的，也是可能的。过去冶金工业部曾经与其他部委共同倡议和发布过“关于严禁生产、销售、使用假冒伪劣钢材的通知”，虽然还没有消灭假冒伪劣钢材，但还是具有一定的威慑力量。今后应更多地发挥法律和法规对质量振兴的作用，例如有些建筑钢筋标准是推荐性的，但是在工程建筑法规中规定，要规定什么样的条件下，必须使用什么样的钢筋，在压力容器的法规中规定，什么样的容器必须使用什么样的钢板，这样就使质量具有法律或法规的支持和保护。现在是偏重对标准的强制性规定，忽视法律或法规的作用，使得不该强制的，干涉过多；该干涉的没有法律或法规依据，这也是政府职能转变的重点。不完成这种转变，质量没有法律或法规的支持，只靠行政手段来调控，质量也是很难振兴的。

对质量体系认证中若干问题的理解*

目前冶金行业中有相当一部分企业为了向国内外用户提供质量保证，贯彻实施了 ISO 9000 标准，并有不少企业取得了或正在寻求质量体系的认证。但是从已经认证的企业的实践和国外企业认证的经验来看，在质量体系认证中，还有不少值得进一步探讨和深入理解的问题。归纳起来大致有以下几个方面的问题。

一、认证的质量体系的范围

认证的质量体系的范围并不是以整个企业为对象，而是企业根据用户要求或自身需要而确定的特定范围，在多数情况下是属于关键的产品系列或核心的质量活动，在设计质量体系时，既要考虑认证对象在质量体系中所包括的产品群体技术的共性，又要考虑到认证工作的负荷以及认证后质量体系的保持和管理工作。

对以高炉—转炉为代表的联合企业来说，质量体系是从转炉炼钢开始；对以电炉为代表的特殊钢企业或短流程企业来说，质量体系是从电炉炼钢开始。对于既生产板带（平材），又生产钢管、型材或线材（长材）的企业，一般来说，应当分开申请认证，目前我国多数钢铁联合企业把非技术共性的产品系列都放在一起认证，对于认证方和被认证方都是具有风险的。

国外的钢铁企业认证的质量体系是以类似的产品群体为主来界定的，不仅平材和长材在质量体系上是分开的，而且无缝钢管和焊管也是分开的，冷轧硅钢片和冷轧板也是分开的，所以一个企业的质量体系认证是取得一个以上的证书，注册的范围和所覆盖的产品群体也是不同的。这种质量体系认证比较合理，对认证方和被认证方风险都比较小。

对于由多个业务相对独立、但无独立法人资格的分厂或分部组成的集团公司在申请质量体系认证，可以：

（1）以集团公司的名义申请认证，通过认证所覆盖的产品范围来界定质量体系范围。

（2）以相应的分厂或分部的名义直接申请认证，但该分厂或分部应有证据表明其能独立地承担法律责任。

---

* 原载于《冶金标准化与质量》1997 年第 4 期和第 5 期。

二、对质量方针的理解

质量方针是企业的最高管理者正式发布的该企业总的质量宗旨和质量方向。质量方针是企业总方针的一个组成部分，由管理者批准在1994年版本标准中把“供方管理者”（Supplier’s management）改为供方负有执行责任的管理者（Supplier’s management with executive responsibility），即最高管理者。质量方针必须由最高管理者批准和正式发布，它是企业总方针的一个组成部分，是企业总的质量宗旨和质量方向，包括质量目标和质量承诺，体现企业的组织目标和用户的期望与需要。企业的质量方针应是由企业最高管理者批准和发布的正式文件，包括质量目标、质量承诺、用户需要和期望以及如何实现企业方针目标和满足用户期望与要求的措施，并公布于众，在企业内部重要场合悬挂，全体职工必须遵照执行。

质量方针在质量手册中可以是单独一章，在企业内部有正式的文件，不是几句质量口号，也不是质量标语，而是企业职工可以执行的在质量方面的方针、目标和措施，是需方和第三方衡量供方质量宗旨和方向的重要依据之一。

三、管理职责所涉及的范围

管理职责是指对质量管理和质量保证活动行使管理职责的人员和部门，例如管理者、管理者代表以及与质量管理和质量保证活动有关的质量、计划、技术、生产、销售、供应、培训、财务、档案或人事等部门，并不是企业的所有管理部门。所谓验证活动一般包括内部质量审核、设计评审、图纸检查、特殊过程、进货检验、过程检验、最终检验、过程监控以及计量器具的点检和校准等活动。一般来说，钢铁企业把以下验证活动作为提供资源的对象。

（1）内部质量审核。

（2）进货检验。

（3）过程检验。

（4）最终检验。

（5）热处理操作。

（6）过程监控。

（7）计量器具的点检和校准等。

从事验证活动的人员应经过培训，并保存培训记录，必要时规定持证上岗。

四、正确处理质量体系中新老文件的关系

企业在贯彻实施ISO 9000标准和寻求质量体系认证时，编写文件化的质量

体系是一个重要的工作环节，其中包括编写质量手册、清理程序文件和作业文件，形成符合所选择的 ISO 9000 标准的文件化质量体系。

（一）关于质量手册

质量手册是阐明一个企业的质量方针并描述其质量体系的文件。质量手册既可以涉及企业的全部活动，也可以涉及企业的部分活动，所以质量手册的标题和范围应反映其应用的范围领域。质量手册分为《质量管理手册》和《质量保证手册》，用于质量体系认证的是《质量保证手册》。部分企业用《质量管理手册》申请质量体系认证或“用 ISO 9004 保 ISO 9002”的做法是不可取的。目前企业的质量手册有两个问题，一是内容过多过强，二是内容不结合企业实际。

质量保证手册在覆盖选定的标准前提下，应包括以下 5 个方面的内容：

（1）质量方针和质量目标。

（2）质量职责和相互关系。

（3）质量体系文件的结构。

（4）质量活动的程序规定。

（5）质量手册的控制管理。

（二）关于程序文件

程序文件又称质量体系程序，是描述质量体系活动程序的文件。程序文件是企业中已经存在的文件，在贯彻实施 ISO 9000 标准和寻求质量体系认证时，主要是清理和补充，使其符合和满足标准要求。程序文件用于产品形成全过程各个环节的质量控制，确保产品质量满足用户的要求和期望，同时也是企业内部质量体系审核的主要依据，用来验证和评价质量体系适用性和有效性。程序文件上面要与质量手册衔接一致，下面要有作业文件支持，并有质量记录证实。

程序文件中应对质量手册中提到的质量活动都要展开，明确规定控制范围、职责职权、活动要点、引用的作业文件和质量记录。程序文件应谁干什么谁写什么，做到依靠和加强专业管理，并在编写时体现 5W1H 的原则。一般来说，一个企业的程序文件有 25～30 个，太多了，管理复杂；太少了，容易疏漏。

在编写程序文件时既不能对原有管理办法一成不变，也不能脱离原来文件另搞一套。原来管理办法比较完善的企业，应当先清理文件，然后再编写质量手册，原来的管理办法不够完善，甚至基本上没有文件化的管理办法时，应先编写质量手册然后再编写程序文件。

（三）关于作业文件

作业文件在标准中叫作作业指导书（Work Instructions），基本上包括两种标准化作业的指导书，一种是技术性标准（例如：产品标准、工艺标准和技术标准等），另一种是操作标准（例如：岗位操作规程、工作标准和岗位标准等）。有些企业把二级单位的程序文件也放在作业文件中去，不是很合适。产生这种现象的原因是设计的质量体系过大，管理层次过多，应当在贯彻实施 ISO 9000 标准和寻求质量体系认证时加以改革和优化。

作业文件更应充分利用原有的技术标准和操作标准，特别是冶金企业，在质量管理上基本对质量体系认证中若干问题的理解已经形成了完整的标准化作业体系，产品有标准，工艺有程序，岗位有规程，操作有记录。个别企业脱离原有的作业文件另搞一套，表面上有了新的文件，实际上仍然执行旧的标准。

（四）关于质量记录

绝大多数冶金企业是有质量记录的，问题是是否符合标准要求，是否认真实行和管理。质量体系认证十分强调质量体系运行有效性的证据，在职工素质和基层管理比较薄弱的企业，质量记录应强化管理。很多企业质量记录种类和数量不清，查询和检索不便，是一个薄弱环节。建立一个质量记录清单，注明质量活动及其相关的质量记录种类和数量，保存在哪里，保存多久，谁负责保存等，有助于审核。

在编写质量体系文件前，由贯标办公室负责起草《质量手册编写导则》和《程序文件编写导则》是一个好办法。

五、关于质量策划和质量计划问题

质量策划是确定质量以及采用质量体系要素的目标和要求的活动；而质量计划是针对特定的产品、项目或合同，确定专门的质量措施、资源和活动。

对于老产品来说，质量计划内容已经体现有关程序文件中了，也就是说质量计划实际已经标准化了，不再需要重新编制质量计划了。对于新产品来说，需要编制专门的质量计划，当然其中可以引用现行的程序文件。冶金企业在新产品开发时，事先应编制质量计划。

质量计划应描述如何满足产品要求的具体活动，一般来说，包括下列文件：

（1）新产品技术条件。

（2）新产品开发计划。

（3）新产品工艺规程。

（4）产品规格或图纸。

（5）检验和试验规程。

（6）作业标准或规程。

（7）工序质量控制图。

（8）设备点检规程。

（9）储运包装标准。

（10）有关质量记录。

国外冶金企业没有质量计划得比较多。有的工厂把质量计划当作质量策划的主要内容。

在《质量手册》的质量体系一章中应根据标准要求，承诺在开发新产品时进行质量策划，即制订质量计划，并有质量计划的程序文件。

六、钢铁企业“合同评审”的处理方法

合同评审是为了准确地确定和提供符合顾客要求的产品，在签订合同前供方所进行的一种活动。

根据标准规定，企业在销售部门和技术部门之间，在签订订货合同前，对标准、质量、成本和交货期限等一系列问题应进行评审。

（一）常规产品

常规产品属于订货的产品，已经进行过多次合同评审，在接收订货时只评审重量和交货期。为了在现场审核时便于双方理解和共识，最好企业对重复订货的产品编制产品目录，在目录中标明产品的标准、规格尺寸、基本价格、交付时间等内容，凡属产品目录中的产品，属于已经评审，在订货时加盖“合同已经评审”图章。

（二）特殊产品

在接收新产品或有特殊要求的产品订货时，销售部门向技术部门说明顾客对质量的要求，评审能否生产和满足顾客在订货时提出的质量要求。

（1）如果顾客提出的质量要求在该厂订货范围内，可以按顾客提出的要求进行生产。

（2）如果顾客提出的质量要求不在该厂的订货范围内，则向顾客说明本厂能够提供的质量保证水平。

国外企业销售部门和技术部门之间的对话，是通过计算机来实现的。国内企业在没有达到计算机对话时，可以通过电话、电报或传真等手段来实现，但是必须有书面记录以证实完成了评审。

（3）在合同评审后应在合同上加盖“合同已经评审”图章。

七、钢铁企业采用“设计控制”要素的条件

钢铁产品的设计主要是确定产品的技术特性，例如钢材的强度、韧性、加工性、耐蚀或可焊性等一些要求。技术特性一般包括有：

（1）化学成分。

（2）力学性能。

（3）外观、形状和尺寸。

（4）生产工艺规范。

对一般钢铁产品来说，这些技术特性通常已经纳入产品标准，即已经标准化了，所谓标准化实际就是产品设计。按产品标准进行生产和销售，可以看成是已经完成了设计过程，供方没有必要再去进行设计。例如，按 GB 1499—91 钢筋混凝土用热轧带肋钢筋生产出来的钢材，尽管各厂生产出来的产品在实物质量上有些不同，但是任何一个供方所提供的产品的质量应当说是处于同等的水平。属于设计已经定型和标准化了的产品，不必再进行设计了，或者说钢铁企业不存在设计问题。

从质量体系方面来详细分析的话，也有人认为，钢铁企业实际上也存在和进行设计工作。认为应当采用设计控制的又可分为两种意见：

（1）一种意见认为，尽管产品标准已标准化了，但是为了使产品具有所要求的特性，还必须在产品标准范围内选择最佳的技术条件，即有一个技术选择余地，在这种情况下，对供方来说，可以认为是存在“设计”工作的。

例如，虽然钢种成分已定，但是也存在确定成分范围和选择与之相适应的最佳的生产条件（冶炼、轧制、热处理等），确定这些对成品有直接影响的重要因素，应当说这本身就相当于“设计”工作。特别是在没有现成的技术规程可供选择、而且又很难按类似的技术规程来确定生产条件时，必须依靠试制来确定质量特性和生产条件，这本身就是一种“设计”。像某些高质量水平的石油用钢管和汽车用钢板产品，就属于这种情况。

（2）另一种意见认为，在没有国家标准或行业标准、需要供方制定本企业标准时，产品标准化过程就相当于设计过程，它也应当纳入供方对外质量保证体系中设计控制范畴。供方也常常需要独自开发新产品和自己制定本企业的标准。通过市场调研确定所要求的质量，并在此基础上进行新产品开发。这种开发过程就是“产品设计”过程。

但是，已经列入产品目录的产品，顾客在签订合同时可以通过产品目录评价产品的质量，同样也可以参考公开的标准，在这种情况下，不属于 ISO 9001 所规定的产品设计对象。

如果钢铁企业有研究开发部门该怎么处理?

一般来说，顾客作为采购方在选择供方时，判断质量的重要依据有以下几点：

- 固有技术
  - 产品质量水平
  - 生产技术、设备
  - 研究开发能力
- 质量体系(对外质量保证)

ISO 9000标准要求的是对外提供的质量保证能力，即质量体系，而不是固有技术，所以即使对外提供质量保证的质量体系再好，也无法用来评价研究开发能力。大型钢铁企业的研究开发部门多数是与生产部门分离的或独立的机构。一般来说，与具体订货没有直接关系。在这种情况下，研究开发能力对于证实产品的质量保证能力，即对于证实具体产品订货质量要求的符合性，并不是必须的。也就是说，即使根据顾客要求对钢铁产品进行设计，也是以生产系列为主来进行的，除了在设计过程中有一部分工作需要研究部门分担，否则研究开发部门的工作并不一定纳入对外提供质量保证的质量体系中去，但是根据供方的判断，要纳入也未尝不可，特别是我国的钢铁企业中研究开发机构实际上是检验机构，列到质量体系中去也是合理的。

当在钢铁企业中有以下情况时可以考虑采用“设计控制”：

（1）为了使产品达到必要的性能，要需用研究开发或试制来确定钢铁产品的化学成分（成分和含量）和生产基本条件（轧制温度、压下量、热处理条件等）时。

（2）为了使产品达到规定外观、形状、尺寸公差等需要采用孔型设计或绘制设计图纸时。

但是，从对外质量保证的目的出发，上述两种情况都应当是同顾客商量，在签订合同时明确是要求企业贯彻实施ISO 9000，还是在质量计划中去处理。

国外钢铁企业在下述情况下有采用“设计控制”的：

（1）油井管：对于产品目录以外的尺寸（厚壁）要求，需要试制并进行性能评价。

（2）双相不锈钢管线钢：为了满足顾客要求的耐蚀性、可焊性、韧性等要求，需要通过试制来确定生产条件。

（3）非金属夹杂物非常低的纯净钢种：为了满足顾客要求的规定值。需要通过试制来确定炼钢条件、化学成分和轧制生产条件等。

（4）管线钢：针对高强度+耐酸+焊接部位的硬度（HV）等规定，需要进行试制试验并评价性能。

（5）耐酸管线钢：为了确定化学成分、炼钢条件和轧制条件等生产条件，需要进行试制和试验。

也有的企业把“设计控制”作为质量体系要素之一，按 ISO 9001 进行认证，用来同其他企业进行竞争。这时，研究部门列入生产系列中，自己进行新产品开发。

八、质量体系中的文件和资料

标准中 4.5 条要求“形成产品质量和质量体系运行时需要所有文件和资料”。具体内容应由企业自行定义。例如：

（1）内部文件。

1）管理类文件：质量手册、程序文件。

2）标准类文件：技术标准、操作标准。

3）合同类文件：各种技术条件。

4）会议记录：质量研讨会、技术会议等资料和会议记录等。

5）指令类文件：生产指令和检验指令等。

（2）外来文件。

1）顾客方面来的有关质量的图纸和各种技术条件等。

2）有关产品质量的国家标准、行业标准和产品目录等。

（3）资料。

1）文件中引用的资料（信息），不仅限于所谓的数据。

2）企业定义并进行控制的文件。

九、钢铁企业分承包方的评价和选择

分承包方是为供方提供产品的组织。

分承包方提供的产品包括供方采购物资、对外委托作业、分承包业务中对产品有直接影响的项目，见表 1。对分承包方的评价和选择要点有以下几点：

（1）供方在有必要采购、外委和分包时，应根据本企业的要求标准、采购物资的重要性和经济考虑来决定如何进行评价和选择。

（2）一般来说，评价要有评价清单，类似质量审核的清单，分类分项打分，并规定达到多少分才属于合格的分承包方。

（3）评价和选择后，把合格的厂商要登记在合格的分承包方的管理台账上。

（4）有关评价、选择和登记的记录要进行保对质全体系认证中的若干问题的理解表面缺陷：用标准样本进行评价。

（5）只能在合格的分承包方厂商中采购。

表1 分承包方提供的产品

分 类	分类内容	对象举例
采购物资	直接有关钢铁生产而采购材料和器材	铁合金（炼钢原料）；半成品（钢锭钢坯）；基材（镀锌原板）；焊接材料
委托作业	把过程的一部分或全部委托给专业公司，包括拉制和管理在内	不能生产的范围；二次加工业务；计量器具的校准
分承包业务	将部分作业在供方控制体系下分包出去	半成品或成品的精整、包装、保管、搬运、交付等

十、钢铁企业的过程控制及“技艺评定”问题

（一）钢铁生产过程控制主要内容

（1）明确规定过程控制所应包括的范围和责任。

（2）明确规定操作应遵循的作业指导书（含计算机软件）。

（3）明确规定操作应控制的项目、控制的方法和控制的标准。

（4）明确规定超出控制标准时如何处置的要点。

（5）明确规定设备状况和作业环境。

如果是属于特殊过程的话，应将过程、设备和人员的控制方法形成文件进行控制。包括：

（1）操作者的培训和资格认可。

（2）过程连续监测的手段和方法。

（3）对过程的设备应进行认可。

（4）应保存过程、人员和设备认可记录。

钢铁企业中的特殊过程主要是热处理和焊接。

（二）技艺评定问题

不能用数值进行评定的项目，叫作技艺评定。对这类项目应用明确的文字标准、样件或图示来评定。例如：

（1）显微组织：用标准图片进行评价。

（2）表面缺陷：用标准样本进行评价。

十一、对检验、测 *t* 和试验设备控制的基本要求

对检验、测量和试验设备的控制的基本要求就是要满足 ISO 9000 标准的 4. 1. 1“检验、测量和试验设备的控制”中的规定。

目前企业的《质量手册》和相关的程序文件中，对“检验、测量和试验设备的控制”范围和控制内容规定不够清楚，应对以下两点做出明确规定。

（一）检验、测量和试验设备

化学分析设备，包括直读光谱，X 光荧光分析，C、S 联合测定仪，原子吸收光谱等。

力学试验设备，包括各种硬度计，拉力试验机，冲击试验机等。

计量器具，包括标准计量器具和工作计量器具。

无损探伤，包括超声波探伤，涡流探伤，磁粉探伤和荧光探伤。

（二）检验、测量和试验设备控制

（1）规定设备的范围、职责和实行台账管理。

（2）规定设备应具有的精度，并证明是合格的。

（3）规定设备校准的方法和程序。

（4）标识校准状态和有效期。

（5）制定对校准不合格的处置标准和程序。

（6）实行日常精度点检制度。

（7）明确校准后的设备保护办法。

（8）校准人员的认可制度。

（9）保存点检和校准的记录。

ISO 10012 所提供的测量设备的计量确认体系可以用作指南，但不是认证的标准，也不存在 ISO 10012 合格就免检的问题。

十二、钢铁企业不合格品的评价和处置

首先按 ISO 9000 标准的 4. 13 的规定编写程序文件和作业文件，并保持和实施。

在程序文件和作业文件中应明确规定以下事项：

（1）不合格品的定义。对本企业来说，什么样的产品是不合格品。

（2）不合格品的标识。不合格品应与合格产品加以区分和标识，如有可能

进行分离。

(3) 不合格品的报告。不是在所有发生不合格品时都要报告，应规定在什么情况下报告，什么情况下可以处置，但不必报告。规定不合格品报告的品种、数量和依据。

(4) 不合格品的评价和处置。明确规定不合格品的评价和不合格品的处置基准及其责任权限。例如，某钢铁企业对不合格品的定义：不符合规定要求的产品，需要进行以下处置。

不合格品处置的办法：

1) 让步接收：取得顾客的特殊同意而采用的。

2) 降等：降到低一档次。

3) 再检验和再试验。

4) 再处理：如再加热等。

5) 返修：磨光、返修和补焊等。

6) 作废：当废钢处理。

(5) 不合格品处理和确认。明确责任部门和确认处理结果。

(6) 调整交货期限。通过销售部门取得顾客的谅解。

(7) 纠正。对发生不合格品要求进行纠正时，发生部门要提出纠正措施。在不合格控制中应注意界定是否包括采购中和质量体系内审中发现的不合格，如果包括，应有相应的控制措施。这是很多企业容易忽视的问题。

十三、质量记录的控制

质量记录的控制有以下 15 种方面的记录，见表 2。

表 2 质量记录的控制

ISO 标准的要素条款	质量记录的名称
4. 1. 3	管理评审记录
4. 3. 4	合同评审记录
4. 4. 6	设计评审记录
4. 4. 7	设计验证记录
4. 6. 2	分承包方的评价记录
4. 7	顾客提供产品的控制记录
4. 8	产品标识和可追溯性记录
4. 9	过程控制记录
4. 10. 2	进货检验和试验记录

续表 2

ISO 标准的要素条款	质量记录的名称
4. 10. 5	产品检验和试验记录
4. 11	检验、测量和试验设备控制记录
4. 13. 2	不合格品的评审和处置记录
4. 14. 2	纠正措施记录
4. 17	内部质量审核记录
4. 18	培训记录

上述记录有可能体现在几种表格上。

除了上述记录外，如有法律和顾客要求，可以增加。

供方考虑到“产品质量法”和与顾客合同的规定，把质量记录作为控制对象。记录保管期限应考虑法规、产品质量法和与顾客的合同而定。

十四、钢铁企业对服务的处理

钢铁企业有的实行自己经销方面的服务，但是通常不提供作为对外质量保证方面的服务（例如对交付的产品实行使用方法的指导，产品在使用时的维护保养等）。

多数企业没有与顾客在合同上签订服务的内容，但在质量体系中规定有经常访问顾客，如遇到质量投诉时和与顾客共同召开技术会议等方面的服务。

如果顾客要求有服务内容时，可在合同中规定，按合同规定执行。

钢铁企业质量体系中的设计和过程控制*

钢铁企业在贯彻 ISO 9000 标准和申请体系认证时，首先遇到的是如何选择标准模式，如何处理设计控制问题；也有一些企业在过程控制上不知道主要应做些什么。本文拟对这两个问题提出一点看法，供有关企业参考。

一、钢铁企业存在不存在设计问题

钢铁产品的设计主要是指确定产品的技术特性，一般包括：化学成分，力学性能，外观、形状和尺寸，生产工艺规范。

对于一般钢铁产品来说，这些技术特性通常已经纳入企业的产品标准，即已标准化了，实际上就是产品设计已经定型了。按产品标准进行生产和销售，可看成是已经完成了设计过程，供方没有必要再去设计。例如，按 GB 1499—91《钢筋混凝土用热轧带肋钢筋》生产出来的钢材，尽管各厂生产出来的产品在实物质量上有些不同，但是任何一个供方所提供的产品的质量应当说是处于同等的水平。在生产属于设计已经定型和标准化了的产品时，不必再行设计了，在这种情况下可以说钢铁企业不存在设计问题。

但也有人认为，钢铁企业实际上也存在和进行着设计工作。主要有以下两个原因：

（1）尽管产品标准已经定型或标准化了，但为使产品具有所要求的特性，还需要在产品标准范围内选择最佳的技术条件，即有一个技术选择的余地，此种情况对供方来说可认为是存在设计工作的。

例如，虽然钢种成分已定，但也存在确定成分范围和选择与之相适应的最佳生产条件（冶炼、轧制、热处理等），确定这些对成品有直接影响的重要因素，应当说这本身就相当于设计工作。特别是在没有现成的技术规程可供选择，而且又很难按类似的技术规程确定生产条件时，必须依靠试制来确定质量特性和生产条件，这本身就是一种设计。

（2）在没有国家标准或行业标准、需要供方制定本企业标准时，产品标准化的过程就相当于设计过程，也应当纳入供方对外质量保证体系中设计控制范

* 原载于《钢铁》1997 年第 32 卷第 8 期。

畴。供方也常需独自开发新产品和自己制定本企业的标准。

通过市场调研确定所要求的质量，并在此基础上进行新产品开发，这种开发过程就是产品设计过程。但已列入产品目录的产品，顾客在签订合同时可通过产品目录评价和选择产品的质量，同样也可以参考公开的标准，订货时则不属于ISO 9001 所规定的产品设计对象。

二、钢铁企业如有研究开发部门

一般来说，顾客作为需方在选择供方时，判断质量的重要依据有以下三点：

（1）供方的固有技术水平（包括生产技术和设备水平、研究开发能力和产品的实物质量水平）。

（2）供方的质量体系，即对外质量保证能力。

（3）供方产品的实物质量水平。

ISO 9000 标准要求的是对外提供的质量保证能力，即质量体系，而不是固有技术，所以即使对外提供质量保证的质量体系再好，也无法用来评价研究开发能力。

一般来说，大型钢铁企业的研究开发部门多数是与生产部门分离的或独立的机构，与订货没有直接关系。在这种情况下，研究开发能力对于证实当前的产品质量保证能力，即对于证实具体产品订货时的质量要求，并不是必须的和直接的。也就是说，即使根据顾客要求对钢铁产品进行设计，也是以生产现场为主进行的。除了在设计过程中有一部分工作需要研究部门分担外，研究开发部门的工作并不一定纳入对外提供质量保证的质量体系中去。但是，按供方要求，要纳入也未尝不可，特别是我国的钢铁企业中研究开发机构实际上是检验机构，列到质量体系中也是合理的。

三、在什么情况下钢铁企业必须采用设计控制

当在钢铁企业中有以下情况时可考虑采用设计控制：

（1）为使产品达到用户要求的性能，需要研究开发或试制来确定钢铁产品的化学成分和生产工艺条件（轧制温度、压下量、热处理条件等）。

（2）为使产品达到规定的外观、形状、尺寸公差等需要采用孔型设计或编制设计说明书和绘制设计图纸。但是，从对外提供质量保证的目的出发，上述两种情况都应当是同顾客商量，在签订合同时明确是要求企业贯彻实施 ISO 9001，并采用设计控制，还是采用 ISO 9002，再在质量计划中去处理。

目前，国外钢铁企业在下述情况下有采用设计控制的：

（1）油井管对于产品目录以外的尺寸（如加大壁厚）要求，需要试制并进

行性能研究和评价的。

（2）双相不锈钢为满足顾客对耐蚀性、可焊性、韧性等要求，需要通过试制来确定生产条件的。

（3）非金属夹杂物很低的纯净钢种为满足顾客要求的规定值，需要通过试制来确定炼钢条件和轧制生产条件的。

（4）管线钢针对高强度+耐酸+焊接部位的硬度（HV）等规定，需要进行试制并评价性能的。

（5）耐酸管线钢为确定化学成分、炼钢条件和轧制条件等生产条件，需要进行试制和试验的。

也有的钢铁企业把设计控制作为质量体系要素之一，按 ISO 9001 申请认证，把研究开发作为质量体系的组成部分，表明本企业具有满足用户要求的研究开发能力，用来同其他企业竞争。

四、钢铁企业的过程控制及技艺评定问题

按 ISO 9000 标准要求，钢铁企业在生产过程控制中主要应做到以下几点：

（1）明确规定过程控制所应包括的范围和责任。

（2）明确规定过程控制应遵循的工艺技术规程。

（3）明确规定过程控制的项目、方法及其基准。

（4）明确规定超出控制基准时如何处置的要点。

（5）明确规定控制过程所使用的设备状况和环境。

如果是属于特殊过程的话，还应明确过程、设备和人员的控制方法，并形成文件进行控制。包括：

（1）操作人员的培训和资格认可。

（2）过程连续监测的手段和方法。

（3）对过程的设备状况进行认可。

（4）保存人员和设备认可的记录。

有的钢铁企业把热处理和焊接过程作为特殊过程，如把其他过程也定为特殊过程，过多地承诺是不可取的，需慎重考虑。

在过程控制中，标准要求企业对技艺评定要进行控制，即不能用数值评定的项目，要用明确的文字标准、样件或图示来评定。如显微组织要用标准图片评价，表面缺陷要用标准样本评价等。有不少企业在这方面没有可操作的文件程序，应当加以补充。

参加亚太全面质量管理会议印象记*

我有机会参加中国质量管理协会代表团，出席1997年10月1日至4日在墨西哥瓜达拉哈拉市召开的第七届墨西哥——亚太地区全面质量管理学术讨论会，会后参观了墨西哥和巴西的有关企业。参加这次会议的除南美一些国家外，还有中国、美国、加拿大、爱尔兰、新西兰、马来西亚、菲律宾和韩国等15个国家30多名代表。会上除有特别专题发言外，还有学术报告、QC成果发表和ISO 9000论坛3个分组。开得比较成功，收获颇多，有以下几点印象比较深刻。

一、TQM的新发展OCM

美国的H. James Harrington先生在会上发表了题为“组织变革管理（OCM）对投资双倍回报的途径”的论文。他认为当前国际市场竞争非常激烈，在这种环境下企业管理必须做出相应的变革或改进，组织变革管理（OCM）是最有效的办法之一。这种方法实际上是将全面质量管理的理论和方法应用于企业管理体系的变革或改进，也叫做ITM。组织变革管理不是仅仅变革或改进产品质量或服务质量、而是变革或改进企业的整个管理体系。这种变革或改进是一个过程，有输入和输出、有人力、技术和其他资源的投入，才能完成企业管理体系的变革或改进。在国际市场激烈竞争的形势下，企业应首先明确战略方针和目标，建立变革或改进的管理程序，从最高管理者做起，树立全员的变革或改进过程进行控制、协调和评价。当然，变革或改进是有风险的，企业家在这种组织变革管理中是成功者、还是失败者，关键在于能否控制组织变革管理。用全面质量管理的理论和方法来解决企业管理体系问题，是否可以看成是TQM的一个新发展呢？我国武钢在80年代末也进行过这方面的探索，所形成的“质量效益型”经验在全国推广曾收到很好的效果。武钢的“质量效益型”经验也是将TQC应用于企业管理体系的所有方面，遗憾的是我们没有很好地坚持和发展，没有上升到理论的高度。

二、质量效益来自降低质量成本

获得本届赫德（Walter Hurd）奖的Stuart R. Young先生是新西兰计算机国际

---

* 原载于《冶金标准化与质量》1997年第12期。

连锁公司的董事长，他认为他的公司在过去30多年来之所以能够取得成功，主要原因有3条：质量、创新和协作，其中质量是最重要的因素。他说提高企业的经济效益可以有很多办法，例如在相同的价格条件下扩大销售额；或在相同销售额的条件下提高价格。前者需要扩大市场份额，后者必然降低部分份额，两者均不可取或者是行不通。他们采取了在现有价格基础上降低成本来取得经济效益。在降低成本诸多方法中，人们往往忽略一个最重要的、也是最有效的方法是降低质量成本。一般来说，制造业的质量成本占销售额的30%，服务业的质量成本占销售额的40%，而日本企业的质量成本只占销售额的7%，从而具有很强的市场竞争能力。所谓质量成本不仅仅是废品、返工或返修品所增加的成本，更重要的还有无效工作、拖延交付的紧急订货造成的成本的增加。他们的企业就是通过降低质量成本取得了可观的经济效益。为了降低质量成本，他们注意通过市场信息和顾客需求，培训和教育职工努力去满足或超过用户要求和期望，从而实现低成本和高质量。该企业的每一位员工既是生产者，也是检验员、专职检验员只是进行质量信息统计，使质量真正在职工心中，在职工手中。降低质量成本成了他们提高企业经济效益的关键。

三、用自我评估调整企业的质量战略

美国朱兰学院的Charles A. Aubrey先生在会上提出，为了迎接21世纪的挑战与竞争，企业应设定自己的质量战略目标（Bench Mark），而衡量这一战略目标是否达到了世界级水平的最好方法之一是自我评估（self - Assesment）。他强调各企业的质量战略应能使质量超过顾客的要求和期望。在这一质量战略下，制定具体的目标和措施。自我评估可以向世界一流的企业进行对比，找出差距，加以改进，不断地调整质量战略、方针、目标和措施，使企业不断地适应市场和顾客需要，达到世界级水平，为进入21世纪做准备。我国不少企业也采取了同国际国内先进企业或先进指标对比的方法，来激励企业赶上去或超过他，但是却缺乏系统性和完整性，也没有一套比较科学的方法来评估。目标设定和自我评估为我们提供了可以借鉴的思路和方法，值得试一试。

四、用培训建立中小企业质量文化

本届石川馨一哈森顿奖获得者菲律家的葛查林女士，介绍了她在菲律宾对中小企业进行质量培训所取得的明显效果。菲律宾的中小企业比较多，她充分利用质量管理协会的作用，坚持推行全面质量管理，始于教育，终于教育。对中小企业的领导进行质量培训，包括质量意识教育和质量管理培训，使这些中小企业的质量环境发生了很大变化，产品质量和服务质量有了明显提高，并占领了国际市场。她是把质量当成企业文化来进行培训的，取得了很大成功。我国具有众多的乡镇企业，而且他们当中有相当一部分质量意识和质量管理都相当薄弱，也需要有一批像葛查林女士那样的质量工作者，到中小企业中去，到乡镇企业中去，进行各种形式的培训。他们的质量意识和质量管理水平，对发展国有企业也具有重要意义。因为今后中小企业中有相当一部分是大企业的分承包方或产品延伸的深加工企业，对国民经济发展和实现现代化都具有重要作用。“抓大放小”如何把小搞活搞好，质量管理是不可缺少的重要课题。

五、对 ISO 9000 要讲究实效而不要屈从

爱尔兰国家标准局的 Rody Ryan 先生认为，ISO 9000 族标准是使企业质量管理和质量保证得以改进和规范化的一种有效的途径，但是在贯彻实施时要讲究实效而不要屈从。他列举了这两种不同的作法、不同的表现和不同的结果。最高管理者应对顾客的需求积极承诺而不是应付形势；对产品质量和服务质量应不断改进而不仅限于防止不合格或纠正措施；内审也要讲究实效而不是仅仅符合规定要求等。当前我国实施 ISO 9000 现象也比较热，这些观点对我国也很有参考价值。为了取得认证，屈从标准的比较多，讲究实效相对不够，这一点特别应当引起认证机构、认可机构、甚至国家有关部门和地区的重视和警惕。一旦中国的 ISO 9000 认证名誉扫地，付出的将是一个时代的代价。美国质量管理国际公司的 R. Donald Baxter 先生还提出服务也是产品的重要组成部分的观点。在任何产品质量体系设计时应包括服务问题，并在选择质量管理和质量保证模式时加以考虑。加拿大魁北克大学和普兰特公司共同开发一套多媒体软件光盘，用计算机辅助实施 ISO 9000 标准，操作简便，界面亲切，也引起了与会者的广泛兴趣。

六、企业质量管理的关键在于基础工作

会后参观了墨西哥的 CYDSA 公司的 Crysel 化纤厂和 Siemens、S. A. DeC. V 低压电机厂、巴西的 Sadia 食品工厂、ITAUSA 公司的印刷电路和集成电路厂、DECA 建筑材料厂、PETROBRAS 炼油厂、巴西国家计量研究院、IMAM 咨询公司和中小企业技术和管理咨询公司等。这两个国家的企业，在质量管理和质量保证方面有一个共同的特点，就是重视基础工作。他们认真学习日本经验，都有培训中心，包括岗前培训、技能培训和继续教育，都有正规的教材、教师和教室。现场都在认真地实行看板管理和 5S（House - keeping）管理。操作有规程，检验有标准，过程有记录，废品有展台，信息有反馈，统计技术应用得也比较普遍。这些

企业不仅完成了产品质量认证和质量体系认证，在新产品开发中还采用 QFD 和 FMEA 等方法。企业还举办家属参观企业、领导和职工谈心以及改进提案等活动。工厂布置紧凑，厂区环境整洁。立体仓库和计算机辅助管理也比较多，给我们留下的印象也比较深刻。

七、质量管理咨询活动比较活跃

巴西的 IMAM 咨询公司以大型企业的质量管理咨询为主，而中小企业技术和管理咨询公司主要是面向中小企业，他们都具有较强的咨询队伍，有比较丰富的信息库和专家系统，也有自己的出版物。在质量管理方面，首先帮助企业加强基础工作，比如看板管理和 5S 管理。然后对具体的质量项目进行咨询，也帮助企业进行质量认证，但是质量咨询的重点仍然是全面质量管理。这些咨询部门同企业有良好的合作关系，帮助企业培训、创新和发展，帮助企业管理、改进和创奖。建立了一套评价企业质量管理水平的方法，并负责向金融界联系贷款和向政府或协会推荐质量管理奖的意见等。工作讲实效，企业很欢迎。关键是咨询单位的咨询人员专业齐全，水平较高，能够解决企业自己解决不了的问题。另外他们还同国际咨询部门保持紧密联系和合作，信息比较快，方法比较多，经验比较丰富，形成了一种专门的产业。

八、按国际导则实施合格评定程序

巴西计量研究院（SINMETRO）是国家工业部下属的计量、标准和质量管理归口管理部门（类似我国国家技术监督局，但是是非政府机构），负责法规性和技术性两方面的工作。由 18 个政府部门、供方和需方代表组成的认可委员会按 ISO/IEC 等导则认可产品质量认证机构、质量体系认证机构、环境管理体系认证机构、试验室和人员培训机构的认可工作。认证机构和认可机构是严格分开的，认可机构和培训机构也是严格分开的。他们对产品质量的监督主要涉及安全性的产品，例如各种车辆、压力容器和消防器材等；对计量的监督主要集中在消费领域，例如加油站和商业台秤等。该院有一个大型的试验室，负责提供计量标准器、量值传递和检定校准等工作。他们正在等待国际同行互认检查。给我们的印象是合格评定工作按国际导则在认真地进行，政府不直接管理，而是授权给民间机构，有利于公正性和廉洁性，更没有政府多部门介入的问题，工作关系比较顺。

巴西和墨西哥都是发展中国家，近年来国民经济发展比较快，人民生活水平也有提高，但是由于新老殖民主义的统治和影响，给这两个国家也造成了很多问题。例如交通问题、环保问题、食品问题和治安问题等，其未来的发展仍然是很艰巨的。

带料加工的坯料是顾客提供的产品吗?*

目前有些钢铁企业在贯彻实施ISO 9000标准时，将带料加工的坯料作为顾客提供的产品，并用“4.7顾客提供产品的控制”来对应。对此，我有不同的看法，提出来供讨论研究。

在GB/T 19001－ISO 9001、GB/T 19002－ISO 9002和GB/T 19003－ISO 9003中的“4.7顾客提供产品的控制”规定，“供方对顾客提供的产品（用于供应品或有关活动）应建立并保持验证、贮存和维护的形成文件的控制程序。如有丢失、损坏或不适用的情况，应予以记录并向顾客报告（见4.16）供方的验证不能免除顾客提供可接收产品的责任”。

从标准的条文中可以看出顾客提供的产品是“用于供应品或有关活动”的。原文为“for incorporation into the supplies or for related activities”。但英文中“incorporation”一词是含入、并入、结合或组合的意思，所以“for incorporation”不能简单地译为“用于”，而应译为“用于组合”。“supplies”应理解为供方提供给顾客的最终产品（或服务）。于是顾客提供的产品应理解为：用于组合最终产品（或服务）或有关活动的产品。如果可以做以上理解的话，那么顾客提供的产品应是最终产品或服务的组成部分，也可以是用于有关活动的产品。作为组成部分的配套产品，例如顾客向供方提供电炉上的变压器、精炼炉上的真空泵、连铸机上的火焰切割机、轧钢机上的轧辊等，或作为检验活动的仪器设备或搬运过程的工具或车辆等，而不是钢材的坯料。

另外，从标准条文中可以看出，对顾客提供的产品“应建立并保持验证、贮存和维护的形成文件的控制程序”。这里只要求验证、贮存和维护，没有提到参与生产过程，甚至也没有提到参与安装过程，因为顾客提供的产品有的组合到最终产品上去，有的只参与有关活动，而不成为最终产品的组成部分。

目前，有的钢铁企业把顾客提供的坯料当成“顾客提供的产品”来处理，并按“4.7顾客提供产品的控制”来建立和保持文件化的控制程序。我认为这种理解和处理是不适宜的。虽然对坯料可以进行验证和贮存，但是不存在维护问题。特别是经过加工处理后，“供方的验证不能免除顾客提供可接收产品的责任”这句话就不好理解了。也就是说，如果供方只对顾客提供的产品负责验证、

* 原载于《冶金标准化与质量》1998年第3期。

贮存和维护，而不进行再加工的话，则供方的验证不能免除顾客提供可接收产品的责任。如果供方对顾客提供的产品进行了再加工，那么最终产品出现不合格或成为不可接收的产品是顾客提供的产品不合格，还是供方生产的产品不合格，责任问题就复杂了。

顾客提供的坯料可以看成是从顾客指定的分承包方采购的物资，采取用“4.6 采购”的办法来处理，可能更合适。这样，供方要对过程进行控制，对坯料、半成品和成品要进行检验和试验等，对向顾客提供符合规定要求的产品负责。目前，少数企业按“4.7 顾客提供产品的控制”方式来管理，利用设备空闲时间承担带料加工，收取加工费，按商定的成材率交货，不能保证产品质量和交付时间，这种做法是不符合 ISO 9000 原则的，是不可取的。

2000年版的ISO 9000标准修订动态*

一、前言

ISO/CD1 9000：2000于1998年8月1日公布，征求各成员国的意见，征求意见的期限到1998年11月1日为止。1999年1月18~31日ISO/TC176/SC2/WG18和TC176/SC1在墨西哥科利马市开会，有31个国家140多名代表参加，讲座对CD1的意见和通过CD2草案。从CD1公布后，共收到各种意见5200件，具体分类如下：ISO 9001，总则509件、第5章954件、第6章328件、第7章1290件、第8章677件，共计3758件；ISO 9004，总则309件、第5章314件、第6章200件、第7章269件、第8章350件，共计1442件。

综合各方面意见来看，主要有以下几点：

（1）应进一步明确过程途径和过程模型。

（2）应明确可以剪裁和缩减的要素范围。

（3）术语应统一、协调和相互不要矛盾。

（4）标准内容和表达文字应通俗易懂。

（5）进一步与ISO 14000协调一致。

（6）考虑审核的可行性和验证的可能性。

二、ISO 9000的变化

对于ISO 9001和ISO 9004的理解，术语具有重要作用。另外，还要考虑与ISO 14000协调，所以术语标准的制定和修改都比较困难。ISO 9000仍然分为两部分：第一部分是有关质量和质量管理的概念，这一部分基本上是对1994年版ISO 9000—1的修改，阐述ISO 9000族标准的基本概念；第二部分是术语定义，七个方面共74个术语，比CD1增加了3个术语。同样在附录中有采用术语定义的概念图。

三、ISO 9001的变化

ISO/CD2 9001：2000的名称仍叫“质量管理体系—要求（Quality Management

---

* 原载于《冶金标准化与质量》1999年第4期。

System Requirements）”回避了 1994 年版本中质量保证（Quality Assura nce）的说法，这一点是与 CD1 相同的。但是，有很多国家对标准名称提出意见，希望还能以质量保证来表现，但是名称仍然没有改回去。主要原因是当初采用“质量管理体系—要求”的目的是与 ISO 1400 协调一致，于是最后还是保留 CD1 的名称不变。但是，CD2 同 CD1 相比在结构上有一些变化。

（一）缩减范围的规定的变化

当缩减范围时，可以缩减的质量要素归纳到第 7 章中。其他各章作为质量体系必备的要素，不论产品或行业有何不同，都必须采用。根据领域的不同可以缩减的只限于第 7 章。为此，将 CD1 时在第 8 章的测量、检验和试验设备移到第 7 章中，而把不合格的控制移到第 8 章中。从逻辑性考虑，在有关的 4 章中，缩减范围放在第 7 章中也比较合适。

（二）过程模型图的变化

这也是因为要与 ISO 14000 协调一致的原因，进一步体现了 PCDA 循环的思想。质量管理过程模型如图 1 所示。

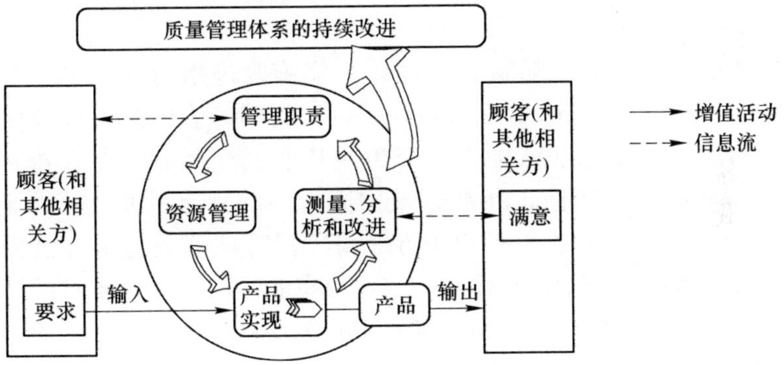

图 1　质量管理过程模型

（括号中的陈述不适用于 GB/T 19001）

（三）第 7 章的标题的变化

CD1 的标题叫“过程管理”，在 CD2 中将标题改为“产品和/或服务的实现（Product and/or service realization）”。在 1994 年版本中产品的定义中包括服务，在 2000 年版本中 TC207 强烈把服务这一术语与产品定义分开。SC1 认为如果把产品和服务并列，无疑就像把水果和苹果并列一样，但是考虑到 TC207 的意见，WG18 采用“产品和/或服务的实现”的标题。

（四）追加了一些内容

例如法规要求（Legal Requirement，5.3）、内部联络（Intenal Communication，5.6.4）和意识（Awareness，6.2.2），这些内容都是根据各国的意见补充的。

（五）质量手册可以不必作为一个独立的文件

“质量手册可以不必作为一个独立的文件”，也就是说，也可以用若干文件组成一个质量手册。另外，管理者代表也可以由几个人担任，这也是比较大的变化。实际是还得有质量手册，管理者代表太多了也不见得好。

（六）增加了质量改进的内容

在CD2中明确规定要求改进质量体系，但没有要求改进产品质量。虽然没有使用质量保证术语，但是ISO 9001的基本性质与1994年版本没有根本变化，仍然属于对协议的产品和服务要求提供符合性的保证。如果对产品提出改进要求的话，在逻辑上就会产生矛盾。所以，这里所提到的质量改进是指质量管理体系的改进。

四、ISO 9004的变化

ISO 9004的名称改为“质量管理体系－实施改进指南（Quality Management System－Guidance for Performance Improvement）”，明确表明是谋求最佳经营的质量管理体系指南。虽然标准结构仍与ISO 9001保持一致，但是标准内容比ISO 9001增加了优化经营的指南，并在附录中附有自我评审的指南。为此，在ISO 9004中强调包括顾客在内的所有相关方、与经营管理有关的所有过程、质量管理体系的改进和改革、质量管理体系的自我评审和适应多层次要求的适用性。但是CD2的ISO 9004仍然是按着ISO 9001和ISO 9004是一对协调的质量管理体系标准来修改的，没有脱离ISO 9001的基本结构，对于最佳经营质量体系管理指南，还是很不充分的，估计还要有较大的修改。

五、今后的动向

如果进展顺利，CD2从1999年3月1日~8月1日有5个月的投票时间，TC176准备在9月份在美国旧金山开会。如果CD2通过，就推出DIS，如果CD2通不过，很可能还要有CD3。原计划DIS从1999年12月1日~2000年5月1日投票，FDIS于2000年9月1日~11月1日投票，2000年12月1日正式公布2000年版ISO 9000标准。

ISO 9000——质量管理新潮流（一）*

为什么会成全球性的 ISO 9000 现象?

国际贸易的发展要求消除非贸易性的技术壁垒。涉及合格评定范畴的程序都应遵循世界贸易组织或世界标准化组织指南的指导，于是近年来 ISO 9000 标准普遍地被世界各国所接受，并正在成为产品具有质量保证和走向国际市场的标志。据报道，到 1997 年底已有 129 个国家实施了 ISO 9000 质量体系审核与认证制度。全世界的认证证书总数为 336349 张，比 1996 年增长了 39.1%，在全球范围内兴起了“ISO 9000”热，又称“ISO 9000”现象。ISO 9000 族标准是市场经济发展到某一时期必然的产物，是质量管理工作的一个新发展和新潮流。

为什么由国际标准化组织（ISO）这样一个非官方的组织制定的自愿性的标准，会在全世界如此广泛地被采用，并形成了全球性的 ISO 9000 现象呢? 主要有以下四个方面的原因。

一、技术规范的局限性要求健全质量体系

任何技术规范都不可能将所有的使用要求和用户期望全部包括进去，并做出明确规定。技术规范所规定的要求大多数是代用质量，并非使用性能，很难与使用质量对应。技术规范中所规定的各种验证都不可能将生产中的全部缺陷暴露出来。而且验证多数是抽样进行的只能是一部分而不是全部，具有一定的风险性。所以用 ISO 9000 族标准来补充，使企业既具有技术规范，又有质量体系的保证，才能长期地生产提供符合规定要求的产品和服务。

二、世界贸易组织关于统一合格评定的原则

技术条例和标准是为了保证国家安全，防止欺诈行为，保护人类健康或安全，保护动、植物的生命或健康，保护环境等，不应形成贸易壁垒。在制定技术条例和标准时应以相关的国际标准为基础，并努力参加有关国际标准的修、制定工作。如果技术条例和标准内容不符合国际标准的规定，应在早期适当阶段在出

* 原载于《中国设备管理》1999 年第 10 期。

版物上刊登通告，坚持早期通报和透明度的原则。不建立特殊的进口产品合格评定程序，包括抽样、试验和检验程序、合格的评价、验证和保证程序、注册、认可和批准程序，以及产品认证和体系认证合格评定程序。

三、企业在市场竞争中为了取得用户的信任

一个企业取得ISO 9000族标准中任何一个标准的认证，便可作为根据ISO 9000族标准建立起质量保证的企业在认证机构中登记注册，在国内外赢得很好的声誉。如果该企业的产品出口欧洲、美国、日本或东南亚，生意就比较好做，对方对其产品质量就比较放心。以往出口时向用户展示质量手册要翻译成外文，相当麻烦，如果取得ISO 9000认证，由第三方认证机构证明，可以减去不少麻烦。如果大型企业都进行了质量体系认证，作为分供方的中、小企业是大型企业质量体系的一部分，也必须取得认证，所以中、小企业也积极参与。

质量认证还可以简化用户对供方的质量审核，否则众多的用户对供方进行第二方审核也很麻烦。

四、实施族标准可以提高企业质量管理水平

取得第三方认证机构的审核注册有利于提高职工的自信心和自豪感，增加企业的凝聚力。质量体系认证使企业的质量体系文件化，方针目标明确，程序规定清楚，职责分工落实，控制项目具体，提高了工作效率，有助于提高产品质量和服务质量。按ISO 9000族标准建立起来的质量体系体现了全面质量管理的基本思想，使质量管理进一步发展，为现代化的企业管理提供了新工具。

“ISO 9000现象”产生的根本原因主要是所谓“自由贸易”的需要。“自由贸易”在西方是一种已经确立并受到支持的经济哲学。关贸总协定也好，世界贸易组织也好，都是为了实现“自由贸易”。主张“自由贸易”的学者认为，“自由贸易”不仅对发展各国经济有利，而且可以改善人们的工作质量、生活质量和环境质量。自由贸易需要平等的竞争环境，而这种平等的竞争环境是可以用共同的标准来保证的。欧共体为了保证在欧共体内流通产品的质量，首先采用ISO 9000族标准作为欧共体各国建立质量体系的通用标准，这种动向也影响了北美和其他地区。欧共体对某些敏感的工业，例如医疗设备和玩具的生产，甚至将实施ISO 9000族标准作为一种法规要求强制执行。20世纪80年代末，这种动向虽曾遭到一些非欧共体国家的反对，认为这是一种非关税的贸易壁垒，但是欧共体仍然坚持他们的主张。他们认为对于正规产品来说，产品标准和体系标准都将促进自由贸易，甚至主张只有采用ISO 9000族标准的企业的产品才能进入欧共体

市场，否则他们将拒绝或抵制进口。

欧共体是美国和日本最大的贸易伙伴，ISO 9000 在欧共体的实施，对美国和日本有着强烈的影响，北美自由贸易区则接受了 ISO 9000 标准。日本本来认为“好酒不怕巷子深”，开始并不积极，但在 ISO 9000 被世界自由贸易普遍接受的情况下，终于也坚持不住了，不得不在 1993 年底也组成了日本的质量体系认证机构国家认可组织，而且后来居上。

ISO 9000——质量管理新潮流（二）*

ISO 9000 要求企业做些什么？

ISO 9000 是质量管理和质量保证的族标准，其中用于认证的只有 ISO 9001、ISO 9002 和 ISO 9003。

以 ISO 9001 为例，要求企业做好以下 20 件事情。

（1）最高管理者必须制定和公布质量方针，即企业的质量行动纲领。提出企业的质量目标和对用户的质量承诺，并采取具体措施使全体职工理解和执行。

企业的质量职能必须落实到组织机构中去，特别是从事与质量有关的管理人员、执行人员和验证人员，都要职责清楚，分工明确，接口严密。企业应为质量控制、质量检验、质量审核和质量管理工作提供资源（包括人员和手段），使这些质量活动能有效运行。最高管理者任命一位管理者代表负责处理日常质量体系运行的管理和协调工作，最高管理者每年必须亲自主持进行一次管理评审，以此判断在市场和形势变化时企业质量体系的适应性和有效性。

（2）应建立和保持文件化的质量体系，用质量手册、程序文件和作业文件来表现质量体系的存在和运行。为了满足顾客对产品质量和服务质量的要求，应进行质量策划，包括编制质量计划、配置控制手段、进行检验试验、确定验收标准、规定测量要求和保存质量记录。

（3）应建立和实施合同评审制度，即在接收订货前确认是否了解顾客的质量要求，供需双方的分歧是否得到解决，在质量、成本、交货期等方面能否具有满足合同的能力。在合同修改时不仅应有文件化的程序，还应保存合同评审和修改的记录。

（4）有设计开发能力的企业应根据市场和顾客要求开展设计开发，制订计划，明确分工，把顾客要求变成设计输入，经过设计开发的设计输出应满足设计输入的要求。为了控制设计，应开展设计评审、验证和确认，设计出顾客要求的产品质量和服务质量。

（5）应建立和保持文件和资料管理制度，以保证使用有效版本、收回失效版本和标识作废版本的文件和资料。文件和资料更改也应遵守规定的更改程序。

（6）应建立和实施采购制度，对供货厂商进行评价和选择，根据供货对产品质量影响的程度，实施不同的质量控制措施，并建立记录。企业所有的采购都

---

* 原载于《中国设备管理》1999 年第 11 期。

必须有采购资料，对采购的产品应进行验证。

（7）在生产中使用顾客提供的产品时，应对这些产品进行验证、贮存和维护。

（8）要对生产过程中的原料、半成品和成品进行标识。同时必须保证标识的唯一性和可追溯性。

（9）质量体系应能使生产过程处于受控状态。对质量有影响的过程，其操作人员要经过培训，持证上岗；设备和环境要适宜，具有足够的质量保证能力：原材料要经过检验，符合要求；要照章操作，并注意监测参数，使产品特性得以控制。

（10）应建立和实施检验和试验制度。进货不经检验和试验不得投入使用和加工；生产过程中和产品出厂前，要按计划和程序进行检验和试验。检验合格的产品才能签字出厂，未通过检验的应执行不合格品的控制程序。

（11）应对检验、测量和试验设备进行控制。这些设备进厂后必须检定是否符合要求；使用时应当进行计量校准，并做出明确标识；日常要注意点检，保持正常维修。

（12）为了防止不合格品出厂，应对检验和试验状态进行区分，对不同状态的产品应采取分别存放、插放标牌、粘贴标签或涂写颜色等方式加以区分。

（13）一旦发现不合格品，应按规定程序进行评审和处置。例如，返工、返修、降等或报废。

（14）对已出现的或潜在的不合格问题，应采取纠正和预防措施。对不合格品进行调查分析，有针对性地采取措施加以纠正，对一些潜在的不合格问题，也要注意分析产生的原因和采取预防措施。

（15）在整个生产过程中，对原料、半成品和成品的搬运、贮存、包装、防护和交付应进行控制。

（16）在生产过程中形成的所有质量记录都要进行标识、收集、编目、归档、贮存和保管，以便有关方面检索和借阅。

（17）为验证本企业的质量活动和有关结果是否符合计划安排，并确认质量体系是否有效，应进行内部质量审核。定期或临时的内部质量体系审核的作用在于对供方管理者提供质量体系运行的信息，对需方了解供方质量体系提供机会和信心，起到加强质量管理，提高产品质量和增强竞争能力的作用。

（18）应建立和实施培训制度，对所有人员进行有针对性的培训，对特殊岗位人员进行技能培训和资格考核，并保存适当的培训记录。

（19）在规定有服务要求的情况下，应建立和实施服务制度，对顾客提供产品说明，定点维修，提供备品备件，安装试车，培训工人，访问顾客，了解要求，反馈信息和改进质量等。

（20）为提高和稳定产品质量，根据实际需要，运用统计技术确定、控制和验证过程能力，了解产品特性值等。

ISO 9000——质量管理新潮流（三）*

标准中规定："供方应建立并保持文件化的质量体系，作为确保产品符合规定要求的一种手段。供方应编制覆盖本标准要求的质量体系的《质量手册》。《质量手册》应包括或引用质量体系程序，并概述质量体系文件的结构"。

文件化的质量体系主要包括质量手册、程序文件和作业文件。在新版本中还将质量策划归入质量体系。

所谓文件化的质量体系就是将标准中规定的内容或者说是企业运行的质量体系用文件形式加以描述。使企业的质量活动有法可依，有章可循。用一句简单的话来表示，文件化的质量体系就是把应当做的都写下来，按照写下来的去做，把做的都如实地记录下来。

文件化的质量体系主要包括三个方面的内容：（1）编制质量体系文件；（2）配备必要的资源；（3）贯彻质量体系文件。

《质量手册》是最高层次的、通用性的文件，在质量手册中主要有企业的质量方针和质量目标；企业管理者、质量验证人员和与质量活动有关的人员的职责和权限；质量体系要素及其运行的程序描述；手册的评审、修改和控制。程序性文件是质量手册的支撑性文件，它主要是规定开展某项质量活动的目的和范围，也就是说，阐述5W1H问题，所有这些都必须符合质量手册的要求。作业性文件是程序性文件的支撑性文件，它主要是规定进行某项程序活动的操作细节，包括操作规程和作业指导书等。质量记录是完成质量活动和程序的客观证据，它不仅记载程序过程，也记载活动结果，是防止不合格与采取纠正措施的依据，有利于产品的标识和可追溯性。质量体系文件之间必须协调一致。

在企业编制质量文件时，应首先明确标准的规定要求，清理现有的程序文件，对照标准要求找出差距，综合程序文件编制《质量手册》，根据《质量手册》修改和补充程序文件，贯彻和执行质量体系文件。这些是实施ISO 9000族标准必不可少的重要工作内容。

编写《质量手册》和质量体系的有关文件时应注意以下问题：

（1）完整性。《质量手册》必须覆盖企业所选择实施标准的要求，即必须满足该标准每条每项的要求。换句话说，《质量手册》必须包容该标准中各项条款

* 原载于《中国设备管理》1999年第12期。

的要素要求。

（2）系统性。《质量手册》从封面到最后一页都要求有系统性。所谓系统性就是要求质量体系文件层次清楚，上下对应，逐级展开，层层保证。

（3）一贯性。从体系要素到体系文件，从实施到检查，实行谁负责、谁编写、谁实施、谁检查；不能写一套，做一套，两层皮。但《质量手册》最后还是要由质量保证处或全质办统一定稿。

（4）实用性。《质量手册》不仅要将质量体系文件化，而且要能按文件规定去实施，并把实施的情况记录下来，要符合5W1H的原则，特别是质量方针要具体，组织机构要落实，管理者评审要进行，质量文件要齐备，规定的要素要有实施程序和验证方法。

（5）优化性。质量体系对任何一个企业都是客观存在的，只是是否符合ISO 9000族标准要求的问题。

建立文件标准优化的过程、编写质量体系文件应“遵循五项原则，处理五个关系”。

五个原则是：（1）充分满足标准要求的原则；（2）密切结合企业实际的原则；（3）具有可操作性的原则；（4）分级管理的原则；（5）谁编写谁组织实施的原则。

五个关系是：（1）数量和质量的关系，简化管理环节，优化管理程序；（2）程序文件和其他文件的关系，明确关系，分级管理；（3）质量文件和技术文件的关系，分清层次，理顺接口；（4）程序文件和管理改进的关系，支持改进，不断优化；（5）程序文件描述现状和逐步改进的关系，实事求是，不断完善。

成功的质量体系不仅仅在于是怎么写的，更重要的在于如何贯彻和实施，即质量体系的有效性。为了文件化质量体系的有效实施，应狠抓三项活动，即验证体系文件的可行性活动、检查专业管理的实效性活动和评价质量体系运行的有效性活动。这三项活动是通过自我审核、自我评估、自我改善来实现的。这样可以使内部质量审核活动提高到一个新水平。

认证机构的审核、跟踪和监督或是定期的，或是抽样的。真正发现质量体系中的问题主要靠内部质量审核。上述这三项活动不仅使内部质量审核内容更加实际，也使质量体系的运行更为有效。只有质量体系文件可行，质量体系运行才能有效。只有加强专业管理活动，才能使质量保证活动落到实处。在贯标和认证过程中，要特别强调专业管理，有效的体系靠专业管理来保证。

ISO 9000——质量管理新潮流（四）*

如何申请质量体系认证？

企业在选定了质量保证标准，建立了文件化的质量体系并运行有效后，可向经国家认可的质量体系认证机构申请质量体系认证。根据我国的有关规定，申请质量体系认证的企业必须是法律地位明确的实体，并已按 ISO 9000 族标准或其他国际公认的质量体系规范建立了文件化的质量体系。申请的企业应按规定向质量体系认证机构提出书面申请，并提交有关的文件资料。在质量体系认证机构受理申请时，应相互签订合同。

企业在申请质量体系认证时，必须有完整的质量体系文件，并运行 3 个月以上；文件控制符合标准要求；实际行动与书面文件或非书面承诺一致；质量体系运行有效，并有可以追溯的记录。一般质量体系认证机构在受理申请后将及时地组织审核组进行质量体系审核。被审核的企业应按审核组的审核计划接受审核，提供工作方便和必要证据。质量体系认证机构在审核合格后将批准认证、颁发证书和登记注册。在获准认证后应按规定按期交纳认证费用，接受质量体系认证机构的监督管理。

当企业的认证标准变更、认证范围变更或者认证证书持有者变更时，应按照有关规定重新申请换证。企业申请质量体系认证应遵循自愿原则，并有权选择认证机构。企业在选择认证机构时，应尽可能选择对本企业产品及其工艺技术比较熟悉的机构，在接受审核和监督时比较方便，在经费开支上比较合算，并不一定非要外国的认证机构认证。

企业经过申请和审核，取得了某一质量体系认证机构的认证，说明这个企业的质量体系符合 ISO 9000 族标准中某一个标准的要求，并不意味着质量管理和质量保证已经完美无缺，从此就可完事大吉了；相反地，它是一个新的起点，并接受认证机构的监督管理。

首先，企业应继续保持质量体系运行的有效性，并每年至少一次接受认证机构监督。质量体系变更或达不到规定要求、证书或标志使用不当、违反认证规则的将被暂停使用证书和标志。严重的或指出不改正者，将被撤销证书和标志，一年以后方可重新提出体系认证申请。

---

* 原载于《中国设备管理》2000 年第 1 期。

获准体系认证的企业应不断地按规定标准的要求，使质量体系有效运行，并通过管理评审、内部质量审核和有关活动，提高产品质量和服务质量，继续取得用户和认证机构的信任，保持良好的信誉和市场竞争能力。

目前我国有相当多的企业正在贯彻实施 ISO 9000 族标准，有些企业已经颁布了质量手册，有的正在编制质量手册，也有些还处于学习和理解阶段，也有相当一部分对 ISO 9000 不甚了解。面对这种状况，应将组织培训和筹备认证同时开展起来，把普及和提高结合起来，特别是培养一批明白人（包括国家级审核员和企业内部审核员），使贯彻实施 ISO 9000 族标准的工作能得以健康发展。

ISO 9000——质量管理新潮流（五）*

（1）质量体系认证的目的在于提供质量保证。首先要明确为什么要进行质量体系认证。质量体系认证是企业为了让用户放心、向用户提供质量保证的一种方式。它与争创质量管理奖不同，不是单纯为了荣誉和名气，而是为了健全质量体系，符合规定标准，取得用户信任和提高竞争能力。ISO 9000 标准引言中说："每个组织都希望提供的产品满足顾客的需要或要求。全球竞争的加剧已经导致顾客对质量的期望越来越高。为了竞争和保持良好的经济效益，组织/供方需要使用更加行之有效的体系，这样的体系应导致持续的质量改进并不断提高组织的顾客和其他受益者的满意程度"。这段话已将建立和健全质量体系的目的讲得十分清楚。企业贯彻实施 ISO 9000 标准和进行质量体系认证的目的在于满足用户的要求，在于建立符合顾客要求的质量体系，在于表明具有质量保证能力，在于吸引更多的顾客，在于提高市场竞争能力。如果顾客没有这种要求，如果企业的产品不出口国外，尽管加强质量管理仍是十分重要的，但是不一定、也没有必要去进行质量体系认证，只有顾客要求或进入国际市场时才有这种必要。

现在个别地方和部门政府下达指令性指标，规定在某年内必须认证哪些企业，甚至必须由哪个认证机构来认证的做法都是与 ISO 9000 标准的宗旨相悖的。只有用户才能有这种愿望和要求，只有企业才能有这种权利和选择。如果不是从这个认识出发去发动和进行质量体系的认证工作，质量体系的认证工作既不可能持久，方向也不可能正确。

（2）恰当地设计和界定认证的质量体系。ISO 9000 标准的引言中说："强制质量体系的统一不是这些标准的目的。组织的需要各有不同。质量体系的设计和实施当然地必须受具体的组织的目标、产品和过程及其具体实践的影响"。一般来说，认证的范围是产品类似的群体产品生产线（或称为体系）而不是整个企业。正确地设计质量体系不仅有利于质量体系的有效运行，而且有利于节约人力和经费。特别是我国的企业，多数是小而全，设备和工艺水平不同，产品质量档次也不一样，是否整体都参加认证，还是选择其中必要的部分，是很值得研究的。至于集团申请体系认证，可以集团公司的名义申请认证，通过认证所覆盖的产品来界定认证范围；也可以相应的分厂、分部的名义申请认证，但此分厂、分

* 原载于《中国设备管理》2000 年第 2 期。

部应有证据表明它能独立地承担法律责任。这两种申请方式，在部分质量活动的控制思路上和认证审核的检查范围上可能存在差异，比如很多集团公司的分承包方评定工作由总部负责，若以集团公司名义申请认证，则分承包方的评定活动作为采购要素一部分接收认证审核；若以分厂、分部名义申请认证，分承包方评定的工作作为一项由分厂、分部承包出去的服务来处理。

另外，多数企业的生产都属于没有设计和开发的过程。除个别企业贯彻实施 ISO 9001 外，大多数企业应执行 ISO 9002，现在有些企业打算用实施 ISO 9004 来保证 ISO 9002 的认证，严格来说也不一定合适。过多或过高的承诺也对企业不利，还是应当以用户的要求为转移，以企业的实际需要为依据恰当地设计体系和选择标准。

（3）正确地选择审核和认证机构。现在我国质量体系认证机构很多，不少国外的认证机构也在争夺中国这个市场。有的企业担心国内认证机构的审核和认证国际上不承认，想找外国认证机构；有的企业迫于某种压力或影响，去找技术或业务范围都不大对口的认证机构，这对企业是很不利的。首先，应当明确外国和中国的认证机构在认证工作上具有同等效力，不存在国内机构国际不承认的问题。相反中国参加了国际相互认可的组织，按国际指南接受国际同行的评审，并实现国际间的机构互认。另外，质量审核的一个目的是评价是否需要采取改进或纠正措施。专业不对口的认证机构怎么可能对改进质量体系发挥作用呢？对这个问题国际标准化组织在认证机构的专业范围上是有专门规定的，非对口的认证机构是否会得到顾客的满意也值得企业考虑。选择认证机构的原则，一是考虑认证机构的公正性和权威性；二是考虑认证机构的业务范围对口；三是在认证过程中对质量体系的改进和提高；四是认证的费用和其他支出。认证后认证机构每年还要进行一到两次监督审核，如果是外国认证机构，不仅费用高，而且语言文字障碍也是一个很大的问题。选择业务范围不对口的认证机构，对质量体系的理解和帮助也很不利。在选择认证机构时，企业应当有所比较、权衡利弊后再做决定，对认证和认证后都很重要。

ISO 9000——质量管理新潮流（六）*

一、企业领导应发挥什么作用?

这里说的企业领导是指企业的第一把手，也就是是 ISO 9000 标准中所说的“负有执行责任的管理者”。企业的第一把手工作很多，特别是面临严峻的市场形势，生产经营活动十分繁重，不可能对企业的各项工作都事必躬亲，抓得很细，但是在实现两个根本转变的过程中，在激烈的市场竞争中，贯彻实施 ISO 9000 标准又是企业必不可少的一项重要工作，那么作为企业的第一把手应当抓些什么呢?

（1）通过 ISO 9000 标准的学习和市场的调查研究，分析本企业的产品是否需要向顾客表明所具有的质量保证能力，是否需要通过认证机构的认证提高顾客对本企业产品和服务的信心。也就是说，首先要决策是否要取得 ISO 9000 质量认证。认证是市场驱动的，不是政府驱动的，企业的领导要根据市场和顾客的需要来决定。

（2）如果经过调查研究和分析决策，认为本企业应当贯彻 ISO 9000 标准，而且也应当取得质量认证的话，企业的领导应主持建立贯彻实施标准的领导小组，集体研究和讨论贯彻实施标准中组织领导问题。领导小组的日常办事机构可以放在全面质量管理办公室或质量处。

（3）一旦决定贯彻实施 ISO 9000 标准并取得质量认证，企业的领导就应当选择标准模式，是贯彻实施 ISO 9001、ISO 9002 还是 ISO 9003。选择了标准模式后还应当进行体系设计，确定向认证机构申请的认证范围，也就是说，向顾客承诺质量保证的范围。

（4）企业领导应主持制定贯彻实施标准的规划和取得质量认证的进度表，以保证整个活动有计划、有组织地进行。一般来说，从决策到认证需要一年左右的时间，包括学习标准、健全组织、建立体系、组织运行和内部审核等，必须认真规划和周密组织。

（5）正式公布质量方针和质量目标，向顾客表明质量承诺，向职工宣布质

---

* 原载于《中国设备管理》2000 年第 3 期。

量追求，并采取切实可行的措施，使质量方针和质量目标得以实现。质量方针和质量目标应在企业内做到人人皆知，并为广大职工所理解和支持，落实到具体工作中去。

（6）在文件化的质量体系建立起来时，及时地批准和发布《质量手册》，并要求企业全体职工按《质量手册》的要求执行。在顾客需要时和向认证机构申请认证时，可以将《质量手册》向顾客或认证机构展示，以证明企业存在符合 ISO 9000 标准要求的质量体系。

（7）把与质量保证有关的活动和职能分配到各职能机构中去，做到分工明确，接口清楚，协调一致。必要时可调整部分机构以适应贯彻标准的需要。特别是 ISO 9000 中规定的质量活动和职能（包括管理、控制和验证等）必须有单位管，并且有必要的人员和资源。

（8）企业的第一把手很忙，可以任命一位管理者代表，代替管理者去管理质量体系的事，对内对外组织协调，以便使质量体系能够有效地运行。标准规定，管理者代表在质量体系管理工作上只接受管理者的领导，不受其他人的干预和影响，直接向企业的第一把手负责。管理者代表的干部职位不能太低，一般是由企业的总工程师或主管质量工作的副经理或副厂长担任。

（9）标准规定，企业的第一把手每年至少召开一次管理评审会议，由管理者代表报告质量体系运行情况，并根据市场形势和企业实际研究质量体系是否适应和适宜，从战略上考虑是否需要采取措施，以增强企业的竞争能力，必要时可以做出重大决策。

（10）企业领导应教育职工，ISO 9001 ~ ISO 9003 标准重点只是质量保证，并不是说贯彻 ISO 9000 标准就等于质量管理的全部，相反地，市场经济的发展和市场竞争的加剧，要求企业要不断地加强管理和依靠技术进步，不断地加强基础工作，不断地提高管理水平，逐步在企业内部贯彻实施 ISO 9004 标准，不断地提高质量和降低成本，不断地强化市场营销，实现两个根本性转变。

二、警惕 ISO 9000 认证中出现的问题

如同其他新生事物一样，ISO 9000 认证制度在运行中出现了令人担心和焦虑的问题。问题出在两个方面：一方面是在被认证方，即供方。某些供方只把 ISO 9000 作为走向国际市场的“通行证”，而没有真正在质量保证体系上下工夫，更没有注意 ISO 9000 标准主要是为了满足顾客的质量要求，向顾客提供质量保证，而且要经常防止出现不合格，并随时采取纠正和预防措施。另一方面是在认证方，即认证机构。某些认证机构的商业行为正在减轻认证证书的分量和认证制度的权威。不少认证机构的素质和水平令人担忧，不仅没有专业人才，而且缺乏审

核方面的培训和技能。国际上很有权威的专家指出，如果认证机构看不到这种危险的存在，并继续采取他们那种傲慢行为，那么他们将会看到第三方认证的信誉将会下降，直至导致它的崩溃。一旦这种事情发生，要想重新建立起目前这种形式的认证制度，就将是几代人的事了。这绝不是耸人听闻或夸大其词，这种危险从一开始就应当警惕。这就要求企业对 ISO 9000 标准有正确的认识，在实施质量体系时讲究实效，不走过场；在选择认证机构时要从能帮助改进质量体系和提高顾客信心角度出发，做出正确判断。

建立现代企业制度要求产权清晰、权责明确、政企分开和管理科学，管理科学不可缺少的一项工作是加强企业的管理。朱镕基总理说，质量管理是企业管理的纲，而质量管理的核心是质量体系，建立和健全质量体系对加强质量管理和企业管理是一项基础工作，与建立现代化的企业制度是相辅相成的。没有可靠的质量管理和质量保证，就谈不上企业的现代化，更谈不上现代化的企业制度。现代化的企业制度中还应有一条，就是同现代国际企业制度接轨。ISO 9000 质量体系认证制度就是同国际接轨的一种现代化的管理制度。

有的企业在建立现代企业制度时，十分重视成本管理，对质量管理重视不够，甚至把质量管理与现代企业制度割裂开，这种现象并不少见。这是对现代化企业制度不正确或不完整的理解。建立现代企业制度是一个庞大的系统工程，应包括方方面面的工作，也应包括不同层次的工作，忽视或削弱质量管理和质量保证显然是不可取的。而加强质量管理和质量保证的最好办法是贯彻实施 ISO 9000 标准，这也是国际的大趋势。

《第三次浪潮》的作者托夫勒在该书中谈到市场的含义时说：“市场并不是资本主义固有的。像这样（生产与消费）的交换枢纽，正好是形成社会主义工业社会必不可少的条件，正像它作为利润刺激的工业主义一样”。社会主义的中国，中国工业的发展，也离不开市场这一必不可少的条件。特别是参与国际市场的竞争，建立和健全质量体系是十分必要的，寻求第三方的认证也是必不可少的。谁认识得早，动作得快，谁就将赢得用户，赢得市场，赢得生产经营的主动权。我们完全有理由相信，实行 20 年全面质量管理的中国工业，在贯彻实施 ISO 9000 族标准，建立健全质量体系方面一定会创造出更新、更大、更好的成绩，并为实现两个根本性的转变作出贡献。

从 ISO 9000：2000 年版本修订看质量管理发展趋势*

一、前言

国际贸易的发展要求消除非贸易性的技术壁垒。凡涉及合格评定范畴的程序都应遵循世界贸易组织或世界标准化组织的指导，近年来 ISO 9000 标准普遍地被世界各国所接受，并正在成为产品具有质量保证和走向国际市场的标志。据报道，到 1997 年底已有 129 个国家实施了 ISO 9000 质量体系审核与认证制度。全世界的认证证书总数为 336349 张，比 1996 年增长了 39.1%。在全球范围内兴起了 ISO 9000 热，又称 ISO 9000 现象。ISO 9000 族标准是市场经济发展到一定时期的必然产物，是质量管理工作的一个新发展和新潮流。

二、ISO 9000 现象的成因

国际标准化组织（ISO）这样一个非官方的组织制定的自愿性的标准，会在全世界被广泛采用，并形成了全球性的 ISO 9000 现象，其主要原因如下。

（一）技术规范的局限性要求健全质量体系

任何技术规范都不可能将所有的使用要求和用户期望包括进去，并做出明确规定。技术规范所规定的要求大多数是代用质量，并非使用性能，很难与使用质量对应。技术规范中所规定的各种各样的验证，都不可能将生产中的全部缺陷暴露出来，验证多数是抽样进行的，只能是一部分，而不是全部，具有一定的风险性。所以用 ISO 9000 族标准来补充，使企业既具有技术规范，又有质量体系的保证，才能长期地生产出符合规定要求的产品。

（二）世界贸易组织关于统一合格评定的原则

技术条例和标准只是为了保证国家安全、防止欺诈行为、保护人类健康或安

---

* 原载于《首钢科技》2000 年第 1 期。

全、保护动植物的生命或健康、保护环境等，不应成为贸易壁垒。在制定技术条例和标准时应以相关的国际标准为基础，并参考有关的国际标准的修订和制定。如果技术条例和标准不符合国际标准的规定，应在早期适当阶段，在出版物上刊登通告，坚持早期通报和增加透明度的原则，不建立特殊的进口产品合格评定程序，包括抽样、试验和检验程序，合格的评价、验证和保证程序，注册、认可和批准程序，也包括产品认证和体系认证合格评定程序。

（三）企业为了在市场竞争中取得用户的信任

一个企业取得了 ISO 9000 族标准中任何一个标准的认证，便可作为根据 ISO 9000 族标准建立起质量保证的企业，在认证机构中登记注册，从而在国内外具有很好的声誉。该企业的产品出口欧洲、美国、日本或东南亚，取得 ISO 9000 认证，生意就比较好做，对方对其产品质量比较放心。出口时若每次都向用户展示《质量手册》，而且还要翻译成外文，则相当麻烦。若取得 ISO 9000 认证，由第三方认证机构证明，则可减少不少麻烦。若大型企业都进行了质量体系认证，作为分供方的中小企业是大型企业质量体系的一部分，就必须取得认证，则中小企业也积极参与。质量认证还可以减轻用户对供方的质量审核，否则众多的用户对供方进行第二方审核也很麻烦。

（四）实施 ISO 9000 族标准可以提高企业质量管理水平

取得第三方认证机构的审核注册，有利于提高职工的自信心和自豪感，增加企业的凝聚力。质量体系认证使企业的质量体系文件化，方针目标明确，程序规定清楚，职责分工落实，控制项目具体，提高了工作效率，有助于提高产品质量和服务质量。按 ISO 9000 族标准建立起来的质量体系体现了全面质量管理的基本思想，使质量管理进一步发展，为现代化的企业管理提供了新的工具。

上述原因使 ISO 9000 标准在全球得以推行，并形成了一种可以称为“现象”的“ISO 9000 现象”。不过，“ISO 9000 现象”产生的根本原因主要在于所谓“自由贸易”的需要。“自由贸易”在西方是一种已确立并受到支持的经济哲学。关贸总协定也好，世界贸易组织也好，都是为了实现“自由贸易”。主张“自由贸易”的学者认为，“自由贸易”不仅对发展各国经济有利，且可改善人们的工作质量、生活质量和环境质量。自由贸易需要平等的竞争环境，而这种环境可用共同的标准来保证。欧共体为保证在欧共体内流通的产品质量，首先采用 ISO 9000 族标准作为欧共体各国建立质量体系的通用标准。欧共体的这种动向也影响了北美和其他地区。欧共体对某些敏感的工业，如医疗设备和玩具的生产，甚至将实施 ISO 9000 族标准作为一种法规要求强制执行。在 80 年代末，这种动向曾受到一些非欧共体国家的反对，认为这是一种非关税的贸易壁垒。但是，欧共体仍然坚持他们的主张，他们认为对于正规产品来说，产品标准和体系标准都将促进“自由贸易”。他们甚至主张只有采用 ISO 9000 族标准的企业的产品才能进入欧共体市场，否则他们将拒绝或抵制进口。

欧共体是美国和日本最大的贸易伙伴 ISO 9000 在欧共体的实施，对美国和日本有着强烈的影响，北美自由贸易区接受了 ISO 9000 标准。日本本来认为“好酒不怕巷子深”，他们认为全面质量管理是企业向顾客和老板提供信心的最好的管理方法，ISO 9000 是一种新的非关税壁垒，开始并不积极，但是在 ISO 9000 作为向顾客提供保证的证据，已经被世界自由贸易普遍接受的情况下，终于坚持不住了，不得不在 1993 年底也组成了日本的质量体系认证机构国家认可组织，而且后来居上。

三、企业从贯彻实施 ISO 9000 中受益

ISO 9000 是质量管理和质量保证的族标准，其中用于认证的只有 ISO 9001、ISO 9002 和 ISO 9003。

以 ISO 9001 为例，要求企业做好以下事情：（1）企业的最高管理者必须制定和公布一个质量方针，即企业的质量行动纲领。提出企业的质量目标和对用户的质量承诺，并采取具体措施使全体职工理解和执行。企业的质量职能必须落实到组织机构中去，特别是从事与质量有关的管理人员、执行人员和验证人员，都要职责清楚、分工明确、接口严密。企业对质量控制、质量检验、质量审核和质量管理工作要提供资源（包括人员和手段），使这些质量活动能有效运行。最高管理者任命一位管理者代表负责处理日常质量体系运行的管理和协调工作，最高管理者每年必须亲自主持进行一次管理评审，以此判断在市场和形势变化时企业的质量体系的适应性和有效性。（2）企业应建立和保持文件化的质量体系，用《质量手册》、程序文件和作业文件来表现质量体系的存在和运行。为了满足顾客对产品质量和服务质量的要求，应进行质量策划，包括编制质量计划、配置控制手段、进行检验试验、确定验收标准、规定测量要求和保存质量记录等。（3）企业应建立和实施合同评审制度，即在接收订货前，确认是否了解顾客的质量要求，供需双方的分歧是否得到解决。在质量、成本、交货期等方面能否具有满足合同的能力。在合同修改时不仅应有文件化的程序，还应保存合同评审和修改的记录。（4）对于从事设计开发的企业来说，应根据市场和顾客要求开展设计开发，制订计划，明确分工，把顾客要求变成设计输入，经过设计开发，设计输出应满足设计输入的要求。为了控制设计，应开展设计评审、验证和确认，设计出顾客要求的产品质量和服务质量。（5）企业应建立和保持文件和资料管理制度，以便保证使用有效版本、收回失效版本和标识作废版本的文件和资料。

当文件和资料更改时，也应遵守规定的更改程序。(6) 企业应建立和实施采购制度，对供货厂商进行评价和选择，根据供货对产品质量影响的程度，实施不同的质量控制措施，并建立记录。企业所有的采购都必须有采购资料，对采购的产品应进行验证。(7) 在生产中使用顾客提供的产品时，企业应对这些产品进行验证、储存和维护。(8) 企业要对生产过程中的原料、半成品和成品进行标识，同时必须保证标识的唯一性和可追溯性。(9) 企业的质量体系应能使生产过程处于受控状态，即对质量有影响的过程，操作人员要经过培训、持证上岗；设备和环境要适宜，具有足够的质量保证能力；原材料要经检验符合要求；要照章操作，并注意监测参数，使产品特性得以控制。(10) 企业应建立和实施检验和试验制度。进货不经检验和试验不得投入使用和加工；生产过程中和产品出厂前，要按计划和程序进行检验和试验。检验合格的产品才能签字出厂，未通过检验的应执行不合格品的控制程序。(11) 企业应对检验、测量和试验设备进行控制。这些设备进厂后必须检定是否符合要求；使用时应进行计量校准，并作出明确标识；日常要注意点检，保持正常维修。(12) 为了防止不合格品出厂，企业应对检验和试验状态进行区分，对不同状态的产品应采取分别存放、插放标牌、粘贴标签或涂色等方式加以区分。(13) 一旦发现不合格品，应按规定程序进行评审和处置，如返工、返修、降等或报废等。(14) 对已出现的或潜在的不合格问题，应采取纠正和预防措施。对不合格品进行调查分析，有针对性地采取措施加以纠正。对一些潜在的不合格问题，也要注意分析产生的原因和采取预防措施。(15) 在整个生产过程中，对原料、半成品和成品的搬运、储存、包装、防护和交付应进行控制。(16) 在生产过程中形成的所有质量记录都要进行标识、收集、编目、归档、储存和保管，以便有关方面检索和借阅。(17) 为验证本企业的质量活动和有关结果是否符合计划安排，并确认质量体系是否有效，应进行内部质量审核。定期或临时的内部质量体系审核的作用在于：为供方管理者提供质量体系运行的信息，为需方了解供方质量体系提供机会和信心，起到加强质量管理、提高产品质量和增强竞争能力的作用。(18) 企业应建立和实施培训制度，对所有人员进行有针对性的培训，对特殊岗位人员进行技能培训和资格考核，并保存适当的培训记录。(19) 在规定有服务要求的情况下，企业应建立和实施服务制度，包括为顾客提供产品说明，定点维修，提供备品备件，安装试车，培训工人，访问顾客，了解要求，反馈信息和改进质量等。(20) 为了提高和稳定产品质量，企业根据实际需要，运用统计技术确定、控制和验证过程能力，了解产品特性值等。企业通过上述工作强化了内部管理，改善了外部环境，提高了市场竞争力。

四、ISO 9000：2000 版本的主要变化

ISO 9000 标准是 1978 年制订并发布的，1994 年第一次修订，2000 年将进行

第二次修订，现在正处于 DIS 阶段。从 DIS 中看到，2000 年版本的 ISO 9000 标准，其特点是：（1）强调设计开发在质量保证中的地位。1994 年版本存在 ISO 9001、ISO 9002 和 ISO 9003 三个用于合同环境或第三方审核认证注册的标准。在 ISO 9002、ISO 9003 中没有设计开发的要求。这对质量保证标准来说是不完整的，2000 年版本合成一个标准 ISO 9001，并规定设计开发是要求的要素。如果没有设计开发，应属例外，经过主动声明和顾客认可才可以缩减范围。（2）强调质量管理和质量保证的协调一致。1994 年版本的 ISO 9001 是从英国的 BS5750 演变来的，而 ISO 9004 是从美国的 ANSI/ASQC 演变来的，两个标准之间存在很大的差异。不管是从受益者推动向管理者推动过渡，还是从管理者向受益者转移，在标准使用上均存在一些困难。这次的修改想解决两个标准协调一致的问题。（3）强调质量管理体系的自我改进作用。1994 年版本的 ISO 9001、ISO 9002 和 ISO 9003 突出了质量保证的作用，只是保证达到规定的产品质量和服务质量，没有根据市场变化和顾客需求进行自我改进。在 2000 年的 ISO 9001 中增加了与顾客的联系和质量体系改进的要求，并提出测量顾客满意度和质量体系有效性的问题，显然比 1994 年版本前进了一步。（4）强调了所有过程应按过程模型运行。1994 年版本的 ISO 9001、ISO 9002 和 ISO 9003 强调所有工作都是通过过程和过程网络来完成的。有输入，有输出，在过程中应有资源投入，输入经过增值转化为输出，质量管理就是管理这些过程及其接口。2000 年的 ISO 9001 提出了过程模型，强调过程是由过程集合并应按一定的途径进行的，使它具有一定的理论性。（5）强调 PDCA 循环在质量体系中的作用。2000 年版本考虑到 1994 年版本的不足，利用 PDCA 循环来改进质量体系。在主要章节设计上也按 PDCA 来安排管理职责、资源管理、产品和/或服务的实现、测量、分析和改进。这体现了标准也应向改进方向发展，而不只局限于满足规定的要求。（6）强调服务与售后服务是不同的。在 1994 年版本中对服务的概念比较模糊。虽然在产品的定义中包括硬件、软件、流程性材料和服务，但在 ISO 9001 中的服务不是一种产品概念，而是同产品属性有关的服务，是产品的组成部分。在 2000 年版本中将服务作为一种产品与产品的售后服务分开了。（7）强调与其他管理体系标准的融合。2000 年标准在结构上与 ISO 14000 协调一致了，为与其他管理体系标准融合迈出了第一步。将来企业的质量管理体系、环境管理体系和安全管理体系等构成一个管理体系。这样一个体系、一套文件、一次审核、一次认证，就解决了多头和重复的问题，是管理的发展方向，在 2000 年版本中看到了这一趋势。（8）强调企业对特殊要求应积极应对。1994 年版本比较多地强调标准怎么要求就怎么写、文件怎么写就怎么做、怎么做就怎么记录，把质量保证体系变成了一成不变的东西。在 2000 年版本中提到企业应识别顾客的需求和期望，并把它转化为具体的顾客要求，不断改进质量体系，达到顾客满意的目标。

从上述特点可看出未来质量管理的发展趋势：（1）企业应以顾客为中心。企业依存于它们的顾客，因此企业应理解顾客当前和未来的需求，满足顾客要求并力争超过顾客期望。（2）重视领导的推动作用。领导者建立企业相互统一的宗旨、方向和内部环境。其所创造的环境应能使员工充分参与实现企业目标的活动。（3）主张全员都参与管理。各级人员都是企业的根本，只有他们的充分参与才能发挥其才干并为企业带来效益。（4）一切工作通过过程来完成。将相关的资料和活动作为过程来进行管理，可以更高效地达到预期目的。（5）强调进行系统管理。针对制定的目标、识别、理解并管理一个由相互联系的过程所组成的体系，有助于提高企业的有效性和效率。（6）要求企业进行持续改进。持续改进是企业的永恒目标。（7）以事实为决策依据。有效决策是建立在对数据和信息进行合乎逻辑和直观的分析基础上。（8）建立互利的供方关系。企业与供方（现在的分承包方）之间保持互利关系，可增进两个企业创造价值的能力。

五、警惕 ISO 9000 认证出现的问题

如同其他新生事物一样，ISO 9000 认证制度在运行中出现了令人担心和焦虑的问题。问题出在两个方面：一方面是在被认证方，即供方。某些供方只把 ISO 9000 作为走向国际市场的“通行证”，而没有或真正在质量保证体系上下工夫，更没有注意 ISO 9000 标准主要是为了满足顾客质量要求，向顾客提供质量保证，且经常防止出现不合格，并随时采取纠正和预防措施。另一方面是在认证方，即认证机构。某些认证机构的商业行为正在减轻认证证书的分量和认证制度的权威。不少认证机构的素质和水平令人担忧，不仅没有专业人才，且缺乏审核方面的培训和技能。国际上很有权威的专家指出，如果认证机构看不到这种危险存在，并继续采取他们那种傲慢行为，那么他们将会看到第三方认证的信誉将会下降，直至导致它的崩溃。这种事情一旦发生，要想重新建立起目前这种形式的认证制度，就将是几代人的事。这绝不是耸人听闻或夸大其词，这种危险从一开始就应当警惕。这就要求企业对 ISO 9000 标准有正确的认识，在实施质量体系时讲究实效，不走过场；在选择认证机构时要从能帮助改进质量体系和提高顾客信心的角度出发，做出正确判断。

建立现代企业制度要求产权清晰、权责明确、政企分开和管理科学。管理科学不可缺少的一项工作是加强企业的管理。朱镕基总理说，质量管理是企业管理的纲。而质量管理的核心是质量体系 + 建立和健全质量体系，对加强质量管理和企业管理来说是一项基础工作，与建立现代化的企业制度是相辅相成的。没有可靠的质量管理和质量保证，就谈不上企业的现代化，更谈不上现代化的企业制度。现代企业制度中还应有一条，就是同现代国际企业制度接轨。ISO 9000 质量

体系认证制度就是同国际接轨的一种现代化的管理制度。

现在，有的企业在建立现代企业制度时，十分重视成本管理，对质量管理重视不够，甚至把质量管理与现代企业制度割裂开。只重视成本，不重视质量的现象并不少见。显然这是对现代企业制度的一种不正确或不完整的理解。建立现代企业制度是一庞大的系统工程，应包括方方面面的工作，也应包括不同层次的工作，显然忽视或削弱质量管理和质量保证是不可以的。而加强质量管理和质量保证的最好办法是贯彻实施 ISO 9000 标准，这也是国际的大趋势。

《第三次浪潮》的作者托夫勒在这本书中谈到市场的含义时说："市场并不是资本主义固有的。像这样的（生产与消费）交换枢纽，正好是形成社会主义工业社会必不可少的条件，正像它作为利润刺激的工业主义一样"。社会主义中国的工业发展，也离不开市场这一必不可少的条件。特别是进入 WTO 参与国际市场的竞争，建立和健全质量体系更是十分必要的，寻求第三方的认证也是必不可少的。谁认识得早，谁动作得快，谁就将赢得用户，赢得市场，赢得生产经营的主动权。完全有理由相信，在实行 20 年全面质量管理的中国工业企业，在贯彻实施 ISO 9000 族标准，建立健全质量体系方面一定会创造出更新、更大、更好的成绩。

如何理解质量管理原则*

在 ISO 9000：2000《质量管理体系——基础和术语》的引言中提出，“为了成功地领导和运作一个组织，需要采用一种系统和透明的方式进行管理。针对所有相关方的需求，实施并保持持续改进其业绩的管理体系，可使组织获得成功。质量管理是组织各项管理的内容之一”。为实现质量目标，应遵循八项质量管理原则。这八项质量管理原则是以顾客为中心、领导作用、全员参与、过程方法、管理的系统方法、持续改进、基于事实的决策和互利的供方关系。

这八项质量管理原则是在今年质量管理理论和实践的基础上提出来的，是组织领导做好质量管理工作必须遵循的准则。八项质量管理原则在指导 ISO/TC176 编制 ISO 9000：2000 族新标准、帮助组织的管理者建立和健全本组织的质量管理和指导广大的审核员、咨询人员和质量工作者学习、理解和使用 ISO 9000：2000 族标准方面，具有重要的作用。

（1）以顾客为中心。为什么以顾客为中心？因为组织依存于其顾客。顾客关系到企业在市场经济中的发展战略和质量方针问题。例如市场战略（Place），顾客关系企业市场细分的定位问题；产品战略（Product），顾客现在和未来需要什么产品问题；促销战略（Promotion），采用什么办法才能使顾客购买产品；价格战略（Price），什么样价格水平顾客能够采购产品。所以组织的质量管理应以顾客为中心，并在质量方针中加以体现。

为了贯彻实施以顾客为中心的质量管理原则，企业应了解顾客的需求和期望，并将其转化为明示的、隐含的和义务的要求。组织应满足顾客要求并争取超越顾客期望。组织的质量方针和质量目标应与顾客的需求和期望联系起来。组织的最高管理者应将顾客的需求和期望在整个组织中得到沟通，并采取满足要求的措施。测量顾客满意程度并针对测量结果采取措施。处理好与顾客的关系，并确保兼顾顾客和其他相关方的利益。

（2）领导作用。为什么强调领导作用？因为质量管理体系是最高管理者推动的，质量方针和目标是领导组织策划的，组织机构和职能分配是领导确定的，资源配置和管理是领导决定安排的，顾客和相关方的要求是领导确认的，企业环境和技术进步是领导感受的，质量体系改进和提高是领导决策的。所以领导应将

---

* 原载于《冶金标准化与质量》2000 年第 4 期。

本组织的宗旨、方向和内部环境统一起来，并创造使员工能够充分参与实现组织目标的环境。

为了贯彻实施领导作用这一质量管理原则，首先应考虑所有相关方的需求，包括：顾客、所有者、员工、供方和社会。为组织策划一个明确的发展规划和远景。制定一个富有挑战性的质量方针和质量目标。在组织内部统一认识，统一行动，创造相互信任，相互合作、遵守纪律、讲究道德、消除忧虑、积极进取的氛围，激发、鼓励并承认员工的贡献。领导还应为员工提供所需的资源，并在职责范围内具有自主权，使其积极性和创造性得以充分发挥。

（3）全员参与。为什么要强调全员参与？因为现代化大生产的特点之一是系统性、集体性和群众性的。质量管理是一个系统工程，关系到过程中每一个岗位和每一个人。从行为科学角度来看，全员参与能够满足职工的自我成就的愿望。全员参与能结合本岗位的质量问题开展活动是质量保证的重要手段，同时作好本岗位的工作也是实现组织的质量方针和目标的基础。通过全员参与质量管理活动来学习和实践可以提高企业整体素质。体现了以人为本的思想，提高员工为企业质量经营作出贡献的积极性和创造性。

为了使员工认识到全员参与的重要性和作用，首先应识别影响他们工作的制约条件，为他们创造机遇。在解决问题时，应让员工做主并承担解决问题的责任，并针对每个人自己的目标，评价其业绩，承认其贡献。积极寻找机会和创造条件来提高员工的能力、知识和经验，使他们能够自由地分享知识和经验，为实现质量方针和质量目标作出贡献。

（4）过程方法。过程方法是将质量管理看成是过程和过程网络，是过程概念和 PDCA 循环的结合产物，反映了质量管理科学发展的成果和各国（特别是日本）质量管理实践的经验。也就是说，过程方法是将相关的资源和活动作为过程进行管理，可以得到期望的结果。

为什么把质量管理看成是过程管理？因为过程概念反映了从输入到输出具有完整的质量概念。过程管理强调活动与资源结合具有投入和产出概念。过程概念体现了用 PDCA 循环改进质量活动的思想。过程管理有利于适时进行测量保证上下工序的质量。过程管理具有网络概念引起人们注意对接口的协调。过程管理从要求到满足赋予了过程有效增值的概念。过程方法的原则不仅适用于某些较简单的过程，也适用于由许多过程构成的过程网络。在应用于质量管理体系时，2000 版 ISO 9000 族标准建立了一个过程模式。该模式把管理职责、资源管理、产品实现、测量、分析和改进作为体系的四大主要过程，描述其相互关系，并以顾客要求为输入，提供给顾客的产品为输出，通过 PDCA 循环来测定顾客的满意度，评价质量管理体系的业绩。

为了实施过程方法，组织首先应确定为取得所期望的结果所必需的关键活动。为管理这些关键活动规定明确的职责和权限。规定在组织内各职能部门之间关键活动的接口。了解并测量这些关键活动的能力。管理上应注意改进关键活动的因素，如人、机、料、法、环等。当然也应评价过程的风险及其对顾客、供方及其他相关方的影响。

（5）管理的系统方法。系统方法是从系统整体出发，从系统和要素之间、要素和要素之间以及系统和环境之间的相互联系、相互作用中考察对象，以达到最佳的处理问题为目的的科学方法。管理的系统方法就是针对设定的目标，识别、理解并管理一个由相互关联的过程所组成的体系，有助于提高组织的有效性和效率。系统方法的特点是具有整体性、综合性和最佳化。系统方法思考和处理问题的程序包括：1）提出问题；2）选择目标；3）系统综合；4）系统分析；5）系统选择；6）优化方案；7）实施计划。在质量管理体系基本原理的3.3质量的管理体系方法中列出了建立和实施质量管理体系的13个步骤，包括：确定顾客的需求和期望，建立组织的质量方针和目标，确定实现质量目标的过程和职责，确定过程有效性的测量方法并用来测定每个过程的有效性，确定防止不合格并消除产生原因的措施，寻找改进机会，优化改进方法，实施改进计划，监控改进效果，评价实际结果，评审改进活动和确定跟踪措施等，正是科学系统方法在质量管理中的应用。管理的系统方法体现全面质量管理的思想、反映了过程与过程的关系、有助于部门与要素的结合、追求各管理体系间的融合和保持与组织战略的一致性。

运用管理的系统方法建立质量管理体系，能够以最高效的方法实现组织的目标。首先必须了解质量管理体系内诸过程的内在相互依存的关系，关注和确定在质量管理体系内特定过程应如何运作，通过测量和评价来持续改进质量管理体系。

（6）持续改进。持续改进是组织的永恒的目标。为什么突出坚持质量改进？因为质量是满足顾客和相关方对产品、过程或体系要求的能力，而顾客和相关方对质量的要求是在不断变化的和不断提高的，为了取得竞争优势必须不断地改进和提高产品和服务质量。坚持质量改进是使质量管理从追求符合发展到追求最佳化，持续改进使组织的质量管理思想从单纯的管理发展到创新，坚持质量改进反映了当代质量管理的理论和实践发展动向。

在质量管理体系中，改进指产品质量、过程及体系有效性和效率的提高。持续改进应包括：了解现状，建立目标，采取措施和分析结果，把更改纳入文件等活动。为了在整个组织内能够始终如一推行持续改进，必须给员工提供有关持续改进的方法和工具的培训，使产品、过程和体系的持续改进变成每个人的目标。为了跟踪持续改进和测量改进目标，应及时承认改进的效果，并对员工给予表扬和奖励。

(7) 基于事实的决策。为什么提倡基于事实的决策？因为以事实为依据进行决策，可防止决策失误。对数据和信息的逻辑分析或直觉判断是有效决策的基础，信息和资料是客观存在和体现事物特征的普遍形式，质量信息和资料是过程控制和企业管理的重要工具。质量信息和资料的整理与加工是信息管理关键过程，信息和资料必须经过逻辑推理和直观分析进行判断。组织应建立和利用质量管理信息系统进行辅助决策，领导应根据企业质量管理信息系统作出指示和决策。

基于实施的决策首先应明确规定收集信息的种类、渠道和职责，保证资料能够为使用者得到。通过分析，对得到的资料和信息应保证其准确和可靠。根据对事实的分析、过去的经验和直觉判断做出决策并采取行动。在对信息和资料做科学分析时，统计技术是最重要的工具之一。

(8) 互利的供方关系。为什么要与供方建立互利关系？因为供方是产品和服务供应链上的第一环节，供方的过程是质量形成过程的组成部分，供方的质量影响产品和服务的最终质量，在组织的质量效益中包含有供方的贡献。供方应按组织要求也建立质量管理体系。通过互利的关系，可以增强组织及其供方创造价值的能力。

在贯彻实施本原则时，首先应评价并选择关键供方。在建立与供方的关系时，既要考虑眼前利益，又要考虑长远利益。必要时，与供方建立长期合作伙伴关系，共享专门技术和资源，鼓励和承认供方的改进及其对组织质量管理或质量经营的成果。

八项质量管理原则之间是相互联系和相互影响的。其中，以顾客为中心是主要的，是满足顾客要求的核心。为了以顾客为中心，必须持续改进，才能不断地满足顾客不断提高的要求。而持续改进又是依靠领导作用、全员参与和互利的供方关系来完成的。所采用的方法是过程方法（控制论）、管理的系统方法（系统论）和基于事实的决策（信息论）。可见这八项质量管理原则体现了现代管理理论和实践发展的成果，并被人们普遍接受。

关于2000版ISO 9000的问题*

一、ISO 9000标准为什么要修订？

现行的ISO 9000族标准是1994年版本，在过去5年多的实施过程中，很多国家反映，现行标准主要是针对生产硬件产品的企业，不便于其他类型企业的理解和实施。特别是主要针对规模较大的企业，小型企业很难使用。现行标准提供了三种质量保证模式，在实际应用中也具有一定的局限性。标准的质量要素间的相关性也不好。

不少国家还认为现行标准强调了符合性，而忽视了企业整体业绩的提高，也缺少对顾客满意或不满意信息的监控。在ISO 9001与ISO 9004之间缺乏联系，两项标准间协调性不好。更没有考虑与ISO 14000环境管理体系等其他管理体系的相容性，使企业实施综合性管理体系时产生困难。也有些国家感到现行标准的通用性差，制定了许多指南来弥补，使ISO 9000族发展到22项标准和2项技术报告，而实际上只有少数标准得到应用。

国际标准化组织考虑到上述情况，将标准的修订作为一种机会，来满足标准用户适应市场竞争的需要，促进企业持续改进，提高整体业绩，适于经营发展的需要。通过修改使标准能够适用于各种类型和规模的企业的需要，并通俗易懂，易于理解和使用。根据ISO的规定，定期修订，以确保标准能及时反映当前科技发展的最新成果和先进的管理思想的要求，决定在2000版对ISO 9000组标准进行彻底性修改。这次修改的目标是使全世界都接受和使用ISO 9000标准，为提高企业的运行能力提供有效方法。通过标准的修改，增进国际贸易，促进全球的繁荣和发展。达到从世界各地都能得到任何期望和要求的产品和能够将产品顺利地销往世界各地的目的。

国际标准化组织希望通过这次的修改将ISO 9004变成质量管理体系的指南，促进企业“追求卓越”；而将ISO 9001变成质量管理体系的要求，促进企业加强改进。指南和要求既有区别，又有联系。

修改的结果，ISO 9000组标准只有4个标准了，即ISO 9000质量管理体系

---

* 原载于《中国冶金报》2000年6月3日、7月14日和8月23日。

基本原理和术语、ISO 9001：2000 质量管理体系　要求、ISO 9004：2000 质量管理体系　指南和 ISO 19011 质量和环境管理体系　审核。

二、2000 版 ISO 9000 标准什么时候可以采用？

ISO 9000 的国际标准草案（DIS）在 1999 年 11 月已经公布。目前计划在 2000 年第 3 季度将对最终国际标准草案（FDIS）进行投票，在 2000 年第 4 季度发布新的国际标准 ISO 9000。

国际认可论坛（IAF）- 国际标准化组织质量管理和质量保证技术委员会（ISO/TC176）- 国际标准化组织合格评定委员会（ISO/CASCO）联合工作组 1999 年 9 月 26 日在瑞士的日内瓦召开联合会议，为了保证新标准顺利转换起草和通过了联合公报。该联合公报于 1999 年 12 月 27 日发布。在公报中目前提出：

（1）在 ISO 9001：2000 作为国际标准发布之前，不能颁发 ISO 9001 认可的认证证书。

（2）在 ISO 9001：2000 国际标准发布前，认证/注册机构可以开始按新标准最新草案进行评审。

在 ISO 9001：2000 国际标准发布前，认证/注册机构可以开始按新标准最新草案（即 DIS 或 DFIS）进行评审，这些机构可以准备和采取必要的措施。为了减低成本，目前的认证/注册机构可以考虑利用新标准最新草案作为其现有认证/注册的监督审核的一部分的有利机会。

但是，不能按 DIS 或 FDIS 颁发认证证书。只有在 ISO 发布国际标准之后才能颁发认可的认证证书。

（3）按 1994 年版本 ISO 9001，ISO 9002 或 ISO 9003 颁发的认证证书，最长的有效期为 ISO 9001：2000 发布时起 3 年为止。

（4）ISO 9001：2000 要求证实审核员和认证/注册机构的工作人员具有新的能力。

（5）认证/注册机构需要特别关注界定按 ISO 9001：2000 颁发的认证证书的范围和允许剪裁标准中的某些要求。

目前，ISO 9000：2000 标准正处于有草案经最终草案向正式标准过渡中。估计在 2000 年底可以通过并发布。要转化为我国的国家标准可能还要有一个过程。目前按规定，认可机构和认证机构正在培训和准备，对企业按 ISO/DIS 9001：2000 进行评审的只是少数试点单位。大多数企业要等到标准正式发布之后进行审核和认证。

广大的认证企业要利用三年过渡期做好准备，以便顺利过渡。听了某些机构的炒作，匆匆忙忙去追求 2000 年版本，劳民伤财，没有好处。

三、2000 版 ISO 9001 标准有什么特点？

2000 版 ISO 9000 族标准的主要特点有以下几个方面：

（1）这次修改后，取消了一些应用和实施性的指南，标准更具有通用性，可以适用于所有产品类别、不同规模和类型的企业对标准的需求。

（2）因为用于认证的标准只有 ISO 9001，所以允许对该标准中的某些要求进行剪裁，但允许的剪裁是有严格规定的。

（3）将顾客满意或不满意信息的监控作为评价企业业绩的一种重要手段。强调企业要以顾客为中心。

（4）采用“过程方法”的模式结构和 PDCA 循环，逻辑性更强，相关性更好。

（5）更强调最高管理者的作用。最高管理者应负责建立质量方针和质量目标，承诺向全体员工传达满足顾客和法律法规要求的重要性。策划建立和实施质量管理体系，提供必要的资源，进行管理评审等。

（6）突出“持续改进”是提高质量管理体系有效性和效率的重要手段。

（7）减少了对程序的文件化程度的要求，ISO 9001 标准仅要求 6 种程序文件。即文件控制、质量记录的控制、不合格的控制、内部审核、纠正措施和预防措施。其他程序文件由企业自己决定。

（8）标准的内容简明，语言通俗易懂，用概念图表达术语间的逻辑关系。

（9）标准中充分的体现质量管理八项原则，吸收了当代质量管理理论和实际的成果。

（10）标准明确要求质量管理体系要以顾客为中心，并考虑了所有相关方（包括员工、投资方、供方、合作伙伴和社会等）的利益。

（11）强调了 ISO 9001 作为质量管理体系要求标准和 ISO 9004 作为质量管理体系　指南标准的协调一致性。

（12）提高了与环境管理体系的相容性。

四、什么是八项质量管理原则？

在 ISO/DIS 9000：2000《质量管理体系　基本原理和术语》的引言中提出，质量管理应遵循八项质量管理原则。这八项质量管理原则是以顾客为中心、领导作用、全员参与、过程方法、管理的系统方法、持续改进、基于事实的决策和互利的供方关系。

（1）以顾客为中心。企业的生存和发展依存于顾客，所以企业的质量管理应以顾客为中心，满足和超越顾客的要求。

（2）领导作用。只有领导才能够将本企业的发展战略和内部环境统一起来，并创造使员工能够充分参与和实现企业发展目标的环境。

（3）全员参与。体现以人为本的思想，全员参与才能使他们的才干为企业在市场竞争中带来最大的效益。

（4）过程方法。过程方法是将质量管理看成是过程和过程网络，是过程概念和 PDCA 循环的结合产物，将相关的资源和活动作为过程进行管理，可以使质量管理获得预期的结果。

（5）管理的系统方法。系统方法是针对企业的发展目标，建立一个由相互关联的过程所组成的质量管理体系，并对其进行系统管理，有助于提高企业的效益。

（6）持续改进。顾客和相关方对质量的要求是在不断变化和不断提高的，所以持续改进是企业的永恒的目标。

（7）基于事实的决策。因为对数据和信息的逻辑分析或直觉判断是有效决策的基础，以事实为依据进行决策，可防止决策失误。

（8）互利的供方关系。通过互利的关系，可以增强企业和供方共同创造价值的能力。

五、什么叫过程方法？

在 ISO 9000—1：1994《质量管理和质量保证　第一部分：选择和使用指南》中曾经提到，ISO 9000 标准是建立在“所有工作都是通过过程来完成的”这样一种认识的基础上的。并且提出质量体系也是通过过程来实现的。为使质量体系有效，组织应以协调一致的方法来确定和展开这些过程及其相应的职责、权限、程序和资源。由此可见，在 1994 版标准中已经具有过程的概念。但是，由于质量管理和质量保证标准偏重于对产品质量保证，使得标准的结构基本上是按质量环（质量螺旋）模式展开的，而 2000 版标准考虑到质量管理体系要求包括产品质量保证和顾客满意，必须强调持续改进，除继续采用过程概念外，还吸收了 PDCA 循环概念，使得标准不仅仅局限于提供质量保证，更重要的是实现持续质量改进，满足顾客和其他相关方不断增长的要求。于是质量管理体系标准（要求和指南）的结构是把管理职责、资源管理、产品实现、测量、分析和改进作为质量管理体系的四大主要过程，并按 PDCA 循环展开的。过程方法或者过程方法模式是否可以理解为过程概念和 PDCA 循环的结合产物，反映了质量管理科学发展的成果和各国（特别是日本）质量管理实践的经验。

在 ISO/DIS 9000：2000 的 3.4 过程方法中说，本标准鼓励采用过程方法管理组织。同时又说，过程方法模式说明了通用的质量管理体系。“过程方法”可以看成是对质量管理的认识，属于认识论范畴的概念，而“管理的系统方法”是建立质量管理体系的方法，属于方法论范畴的概念。过程方法和管理的系统方法，两者既有联系，又有区别。

六、什么叫管理的系统方法？

系统方法是从系统整体出发，从系统和要素之间、要素和要素之间以及系统和环境之间的相互联系、相互作用中考察对象，以达到最佳的处理问题为目的的科学方法。系统方法的特点是具有整体性、综合性和最佳化。系统方法思考和处理问题的程序包括：（1）提出问题；（2）选择目标；（3）系统综合；（4）系统分析；（5）系统选择；（6）优化方案；（7）实施计划。在质量管理体系基本原理的3.3质量管理体系方法中列出了建立和实施质量管理体系的十三个步骤，包括：确定顾客的需求和期望，建立组织的质量方针和目标，确定实现质量目标的过程和职责，确定过程有效性的测量方法并用来测定每个过程的有效性，确定防止不合格并消除产生原因的措施，寻找改进机会，优化改进方法，实施改进计划，监控改进效果，评价实际结果，评审改进活动和确定跟踪措施等，正是科学系统方法在质量管理中的应用。

“管理的系统方法”是建立质量管理体系的方法，例如在ISO/DIS 9000：2000的3.3质量管理体系方法中提到的建立和实施质量管理体系方法的十三个步骤和在ISO/DIS 9001的第4章“质量管理体系　要求”的4.1“总要求”以及ISO/DIS 9004的第4章“质量管理体系　指南”的4.1“体系和过程的管理”，均属于在采用过程方法认识质量管理的基础上，对建立和实施质量管理体系提出的系统方法。过程方法和管理的系统方法，两者既有联系，又有区别。

管理的系统方法是系统科学的方法，正如前面提到的系统方法思考和处理问题的程序包括提出问题、选择目标、系统综合、系统分析、系统选择、优化方案和实施计划等步骤，对具有过程方法模式特点的质量管理是最好的方法，按系统方法建立和实施质量管理体系，能够充分地体现过程概念和PDCA循环。使质量管理体系具有整体性、综合性和最佳化。能够使质量管理体系持续改进和满足顾客和其他相关方的要求。从这个意义上讲，2000版标准比1994版标准在理论和方法上都有发展和提高。将过程方法和管理的系统方法列入质量管理原则，说明标准反映了现代管理科学的新发展，是一大进步。

七、强调最高管理者的作用

新标准跟最高管理者在质量管理体系中的作用，主要有以下几个方面：

（1）建立质量方针和质量目标。最高管理者应建立质量方针和质量目标。质量方针是企业总经营方针的组成部分，它提供了企业关注的焦点。质量方针既是企业满足顾客要求的承诺，又展示了企业持续改进的形象，并为建立和评审质量目标提供框架。

（2）确保企业关注顾客要求。最高管理者应确保企业整体都关注顾客要求，为此应了解顾客目前和未来的要求，并满足和超过顾客要求。应建立与顾客沟通的渠道，监控顾客满意度和不满意度，通过持续改进，满足顾客要求。

（3）确保实施适宜的过程。最高管理者应策划和实施适宜的过程来满足顾客要求和实现质量目标。将顾客要求作为过程的输入，经过产品实现过程，将输出（产品）交付给顾客，并通过 PDCA 循环进行持续改进。

（4）建立和保持质量管理体系。为了实现质量方针和质量目标，最高管理者应按 ISO 9001 质量管理体系要求来实现改进或按 ISO 9004 质量管理体系指南建立质量管理体系来追求卓越。对要求认证和注册的企业来说，应按 ISO 9001 建立质量管理体系。

（5）确保提供必要的资源。资源是过程将输入转换为输出的条件。为了使质量管理体系有效地运行，最高管理者应及时提供必要的资源，包括人力、财力资源，基本设施、硬件、软件、信息和工作环境等。

（6）将结果同目标进行比较。最高管理者应定期地将质量管理体系运行的结果与质量目标加以比较，特别是应利用管理评审和内审等机会进行比较，找出差距，加以改进。

（7）决定质量方针和目标的措施。最高管理者应为实现质量方针和质量目标决定必要的措施，包括技术措施和管理措施，这些措施应与其影响程度相适应。

（8）决定改进所应采取的措施。最高管理者对管理评审、体系审核和顾客满意度监控等提出的改进问题，及时决定措施，包括纠正措施和预防措施。

八、新标准强调持续改进

新标准强调，为了改善产品的特征和特性、提高生产和交付产品的有效性和效率，应开展持续改进活动。这些活动包括：

（1）确定分析和测量现状。为了进行改进，首先必须对现状进行分析，包括产品、过程和体系现状。分析的方法有同行对比或顾客反馈等，分析现状是为了找出差距。

（2）建立改进现状的目标。改进的目标可以是产品的特征和特性、过程或体系的有效性和效率，这些目标必须是与质量目标一致的。

（3）寻求可能改进的办法。为了达到改进的目标，寻求最佳的办法，可以发挥领导作用，也可以依靠全员参与，但办法必须针对改进的目标。

（4）评价这些改进的办法。对提出的办法应进行评价和优选，应体现有效性和效率的原则，选择投入少，产出大的办法。

（5）实施选定的改进办法。实施选定的办法是实现改进的活动，也是一个过程或过程网络，必须有适当的资源和开展适当的活动，实现转换和增值。

（6）对实施结果进行分析。对实施结果应进行测量、验证和分析，是否达到了改进现状的目的和预期的效果，是否还存在继续改进的机会。

（7）将更改纳入文件。如果改进办法是有效的，必要时应将这种办法制度化和标准化，使其成为质量管理体系中的正常活动。

必要时，应对改进的结果进行评审，以便进一步发现改进的机会。审核、顾客反馈和管理评审也能够发现改进的机会，改进是持续的活动。

九、ISO 9001：2000 有什么新要求？

ISO 9001：2000 质量管理体系—要求是用于认证和注册的标准。可以适用于所有产品和各种类型的企业。因为是采用过程导向模式，没有像 1994 版那样，按产品形成过程来编写，而是分管理职责、资源管理、产品实现和测量、分析和改进等过程来表现。由于产品性质、顾客要求和法律法规的规定，采用标准的企业可以剪裁“产品实现”中的某些质量管理体系不存在的活动。但是这种剪裁的合理性和细节，必须严格控制和得到认证机构的同意。

与 ISO 9001：1994 相比，新标准在以下几个方面增加了或强化了要求：

（1）要求最高管理者作出承诺，向企业全体传达满足顾客和法律法规要求的重要性，并承诺制定质量方针和质量目标，进行管理评审和确保提供必要的资源。

（2）要求最高管理者应以实现顾客满意为目标并确保顾客的要求得到满足。体现以顾客为中心的质量管理原则。

（3）要求企业加强质量管理体系运行及其有效性的内部沟通。

（4）增加了资源管理，对资源的提供，包括人力资源设施和工作环境的规定更具体了。

（5）增加了与顾客有关的过程，除合同评审外，特别强调对顾客要求的识别和与顾客的沟通。

（6）增加了顾客满意度和/或不满意度的监控，并作为对质量管理体系业绩的一种测量。

（7）增加了对数据和资料的分析，作为基于事实决策和实施改进的基础。

（8）增加了持续改进的策划，要求企业应策划和管理持续改进质量管理体系所必要的过程。

（9）标识和可追溯性中的标识也包括状态标识，状态标识除检验和试验状态外，还包括加工状态。

（10）管理者代表可以是一名或多名。

总之，强化了以顾客为中心，加强了最高管理者的作用和持续改进的要求，强调了过程模式和系统方法，更加突出了质量管理体系的符合性、充分性和有效性。通过 2000 版 ISO 9001 标准认证会使企业的质量管理体系增值，是一种有益的投资。

十、在 2000 年完成认证的企业怎么办?

打算在 2000 年完成 ISO 9000 认证的企业，不要观望和等待，应该继续坚持质量管理体系运行和认证的计划。并与认证/注册机构接触，及时了解修订的质量管理体系标准的最新进展。建议学习新的标准草案，特别是将 ISO 9004 和 ISO 9001 结合在一起学习，保证管理体系能够对企业活动有效地增值。

打算按 ISO 9001、ISO 9002 或 ISO 9003 来建立质量管理体系的企业，不必等修订的标准发布，也不要推迟在企业中建立质量管理体系的计划。像那些已经认证/注册的企业一样，继续建立质量管理体系。如果决定进行认证，那么可以按现行某个标准认证/注册，或在修订的 ISO 9001：2000 发布时按新标准来认证/注册。当然，一定抓紧熟悉正在修订的新标准草案（同时重点了解 ISO 9004：2000），并同认证机构保持紧密联系，在转换期得到帮助。

打算按 ISO 9001：2000 标准认证的企业，而且质量管理体系正在成功地运行，满足了企业的要求和目标，并已经满足了新标准的所有要求，甚至没有必要重新编写文件。但是如果企业的现行文件化体系没有涉及全部新的要求的话，必须进行必要的补充。ISO 9001：2000 草案明确了对文件化的要求。标准只要求有 6 个文件化程序用于体系管理，但是为了质量管理体系有效运行，企业也可以编制其他的文件化程序。这将取决于企业的规模、企业内部活动的类型及其复杂性，也取决于员工的水平。

已经按 1994 版标准认证，并在 2000 年需要复评的企业，另外一种选择就是继续按 1994 版进行复评。一种选择是按 ISO/DIS 9001：2000 接受评审，但在该标准正式发布前，不能得到认证证书。

当然按新标准认证的过程会使企业固有的经营目标增值，ISO 9001 认证对改进市场方面，有可能起到扩大的作用。因为在修订过程中坚持的原则是，将重点放在使质量管理体系更符合于企业的过程和持续改进上。修订的标准（ISO 9001：2000 和 ISO 9004：2000）是针对经营效果的改进，包括顾客满意度等。企业采用新的质量管理体系标准认证，同时也是有益的投资。

对 ISO/DIS 9000：2000 术语的理解*

一、前言

在 ISO/DIS 9000：2000 标准中共提出了 87 个术语。这些术语主要提供给组织、顾客、产品的使用者、对质量管理方面术语需要达成共识的人们、评价组织质量管理体系的人员和机构、对组织的质量管理体系提出建议和帮助的人员和机构以及制定相应标准的人员和机构。

考虑到术语应用的普遍性，在这次的标准修订中采用非技术语言来表述技术术语，而且在表述上尽可能通俗易懂，形成逻辑性强和相互协调好的词汇表。

二、术语概念之间的关系

（一）属种关系

标准规定当术语概念之间具有上下继承关系时称之为属种关系，例如体系与质量管理体系、环境管理体系和财务管理体系之间就是属种关系，用扇形图来表示，如图 1 所示。

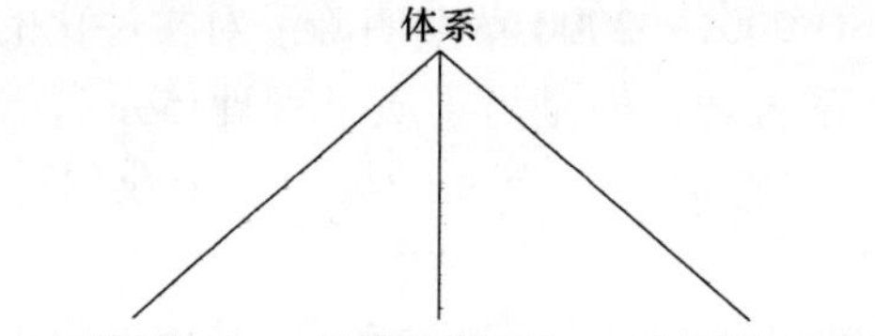

图 1　属种关系扇形图

（二）整体与部分关系

当术语概念之间具有整体和部分关系时称之为整体与部分关系，例如质量管理与质量策划、质量控制、质量保证和质量改进之间就是整体与部分的关系，用

* 原载于《冶金标准化与质量》2000 年第 6 期。

耙形图来表示，如图 2 所示。

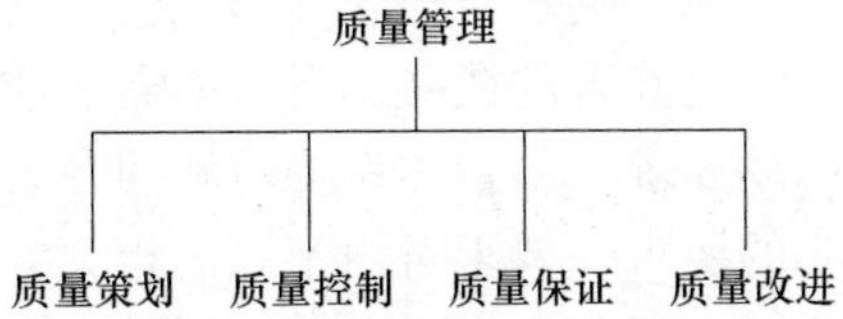

图 2　整体与部分关系耙形图

（三）关联关系

当术语概念之间具有因果关系时称之为关联关系，例如过程和产品之间就是关联关系，用箭头图来表示，如图 3 所示。

图 3　关联关系箭头图

三、学习理解和正确使用术语

（一）首先注意区别术语的基本特性和相关信息

在理解和使用术语时，首先应注意术语的基本特性。例如“质量”这个术语，其定义为“产品、体系或过程的一组固有特性满足顾客和其他相关方要求的能力”。并有一个注：术语“质量”可使用形容词如差、好或优秀来修饰。

“质量”这一术语的基本特性是“产品、体系或过程的一组固有特性满足顾客和其他相关方要求的能力”；而注中提到“质量”可使用形容词如差、好或优秀来修饰是相关信息。

基本特性是用来定义术语概念的，而相关信息是帮助理解术语概念的。理解术语的基本特性就理解了术语的基本概念。

（二）注意通过理解术语的关键词来理解术语

“质量”术语中的关键词有产品、体系、过程、固有特性、顾客、相关方和要求。

从关键词中，我们可以理解产品包括硬件、软件、流程性材料和服务。质量不仅指产品质量还包括体系和过程质量；质量不仅要满足顾客的要求，还应满足相关方的要求。

顾客是指接收产品的组织和个人。顾客包括消费者、购物者、最终使用者、零售商、受益者和采购方。

相关方是指与组织的业绩或成就有利益关系的个人或团体，包括顾客、所有者、员工、供方、银行、行业协会、合作伙伴和社会。

要求是指明示的、习惯上隐含的或必须履行的需求或期望。特定的要求可以使用修饰词来表示，如产品要求、质量体系要求和顾客要求。规定的要求是明示的要求，如在文件中阐明的要求。要求可由不同的相关方提出。

通过对关键词的理解对“质量”的理解就比较全面和深刻了。

（三）通过术语概念之间的关系来理解术语

术语之间存在属种关系、整体与部分关系和关联关系。

“体系”是指“相互关联或相互作用的一组要素”。“管理体系”是指“建立方针和目标并实现这些目标的体系”。从属种关系来看，继承体系和管理体系概念的有质量管理体系、环境管理体系和财务管理体系。其中“质量管理体系”是指“建立质量方针和质量目标并实现这些目标的体系”。通过这种关系可以理解其他管理体系。

“质量管理”是指“指导和控制组织的与质量有关的相互协调的活动”。从整体和部分关系来看，属于质量管理一部分的有“质量策划”、“质量控制”、“质量保证”和“质量改进”。

“质量策划”是“质量管理的一部分，致力于设定质量目标并规定必要的作业过程和相关资源以实现其质量目标”。在此基础上再理解“质量计划”是“质量策划”的一部分。

“质量控制”是“质量管理的一部分，致力于达到质量要求”。

“质量保证”是“质量管理的一部分，致力于对达到质量要求提供信任”。

“质量改进”是“质量管理的一部分，致力于提高有效性和效率”。同时再理解当质量改进是渐进的并且组织积极寻求改进机会时，使用术语“持续质量改进”。

（四）通过区别相似或相近术语概念来理解术语

“有效性”和“效率”的概念是不同的，却相似，“有效性”是指“完成策划活动并达到策划结果的程度的度量”；而“效率”是指“得到的结果与使用的资源之间的关系”。从中可以看出“有效性”是活动结果和策划结果的比较；而“效率”是活动结果和使用资源的比较，效率有经济概念。

“不合格（不符合）”是“未满足要求”；而“缺陷”是“未满足与预期或规定用途有关的要求”。在注中明确指出，区分术语缺陷和不合格是重要的，这是因为其中有法律内涵，特别是与产品责任问题有关。因此术语“缺陷”应慎用。因为不合格并不意味着产品存在缺陷，而存在缺陷会影响正常使用，甚至会产生法律责任。

“纠正措施”是“为消除已发现的不合格或其他不期望的情况的原因所采取的措施”；而“纠正”是“为已发现的不合格所采取的措施”。“纠正”可以和“纠正措施”一同采取，也可以分别采取。“纠正”可涉及：返修、返工或降级。

“返修”是“使不合格产品满足预期使用对其所采用的措施”；“返工”是“使不合格产品符合要求而对其所采取的措施”；“降级”是“为使不合格产品符合不同于原有的要求而对其等级的改变”。

（五）通过术语概念的变化来理解术语

在 ISO 8402：1994 中对质量的定义为“反映实体满足明示和隐含需要的能力的特性总和”，而在 ISO/DIS 9000：2000 中对质量的定义为“产品、体系或过程的一组固有特性满足顾客和其他相关方要求的能力”。从这种变化中我们可以看出质量的主体从实体改为产品、体系或过程，主体更明确了。对质量要求的主体也明确了，是顾客和其他相关方，要求的内容也明确了，是一组固有特性。

例如在 ISO 8402：1994 中对产品的定义为“活动或过程的结果”；而 ISO/DIS 9000：2000 中对产品的定义为“过程的结果”。从活动包括在过程中，在后者的注中也把产品分有形产品和无形产品，并根据其主导成分分为硬件、软件、流程性材料和服务。但是去掉了产品可以是预期的或非预期的提法。增加了外供产品的概念。这可能是由于人类对环境的关注，不应产生或减少非预期的产品；另外除了外供产品，组织内部也存在产品。

又如在 ISO/DIS 9000：2000 术语中，包括体系、管理体系和质量管理体系，没有像 ISO 8402：1994 中提质量体系，这可以理解为把术语按属种关系进行分层次展开，不仅涉及体系，更强调管理体系，不仅有利于对术语的系统性和逻辑性的理解，也有助于理解质量管理的重点在于建立和实现质量方针和质量目标。

你准备好了吗？*

2000版ISO 9000标准即将完成换版工作。在3年内通过ISO 9000认证和注册的企业将陆续接受按2000版ISO 9000标准的审核，并更换新的认证证书。目前各认证机构正在进行试点，不久即将全面展开。你的企业准备好了吗?

首先，你应当接受新标准的培训，包括领导干部、内审员和质量管理体系内的所有人员。特别是要了解新标准中的新内容，例如8项质量管理原则、12项质量管理体系的基础和质量管理体系的要求。在2000版ISO 9000标准中，以顾客为中心、强调领导作用、重视全员参与、采用过程方法、注意系统管理、基于事实来决策、坚持质量改进和与供应厂商建立互利的关系等原则是贯彻实施2000版ISO 9000标准的指导思想，必须学好和用好，才能建立使顾客信任的质量管理体系和提供使顾客满意的产品和服务。

企业的最高管理者，也就是企业的第一把手，应当准备承担比1994版ISO 9000标准规定的更多、更重的责任。你不但要承诺建立质量管理体系，而且要带头树立以顾客为中心的经营思想。不仅要制定质量方针和质量目标，还要为质量管理体系提供必要的资源。不仅要任命管理者代表去实施和保持质量管理体系，而且你还要按计划的时间对质量管理体系亲自进行管理评审。最高管理者应将质量管理体系与其他管理体系融合，提高企业的运行水平和效益。

你要准备正确识别和及时提供质量管理体系所必需的资源，包括人力资源、设施和环境。要准备把使用人和培养人结合起来，使企业的人力资源在质量管理体系中发挥作用和创造价值。为了提供顾客满意的产品，你必须明确为产品实现所必需的硬件和软件资源，并建立对人、对物都适宜的工作环境。2000版ISO 9000标准在要求必要的人力和物力资源外，也要求具有良好的工作环境，包括劳动纪律和职业道德。

你要准备对产品实现的过程进行严格的控制。在2000版的ISO 9000标准中非常重视对顾客需求和期望的识别、确认和评审。不仅要求进行市场调研和合同评审，更强调将顾客的需求和期望转换成具体的要求。这就需要进行必要的设计或开发，将顾客的要求转换成产品标准和工艺规程或检验规程。对采用1994版ISO 9002标准认证的企业，你还应当准备对删减设计和开发提出足够的理由，否

---

* 原载于《中国冶金报》2001年3月13日。

则必须将设计和开发包括在质量管理体系之中。即使将设计和开发委托其他单位进行，你也不能删减设计和开发。

你要准备策划在质量管理体系中进行哪些监视、测量和分析活动，例如顾客满意不满意，体系运行是否有效，过程和活动是否达到规定的目标，产品和服务是否达到规定的要求，等等，必须采取适当的方法进行监视和测量。

你要准备坚持改进，包括提高满足顾客要求能力的各种 2000 版 ISO 9000 标准，非常强调持续改进活动，把它看成是衡量质量管理体系是否有效的判断准则，是企业永恒的目标。

你还应当准备对质量管理体系的文件进行某些必要的修改。虽然标准要求的程序文件数量减少了，但是对质量管理体系必须形成文件，而且将质量管理体系中过程或活动的内容、顺序、相互关系和职责必须描述清楚的要求没有变化。我们认为，通过标准转换使质量管理体系增值，进一步提高企业的竞争能力和经营业绩，这也是国家标准化组织的发展战略和这次修改标准的目的和意义。

用过程方法策划质量管理体系*

在 ISO 9000—1：1994《质量管理和质量保证　第一部分：选择和使用指南》中曾经提到，ISO 9000 标准是建立在“所有工作都是通过过程来完成的”这样一种认识的基础上的。并且提出质量管理体系也是通过过程来实现的。为使质量管理体系运行有效，组织应以协调一致的方法来确定和展开这些过程及其相应的职责、权限、程序和资源。由此可见，在 1994 版标准中已经具有过程的概念。但是，由于质量管理和质量保证标准偏重于对产品质量保证，使得标准的结构基本上是按质量环（质量螺旋）模式展开的，而 2000 版标准考虑到质量管理体系要求包括产品质量保证和顾客满意，必须强调持续改进，除继续采用过程概念外，还吸收了 PDCA 循环概念，使得标准不仅仅局限于提供质量保证，更重要的是实现持续质量改进，满足顾客和其他相关方不断增长的要求。于是质量管理体系标准（要求和指南）的结构是把管理职责、资源管理、产品实现、测量、分析和改进作为质量管理体系的四大主要过程，并按 PDCA 循环展开。过程方法或者过程方法模式是否可以理解为过程概念和 PDCA 循环的结合产物，反映了现代质量管理科学发展的成果和质量管理实践的经验。

在 ISO 9001：2000 的引言 0. 2 过程方法中说，“本标准鼓励在建立、实施质量管理体系以及改进其有效性时采用过程方法，通过满足顾客要求，增强顾客满意”，同时又说，“为使组织有效运作，必须识别和管理众多相互关联的活动。通过使用资源和管理，将输入转化为输出的活动可视为过程。通常，一个过程的输出直接形成下一个过程的输入”。过程方法还特别强调“组织内诸过程的系统的应用，连同这些过程的识别和相互作用及其管理”，也就是说，重视“对诸过程的系统中单个过程之间的联系以及过程的组合和相互作用进行连续的控制”。

在建立和实施质量管理体系时，组织应识别质量管理体系所需的过程及其在组织中的应用，确定这些过程的顺序和相互作用，确定为确保这些过程的有效运作和控制所需的准则和方法，确保可以获得必要的资源和信息，以支持这些过程的运作和监视，测量、监视和分析这些过程，实施必要的措施，以实现对这些过程所策划的结果和对这些过程的持续改进。

---

* 原载于《冶金标准化与质量》2001 年第 5 期。

对 ISO 9001：2000 标准的 7.6 条款的理解*

ISO 9001：1994 标准的 4.11“检验、测量和试验设备的控制”对计量管理提出了要求，ISO 9001：2000 标准的 7.6 条款“监视和测量装置的控制”也对计量管理提出了要求，可见计量管理在质量管理体系中的重要性。

在贯标认证的实践中，不少企业和认证机构对计量管理的理解只局限于对计量器具的校准。笔者认为，校准只是计量管理的一部分。在质量管理体系中的计量管理应包括以下几个方面的内容：

（1）识别和确定为了保证和证实产品的符合性，应当开展哪些监视与测量活动。在这些活动中，应当配置哪些监视和测量装置。也就是说，企业应当针对产品实现过程制订计量器具的配备规范，并按规范进行配置。

（2）明确这些装置应当具有哪些监视和测量能力，以满足监视和测量活动的要求。也就是说，企业应当明确监视和测量的对象，应当保证监视和测量能力与要求一致，以保证具有适宜的准确度和精密度。

（3）对测量设备进行校准和调整管理，使其准确度和精密度处于受控状态。校准应有量值传递基准和数据溯源系统，并保存记录和进行标识。如果没有确定监视和测量活动，没有配置符合要求能力的设备，单纯地检查是否进行了校准、是否过期、是否有标识，是没有多大意义的。

（4）对监视和测量设备应按规定进行点检、维护和检修。通过点检，及时发现设备的偏移状态并采取措施评价监测数据的有效性；通过维护，保证设备处于完好状态；通过检修，保证设备的检测能力。

（5）为了防止测量结果失效，必须规定由经过培训和有资格的计量人员按认可的规程对监视和测量设备进行调整，并采取必要措施防止非预期的调整。在搬运、维护和贮存期间，应防止损坏或失效。

（6）ISO 9001：2000 标准还规定，当用于规定要求的监视和测量时，应对计算机软件满足预期用途的能力予以确认。这种确认应在初次使用前进行，必要时予以重新确认。

（7）质量管理体系中的计量管理应对监视和测量所得到的数据和信息进行直觉判断或逻辑分析，为质量管理和持续改进提供依据。

---

* 原载于《中国质量认证》2001 年第 6 期。

投身开放的国际竞争*

2001 年 8 月 17 日日本的《经济新闻》发表了一篇署名文章，题目是“先进的企业集团生产出高技术钢材”，报道我国宝钢集团上海五钢生产出世界领先的高技术钢材——微型轴承用钢。

日本的美培亚公司以生产计算机、复印机、CD 机和录像机等用的微型轴承而闻名世界。据说全世界每年生产 15 亿套，美培亚占 60%，居世界首位。这种轴承的直径只有 3mm，中间有一个 1mm 的孔，套圈厚度也只有 1mm，中间还要放 6 个小滚珠。高速旋转的滚珠不许有任何缺陷，对滚珠的不圆度也有严格要求（小于 0. 03μm），相当于地球上不许有 13m 的凸凹，也就是头发丝的三千分之一的精度。美培亚及其在中国和泰国的合资企业过去一直采用日本的轴承钢生产这样的微型轴承。

1994 年上海市徐匡迪市长到美培亚在上海青浦的合资企业视察时，了解到这种情况，立即指示上海的冶金企业，一定要让上海的美培亚用上本地的钢材，并达到世界一流水平。从此上海五钢进行了研究开发和技术创新，并瞄准日本同类产品的生产厂商“锅仓金属”，终于生产出顾客满意的钢材，使我国成为了除日本、德国之外，第三个能够生产这种钢材的国家。美培亚公司的总经理山本次男先生说，中国已经能够生产这种高技术钢材，在日本以外，能够就地生产供应这种钢材的国家，在亚洲只有中国，因此打算进一步扩大上海的美培亚公司，该报告在结束语中说上海美培亚使用日本进口钢材的时代已经结束。

看了这则报道，使我想起中国钢铁工业协会吴溪淳会长最近的一次讲话，他说，过去讲参与国际竞争，是指在限制进口的形势下，出口一些产品到国际市场上去竞争；今后在进入 WTO 以后，是在取消了对进口的限制后，在国内与国外进口产品进行的竞争，也是参与国际市场的竞争，这才是平等的竞争、公平的竞争。上海五钢微型轴承用钢就是参与了这种形式的国际市场的竞争，并取得了胜利。由此可见，用自身的创新、质量、成本和服务站稳广义上的国际市场，是我们国内企业必须直面的课题。它同时也是我们企业获取更高层次的有效途径。

---

* 原载于《中国冶金报》2001 年 9 月 7 日。

加入 WTO 与质量认证*

我国加入 WTO 做出的承诺之一是逐步取消非关税壁垒。这是原关贸总协定东京回合和乌拉圭回合提出并达成共识的。所谓非关税壁垒主要是指从数量上限制外国商品进口的措施，从价格上限制外国商品进口的措施，从技术、卫生、检验标准或以立法形式限制外国商品进口的措施等。我国入世以后，应逐步取消上述有关措施。同样我国出口的商品在 WTO 成员国家和地区也会逐步获得同样的待遇。

在非关税措施中关于合格评定程序是主要的内容。对进出口商品的检验标准和检验方法不统一，也会造成壁垒。为此各成员国在合格评定程序问题上进行合作与竞争，力求推动自由贸易的全球化和维护本国在国际贸易中的利益。合格评定的内容相当广泛，其中包括产品质量标准和质量管理标准。ISO 9000 族标准就是世界各国互认的质量管理体系的合格评定程序。

企业得到 ISO 9000 标准认证标志着该企业的质量管理体系符合国际公认的标准，在进出口商品检验时作为一种公正的“通行证”，是消除非关税措施的一种手段，目前正在全世界得到广泛的实施和应用。但是质量管理体系的认证，不能代替产品的质量检验，只是一种补充。于是国际上正在谋求统一合格评定程序的产品质量认证。

ISO 9000 标准是质量管理体系的标准，不是产品的标准；但是通过质量管理体系认证表明产品生产过程具有质量保证，并能够持续改进，使顾客满意。这种认证在我国入世以后，对我国企业参与国际贸易和市场竞争具有重要的作用。质量认证不仅仅是表明企业符合国际标准要求，更重要的是能使企业提高质量管理体系的有效性和效率，使质量管理增值，是提高企业质量管理水平的最重要的机遇。

我国大多数钢铁企业已经完成了 ISO 9000 标准的质量认证，而且从贯彻实施质量管理标准中受益。但是，也有相当多的企业只追求获得认证证书，得到一张产品出口的“通行证”，而没有或很少有在提高质量管理水平和提高产品实物质量上下工夫。入世以后，质量认证对市场竞争具有一定的优势，但是真正的优势仍然在于管理水平和产品质量。我们应当把 ISO 9000 作为一种提高管理水平

---

* 原载于《中国冶金报》2001 年 11 月 13 日。

和产品质量的手段，来增强企业在国际市场上的竞争能力。

从目前我国钢铁企业质量管理体系认证的情况来看，存在的主要问题有以下几个方面：

（1）对满足顾客要求的认识不足。ISO 9000 标准的基本原则之一是以顾客为关注焦点，即企业的生存和发展离不开顾客，因此必须了解顾客要求，满足顾客要求，超越顾客要求。目前，不少企业还是按标准生产，只注意明示的要求，没有考虑隐含的要求，更不注意顾客或企业附加的要求和未来的要求。

（2）对质量方针和目标管理不严。ISO 9000 标准要求企业建立的质量方针和质量目标必须与企业的总体方针目标相一致，体现满足顾客要求和持续改进，并有可测量的、与产品质量有关的内容。但是，不少企业的质量方针和目标只是几句口号，更缺乏严格的管理。

（3）缺乏领导重视和群众性参与。ISO 9000 标准要求企业发挥领导作用和主张全员参与，但是不少企业只是质量管理部门在包办，领导亲自参与和积极支持不够，相关部门的专业管理没有融入质量管理体系。特别是营销与采购活动，表面上有符合性记录，实际上没有作为与产品质量形成相互关联的过程来加以控制和管理。

（4）对人力资源和工作环境管理不力。有相当多的企业没有把培训工作与提高人员能力和产品质量结合起来，培训的有效性比较差。不重视工作环境和现场管理。国外普遍推广的 5S 管理，在我国钢铁企业却很少见。没有针对持续改进提供一致的方法和培训。QC 小组活动与质量管理体系两层皮。

（5）有些企业生产过程控制不严格。不是根据顾客要求设计产品特性和过程参数，而是根据企业情况进行生产。不按操作规程生产时有发生，设备不按计划检修相当普遍。有些企业原材料不合格仍然让步接收，半成品不合格继续放行。包装和搬运仍然是薄弱环节。对交付后的异议，多采用降价处理，很少反馈到过程改进或质量提高等纠正和预防措施上面来。

（6）不少企业设计和开发能力不足。企业的技术创新是竞争能力的源泉，没有创新，就没有竞争力。不少企业没有设计和开发能力，只能生产老产品，不能生产新产品。有些企业的“新产品”，其实是没有生产过的国家标准产品。产品没有特色，工艺没有创新，入世以后，这样的企业，即使是通过了 ISO 9000 质量体系认证，也将没有竞争能力。

针对上述存在的问题，为了提高 ISO 9000 标准运行的有效性，建议在贯彻实施 ISO 9000 标准时，应注意做好以下几个方面的工作：

（1）首先从管理者过程抓起。管理者过程主要是实施质量方针和质量目标的管理。ISO 9000 标准要求企业根据顾客要求，建立和实施与企业经营总方针和总目标协调一致的质量方针和质量目标，并要求质量方针应当体现满足顾客要求和持续改进精神。质量目标应当分解到适当层次，而且是量化的。为了实现质量方针和质量目标，应有策划、制订、发布、宣贯、实施、协调、检查和修改过程。

企业的质量方针和质量目标应是管理者的决策，不应由质量管理机构或人员代行。质量方针不应口号化，质量目标要有可测量的指标，具有可操作性。企业应对质量方针和质量目标进行管理，以便起到统一员工思想认识、引导质量管理活动、判断业绩奖惩依据、展示企业经营形象的作用。只有质量方针和质量目标得到有效的贯彻实施，质量管理体系才会有正确的导向，并有效地支持质量方针和质量目标的实现。

（2）有效控制人力和物力资源。2000 版 ISO 9000 标准十分重视资源管理过程，要求企业在人力资源、基础设施和工作环境保证生产出来的产品符合顾客要求。从事影响产品质量的工作人员必须具备必要的能力，包括教育、培训、技能、经验和意识。如果不具备上述能力，应采取培训或其他措施使其满足能力要求。企业不仅对工作人员应有能力提出要求，而且应当通过培训或其他措施满足能力要求。人力资源管理应为生产经营服务，人员培训应与人才使用结合。使人力资源得到有效利用。

标准要求企业确定和提供与产品相适应的基础设施，并注意加强维护。随着技术改造的进行，不少企业正在进行设备的结构调整，基础设施得到了加强，但也应注意维护检修工作。做到检修有计划，维护有规程。消除设备检修不及时、没有或不按准则验收的现象。坚持日常点检，强化状态管理。使物力资源得到有效利用。

至于工作环境，包括定置管理、文明生产和班组建设。企业应从人性化或人机功效角度来进行策划和管理。解决生产现场脏、乱、差的现象。

（3）重点在于使产品实现过程受控。为了生产出顾客满意的产品，标准要求企业控制与顾客有关的过程，包括对与产品有关要求的确定和评审，不仅应满足顾客明示的要求，还应满足顾客隐含的要求，法律法规要求和企业附加的要求。为此首先应有效地策划产品的实现过程。常规产品的策划就是如何采用已有的技术条件和工艺规程进行生产；新产品的策划则是用设计和开发来确定技术条件、工艺规程和验收准则。为了生产出满足顾客要求的产品，也应对采购过程进行控制，包括从合格的供方采购符合要求的原料和备件等。生产和服务提供过程的控制，包括按什么要求进行生产，如何进行生产，采用什么工艺，采用什么设备，如何监测过程和产品，如何验收和交付。也就是说有效地控制产品实现过程，使生产出来的产品达到顾客要求，并不断提高顾客满意程度。

产品实现过程的有效性主要应表现在产品实物质量的改进。如果产品实现过程得不到增值，不能使企业的设备、技术和产品结构得到优化，那么贯彻实施

ISO 9000 标准的有效性就很差。目前有相当一部分企业能够采用过程方法和系统方法来控制产品实现过程，强化了设计和开发，增强了核心竞争力。控制了生产过程，产品质量稳定提高。对突发性变异和经常性事故得到了有效控制。具有持续改进能力，赢得了顾客的满意。

（4）采用 PDCA 方法持续进行质量改进。2000 版 ISO 9000 标准非常强调用 PDCA 循环进行质量改进。为了有效地进行改进，必须对产品、过程、体系和顾客进行监视和测量，并对监视和测量所得到的信息进行分析，以便找出改进的机会，特别是持续改进，提高质量管理体系运行的有效性。

目前，多数企业对产品的监视和测量（检验和试验）与体系的监视和测量（内审和外审）比较熟悉，对顾客的监视和测量与过程的监视和测量还不大熟悉。但都正在建立获得和利用顾客满意程度的方法，尤其是对某些过程（例如销售和采购、生产和检验）也陆续建立了衡量这些过程的方法和准则。只有对所有过程的增值和优化进行控制，才能提高质量管理体系的有效性。数据分析也是一个重要的环节，为了有效地进行数据分析，必须大力普及统计技术，以提高决策水平和改进效果。为了提高质量管理体系运行的有效性，企业应对现实的和潜在的问题进行分析，并采取有效的纠正和预防措施，同时使 QC 小组成为持续改进的一种形式，为企业的生产经营作出实实在在的贡献。

质量认证作为非关税的措施之一，其作用在于相互取得关于统一合格评定的信任和在国际市场竞争中取得优势。其基础还在于按 ISO 9000 标准对质量管理体系进行严格的管理。没有严格的管理，不仅没有竞争优势，也会失去相关方的信任。我们应当抓住入世带来的机遇，提高质量认证把企业的质量管理提高到一个新的水平。

钢铁和辅料应互利双赢*

最近，与几家铁合金、耐火材料和碳素电极等冶金炉料企业的同志谈起如何面对入世时，他们都普遍认为，不仅在国际贸易中应当遵守诚信原则，在国内贸易中也应当树立同样的经营理念。他们对某些钢铁企业拖欠货款造成冶金辅料企业经营困难的现状，感到十分为难。他们希望随着我国加入 WTO，通过市场竞争和合作，能够使这种不正常的供需关系逐步得到改变。这使我联想到为什么 2000 版 ISO 9000 质量管理体系标准把建立互利的供方关系作为 8 项质量管理原则之一。

对钢铁企业来说，供方就是铁合金、耐火材料和碳素电极等冶金炉料企业。2000 版 ISO 9000 标准把企业与供方的关系看成是企业与顾客供应链上的第一个环节。供方的产品质量直接影响钢铁企业的最终产品的质量，钢铁企业的质量效益中包括供方的贡献，所以钢铁企业应当与供方共同建立质量管理体系，共同为顾客服务，共同创造价值，共同获得利益，共同分享成功与喜悦，即建立互利的供方关系。钢铁企业正确地运用互利的供方关系，不仅可以增强供需双方创造价值的能力，而且还能够增强对市场反应的灵活性。促使成本和资源的最优化。互利的供方关系要求供方不仅提供符合要求的产品或服务，而且还要考虑建立和健全质量管理体系，通过自身的改进，推动钢铁企业的技术进步和市场竞争能力。他们不应担心是否能够及时得到货款，而是追求在钢铁企业的发展中如何长期受益，形成双赢的关系。

为了建立互利的供方关系，标准要求企业首先评价和选择关键的供方，并建立长期战略伙伴关系。钢铁企业为了满足顾客要求，提高竞争能力，可以向供方提出产品和服务的质量要求，甚至按顾客或标准要求建立质量管理体系，并对其进行控制和管理。在彼此合作中创造一个通畅和公开的沟通渠道，确定联合改进活动，共享资源和技术，激发、鼓励和承认供方的改进及其成果，对供方的贡献给予表彰和奖励。

当前，由于缺乏这种正常的互利和双赢的关系，致使部分冶金辅料企业陷入困境，而一些浪费能源和资源的供方又应运而生，甚至假冒伪劣产品也进入钢铁

---

* 原载于《中国冶金报》2002 年 1 月 24 日。

企业。究其原因正是企业如何处理供应链上的关系问题。从供方—企业—顾客的供应链来分析，为了企业与顾客的长期战略伙伴关系，必须建立供方与企业的长期战略伙伴关系。任何短视行为，必然损害与顾客的关系，最后殃及企业自身。为了企业的生存发展，必须考虑顾客利益；为了考虑顾客利益，必须互利供方。只有双赢才能共同发展，失掉供方，也会失掉顾客和市场。

按 ISO 14000 标准建立环境管理体系*

一、ISO 14000 系列标准介绍

ISO 14000 是国际标准化组织（ISO）从全球可持续发展战略出发，组织制定的关于企业内部环境管理体系的标准。通过贯彻实施这套标准可以使企业建立起符合要求的环境管理体系，并通过运行和审核使企业的环境管理水平不断改进和提高。

目前 ISO 已经公布了 5 个国际标准，即：

ISO 14001 环境管理体系——规范和使用指南。

ISO 14004 环境管理体系——原理、体系和支撑技术通用指南。

ISO 14010 环境审核指南——通用原则。

ISO 14011 环境审核指南——审核程序——环境管理体系审核。

ISO 14012 环境审核指南——环境审核员资格要求。

这 5 个标准总称 ISO 14000 系列标准，与 ISO 9000 标准相似，ISO 14001 是用于认证的标准，ISO 14004 是用于指导企业建立、实施和改进环境管理体系。

二、积极推进 ISO 14000 系列标准

目前，国际社会考虑到环境问题对人类的影响、保护环境对可持续发展的作用、减少环境污染、节约能源和资源以及消除非关税贸易壁垒的需要，正在积极推动利用 ISO 14000 系列标准来协调全球的环境问题。

环境管理体系（EMS）标准首先要求企业的管理者应制定环境方针，并将环境方针作为企业生产经营方针的重要组成部分，承诺遵守环境法规和改进环境管理，以便控制企业的活动、产品或服务对环境的影响，实现和证实良好的环境行为。

环境管理体系（EMS）标准还要求企业应考虑重大的环境因素和法律法规要求，来策划企业的环境目标和指标，并据此制定企业的环境管理方案。该方案中

---

* 原载于《冶金标准化与质量》2002 年第 2 期。

应考虑产品和服务实现过程中的策划、设计、生产、营销和回收处置等。

环境管理体系（EMS）标准还要求企业应实施和运行环境管理体系，包括健全机构，落实责任，进行培训，强化意识和提高能力，沟通信息和形成文件，运行控制，并具有应急准备和反应，预防或减少可能伴随的环境影响。

环境管理体系（EMS）标准还要求企业能够对本企业的环境进行监测和测量，遇有法律法规或标准要求不一致时，能够采取纠正和预防措施。企业为了贯彻实施环境管理体系必须经常或定期地对其运行情况进行体系审核和管理评审，以达到不断改进和提高。

环境管理体系（EMS）标准体现了 PDCA 循环的思想，首先建立环境方针和策划（Plan），通过实施与运行（Do），经过检查（Check）与纠正措施（Action）以及管理评审达到持续改进。这种 PDCA 循环的思想已经被 2000 版 ISO 9000 标准所采纳，形成了一种管理体系的“过程模型”，与环境管理体系相容。将来有可能建立起由质量管理体系（QMS）、环境管理体系（EMS）和健康与安全管理体系（H&S）共同组成的综合质量管理体系，即产品和/或服务质量管理体系、环境质量管理体系以及健康与安全质量管理体系，真正成为名副其实的全面质量管理体系。

同 ISO 9000 标准一样，ISO 14000 标准也是国际上合格评定的程序之一，通过 ISO 14000 的认证，将被认为环境管理体系符合国际准则，可以减少国际贸易非关税壁垒，进入国际市场，获得商业利益，将环境效益转换成经济效益。

据统计，在世界各国 CO_2 的排放量中，我国占 10%，是日本的 2 倍，美国的 1/2，相当于俄罗斯。在世界各国 SO_2 的排放中，我国占 15%，是日本的 20 倍，仅次于独联体和美国，居世界第三。钢铁工业是污染环境的重点行业之一。它所排放的 CO、CO_2、SO_2、NO_x 等污染着大气，酸、碱和废水等污染着水质，烟尘和废渣污染着环境。ISO 14000 标准对我国钢铁企业来说，既是一种机遇，也是一种挑战。同其他发展中国家一样，贯彻实施 ISO 14000 标准，具有很大的难度。这主要是因为我国钢铁企业一些领导干部和职工缺乏环境意识，环境管理基础比较薄弱，大部分企业还没有形成健全的环境管理体系，特别是目前大多数钢铁企业经济效益不好，资金短缺，财力有限，在相当一段时期内，在环境保护方面的投入不足，设施跟不上，管理有困难。因此，谋求 ISO 14000 认证的企业不会很多。但是，在 21 世纪中国的钢铁工业也必然要向可持续发展方向过渡。质量管理和环境管理都必须与国际接轨，特别是在进入 WTO 以后，钢铁工业必须承诺质量管理和环境管理履行国际指南，否则很难进入国际市场。另外，也不利于引进外资和国际合作。

同 ISO 9000 一样，在谋求获得 ISO 14000 的认证时，首先应明确认证的目的、环境方针和目标，然后形成文件化的环境管理体系，对环境因素进行分析，并建立测量和评价方法。对具有法律和法规要求的内容，必须进行强制管理，根据 PDCA 的思想，不断改进环境管理，使环境不断得以改善。但是，对钢铁工业和钢铁企业来说，最重要的是树立环境战略思想，也就是人们常说的“可持续发展战略”。

三、需要注意的三个问题

关于建立环境管理体系要有三种思想准备，一是加强治理；二是减少污染；三是零废弃物（Zero Emission）化。获得 ISO 14000 认证只是一个起点，战略目标应是“零废弃物”化。“零废弃物”化反映了人们对待环境管理问题的战略转移。

在 20 世纪 70 年代的环境管理体系重点在以法律、法规为中心，对生产过程的废弃物从“下游”加以净化或处理，对保护环境起了作用。但是由于这种类型的环境保护设备投入很大，除了像日本和美国等工业发达国家外，对广大的发展中国家的钢铁企业来说，投入大，产出小，在经济上仍有很大困难。

到了 20 世纪 80 年代后期，出现了“清洁生产（Cleaner Production）”的思路，即 3R（Reduce 减少、Recycle 回收、Reuse 再生），这种环境管理体系是从产生污染过程的输入和输出解析出发，对生产过程的“中游”加以处理，来降低或减少废弃物的产生。对许多工业和企业靠这种改造个别生产过程来解决庞大的废弃物系统也有局限性。但是，它比“下游”处理前进了一步。这不仅需要资金，更需要进行研究和开发。

最近人们开始考虑借助不同行业的网络化，使单一过程不能完成的资源有效利用和减轻环境负荷，在不同层次的物质循环的产业链中实现。它是从生产过程的“上游”加以处理，来降低或减少废弃物的产生。同前两种办法相比，这种办法可以称为是“系统的环境管理体系”，是未来环境管理体系的趋势，符合可持续发展战略。

在环境管理体系存在有 5R，即 Reduce（减少）、Reuse（再用）、Recycle（再生）、Recovery（回收）和 Revival（转换）。“清洁生产”只能解决废弃物的减少、再用和再生问题；而“零废弃物”化则能把一个生产过程中排入的废弃物赋予附加值，转换成另一个生产过程的输入，解决回收和转换问题，形成物质的循环链。

四、我国钢铁企业环境治理方向

在加强治理方面，我国的钢铁工业和钢铁企业已经做了许多工作，也取得了明显成效。例如，煤气除尘和废渣利用等。当前，在贯彻实施 ISO 14000 时，建立的环境管理体系的主要目标和指标应放在加强治理上，达到符合国家法律和法规的要求，即做到符合性。

在减少污染方面，我国的钢铁工业和钢铁企业也做了不少工作，也取得了可喜的成果。例如干熄焦、直接还原、熔态还原、高炉喷吹、平炉改转炉、电炉加竖炉、连铸热装、连续轧制等。随着环境管理体系的建立和完善，不断地进入优化工艺和装备，改善企业周边环境，达到“绿色工厂”的水平，即做到“有效性”。

对于 21 世纪来说，钢铁工业和钢铁企业应在加强治理和减少污染的基础上，树立“零废弃物”化观念，对可持续发展有更深的理解和更高的追求。这需要行业和地区统筹规划，从过程“零废弃物”化到“零废弃物”网络化，再到行业或地区的“零废弃物”化。

为了在钢铁工业或钢铁企业中建立起有效的环境管理体系，有必要着手开展“零废弃物”化的物流分析。国外有人研究过，有一个钢铁企业密集的地区，钢铁企业所产生的物质中，有 70% 是有价值的物质可以直接利用，有 30% 是“废弃物”。在“废弃物”中有 30% 可以进行“下游”处理利用，例如高炉炉渣可以全部生产水泥；有 8% 可以进行“中游”处理，即用优化工艺或设备的办法加以治理使之降低或减少；有 62% 应当进行“上游”处理使之“零废弃物”化，作为再生资源为其他工业或企业所利用。可见“废弃物”中也有相当可观的潜在资源。

对钢铁工业或钢铁企业的物流从有价值的物流、未利用物流和可再生物流进行分析，利用 PDCA 循环进行策划，并研究开发出“零废弃物”化的技术和设备，使之运行，不断测量和评价，不断改进和完善，使未利用的物流得以利用，使可再生物流得以再生，把环境保护和资源利用相结合，这才建立起了具有可持续发展战略方针和目标的环境管理体系。

对于我国钢铁工业或钢铁企业来说，建立 ISO 14000 环境管理体系，其任务是非常艰巨的。没有一定水平的固有技术，只靠单纯的环境管理，是不可能建立起有效的环境管理体系的。没有技术和管理基础而去谋求认证也是没有意义的。我国绝大多数钢铁企业的环境管理体系认证还要有一个遥远的路程，但“路在何方”，“路在脚下”，不能等待，必须及早起步。那就是从现在起，与调整结构和优化配置相结合，加强行业导向，向可持续发展的方向一步一步地走下去。

持续改进与 QC 小组活动*

一、从日本 QC 小组的兴衰说起

QC 小组活动是 20 世纪 60 年代在日本企业中兴起的一项群众性的质量管理活动。在 70 年代逐步形成了 QC 小组活动的纲领，即“认识存在价值、尊重工人个性和重视现场管理”的理念。到了 90 年代又提出了“使顾客满意、贡献社会和发挥领导作用”的方针。虽然那时的 QC 小组活动也强调以顾客为关注焦点和领导作用，但仍然没有脱离原有的活动范围。致使发源于日本的 QC 小组活动处于萎缩状态，企业领导也没有从前那么重视了。日本质量管理界开始调整 QC 小组的纲领和方针，QC 小组活动开始转向与业务工作相结合的方向。从自下而上（Bottom up）发展成上下结合（Top down and Bottom up），进一步又转移到自上而下（Top down）的方式进行。小组活动的基本理念也发生了根本变化。从 1970 年强调“发挥人的能力并启发无限的创造力”发展到 90 年代的“对企业的实力的改进和发展作贡献”。因为这些活动对改进和发展企业实力有作用，是培养人才和管理现场的重要活动，除劳动者自身应参加到 QC 小组活动中去，同时还提出领导也应参加 QC 小组活动，并指导、鼓励和号召全员参与。目前，日本的 QC 小组活动虽然没有以前那么活跃，但是却从“重视参与”发展到“重视实效”上来了。于是产生了一种所谓“悬赏型（Wanted）”的 QC 小组，是由企业领导出题目，劳动者进行改进的活动。由于活动本身对企业生产经营有作用，所以企业领导又开始重视并支持 QC 小组活动。由此可见，QC 小组的活动必须与企业的生产经营实际相结合，否则不可能受到重视，更不可能有发展。

二、持续改进是与企业生产经营最好的结合点

QC 小组的活动必须与企业的生产经营实际相结合，不仅是日本 QC 小组的发展方向，也是中国 QC 小组必须重视的问题。那么怎么才能使 QC 小组的活动与企业的生产经营实际相结合呢？我认为在贯彻实施 ISO 9000 标准中，持续改进是与企业生产经营最好的结合点。持续改进与其他质量改进一样，也是致力于

* 原载于《冶金标准化与质量》2002 年第 2 期。

增强满足质量要求的能力。如果说纠正、纠正措施和预防措施也是质量改进措施的话，那么持续改进比上述这些措施具有更积极的意义。持续改进并不仅仅限于消除已发现的不合格或潜在的不合格，而是针对更高的目标进行改进，而且是循环的活动。即使没有发现显在的或潜在的不合格，也要进行改进。使持续改进成为每一个人的活动，成为企业的永恒的目标。

在 ISO 9000：2000 质量管理体系　基础和术语的 2.9 持续改进中明确规定，持续改进包括下述活动：

（1）分析和评价现状，以识别改进范围。

（2）设定改进目标。

（3）寻找可能的解决办法以实现这些目标。

（4）评价这些解决办法并做出选择。

（5）实施选定的解决办法。

（6）测量、验证、分析和评价实施的结果以确定这些目标已经满足。

（7）将更改纳入文件。

必要时，对结果进行评审，以确定进一步改进的机会。从这种意义上说，改进是一种持续的活动。

在贯彻实施 2000 版 ISO 9001 标准的 8.5.1 持续改进时，应当按上述 PDCA 程序进行。众所周知，在全面质量管理中广泛采用的 QC 小组活动也是有固定程序的，归纳起来有以下几点：

（1）分析评价现状。

（2）设定改进目标。

（3）分析问题原因。

（4）提出解决办法。

（5）实施选定办法。

（6）评价实施结果。

（7）纳入标准化。

QC 小组活动程序与持续改进是相同的，所以说，QC 小组活动是进行持续改进的好形式。如果将 QC 小组活动用于持续改进，有利于将 QC 小组活动与贯彻实施 ISO 9000 标准结合起来，防止两层皮。

为了使 QC 小组活动与持续改进活动融合得更好，QC 小组活动更应注意通过使用质量方针、质量目标、审核结果、数据分析、纠正和预防措施以及管理评审的机会来寻找课题，持续改进质量管理体系的有效性。

三、积极寻求机会使 QC 活动为持续改进作出贡献

质量改进是质量管理的一部分，致力于增强满足质量要求的能力，包括有效

性、效率或可追溯性。2000 版 ISO 9000 标准更强调组织应进行持续改进，即通过使用质量方针、质量目标、审核结果、数据分析、纠正和预防措施以及管理评审，持续改进质量管理体系的有效性。持续改进与其他质量改进一样，也是致力于增强满足质量要求的能力。如果说纠正（为消除已发现的不合格所采取的措施）、纠正措施（为消除已发现的不合格或其他不期望情况的原因所采取的措施）和预防措施（为消除潜在不合格或其他潜在不期望情况的原因所采取的措施）也是质量改进措施的话，那么持续改进比上述这些措施具有更积极的意义。持续改进并不仅仅限于消除已发现的不合格或潜在的不合格，而是针对更高的目标进行改进，而且是循环的活动。即使没有发现显在的或潜在的不合格，也要进行改进。使持续改进成为每一个人的活动，成为组织的永恒的目标。

为了使 QC 小组活动与持续改进活动融合得更好，QC 小组活动更应注意通过使用质量方针、质量目标、审核结果、数据分析、纠正和预防措施以及管理评审的机会来寻找课题，持续改进质量管理体系的有效性。目前有些 QC 小组已经跳出自主管理的小圈子，放眼企业生产经营大局，选择题目，甚至向企业领导“请战”，把企业的难题作为 QC 小组活动的重点。例如提高产品实物质量、降低生产经营成本、减少和消除安全隐患、治理可能形成的环境污染等，受到了企业领导的重视和支持，使 QC 小组在企业中的地位有了提高。在我国加入 WTO 以后，提高企业核心竞争能力成为当前乃至今后相当一个时期的关注焦点。核心竞争能力主要表现在技术创新能力上面。QC 小组活动不仅应强调参与，更应强调贡献。像过去提倡“技术革新”一样，QC 小组应强调出成果，出有水平和有效益的成果。QC 小组活动不在于人数和组数多少，关键在于进行什么活动；不在于发表不发表，关键在于发表什么成果；不在于形式，更在于内容，在于给企业生产经营带来实实在在的效果。从某种意义上来讲，这对 QC 小组活动既是挑战，也是机遇。在当前形势下，必须从为生产经营作贡献的方针出发，利用一切机会，进行持续改进，QC 小组才会具有新的生命力。为此，今后的 QC 小组应围绕企业的生产经营方针和目标，寻找课题，甚至请企业领导出题目，领导“招标”和“悬赏”，QC 小组“投标”和“请战”。这样，把 QC 小组活动与企业的生产经营紧密联系在一起，用持续改进来提高企业质量管理体系和其他管理体系的有效性和效率，QC 小组活动一定会有新发展。

质量和环境应“双管齐下”*

我国钢铁企业在经历ISO 9000热后，又出现了ISO 14000热。不少企业为了赢得市场和顾客，在完成ISO 9000认证后，又在谋求ISO 14000的认证。特别是在我国加入WTO以后，ISO 14000也逐渐热起来了。

ISO 9000是质量管理体系的标准，ISO 14000是环境管理体系的标准。

任何一个企业都存在多种管理体系，包括财务管理体系、质量管理体系、环境管理体系和职业健康与劳动安全管理体系等。但是，这些管理体系由于受益者不完全相同，各自关注的焦点也不同。质量管理体系关注的是质量的方针和目标，满足顾客的要求；环境管理体系关注的是环境的方针和目标，满足社会的要求。

ISO 9000标准重点规范了产品实现过程，ISO 14000标准重点规范了环境实现过程。但是，两者在管理模式和内容结构上是相似的，即采用过程方法模式和PDCA循环方法，形成管理职责、资源管理、实现或运行过程和测量分析与改进的内容和结构。国际标准化组织这样做的目的，在于将所有的管理合成一个综合管理体系。目前，国际标准化组织已经将质量管理体系和环境管理体系的审核标准合并，将来有可能将质量管理体系和环境管理体系标准也合并，达到实现形成综合管理体系的目的。

国外不少企业已经将质量管理和环境管理融合，形成一个统一的管理体系，编写一本管理手册，通过一次审核，取得两张认证证书。其前提之一是质量管理体系和环境管理体系的认证和认可机构的融合。如果企业委托不同的认证机构分别认证质量管理体系和环境管理体系，那么这种融合将会受到影响。特别是认可机构的分离或政府机构对环境认证工作的垄断，将对这种融合带来很大的阻力。这也是WTO规则所不允许的。

企业为了取得质量和环境管理体系的同时认证和注册，不在于企业的管理机构是否合一或分立，关键在于统一策划，统一管理职责和资源配置，统一对质量和环境过程的管理，统一测量、分析和改进，不要“两层皮”。特别是观念的统一是非常重要的。环境说到底也是质量问题，质量本身就含有环境的指标。有污染的企业或污染的产品，就说明这个企业的质量管理和产品质量有问题。同ISO

---

* 原载于《中国冶金报》2002年2月13日。

9000 认证一样，在管理上不下工夫，在资源上不投入，在环境指标上没有改进，甚至常常因为环境保护不善而受到警告或罚款，即使拿到证书也没有任何意义。

通过认证和注册提高环境管理体系的有效性和效率，提高环境管理的业绩，对目前环境管理仍需加强的大多数钢铁企业来讲，这才是问题的关键。

钢铁企业的设计和开发过程的控制*

一、前言

钢铁企业的产品属于流程性材料，主要是根据国家标准进行生产，所以在选择 1994 版 ISO 9000 标准认证时，绝大多数企业采用 ISO 9002，没有把设计控制列入质量体系。但是在向 2000 版转化时，由于钢铁企业也存在将顾客要求转化为过程规范和产品特性的过程，所以必须对设计和开发过程进行控制。如何按标准要求用“过程方法”策划、实施、保持和改进设计与开发过程，对钢铁企业来说是一个新的课题。

“过程方法”是把任何工作都看成是一个过程或过程网络，是过程概念 PDCA 循环的结合产物，反映了质量管理科学发展的成果和各国（特别是日本）质量管理实践的经验。为了实施“过程方法”，组织应确定为取得所期望的结果所必需的过程和活动；确定这些过程的顺序和相互作用；明确这些过程和活动的目标和职责；控制并测量这些过程和活动的运作；监视、测量和改进这些过程。

本文拟以钢铁企业的设计和开发过程为例，探讨用“过程方法”策划、建立、实施、保持和改进质量管理体系的问题。

二、设计和开发策划

按 ISO 9001：2000 第 7 章 7.3 设计和开发的要求，首先应对钢铁企业的设计和开发过程进行策划，确定设计和开发阶段，钢铁企业的设计和开发，如图 1 所示，包括新产品试制计划、产品设计、半工业试制、工业试制（包括顾客试用）、设计修改、对产品进行评价、提出改进的方案等活动。

在产品设计阶段应进行评审，在半工业试制阶段应进行验证，在工业试制阶段应进行确认。

在策划阶段应明确设计和开发的职责和权限。例如设计和开发的策划由技术开发部负责，产品设计和半工业试制也由技术开发部负责，工业试制由生产部负

---

* 原载于《钢铁》2002 年第 37 卷第 4 期。

责。但应吸收市场营销部参加，以反映顾客和市场的需求和期望。

如果在设计和开发过程中需要改变设计和开发的计划（包括阶段和分工）时，技术开发部应及时进行沟通。

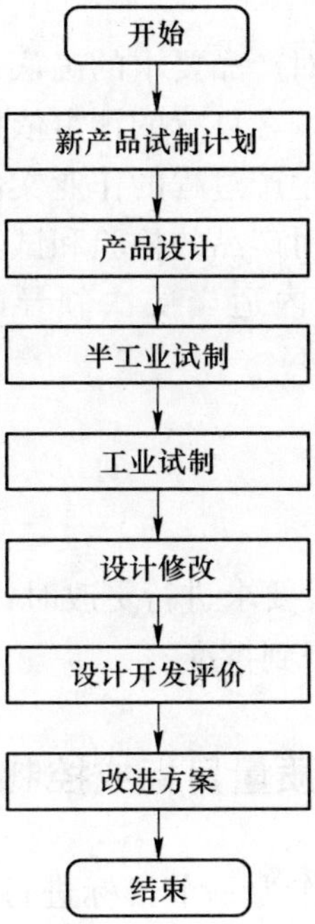

图1　钢铁企业的设计和开发过程

三、设计和开发输入

在设计开发之前首先应确定与产品要求有关的输入，包括顾客对产品功能和性能要求，例如化学成分、力学性能和工艺性能的要求，另外也要考虑适用的法律和法规要求。如果以前有过类似的设计和开发项目也应作为这次设计和开发的参考信息。

四、设计和开发输出

经过设计和开发（产品设计、半工业试验和工业试验），作为设计和开发的输出应提供以下几种文件：

（1）产品设计报告（包括化学成分设计、力学性能和工艺性能参数、生产提供过程方案）。

（2）半工业试验报告（包括对化学成分设计、力学和工艺性能参数、生产提供过程方案的验证）。

（3）工业试验报告（包括对化学成分设计、力学性能和工艺性能参数、生产提供过程的方案的确认）。

（4）顾客试用报告（包括对产品要求的确认）。

（5）产品技术条件（用于顾客订货的评审依据）。

（6）工艺技术规程（用于生产过程的作业文件）。

（7）产品验收准则（用于对产品的检验和试验）。

上述文件不仅应得到组织内适当层次领导的批准，而且还应得到顾客的认可。

五、设计和开发的更改

在顾客或组织对设计和开发要求进行更改时，应对设计和开发的更改进行评审、验证和确认，并在实施前得到批准。

六、设计和开发过程的质量目标或控制目标

可以将设计和开发的周期作为一个目标进行控制，同时控制预期的更改次数，防止非预期的修改。

七、设计和开发的文件

根据组织的情况，可以编制设计和开发程序文件，也可以用某些作业文件来控制，例如设计和开发规范或新产品试制管理办法等。

八、设计和开发的评价和改进

设计和开发结束后，应征求顾客和其他相关方的意见，寻求改进的目标，按持续改进的程序进行改进。例如改进设计开发方法、提高设计开发水平或加快设计开发进度等。

九、设计和开发过程控制表

设计和开发过程控制表见表1。

表1 设计和开发过程控制表

过程顺序	输入	输出	职责	目标值
新产品试制计划	顾客要求	设计开发计划	技术开发部	计划时间
产品设计	顾客要求 法规要求 参考设计	产品方案 试制方案 检验方案	技术开发部 市场营销部	设计周期
半工业试制	试制方案	试制报告	技术开发部 生产部	试验周期
工业试制	试制报告	产品技术条件 工艺技术规程 产品验收准则 顾客试用报告	生产部	试验周期
设计修改	顾客意见 内部意见 顾客意见反馈	修改方案 评审、验证或确认报告 设计开发总结	技术开发部 市场营销部 生产部	预期修改次数 设计开发周期和 非预期修改次数
改进方案	评审、验证或 确认报告	改进方案	技术开发部	改进的方法 改进的效果

十、过程之间的相互关系

“过程方法”是指系统地识别和管理组织所使用的过程，特别是这些过程之间的相互作用。在用“过程方法”建立、实施、保持和改进质量管理体系时应注意过程与过程之间的相互关系及相互作用。同样，也要识别和控制设计和开发过程与其他过程的相互关系和相互作用。例如从图2所示，可以了解设计和开发过程与产品实现过程中其他过程的关系。

与顾客有关的过程中，对顾客产品要求的确认和评审，实际上是设计和开发过程的输入，是设计和开发的依据。而设计和开发的输出，包括以产品技术条件为主（工艺技术规程和产品验收准则）一系列文件，又是采购和生产提供过程的输入。即根据设计和开发的要求评价和选择供方并进行采购，按设计和开发所形成的工艺技术规程进行生产，按设计和开发形成的产品验收准则监视、测量和分析产品。

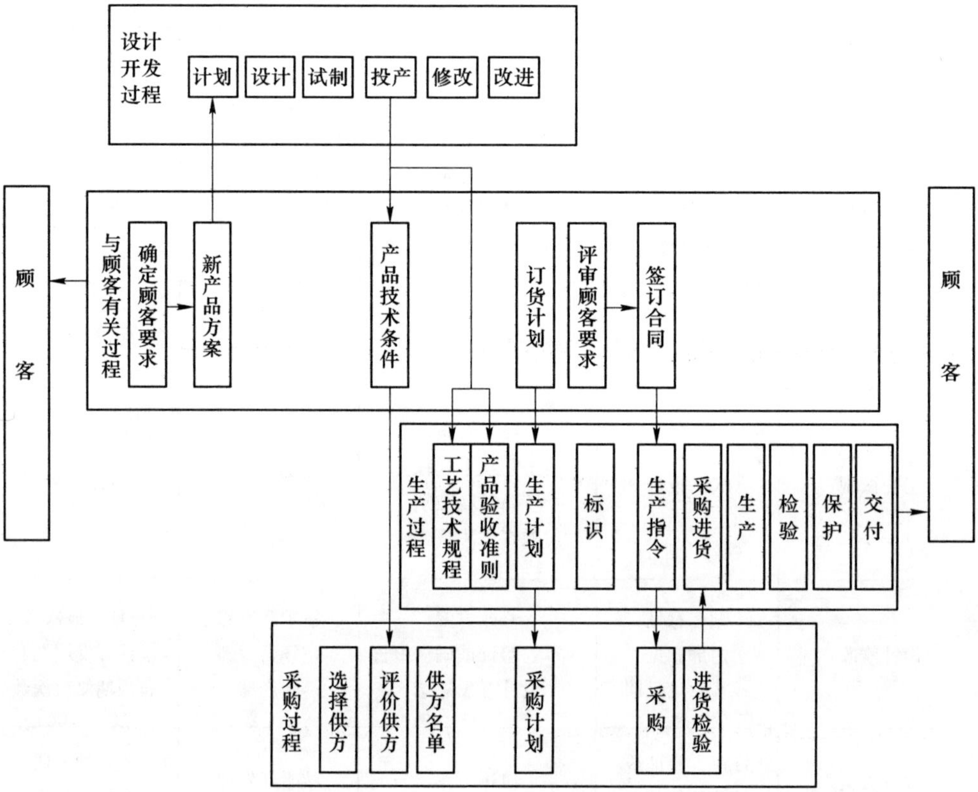

图2 产品实现过程关系图

十一、设计和开发过程的审核

在对设计和开发过程进行审核时，同样也应按“过程方法”进行审核，即了解过程是否予以识别和适当确定；职责是否予以分配；程序是否被实施和保持；在实现所要求的结果方面，过程是否有效。2000 版 ISO 9001 的 7. 3 设计和开发与 1994 版 ISO 9001 的 4. 4 设计控制的审核不同之处在于增加了如下方面：

（1）对过程与过程的相互关系和相互作用的审核，即了解设计和开发与其他过程，特别是与产品实现过程中其他过程之间的关系是否明确，是否为采购和生产过程提供了相关的信息，包括采购的技术资料、产品的技术条件、工艺技术规程和产品验收准则等。

（2）对过程的质量目标或控制目标的审核，即了解设计和开发过程的质量目标或控制目标是否完成，例如设计和开发的周期或非预期修改的次数，使设计和开发过程受控和达到设定的目标，取得预期的结果。

（3）对持续改进的审核，即了解设计和开发过程是否对现状进行分析，不断地提出改进目标、确定改进方法、实施改进方法和评价改进方法，实现提高设计和开发的能力。为了实现这种改进是否提供了及时的培训和一致的方法。

（4）审核的方法不再是或不只是按部门审核要素，而是按过程进行审核。在审核设计和开发过程时，与过程增值有关的部门都将同时接受审核，为过程与过程之间的相互关系及相互作用、为实现质量目标和持续改进等方面的审核提供有效运行的证据。

提高 ISO 9000 标准运行的有效性*

近几年来，我国钢铁企业不断加强质量管理，大力提高产品质量，大多数企业都通过了 ISO 9000 质量管理体系认证。现在，又在大力实施 2000 版 ISO 9000 质量体系的换版认证工作。取得了认证不等于说充分地发挥了 ISO 9000 标准的作用，那么如何提高 ISO 9000 标准运行的有效性呢？恰值今年全国“质量月”之际，我们编发原冶金工业部质量司司长那宝魁的文章，希望能对企业的质量工作有所帮助。

1994 版 ISO 9000 标准强调符合性，2000 版 ISO 9000 标准更强调有效性。也就是说，贯彻实施 ISO 9000 应当使企业的生产经营受益。那么如何提高 ISO 9000 标准运行的有效性呢？大致有以下几个方面：

（1）首先从管理者过程抓起。管理者过程主要是实施质量方针和质量目标的管理。ISO 9000 标准要求企业根据顾客要求，建立和实施与企业经营总方针和总目标协调一致的质量方针和质量目标，并要求质量方针应当体现满足顾客要求和持续改进精神。质量目标应当分解到适当层次，而且是量化的。为了实现质量方针和质量目标，应有策划、制订、发布、宣贯、实施、协调、检查和修改过程。

企业的质量方针和质量目标应是管理者的决策，不应由质量管理机构或人员代行。质量方针不应口号化，质量目标要有可测量的指标，具有可操作性。企业应对质量方针和质量目标进行管理，以便起到统一员工思想认识、引导质量管理活动、判断业绩奖惩依据、展示企业经营形象的作用。只有质量方针和质量目标得到有效的贯彻实施，质量管理体系才会有正确的导向，并有效地支持质量方针和质量目标的实现。

（2）有效控制人力和物力资源。2000 版 ISO 9000 标准十分重视资源管理过程，要求企业在人力资源、基础设施和工作环境保证生产出来的产品符合顾客要求。从事影响产品质量的工作人员必须具备必要的能力，包括教育、培训、技能、经验和意识。如果不具备上述能力，应采取培训或其他措施使其满足能力要求。企业不仅对工作人员应有能力提出要求，而且应当通过培训或其他措施满足能力要求。人力资源管理应为生产经营服务，人员培训应与人才使用结合。使人

---

* 原载于《中国冶金报》2002 年 9 月 5 日。

力资源得到有效利用。

标准要求企业确定和提供与产品相适应的基础设施，并注意加强维护。随着技术改造的进行，不少企业正在进行设备的结构调整，基础设施得到了加强，但也应注意维护检修工作。做到检修有计划，维护有规程。消除设备检修不及时、没有或不按准则验收的现象。坚持日常点检，强化状态管理。使物力资源得到有效利用。

至于工作环境，包括定置管理、文明生产和班组建设。企业应从人性化或人机功效角度来进行策划和管理，解决生产现场脏、乱、差的现象。

(3) 重点在于使产品实现过程受控。为了生产出顾客满意的产品，标准要求企业控制与顾客有关的过程，包括对与产品有关要求的确定和评审，不仅应满足顾客明示的要求，还应满足顾客隐含的要求，法律法规要求和企业附加的要求。为此首先应有效地策划产品的实现过程。常规产品的策划就是如何采用已有的技术条件和工艺规程进行生产；新产品的策划则是用设计和开发来确定技术条件、工艺规程和验收准则。为了生产出满足顾客要求的产品，也应对采购过程进行控制，包括从合格的供方采购符合要求的原料和备件等。生产和服务提供过程的控制，包括按什么要求进行生产，如何进行生产，采用什么工艺，采用什么设备，如何监测过程和产品，如何验收和交付。也就是说有效地控制产品实现过程，使生产出来的产品达到顾客要求，并不断提高顾客满意程度。

产品实现过程的有效性主要应表现在产品实物质量的改进。如果产品实现过程得不到增值，不能使企业的设备、技术和产品结构得到优化，那么贯彻实施 ISO 9000 标准的有效性就很差。目前有相当一部分企业能够采用过程方法和系统方法来控制产品实现过程，强化了设计和开发，增强了核心竞争力。控制了生产过程，产品质量稳定提高。对突发性变异和经常性事故得到了有效控制。具有持续改进能力，赢得了顾客的满意。

(4) 采用 PDCA 方法持续进行质量改进。2000 版 ISO 9000 标准非常强调用 PDCA 循环进行质量改进。为了有效地进行改进，必须对产品、过程、体系和顾客进行监视和测量，并对监视和测量所得到的信息进行分析，以便找出改进的机会，特别是持续改进，提高质量管理体系运行的有效性。

目前，多数企业对产品的监视和测量（检验和试验）与体系的监视和测量（内审和外审）比较熟悉，对顾客的监视和测量与过程的监视和测量还不大熟悉。但都正在建立获得和利用顾客满意程度的方法，尤其是对某些过程（例如销售和采购、生产和检验）也陆续建立了衡量这些过程的方法和准则。只有对所有过程的增值和优化进行控制，才能提高质量管理体系的有效性。数据分析也是一个重要的环节，为了有效地进行数据分析，必须大力普及统计技术，以提高决策水平和改进效果。为了提高质量管理体系运行的有效性，企业应对现实的和潜在的问题进行分析，并采取有效的纠正和预防措施，并使 QC 小组成为持续改进的一种形式，为企业的生产经营作出实实在在的贡献。

企业在“质量月”期间会进行很多活动，如果能够对贯彻实施 ISO 9000 标准的有效性进行一次评审，找出差距与不足，采取措施进行改进，对提高企业竞争能力一定会有帮助。

企业管理体系的一体化及其问题*

我国钢铁企业在经历 ISO 9000 热后，又出现了 ISO 14000 和 OHSAS18000 热。不少企业为了赢得市场和顾客，在完成 ISO 9000 认证后，又在谋求 ISO 14000 和 OHSAS18000 的认证。特别是在我国加入 WTO 以后，ISO 14000 和 OHSAS18000 也逐渐热起来了。在国际贸易统一合格评定中又多了两个准则，即环境管理体系标准——ISO 14000 和职业健康安全管理体系标准——OHSAS18000。

ISO 9000 是质量管理体系的标准，ISO 14000 是环境管理体系的标准。这两个标准都是国际标准化组织制订的，OHSAS18000 是欧洲 13 个组织的规范，也是为国际社会广泛接受和采纳的标准。我国等同地采用了这三个系列的标准，作为企业管理体系的合格评定准则。ISO 9000、ISO 14000 和 OHSAS18000 是分别用于评价企业的质量管理体系、环境管理体系和职业健康安全管理体系。

任何一个企业都存在管理体系，包括财务管理体系、质量管理体系、环境管理体系和职业健康与劳动安全管理体系等。但是，这些管理体系由于受益者不完全相同，各自关注的焦点也不同。质量管理体系关注的是质量的方针和目标，满足顾客的要求；环境管理体系关注的是环境的方针和目标，满足社会的要求。职业健康与劳动安全管理体系关注的是职业健康安全的方针和目标，满足员工和相关方的要求。而且环境、职业健康安全也将成为质量管理所关注的对象，追求可持续发展。

质量管理、职业健康安全管理和环境管理的不同点主要在于管理所关注的焦点不同。质量管理关注的是产品形成过程，并使其受控，从而生产出满足顾客要求的产品或服务；职业健康安全管理关注的是危险源，并使其受控，从而实现员工健康和生产安全；环境管理关注的是污染源（环境因素），并使其受控，从而实现对环境的保护和可持续发展。这些目标是企业总目标的一部分，是相互关联和相互依存的。管理体系的一体化有利于企业协调发展和整体优化。

一、ISO 9000 质量管理体系标准

ISO 9000 系列标准中的 ISO 9001 是用于企业认证的要求。它按着 PDCA 循环

---

* 原载于《冶金管理》2003 年第 3 期。

思想，提出了四个方面的要求：

（1）管理职责。企业首先应根据国家法律法规和其他要求，策划建立本企业的质量方针、质量目标和质量管理体系。在此基础上，明确最高管理者、管理者代表、各职能机构的职责和权限，并建立相互沟通的制度。为了保证质量方针和质量目标的实现，最高管理者应当定期进行管理评审。

（2）资源管理。企业应根据质量方针、质量目标和质量管理体系的要求，确定、提供和控制包括人力资源、基础设施和工作环节在内的资源。对产品质量有影响的岗位和员工的能力和意识做出规定，并进行相应的培训，使之满足要求。企业应确定、提供和维护基础设施。企业也应确定和管理为实现产品符合性所需的工作环境。

（3）产品实现过程。企业应确定和评审顾客对产品的要求，并根据顾客的要求，进行设计和开发。对产品符合性有影响的采购，应从供方、采购信息和采购产品的验证等方面进行控制。在产品的生产和服务的提供过程中，应明确目标，建立规程，采用适宜的生产设备和监测装置，适时地进行监测和控制，并按规定的准则和程序验收和放行产品或提供服务。对监视和测量装置也需要进行控制。

（4）测量、分析和改进。企业应当对顾客满意、体系、过程和产品进行监视和测量，用以判断顾客满意或不满意，体系是否有效、过程是否有能力以及产品是否符合要求。对监视和测量的数据进行分析，对不合格品进行控制，针对体系、过程和产品存在的问题，采取持续改进、纠正或预防措施。

二、ISO 14000 环境管理体系标准

ISO 14000 系列标准中的 ISO 14001 是用于企业认证的规范。它按着 PDCA 循环思想，提出了四个方面的要求：

（1）策划（P）。企业首先应根据国家法律法规和其他要求，策划建立本企业的环境方针、目标和指标。在此基础上，确定本企业生产对环境的影响，找出对环境有影响的环境因素，特别是重大的环境因素，包括向大气和水体的排放、对土地污染、废弃物管理、资源的使用、当地环境问题和社区性问题。根据法律法规等要求和企业实际，在企业的各个职能和层次上建立、执行和更新环境目标和环境指标，并制定一个或多个环境管理方案来保证目标和指标的实现。

（2）实施（D）。企业应明确包括最高管理者和管理者代表在内的各个职能和层次的环境管理职责和权限。对重要环境因素和可能产生重大环境影响岗位和员工的能力做出规定，并进行相应的培训。企业应建立环境因素和体系的信息交流，并能够在应急计划和其他问题上与有关机构进行联络。标准要求企业制订控

制程序，控制与重要环境因素有关的运行和活动，以及在可能偏离方针、目标和指标时，如何处理。运行控制内容包括项目建设、开发、采购、生产过程、储运、设备、动力、服务、处理废品等。当然，ISO 14000 和 ISO 9000 一样，也重视文件的控制。但该标准不要求单独编写环境管理手册，不主张复杂烦琐的文件系统，但表格、记录、报告、作业指导书、环境因素清单、法规和其他要求清单、环境评价报告、“三同时”报告、排污许可证、组织结构图、地下管网图、现场平面图等是必需的。

（3）检查（C）。标准要求企业对可能具有重大环境影响的运行与活动的关键特性进行例行监测和测量，包括对环境表现（行为）、有关的运行控制、对组织环境目标和指标符合情况的跟踪信息记录，以定期评价对有关环境法律、法规的遵循情况。当出现问题时如何纠正和采取纠正措施。与 ISO 9000 标准一样，环境管理体系也要进行审核和管理评审，用来评价是否符合标准的要求。

（4）改进（A）。根据环境审核和管理体系评审的结果，指出对方针目标以及环境管理体系应当持续改进的可能、机会和对象，以实现环境管理体系的进一步改进和提高。

三、OHSAS18000 职业健康安全管理体系标准

OHSAS18000 标准中的 OHSAS18001 是用于企业认证的规范。它也是按 PDCA 循环思想，提出了四个方面的要求：

（1）策划（P）。策划是职业健康安全管理体系中 PDCA 运行模式中的 P 阶段。策划的主要任务是根据组织的实际情况，充分、全面地识别危险源，并对其进行评价和分级，确定不可容许的风险，了解组织职业健康安全状况，为运行明确控制对象和方向。策划建立本企业的职业健康安全方针和目标。在此基础上，确定本企业职业健康安全的管理方案。管理方案是实现职业健康安全方针和目标的行动计划，是评价企业职业健康安全管理体系是否按计划实施的重要依据，也是实现企业职业健康安全方针和目标的重要保障。

（2）实施（D）。实施和运行是职业健康安全管理体系的 D 阶段，是风险控制的关键活动。为了实现职业健康安全方针和目标，企业应明确包括最高管理者和管理者代表在内的各个职能和层次的职业健康安全管理职责和权限。对可能产生重大职业健康安全影响岗位和员工的能力做出规定，并进行相应的培训。企业应建立协商和信息交流制度，使员工积极参与职业健康安全方面的活动。标准要求企业制订运行控制程序，控制与风险有关的活动，以及在可能偏离方针和目标时，如何处理。标准要求企业识别潜在的事件或紧急情况，并做出响应，以便预防和减少可能随之引发的疾病和伤害。

（3）检查（C）。标准要求企业对职业健康安全的绩效进行测量和监视，包括定量的和定性的，主动的和被动的，例如遵守法律法规情况，管理方案执行情况，事故、疾病、事件等问题。当出现问题时如何采取纠正和预防措施。与 GB/T 9000 标准一样，职业健康安全管理体系也要进行审核和管理评审，用来评价是否符合标准的要求。

（4）改进（A）。根据职业健康安全审核和管理体系评审的结果，指出对方针、目标以及职业健康安全管理体系应当持续改进的可能、机会和对象，以实现职业健康安全管理体系的进一步改进和提高。

四、管理体系的一体化

在我国加入 WTO 后，为了提高企业在国际市场上的竞争能力，企业需要进一步树立广义的质量观念。将质量管理、职业健康安全管理和环境管理融合成一体，企业在生产产品和提供服务时，不仅仅要考虑满足顾客的要求，同时还应考虑满足员工和社会的要求。牺牲员工利益和社会环境而生产出来的产品不是好产品，在进入国际市场时必然会遇到技术壁垒的障碍，没有竞争力。因此推进管理体系的一体化势在必行。

但是在推进管理体系一体化的过程中，也有些问题值得探讨，本人对其中的一些问题提出个人的一些见解，供企业在一体化时讨论和参考。

（1）是先分别建立然后再一体化，还是一开始就一体化。从理论上讲应当一开始就一体化，但是难度很大。一般来说，钢铁企业虽然也存在安全管理和环境管理，并设有安全环保机构，但是管理机构与质量管理是分开的，而且在管理方式上，多数企业也没有按国际标准（例如 ISO 14000 和 OHSAS18000）的模式进行。现在基于管理或商业目的谋求认证，才开始按国际标准建立职业健康安全和环境管理体系。从建立方针目标开始，进行危险源和污染源（环境因素）辨识、评价和分级，制定和实施管理方案，并准备应急措施，通过监视测量、分析和持续改进，使职业健康安全和环境的绩效不断提高。对多数企业来说，这是一项新的管理模式，从文件化到运行需要有个过程。从实际情况出发，先分别建立然后再一体化，比较现实。

（2）是对全部管理活动一体化，还是对部分管理活动一体化。虽然质量管理、职业健康安全管理和环境管理标准从模式和结构上融合了，但是仍然有各自的管理对象，监视和测量方法也不一样，全部一体化有一定的难度。首先对质量管理、职业健康安全管理和环境管理三个体系的方针目标管理、管理职责、资源（包括人力资源、基础设施和工作环境）管理、文件控制、记录控制、内部审核、管理评审、不合格品、事故、事件或不符合项的控制、纠正和预防措施或应急措施的控制、内部和外部沟通、数据和信息分析等可以先进行一体化，至于有关过程策划、管理方案、实施和运行、过程控制、监视和测量等可以在三个体系有效运行后再进行一体化比较稳妥。

（3）一体化不是简单的合并，而是管理体系的系统优化。将质量管理体系、职业健康安全管理体系和环境管理体系从片面的、孤立的和重复的管理，一体化后成为协调的、互补的和综合的管理，是管理体系的增值优化过程，而不是简单的合并。一体化可以实现管理上的精干、顺畅和高效。一体化过程将涉及组织机构和职责权限的重组，减少部门和层次的障碍，优化管理程序和统一管理方法，减少文件的种类和数量，有利于沟通与协调，使方针目标管理贯穿和融合于各管理体系中。一体化后，企业不仅以顾客为关注焦点，同时考虑所有相关方的利益，以人为本，在生产或服务提供过程中，实现废品为零，人身事故为零，设备事故为零，无污染，无公害，向顾客和社会提供一流的产品和服务。

（4）政府职能转变和认证机构整合是企业一体化的必要条件。目前，有些钢铁企业正在或已经进行三个管理体系的认证，也取得了一定的成效。但是，一体化存在一些问题。主要是受政府职能分割和行政干预的影响，使某些企业的管理体系一体化变成了“貌合神离”。机构没有精简、文件没有减少、过程没有优化、认证没有统一，反而增加了工作量。如果政府机构干预过多，甚至插手认证，而且企业又不能在同一个认证机构进行认证，管理体系的一体化是很难实现的。为了管理或商业的需要，企业在完成质量管理体系认证后，积极对职业健康安全管理和环境管理进行策划，建立、实施、保持符合标准要求的管理体系，并取得认证是必要的。而一体化工作应视企业的内部和外部环境，切忌盲目的或形式主义的，否则就有悖于一体化的宗旨。

积极稳妥地推进管理体系整合*

在建立和完善市场经济过程中，质量已经成为企业竞争的核心要素，而且质量不仅仅指产品质量，还包括服务质量和工作质量。产品质量也不仅要考虑生产制造质量，更应考虑设计开发质量。因此有许多的企业在质量认证时，将设计开发作为提高核心竞争力的条件之一，建立了企业的技术中心，加强了研究开发力度，提高了满足顾客要求的能力。例如宝钢的汽车板、武钢的硅钢片、攀钢和包钢的重轨、马钢的车轮轮毂、天津钢管的石油管等都是非常讲究设计开发质量的，从而赢得了顾客，赢得了市场。但是，在我国加入 WTO 后，为了提高企业在国际市场上的竞争能力，企业还需要进一步树立广义的质量观念。将质量管理与职业健康安全管理和环境管理相融合。企业在生产产品和提供服务时，不仅仅要考虑满足顾客的要求，同时还应考虑满足员工和社会的要求。牺牲员工利益和社会环境而生产出来的产品不是好产品，在进入国际市场时必然会遇到技术壁垒的障碍，没有竞争力。因此，推进管理体系的整合势在必行。

质量管理、职业健康安全管理和环境管理的不同点主要在于管理所关注的焦点不同。质量管理关注的是产品形成过程，并使其受控，从而生产出满足顾客要求的产品或服务；职业健康安全管理关注的是危险源，并使其受控，从而实现员工健康和生产安全；环境管理关注的是污染源（环境因素），并使其受控，从而实现对环境的保护和可持续发展。这些目标是企业总目标的一部分，是相互关联和相互依存的。管理体系的整合有利于企业协调发展和整体优化。目前，有一些钢铁企业开始对质量、职业健康安全和环境管理体系进行整合，取得了一定成效，但也存在一些问题。主要有以下几个方面：

（1）是先分别建立然后再整合，还是一开始就整合。从理论上讲应当一开始就整合，但是难度很大。一般来说，钢铁企业虽然也存在安全管理和环境管理，并设有安全环保机构，但是管理机构与质量管理是分开的，而且在管理方式上，多数企业也没有按国际标准（例如 ISO 14000 和 OHSAS18000）的模式进行。现在基于管理或商业目的谋求认证，才开始按国际标准建立职业健康安全和环境管理体系。从建立方针目标开始，进行危险源和污染源（环境因素）辨识、评价和分级，制定和实施管理方案，并准备应急措施，通过监视测量、分析和持续

* 原载于《中国冶金报》2003 年 3 月 27 日。

改进，使职业健康安全和环境的绩效不断提高。对多数企业来说，这是一项新的管理模式，从文件化到运行需要有个过程。从实际情况出发，先分别建立然后再整合，比较现实。

（2）是对全部管理活动整合，还是对部分管理活动整合。虽然质量管理、职业健康安全管理和环境管理标准从模式和结构上融合了，但是仍然有各自的管理对象，监视和测量方法也不一样，全部整合有一定的难度。首先对质量管理、职业健康安全管理和环境管理三个体系的方针目标管理、管理职责、资源（包括人力资源、基础设施和工作环境）管理、文件控制、记录控制、内部审核、管理评审、不合格品、事故、事件或不符合项的控制、纠正和预防措施或应急措施的控制、内部和外部沟通、数据和信息分析等可以先进行整合，至于有关过程策划、管理方案、实施和运行、过程控制、监视和测量等可以在三个体系有效运行后再进行整合比较稳妥。

（3）整合不是简单的合并，而是管理体系的系统优化。将质量管理体系、职业健康安全管理体系和环境管理体系从片面的、孤立的和重复的管理，整合后成为协调的、互补的和综合的管理，是管理体系的增值优化过程，而不是简单的合并。整合可以实现管理上的精干、顺畅和高效。整合过程将涉及组织机构和职责权限的重组，减少部门和层次的障碍，优化管理程序和统一管理方法，减少文件的种类和数量，有利于沟通与协调，使方针目标管理贯穿和融合于各管理体系中。整合后，企业不仅以顾客为关注焦点，同时考虑所有相关方的利益，以人为本，在生产或服务提供过程中，实现废品为零，人身事故为零，设备事故为零，无污染，无公害，向顾客和社会提供一流的产品和服务。

（4）政府职能转变和认证机构整合是企业整合的必要条件。目前，有些钢铁企业正在或已经进行三个管理体系的认证，也取得了一定的成效。但是，整合存在一些问题。主要是受政府职能分割和行政干预的影响，使某些企业的管理体系整合变成了“貌合神离”。机构没有精简、文件没有减少、过程没有优化、认证没有统一，反而增加了工作量。如果政府机构干预过多，甚至插手认证，而且企业又不能在同一个认证机构进行认证，管理体系的整合是很难实现的。为了管理或商业的需要，企业在完成质量管理体系认证后，积极对职业健康安全管理和环境管理进行策划，建立、实施、保持符合标准要求的管理体系，并取得认证是必要的。而整合工作应视企业的内部和外部环境，切忌盲目的或形式主义的，否则就有悖于整合的宗旨。

关于入世和质量认证*

一、前言

我国加入 WTO 做出的承诺之一是逐步取消非关税壁垒。这是原关贸总协定东京回合和乌拉圭回合提出并达成共识的。所谓非关税壁垒主要是指从数量上限制外国商品进口的措施，从价格上限制外国商品进口的措施，从技术、卫生、检验标准或以立法形式限制外国商品进口的措施等。我国入世后，应逐步取消上述有关措施。同样我国出口的商品在 WTO 成员国家和地区也会逐步获得同样的待遇。

在非关税措施中关于合格评定程序是主要的内容。对进出口商品的检验标准和检验方法不统一，也会造成壁垒。为此各成员国在合格评定程序问题上进行合作与竞争，力求推动自由贸易的全球化和维护本国在国际贸易中的利益。合格评定的内容相当广泛，其中包括产品质量标准和质量管理标准。ISO 9000 族标准就是世界各国互认的质量管理体系的合格评定程序。

企业得到 ISO 9000 标准认证标志着该企业的质量管理体系符合国际公认的标准，在进出口商品检验时作为一种公正的“通行证”，是消除非关税措施的一种手段，目前正在全世界得到广泛的实施和应用。但是质量管理体系的认证，不能代替产品的质量检验，只是一种补充。于是国际上正在谋求统一合格评定程序的产品质量认证。

ISO 9000 标准是质量管理体系的标准，不是产品的标准；但是通过质量管理体系认证表明产品生产过程具有质量保证，并能够持续改进，使顾客满意。这种认证在我国入世以后，对我国企业参与国际贸易和市场竞争具有重要的作用。质量认证不仅仅是表明企业符合国际标准要求，更重要的是能使企业提高质量管理体系的有效性和效率，使质量管理增值，是提高企业质量管理水平的最重要的机遇。

我国大多数钢铁企业已经完成了 ISO 9000 标准的质量认证，而且从贯彻实施质量管理标准中受益。但是，也有相当多的企业只追求获得认证证书，得到一张产品出口的“通行证”，而没有或很少在提高质量管理水平和提高产品实物质

---

* 原载于《冶金丛刊》2003 年第 3 期。

量上下工夫。入世以后，质量认证对市场竞争具有一定的优势，但是真正的优势仍然在于管理水平和产品质量。我们应当把 ISO 9000 作为一种提高管理水平和产品质量的手段，来增强企业在国际市场上的竞争能力。

二、目前我国钢铁企业质量管理体系认证存在的主要问题

（1）对满足顾客要求的认识不足。ISO 9000 标准的基本原则之一是以顾客为关注焦点，即企业的生存和发展离不开顾客，因此必须了解顾客要求，满足顾客要求，超越顾客要求。目前，不少企业还是按标准生产，只注意明示的要求，没有考虑隐含的要求，更不注意顾客或企业附加的要求和未来的要求。

（2）对质量方针和目标管理不严。ISO 9000 标准要求企业建立的质量方针和质量目标必须与企业的总体方针目标相一致，体现满足顾客要求和持续改进，并有可测量的、与产品质量有关的内容。但是，不少企业的质量方针和目标只是几句口号，更缺乏严格的管理。

（3）缺乏领导重视和群众性参与。ISO 9000 标准要求企业发挥领导作用和主张全员参与，但是不少企业只是质量管理部门在包办，领导亲自参与和积极支持不够，相关部门的专业管理没有融入质量管理体系。特别是营销与采购活动，表面上有符合性记录，实际上没有作为与产品质量形成相互关联的过程来加以控制和管理。

（4）对人力资源和工作环境管理不力。有相当多的企业没有把培训工作与提高人员能力和产品质量结合起来，培训的有效性比较差。不重视工作环境和现场管理。国外普遍推广的 5S 管理，在我国钢铁企业却很少见。没有针对持续改进提供一致的方法和培训。

（5）有些企业生产过程控制不严格。不是根据顾客要求设计产品特性和过程参数，而是根据企业情况进行生产。不按操作规程生产时有发生，设备不按计划检修相当普遍。有些企业原材料不合格仍然让步接收，半成品不合格继续放行。包装和搬运仍然是薄弱环节。对交付后的异议，多采用降价处理，很少反馈到过程改进或质量提高等纠正和预防措施上面来。

（6）不少企业设计和开发能力不足。企业的技术创新是竞争能力的源泉，没有创新，就没有竞争力。不少企业没有设计和开发能力，只能生产老产品，不能生产新产品。有些企业的“新产品”，其实是没有生产过的国家标准产品。产品没有特色，工艺没有创新，入世以后，这样的企业，即使是通过了 ISO 9000 质量体系认证，也将没有竞争能力。

三、解决问题的方法

针对上述存在的问题，为了提高 ISO 9000 标准运行的有效性，建议在贯彻

实施 ISO 9000 标准时，应注意做好以下几个方面的工作：

（1）首先从管理者过程抓起。管理者过程主要是实施质量方针和质量目标的管理。ISO 9000 标准要求企业根据顾客要求，建立和实施与企业经营总方针和总目标协调一致的质量方针和质量目标，并要求质量方针应当体现满足顾客要求和持续改进精神。质量目标应当分解到适当层次，而且是量化的。为了实现质量方针和质量目标，应有策划、制订、发布、宣传、贯彻、实施、协调、检查和修改过程。企业的质量方针和质量目标应是管理者的决策，不应由质量管理机构或人员代行。质量方针不应口号化，质量目标要有可测量的指标，具有可操作性。企业应对质量方针和质量目标进行管理，以便起到统一员工思想认识、引导质量管理活动、判断业绩奖惩依据、展示企业经营形象的作用。只有质量方针和质量目标得到有效的贯彻实施，质量管理体系才会有正确的导向，并有效地支持质量方针和质量目标的实现。

（2）有效控制人力和物力资源。2000 版 ISO 9000 标准十分重视资源管理过程，要求企业在人力资源、基础设施和工作环境保证生产出来的产品符合顾客要求。从事影响产品质量的工作人员必须具备必要的能力，包括教育、培训、技能、经验和意识。如果不具备上述能力，应采取培训或其他措施使其满足能力要求。企业不仅对工作人员应有能力提出要求，而且应当通过培训或其他措施满足能力要求。人力资源管理应为生产经营服务，人员培训应与人才使用结合。使人力资源得到有效利用。

标准要求企业确定和提供与产品相适应的基础设施，并注意加强维护。随着技术改造的进行，不少企业正在进行设备的结构调整，基础设施得到了加强，但也应注意维护检修工作。做到检修有计划，维护有规程。消除设备检修不及时、没有或不按准则验收的现象。坚持日常点检，强化状态管理。使物力资源得到有效利用。

至于工作环境，包括定置管理、文明生产和班组建设。企业应从人性或人机功效角度来进行策划和管理。解决生产现场脏、乱、差的现象。

（3）重点在于使产品实现过程受控。为了生产出顾客满意的产品，标准要求企业控制与顾客有关的过程，包括对与产品有关要求的确定和评审，不仅应满足顾客明示的要求，还应满足顾客隐含的要求，法律法规要求和企业附加的要求。为此首先应有效地策划产品的实现过程。常规产品的策划就是如何采用已有的技术条件和工艺规程进行生产；新产品的策划则是用设计和开发来确定技术条件、工艺规程和验收准则。为了生产出满足顾客要求的产品，也应对采购过程进行控制，包括从合格的供方采购符合要求的原料和备件等。生产和服务提供过程的控制，包括按什么要求进行生产，如何进行生产，采用什么工艺，采用什么设备，如何监测过程和产品，如何验收和交付。也就是说有效地控制产品实现过程，使生产出来的产品达到顾客要求，并不断提高顾客满意程度。

产品实现过程的有效性主要应表现在产品实物质量的改进。如果产品实现过程得不到增值，不能使企业的设备、技术和产品结构得到优化，那么贯彻实施ISO 9000标准的有效性就很差。目前有相当一部分企业能够采用过程方法和系统方法来控制产品实现过程，强化了设计和开发，增强了核心竞争力。控制了生产过程，产品质量稳定提高。对突发性变异和经常性事故做到有效控制。具有持续改进能力，赢得了顾客的满意。

（4）采用PDCA方法持续进行质量改进。2000版ISO 9000标准非常强调用PDCA循环进行质量改进。为了有效地进行改进，必须对产品、过程、体系和顾客进行监视和测量，并对监视和测量所得到的信息进行分析，以便找出改进的机会，特别是持续改进，提高质量管理体系运行的有效性。

目前，多数企业对产品的监视和测量（检验和试验）与体系的监视和测量（内审和外审）比较熟悉，对顾客的监视和测量与过程的监视和测量还不大熟悉。但都正在建立获得和利用顾客满意程度的方法，尤其是对某些过程（例如销售和采购、生产和检验）也陆续建立了衡量这些过程的方法和准则。只有对所有过程的增值和优化进行控制，才能提高质量管理体系的有效性。数据分析也是一个重要的环节，为了有效地进行数据分析，必须大力普及统计技术，以提高决策水平和改进效果。为了提高质量管理体系运行的有效性，企业应对现实的和潜在的问题进行分析，采取有效的纠正和预防措施，并使QC小组成为持续改进的一种形式，为企业的生产经营作出实实在在的贡献。

四、结语

质量认证作为非关税的措施之一，其作用在于相互取得关于统一合格评定的信任和在国际市场竞争中取得优势。其基础还在于按ISO 9000标准对质量管理体系进行严格的管理。没有严格的管理，不仅没有竞争优势，也会失去相关方的信任。我们应当抓住入世带来的机遇，提高质量认证把企业的质量管理提高到一个新的水平。

关键是改革创新*

大家都很关心“中国究竟需要多少吨钢”，主要是担心企业盲目扩大产能，导致钢铁工业发展失控，实际上是关注我国钢铁工业如何发展，而不是简单地预测一个数字，而且估计也没有人能够准确地估计出这个受多种因素影响的数字。

一、中国需要多少钢，取决于市场需求

我国2002年钢产量1.82亿吨，钢材1.92亿吨，进口钢材2449万吨，出口钢材545万吨，进出相抵，国内总需求2.11亿吨。人均钢的占有量141kg，首次超过138kg的世界平均水平，但进口占国内总需求的11.6%，出口只占钢材产量的2.8%。与日本1990年钢产量最高一年相比，1990年日本钢产量为1.10亿吨，钢材1.03亿吨，进口钢材712.7万吨，出口钢材1663.1万吨，进出相抵，国内总需求1.12亿吨，人均钢的占有量802kg。进口占国内总需求的6.4%，出口占钢材产量的16.1%。从人均钢的占有量和出口占钢材产量的比例，我国都没有达到工业发达国家日本的水平，进口占国内总需求的比例仍然比较大，可以看出目前我国有10%以上的钢材仍然靠进口。未来，国家要发展，必然要提高人均钢的占有量；国力要增强，也必然要提高出口占钢材产量的比例，所以结构合理的扩张产能仍然是必要的，不必为钢产量继续快速发展过分担心。只要有利于提高人均钢的占有量和出口占钢材产量比例的发展，一句话，只要市场（包括国际市场）有需求，产能的扩大是必然的。

二、目前产能的扩大基本上属于结构优化

2002年全国大中型钢铁企业完成固定资产投资504.9亿元，建设的项目主要是大型化和现代化的设备，例如热轧和冷轧宽带钢、镀锌钢板、彩涂板等，这些项目所形成的产能的扩大，风险不大。另外，有一些民营企业，不论是新建和改造，起点也比较高。有些属于短流程的小型（mini－mill）钢铁企业，建高炉，吃铁水，生产建筑钢材，竞争能力也在增强。目前产能的扩大基本上属于结构优

---

* 原载于《中国冶金报》2003年7月3日。

化的范畴。我国的建筑用钢的质量已经达到了国际水平。交通运输用的车轮轮毂、重轨、桥梁、船板和卡车用钢，能源工业用的锅炉电站用钢的质量也有明显提高。以产顶进的趋势也很好。没有这些产能的扩大，也就没有现在的品种质量，“大”和“强”是统一的。现在的问题不是应不应当扩大产能的问题，而是增加的这部分产能如何生产出来具有国际竞争力的产品。我们不能指望生产建筑钢材的企业，丢掉现有设备去生产技术含量高的板带或钢管，而是如何创新，使产品更新换代。在可以预见的一个时期，建筑钢材在国内还有比较乐观的市场需求，将来，市场竞争也会迫使这些企业降低成本和提高质量。如果在成本和质量方面有竞争力，还可以将产品出口，销往国际市场。特别是在工业发达国家钢铁工业提出“南北分工”，实行结构再调整的形势下，这不是没有可能的。

三、当务之急是继续坚持改革创新

企业要生存就要生产，就要发展，眼看着很好的市场，有钱可赚，为什么不生产，为什么不发展。企业只能看市场，政府应当把握方向，就是利用政策杠杆，限制落后，鼓励改革创新。限制落后也要给出路，鼓励改革创新应有具体措施。空洞的议论或责难，对企业发展没有什么作用。我们不能“叶公好龙”，而应当“画龙点睛”。调整结构，包括产品结构、技术结构和企业结构，不能只靠企业，政府具有重大的作用和责任。例如欧洲各国政府采取了一系列措施，短期措施有对某些产品实行限产配额和指导价格，长期措施有与出口钢材国家制订双边协议限制进口，向企业提供风险投资和环境保护补贴，从税收上体现结构调整政策，收购落后企业和落后设备，调配多余劳动工人，对裁减下来的钢铁工人实行退职津贴、提供再培训经费、搬迁和住宅补贴等。

目前我国钢铁企业当务之急是如何进一步改革创新问题。我国的钢铁企业已经到了依靠创新来提高竞争力的关键时期。改革创新是永恒的主题，政府主管部门、行业协会和专家学者都应当突出这个主题，齐心协力使我国的钢铁工业持续、健康地发展，使其变得更强大。

质量管理基本原则——关注顾客*

质量月到了，企业开展多种多样的活动，提高产品质量和服务质量，满足顾客要求，提高企业的竞争力。不过，关注顾客应是质量月最主要的活动。因为顾客要求是质量管理体系的出发点，满足顾客要求是质量管理体系的落脚点，所以质量月活动不能离开这一核心问题。

关注顾客，不是一句空话，它包含着丰富的内涵。

（1）了解顾客对产品的期望与需求。企业的生存发展离不开顾客，与顾客建立长期的战略伙伴关系是企业发展的关键。为此，必须了解顾客的近期和长远对产品的期望与需求。顾客产品结构调整和升级换代是企业产品开发、产能设计和技术进步的原动力。企业不仅应当满足顾客要求，还应当超越顾客要求；不仅要满足明示的要求，也要满足隐含的要求，同时考虑法律法规要求，否则就会满足不了顾客对产品质量不断提高的要求，而影响长期的战略伙伴关系。有战略眼光的企业，将设计和开发作为满足顾客未来要求和市场潜在需求的重要手段，并在质量月期间强化满足和超越顾客对产品期望与需求的意识，并采取相应措施，从品种、质量和成本上适应顾客的要求，这是很重要的一项活动。

（2）评审顾客对产品的具体要求。当企业接收顾客订货时，应当认真地评审顾客对产品的具体要求，包括质量、价格和交付期，使企业不仅了解顾客的具体要求，而且还应清楚地判断是否能够满足顾客要求。目前，有些企业不是顾客需要什么产品而生产什么产品，而是企业生产什么产品就给顾客什么产品。为了追求最大利润，不考虑顾客能否承受。为了企业单方利益，超资源订货，甚至顾客已经预付货款，也不按时交货，损害双赢关系，最终必将影响企业自身长远利益。在质量月期间检查一下有无兑现顾客要求，也是一项很有实际意义的活动。

（3）建立与顾客沟通的正常渠道。与顾客建立正常的沟通渠道，方便顾客了解企业的产品和服务，问讯有关订货、处理有关业务和接待顾客投诉，是企业以顾客为关注焦点的重要措施之一。不少企业建立了自己的网页，企业利用互联网与顾客沟通，顾客通过互联网可以查询订货的生产动态和反映对产品和服务的意见。有些企业在质量月期间访问顾客和召开顾客座谈会也是沟通的方式，但是关键是通过沟通进一步识别和评审顾客的要求，采取措施满足顾客要求，而不是

* 原载于《中国冶金报》2003 年 9 月 5 日。

走走形式。这就要求明确沟通内容、形式和频次，从沟通中获得有益的信息。

（4）监测顾客满意和不满意程度。有相当多的企业建立了顾客满意度的调查制度，但是多数企业只注意顾客满意度是80分或90分，不大重视余下的20分或10分不满意的问题是什么。其实了解不满意要比了解满意更重要。因为只有了解了顾客有什么不满意，才能找到改进的机会，对提高产品质量和服务质量有帮助。特别是当前钢铁产品热销，能够了解到不满意更难能可贵。有些企业花钱请某些中介机构帮助监测顾客满意度，其实这种做法并不可取。因为只有企业自己与顾客接触，特别是亲自去看看钢材使用情况，才能发现产品和服务的问题所在。在质量月期间切实地去监测顾客满意和不满意程度也是十分有意义的活动。

（5）提高产品质量和服务质量贵在坚持。在质量月期间开展持续改进活动，号召全员参与，针对现实问题，制订改进目标，提出和实施改进措施，检查改进效果，并将有成效的活动成果纳入质量管理体系，形成标准化作业，无疑对积累企业固有技术、改进企业管理水平，提高产品质量和服务质量具有重要作用。过去20多年形成的群众性的QC小组活动是持续改进的好形式，应当坚持和完善，并发展成为提高企业质量管理体系符合性和有效性的重要手段之一。这对建立以人为本的企业文化也有好处。

不应怀疑 ISO 9000 基本原则*

9 月 25 日，本版发表了梁和同志的文章“通过认证，为什么还不能保证产品质量?”，引起了读者的广泛关注。原冶金部质量司司长那宝魁同志投书本报，就此问题提出了自己的观点。对实际工作中存在的问题展开争论是一件好事，它可以促使我们对方方面面的工作进行深入反省。欢迎读者继续在这一问题上各抒己见。

——编者按

9 月 25 日《中国冶金报》第二版发表了一篇署名文章“通过认证，为什么还不能保证产品质量?”，作者声称“从事企业管理近 20 年，参加过多项企业质量保证体系评审”，得出的结论是：通过了认证并不能保证产品质量。但是，作者没有指出这个结论是如何得到的，是在统计了多少通过认证的企业产品质量状况后得到的。

显然，该文作者犯了一个错误，即先设立一个假的命题，然后再去论证它的成立，目的在于证明自己观点的正确。但是他却忽略了一个非常重要的事实：为什么 ISO 9000 能够在全世界广泛推广，并形成一种为国际普遍认可的合格评定程序？原因之一就在于 ISO 9000 能够弥补产品标准的局限，从而有利于提高产品质量。事实也是如此，例如宝钢、鞍钢、武钢、首钢等一大批钢铁企业在完成质量管理体系认证后，产品质量不仅得到了保证，而且稳定提高。

该文作者“根据自己的工作实践和体会”谈到的 3 条原因，也有不少概念上的错误。

第一，对质量概念理解错误。在《ISO 9000 标准是质量管理体系》的前言中，有这么一段话：“本标准规定的质量管理体系要求包括了产品质量保证和顾客满意”。质量管理体系包括产品实现过程，质量管理体系的审核也包括对产品实现过程的审核和对产品质量的监视和测量。ISO 9000 标准要求产品实现过程明确顾客对产品的要求（标准和目标），并将顾客要求设计和开发为产品服务，不仅要求控制对产品有影响的物资采购，还要求控制影响产品质量的生产和服务过

---

* 原载于《中国冶金报》2003 年 10 月 30 日。

程。如果出现了不合格产品，应及时进行纠正，并采取预防措施，鼓励其继续提高满足顾客要求的能力。体系认证不仅要求企业对产品质量提供保证，而且要求满足顾客要求，使顾客满意。

该文作者引用的术语概念来自已经废止的ISO 8402《质量管理和质量保证—术语》第二版。新版标准把质量管理定义为“指导和控制组织的关于质量的相互协调的活动”，“通常包括制定质量方针和质量目标以及质量策划、质量控制、质量保证和质量改进”。质量管理体系审核是将“审核用于确定符合质量管理体系要求的程度。审核发现用于评价质量管理体系的有效性和识别改进的机会”。体系认证并不忽视产品的实物质量，恰恰相反，体系认证把产品实物质量作为过程的输出来满足顾客要求。

至于说“外行人审内行人”，这不是体系认证的过错，是作者接触的个别认证机构的问题。至于企业升级、金质奖和银质奖，确实存在“外行人审内行人”问题，而且是政府行为，弊病很多，不然怎么被停了呢。

第二，对谋求认证动机评价错误。该文作者认为：“一些企业管理者只求、‘名’不求‘实’的思想观念”，促使职工造假，致使绝对不能保证产品质量。企业管理者谋求认证，一是为了商业动机，二是为了管理目的，往往两者都有。

笔者认为，即使是单纯地出于商业目的，取得市场和顾客的信任，也并不能说是求名不求实。至于说管理者让职工造假，恐怕是极其个别的，估计作者本人也拿不出实际证据。更不能把标准对文件的要求看作是造假的罪魁祸首，何况标准并没有要求企业一定要制定三级文件，反而申明“无意统一质量管理体系的结构或文件”，并一再表明“每个组织确定其所需文件的详略程度和所使用的媒体。这取决于下列因素：诸如组织的类型和规模、过程的复杂性和相互作用、产品的复杂性、顾客要求、适用的法规要求、经证实的人员能力以及满足质量管理体系要求所需证实的程度”。标准提出的文件要求是最起码的规范，如果连这一点都满足不了，还谈什么质量保证？制定最必要的规范性文件与“造假”没有因果关系。正如ISO 9000标准说的，文件的形成本身并不是很重要，它应是一项增值的活动。

第三，错误地把“不负责任”归咎于“利益驱动”。利益驱动是正常的行为，任何一个组织都要考虑利益，认证机构也不例外。恰恰正是因为有利益，也就有责任。不能把少数认证机构的违章或违法行为看成是所有认证机构的问题，更不能看成是不能保证产品质量的原因。认证事业是消除非贸易壁垒的需要，ISO 9000（包括环境管理体系和职业健康安全管理体系）是国际合格评定准则。应当看到，我国的认证市场正处于发展阶段，各方面应予以积极的支持和帮助，而不是把它说得一塌糊涂，把认证市场让给外国，或者因为忽视了认证工作而影响了我国企业进入国际市场。因为国际市场不认金奖或银奖，而看是否得到认证。如果不把这个道理告诉企业，反而是“不负责任”的。广大的冶金企业不应当怀疑 ISO 9000 的基本原则，也不应当怀疑质量认证的发展方向，而是要跟上国际潮流，使管理体系科学化、规范化和一体化。

不能忽视潜在的质量危机*

近年来，我国钢铁工业快速发展，装备不断更新，产能不断扩张，10 年间钢产量翻了一番，2003 年前 11 个月钢产量突破 2 亿吨，实现了跨越式发展，成为了世界上第一产钢大国。在我们对这一巨大成就感到鼓舞的时候，也不能忽视潜在的质量危机。

我国钢铁工业工艺装备的现代化正在变成现实，但是，有了先进的装备，并不等于产品质量也达到了先进水平。2003 年从国外进口 3500 多万吨钢材，就足以说明我国钢铁工业的品种质量同市场需求相比还有明显的差距。原因之一在于我们的质量管理跟不上装备的升级和产能的扩张，并存在有某些潜在的质量危机。

一是“效益第一”淡化了“顾客第一”。办企业必须讲效益，但是顾客毕竟是企业生存发展的前提。在市场形势比较好的时候，有些忘记了“以顾客为中心”的基本原则，甚至失去了诚信。很多企业超资源订货，收了顾客的货款，不能按时交付产品，合同兑现率低。有的企业甚至向顾客明示合同兑现率 85%。还有的企业收了顾客采购硬线的预付款，却不安排生产，反而去生产效益更好的焊条钢了。顾客多次上门催货，不理睬，不兑现，抱怨颇多。长此下去就会失去顾客，丢掉市场，也就没有了长远效益。

二是“最低成本”降低了“固有特性”。质量是“一组固有特性满足要求的程度”。降低成本也是企业永恒追求的目标。但是，有一些企业用牺牲质量的办法来降低成本，甚至还把这种做法当成一种“成功的模式”，是不可取的。任何一种产品必须具有满足顾客要求的固有特性，而生产这些固有特性必须具有一定的成本。我们应当追求“合理成本”，而不是“最低成本”。过分地降低成分下限，过多地控制负偏差，实际上是降低了产品的实物质量。

三是“让步接收”变成了“合法程序”。“让步接收”是对使用或放行不符合规定要求的产品的许可，“让步通常仅限于在商定的时间或数量内，对具有不合格特性的产品的交付”。但是，现在有一些企业对不符合规定要求的产品（就是不合格品），包括原材料和半成品的不合格品随意使用或放行，甚至在顾客有质量异议时，也采取让顾客“让步接收”的办法（包括赔款），形成了一种“合

* 原载于《中国冶金报》2004 年 1 月 1 日。

法程序”。特别是目前焦炭、矿石和废钢供应紧张和铁水质量下降的情况下，“让步接收”使产品的冶金质量存在巨大的潜在危机。

四是产能扩张缺乏系统优化原则。常常听到这样的口号：“以连铸为中心，以炼钢为基础，以设备为保证”，那么炼铁和轧钢过程是什么？这是一种以产量为核心的高效率生产思想，没有体现产品实现全过程的系统增值和优化原则。在策划扩张产能时只重视主体设备，系统配套不完整，特别是对产品质量有直接影响的设备，例如精炼和精整设备，计量和监测设备，往往被忽视。生产出来的产品不但内部质量有问题，表面质量也很差，这就是没有系统优化的结果。市场决定产量和规模，顾客决定品种和质量，以此为输入，按人、机、料、法、环进行系统配套，才能得到满足顾客要求的输出——产品。

五是缺乏研究开发固有技术的能力。企业的核心竞争力就是企业的固有技术，即“标准+α”中的α。目前很多企业建立起技术中心，承担着研究开发企业固有技术的工作。但是其中很大一部分没有研究和开发固有技术的能力。最糟糕的是技术中心的牌子挂上了，新产品和新技术没有开发出来，现有的生产技术也没有人管了。有些技术中心只热衷于试制一些具有暂时或局部效益的“新产品”（其实是本企业没有生产过的标准化产品），对现实存在的质量问题和未来的品种开发，没有兴趣。即使有些研究开发性质的工作，其核心技术只存在某些技术人员的脑袋里，没有积累成企业的知识产权，这种倾向必将影响企业的发展后劲。

六是忽视人力资源的培训增值作用。为了向顾客提供满意的产品和服务，首先必须有能够胜任工作的人力资源。胜任体现在教育、培训、技能、经验和意识等多方面的能力。人才优势是一个群体，并有发挥才干、得到信任和继续增值的机会。我们不大注意人力资源经过培训不断增值的作用，所以也就缺乏创新意识和能力。有些企业用高薪挖走了别的企业的人才，但是由于缺乏管理和沟通，只是临时雇佣观念，没有长远打算，也不能形成人才优势。充其量只用了其“存量”的知识，而没有发挥其“增量”的作用。

七是没有形成持续改进意识和机制。持续改进是质量管理的基本原则，是企业永恒的目标。持续改进是渐进的、循环的和持久的。持续改进支持着产品质量的提高，并具有广泛的群众基础。企业管理者应建立支持持续改进的机制，例如QC小组活动等，利用来它提高满足顾客要求的能力。遗憾的是不少企业对此并不重视，反而热衷于某些管理形式，什么时髦喊什么。一会儿搞5S，一会儿搞6σ，不是这些管理方法不好，而是经常“变调”不结合企业实际，收效甚微。

钢铁工业主要危险源及其控制措施*

目前我国钢铁工业仍然是以高炉—转炉流程为主，包括原燃料准备和处理、烧结、焦化、炼铁、炼钢和轧钢过程。本文涉及的危险源包括对人或物造成突发性损害的“危险因素”和对人或物造成慢性损害的“危害因素”。

按钢铁产品生产过程划分，主要危险源见表1。

表1 钢铁产品生产过程的主要危险源

过程	主要危险源														
	粉尘	噪声	热辐射	放射性	振动	爆炸	触电	火灾	地震	水灾	雷电	运输事故	机械事故	供电安全	供水安全
原料	○	○			○		○	○	○	○	○	○	○	○	○
烧结	○	○	○		○	○	○	○	○	○	○	○	○	○	○
焦化	○	○	○		○	○	○	○	○	○	○	○	○	○	○
炼铁	○	○	○	○	○	○	○	○	○	○	○	○	○	○	○
炼钢	○	○	○	○	○	○	○	○	○	○	○	○	○	○	○
连铸	○	○	○	○	○	○	○	○	○	○	○	○	○	○	○
热轧	○	○	○	○	○	○	○	○	○	○	○	○	○	○	○
冷轧	○	○	○	○	○		○	○	○	○	○	○	○	○	○
能源介质	○	○	○			○	○	○	○	○	○	○	○	○	○
起重运输	○	○					○	○	○	○	○	○	○	○	○
辅助设施	○	○			○	○	○	○	○	○	○	○	○	○	○

注：○表示存在。

一、主要危险源

在贯彻实施GB/T 28001（即OHSMS18001）职业健康安全管理体系标准时，首先应识别危险源，以便根据危险和危害程度，采取必要的控制和管理方案。

（1）原燃料准备和烧结过程。钢铁企业有的有港口，有的没有港口。有港

* 原载于《冶金标准化与质量》2004年第2期。

口的用皮带运输原燃料进入厂区，没有港口的借助于火车或卡车运输原燃料。烧结过程用皮带运输精矿、石灰和焦粉等也比较多。皮带运输存在皮带跑偏、打滑、压料或划伤皮带等故障，人工处理时容易发生机械伤害。用火车或卡车运输原燃料时会出现运输事故。

原燃料在破碎、筛分、配料和贮运过程中粉尘危害比较严重。每吨烧结矿产生的粉尘大约有30kg。另外，在原燃料破碎、筛分和烧结过程中噪声可以达到100dB(A) 左右。

(2) 焦化过程。焦化生产过程的危险因素主要是四大车（装煤车、推焦车、拦焦车和熄焦车）的机械伤害。推焦过程也存在灼烫事故。易燃易爆物质引起的爆炸也是焦化过程的主要危险因素。

焦化生产过程产生的粉尘、烟气、噪声和热辐射对人体健康有害，特别是有毒物质（苯类、酚类、初馏分、氨类、氰化氢、硫化氢、吡啶、蒽、喹啉等）的危害更严重。

(3) 炼铁过程。炼铁过程的主要危险因素是在出铁或发生故障检修作业时，容易发生煤气泄漏，造成一氧化碳中毒。为了降低焦比和提高产量，高炉喷吹煤粉是一项重要的技术措施，但是，煤粉的制备和喷吹设施可能发生爆炸。高炉的铁水和炉渣遇水或泄漏的煤气遇明火也会爆炸。高炉出铁时开堵铁口操作失误，出铁沟的修补以及出渣出铁的渣铁飞溅，会被灼烫。出铁场的起重机、解体机和泥炮等也会形成机械伤害。

炼铁过程的主要危害因素有高温热辐射（铁口的单向辐射热可达30J/(cm^2 · min)，渣口的单向辐射热可达20J/(cm^2 · min)）、烟尘和CO，还有微量的H_2S和SO_2。高炉鼓风、喷吹煤粉、煤气放散和机电设备运转会产生噪声，有时也会超过100dB(A)。

(4) 炼钢过程。炼钢过程的原燃料和钢水钢渣的吊运，设备检修过程的设备遇零件的拆卸和安装会形成起重和机械伤害。火灾也是炼钢过程的主要危险因素。火灾事故的原因有三个方面：一是燃油、润滑油、液压油和可燃气体引起的；二是电气设备故障造成的；三是高温钢水炉渣喷溅和泄漏引起的。高温钢水炉渣喷溅或遇水也能引起爆炸，煤气爆炸、氧气爆炸、超压爆炸和电气爆炸等也是炼钢过程的危险因素。

炼钢过程的主要危害因素有粉尘、噪声、有毒有害气体和高温、热辐射遇紫外线辐射。粉尘主要来自原料的准备与冶炼和精炼过程。每吨转炉钢能够产生35kg粉尘，每吨电炉钢能够产生15kg粉尘。电炉熔化期的噪声高达120dB(A)，氧化期的噪声也有100dB(A)。车间的除尘风机、设备的液压泵和真空泵、耐火材料拆除机等产生的噪声一般在100dB(A) 左右。炼钢过程产生的有毒有害气体主要是CO。铁水、钢水、钢渣的热辐射，电炉炼钢的紫外线辐射，液面控制系统采用同位素时放射线辐射，对人体也有危害。

（5）轧钢过程。目前，我国钢铁工业设备的自动化程度不断提高，机械伤害主要发生在后步工序，起重伤害时有发生。噪声是轧钢过程的主要危害，特别是钢管生产过程热区噪声在90dB(A)以上，冷区噪声在100dB(A)以上。加热炉和热坯的高温和热辐射；CO、NO_x、H_2S、HCl等有毒气体对人有危害，而大量的煤气、氧气、氢气、乙炔等易燃易爆气体和各种油品、化学品、电气设备、电线电缆和液压管线也存在一定的危险和危害。

二、安全控制措施

（1）防止炉前灼烫。首先是作好防护，戴好防护用品，作业实现标准化。炼铁过程严禁出铁口正面站人。炼钢过程应防止带水物料或爆炸物进炉，防止和杜绝转炉喷溅。

（2）防火防爆。为了防止钢水、铁水和炉渣爆炸，应使设备系统安全状态正常，严防设备水冷系统漏水。严禁钢包、铁罐、渣罐有水或未烘干以及出钢坑和出渣坑积水。防止易燃易爆物质的泄漏，并配置监测和报警装置，管制火源和严格动火制度。设立可靠的和完善的防火防爆装置。必须认真进行安全培训和标准化作业。

（3）防止中毒。首先应防止有毒物质的泄漏并建立监测和报警系统。对进入煤气区域作业，必须两人以上并佩带氧气呼吸器和具有良好的通风条件。进入化学毒物设施中进行检修时，应采取可靠的隔离毒源措施，进行置换通风，使用防毒用品，准备急救措施，熟悉急救方法。

（4）控制噪声。选用或更换低噪声设备，采用阻尼、隔振、吸声、消声或遥控等措施进行控制，并进行必要的个体防护。

（5）控制机械伤害。防止机械伤害最重要的措施是保持设备处于良好状态，安全装置有效。清扫和修理必须停机作业。对交叉作业应进行安全联络，建立安全确认制度。对高速运动和移动的装置或部件应有安全防护装置和警示标识。

（6）防止起重伤害。加强起重机械和作业的安全管理，指吊配合标准化，指令清楚，标志鲜明。行车安全装置和吊索吊具齐全可靠，在起重过程有危险的范围内，严禁人员通过。

三、职业健康管理

钢铁企业对职工健康可能造成危害的主要是粉尘、毒物和物理危害。直接接触危害因素的主要是现场的操作人员，约占职工人数的一半。其中接触粉尘的占

1/3，毒物的占1/5，物理危害的占1/3。

（1）粉尘控制。主要靠除尘，除尘系统应实现“三同时”。粉尘作业工艺应采用隔离方式，在工艺允许的情况下，设立自动喷水设施进行抑尘。

（2）毒物控制。采取严格密封和排风措施，防止跑冒滴漏，形成良好的作业环境，建立监测和报警系统，做好适宜的个体防护和应急准备与响应。

（3）健康监护。实行就业前体检和定期健康普查制度，建立《职工职业健康档案》，对职业病情况进行动态管理。

四、应急准备和响应

（1）防灾抗灾。防汛的关键抓筑坝和排水，抗震的关键是按国家规定提高设防措施。建立防灾抗灾指挥部门，加强对防灾工程的维护，重视非防灾设施的作用，制定紧急抗灾救灾预案，定期进行检查和演习。

（2）防火防爆。建立防火防爆领导机构，明确责任制，开展业务培训，进行防火防爆检查，保持消防器材良好，提高灭火自救能力。

五、结合实际，以人为本，实现钢铁工业可持续发展

钢铁企业在贯彻实施GB/T 28001职业健康安全管理体系的过程中，应与本企业实际相结合，将本企业行之有效的管理经验加以总结，并运用于职业健康安全管理体系中。例如，已有的安全卫生方针目标管理、“三同时”制度、“三不放过”的事故管理、“四级安全教育”、自主安全管理活动、安全卫生考核办法、消防、防灾、交通运输、锅炉压力容器、煤气等的专业安全管理和职业卫生管理等。通过贯彻实施GB/T 28001职业健康安全管理体系，使钢铁工业按科学的发展观，以人为本，实现全面协调和可持续的发展。

对“三同时”评价什么？*

初始评审是建立职业健康安全管理体系（OHSMS18001）的基础，初始评审的主要内容之一是评价组织履行适用的法律法规的符合性，包括“三同时”。“三同时”是指建设项目中的职业健康安全设施必须与主体工程同时策划、同时施工、同时生产和投入使用。

组织的职业健康和安全状况取决于三个主要环节，设备或设施安全化程度、员工的操作水平和设备或设施的管理状况，其中设备或设施安全化程度起决定性作用。而设备或设施安全化程度正是“三同时”所要求达到的目标。

在对“三同时”进行评价时，不仅应当看是否执行了“三同时”程序，还应了解“三同时”是否对安全策划进行过审查。即是否审查了以下三个方面内容。在评价“三同时”时，最好能够注意检查以下5个方面：

（1）在企业发展规划中是否包括职业健康安全内容，并有具体目标、方案和项目。

（2）可行性研究报告中是否将安全、环境作为重要内容，并进行危险源分析或计划任务书中是否有职业健康安全方面的要求。

（3）在勘察设计阶段是否对工程地质和水文地质进行勘察，并提出工程完工投产前安全工作要求。是否根据危险源分析，在计划任务书中是否有职业健康安全方面的要求，并安排了相应的安全策划内容。

（4）在施工安装过程与生产准备阶段是否将安全设施与主体工程同时施工安装。如果设计有重大修改时，应制订相应的安全措施。在生产准备过程中是否建立安全制度与监管机构，人员是否进行过安全培训。

（5）在竣工验收和投产阶段是否从职业健康安全方面进行检查，包括设计、施工、操作、维修和危险品储运等。验收前是否对物和人的不安全状态进行过评估。如果存在，是否得到评审，评审的结果及任何必要措施是否得到落实。投产前有无规定职业健康安全操作规范或作业标准，并经过培训、实习和考核，员工有能力胜任安全作业和处理应急情况。投产后职业健康安全状况是否达到预期要求。

---

* 原载于《冶金标准化与质量》2004 年第 2 期。

设备更新了，管理要跟上*

“九五”以来，随着我国钢铁工业跨越式的发展，生产装备的自动化和连续化技术改造的步伐也明显加快，大中型企业（包括部分民营企业）基本上实现了现代化，具备了使品种和质量达到世界先进水平的物质基础。但是，值得注意的是设备更新了，管理要跟上。

设备属于企业的重要资源，是产品实现过程的重要条件。作为设备资源管理有3个方面的主要工作。为实施保持质量管理体系并持续改进其有效性、满足顾客要求和赢得顾客满意，首先应识别需要配置哪些设备；其次是根据需要提供这些设备；最后是对这些设备进行维护，使其充分发挥作用。在策划过程进行识别，在技改过程进行提供，在生产过程进行维护，这是设备管理的主要内容。

在策划过程对设备资源的需求进行识别管理时，主要取决于顾客（或市场）。顾客不仅决定产品设计和产能设计，也决定用什么样的设备和工艺来生产。也就是说要根据顾客的期望和市场的需求来配置设备。在设备配置上切忌长官意志、行政干预和盲目追求，应注意系统优化。在技改过程对设备资源的提供进行管理时，主要取决于性能价格比较，并注意将适用性和先进性结合。在生产过程对设备资源的状态进行维护管理时，主要体现3个方面：

（1）设备的点检。现在有一些企业实行“点检定修制”，点检定修制的核心是点检。点检是一种科学的设备维修工作系统程序，是保证设备可靠性、维修性和经济性的重要过程。点检工作包括岗位操作工人的日常点检、专业点检工人的定期点检和专业技术人员的精密点检。多数企业实行岗位操作工人的日常点检和专业点检工人的定期点检，实行专业技术人员精密点检的企业比较少。有些企业岗位操作工人的日常点检只是一种形式，有的记录点检结果，打个“√”；有的无记录，连“√”也不划。既使划“√”也是随意性的。甚至一段时间补划一次，一次划十天、半个月或更长。对设备维护起不了应有的作用。为了强化设备资源管理，首先必须落实设备的点检制度，按规定的检查点，定人、定点、定时、定量、定标准、定内容、定记录，进行预防性检查，取得设备状态信息，制定有效维修措施，保障设备安全运行，发挥设备应有效能，延长设备使用寿命。

（2）设备的诊断。设备的诊断是在设备运行状态预测设备是否正常，是否

---

* 原载于《中国冶金报》2004年2月12日。

存在故障的过程。通过设备的诊断判断设备状态如何，如果存在异常，部位在哪里，异常程度如何，是否需要检修，需要何时检修。这样做可以避免出现故障或事故后才进行检修。既能降低维修费用，减少备件库存，提高设备作业率，又能减少设备事故和人身伤亡事故。过去在冶金行业有一个设备状态评价体系，包括设备的运转、备件、点检、维护和环境等条件，进行设备状态评价，并开发了一些设备诊断技术。目前坚持这样做的企业不多了。对近年来更新的设备，更没有进行状态管理。

(3) 设备的检修。设备检修是保持和提高设备资源性能的重要过程，是实现产品符合性，提高产品质量的重要物资保证。钢铁企业一般采用计划预防检修制度和全面设备维护制度两种模式。全面设备维护制度强调以点检为重点，预防性检查为核心进行设备维护工作，检修分为日修、定修、年修和抢修。但是，现在不少企业只有抢修。日修不得不修。没有定修，年修也常常被推迟或取消。理由是生产忙，停不下来和资金不到位，干不了。不少企业设备检修后缺乏完善的验收标准，该检修的是否按规定检修了；检修了的，是否达到规定的检修要求，有没有规范的程序。对引进的先进的设备，由于图纸转化、备件不全、技术限制等原因，也存在只使用不检修的现象。一些企业的设备管理部门热心于“增量管理”（采购），不重视“存量管理”（维护）。如果设备国产化再跟不上，弄不好，还要有新的一轮引进。

中央经济工作会议提出科学的发展观，其中很重要的一点是要求协调发展。设备管理也要与钢铁工业协调发展，否则也将会影响整体的发展和投资的回报，甚至使企业陷入困境。因此在我国钢铁工业生产设备的现代化正在变成现实的形势下，多数企业新老设备并存，更新改造交错，完全实行计划预防检修制度或全面设备维护制度都有一定困难，有必要加强对设备维护经济分析的研究，加强设备诊断和状态分析，逐步向状态检修过渡。另外，目前大多数企业进行主辅分离和转制改革，设备管理部门的职责职权也有很大变化。如何将设备资源与企业资源计划（ERP）整合，如何将设备检修与生产制造执行系统（MES）协调，如何将设备管理和检修专业化分包结合，实现设备管理为企业的持续快速协调健康发展服务，是一个值得深入探讨的课题。

新版 ISO 14001 将有哪些变化？*

ISO/TC207 正在对 ISO 14001：1966 进行修订，FDIS 版在今年 3 月完成后，将对其进行投票，大约在 7 月份返回，2004 年底公布新版 ISO 14001 标准。

在新版 ISO 14001 的 DIS 的引言中，说明了修订的目的在于帮助使用者贯彻实施环境管理体系，同 ISO 14001：1996 相比，并没有增加、也没有减少某些要求。当新版标准公布后，已经认证注册的组织可以有 1～2 年的转换过渡期。这对大多数组织来说是足够的，因为新版标准并没有什么实质性的变化。

（1）术语和定义。在 3 定义中增加了 4 个术语，分别为：

1）审核员：具有审核能力的人。

2）文件：信息及其承载媒体。

3）程序：为进行某项活动或过程所规定的途径。

4）记录：阐明所取得的结果或提供所完成活动证据的文件。

在原定义中，持续改进定义为“强化环境管理体系的过程，目的是根据组织的环境方针，实现对环境表现（行为）的改进”。修订后改为“强化环境管理体系的循环过程，目的是与组织的环境方针协调一致，实现对环境表现的改进”。采用“循环”一词的目的在于强调持续改进是一个不断的、进行的过程。术语和定义部分没有实质性变化，只是阐述得更清晰一些。

（2）总要求。4.1 环境管理体系的总要求，原来这一条款是“组织应建立并保持环境管理体系”。新版改为“组织应建立、形成文件，实施、保持和改进环境管理体系”。在这一部分还要求组织界定环境管理体系范围，包括哪些是内部理解和实施的，哪些是用于审核注册的范围。

（3）环境方针。在 4.2 环境方针中有 3 点变化。c）中原来的“有关环境法律、法规”改为“适用的环境法规要求”。e）一分为二，新版的 e）要求方针应形成文件、付诸实施，予以保持。新版的 f）要求方针的沟通。原标准要求方针应传达到全体员工；新版标准要求方针应传达到为组织和以组织名义工作的所有人员。这就意味着环境管理体系所覆盖的人员应包括不是组织员工的人员，例如供方。

（4）策划。新版标准将策划的内容从 4 条减少到 3 条。取消了原来的 4.3.4

---

* 原载于《冶金标准化与质量》2004 年第 3 期。

环境管理方案，将这一条合并到环境因素、目标和指标中。

4.3.1 环境因素除措辞略有修改外，基本没有变化。尽量消除某些含糊的概念。例如将“可望对其施加影响的环境因素”改为“可能对其施加影响的环境因素”，使组织更易于识别和确定。将原来 4.3.4 环境管理方案中有关“如果一个项目涉及新的开发和新的或修改的活动、产品或服务”也必须在识别环境因素时加以考虑，但是放在 4.3.1 环境因素中。新版标准明确要求组织应将环境因素的信息形成文件。新版标准还要求组织在发展、实施和保持环境管理体系时应考虑他们的环境因素。

4.3.2 法律和其他要求基本内容没有变化。组织在发展、实施和保持环境管理体系时应遵守适用的法律要求和其他环境要求。

4.3.3 目标和指标将原 4.3.4 环境管理方案的内容也扩进来了。环境管理方案包括明确职责、方法和时间表。

（5）实施与运行。基本没变，仍然是分 7 个部分。略有修改的有：4.4.2 原来题目为“培训、意识和能力”，现在改为“能力、培训和意识”。这一修改意味着新版标准要求组织应更重视能力。另外，将个人、员工或成员全部改为组织或以组织名义工作的人员。在评价能力、识别培训需求和提供培训时，范围应扩大到供方。

4.4.3 信息交流有比较大的修改。新版标准规定：组织应确定是否与外部就重要环境因素进行交流。这条比原来要求更具体了，如组织确定与外部交流，应建立方法。

4.4.4 环境管理体系文件，新版标准提出，下列文件应有环境管理体系文件清单：环境方针、目标和指标；对环境管理体系主要要素（原为核心要素）及其相互作用的描述和相关文件；本标准要求的文件和记录。

4.4.5 文件控制，原来标准要求对 ISO 14001 规定的文件进行控制，新版标准要求对环境管理体系所有文件（包括外来文件）进行控制。因此，需要控制识别和发放。

（6）检查和纠正措施。4.5.1 监测和测量，仍然保留，没有变化。但是在第 3 段评价对有关环境法律、法规的遵循情况部分移到 4.5.2 中。新版标准的 4.5.2 题目是法律、法规的遵循情况的评价。内容基本反映了原来要求，但是明确评价遵循法律、法规情况的目的是追溯环境方针中组织对遵循法律法规的承诺。

4.5.3 变化最大，题目改为不符合、预防和纠正措施。要求组织决定和实施防止潜在的不符合发生的预防措施。问题在于“潜在的”是指什么，有人说整个环境管理体系的构架就是为了预防不符合。例如提高员工的能力、提供需要的培训或制订与重要环境因素有关的作业指导书，这些也是预防潜在的不符合的措施。如果预防措施在最终版本中保留，那么问题将是认证机构如何审核这一要求。

4.5.4 记录修改为标准要求的记录和证实环境管理体系有效运行的记录。

4.5.5 题目改为内部环境管理体系审核，并增加了审核过程的客观性和公正性的要求。

（7）管理评审。标准的最后一章仍然是管理评审，但是增加了评审输入（例如环境管理体系审核结果、变化的环境、对上次评审的跟踪）和评审输出（例如与承诺持续改进相适应的决定和措施）。这次修改时，强调了管理评审的战略性质，包括评审环境管理体系持续适宜性、充分性和有效性。

（8）结语。对大多数贯彻实施 ISO 14001：1996 环境管理体系标准的组织来说，新版标准不会对他们带来很大的变化，有些变化也是细小的。环境管理体系的文件可能重新编号，对已有的一些活动做某些扩展，例如培训应包括供方。ISO/TC207 最初所构筑的环境管理体系标准的框架，将完整保留，至少在未来 5 年内不会改变。

让“动脉”与“静脉”闭路循环
——钢铁工业能源、资源优化利用及环保工作的发展趋势和思路*

将“资源—生产—社会”作为动脉系统，将“废弃物—再利用—再资源化”作为静脉系统，使社会进入循环经济的时代，未来的钢铁工业应坚持这一发展方向并实现这种“动脉”与“静脉”闭路循环的清洁生产——这是业内资源环保专家对我国钢铁工业能源、资源优化利用及环保工作发展趋势和思路的高度概括，希望此篇文章对有关钢铁企业的能源和资源利用以及环保工作有所借鉴和启示。

——编者按

钢铁工业是能源和资源消耗的大户，能源消耗构成中煤炭消耗约占70%，焦炭消耗占全国的80%；并在生产过程中产生大量的污染物，对环境造成的影响是多方面的和多层次的，对大气、土壤、水系、海洋以及人类生活都具有重大影响。为了在2020年实现党的十六大提出的国内生产总值力争比2000年翻两番，全面建设小康社会的奋斗目标，钢铁工业树立科学的发展观，把坚持以人为本和实现经济社会全面、协调、可持续发展统一起来，既要满足增长迅速的市场需求，在结构调整中发展总量的质量，又要实现资源能源利用效率和环境保护，在推行清洁生产中促进可持续发展。因此，贯彻实施ISO 14000标准，对钢铁工业非常重要。

为了取得与资源利用效率和环境友好相协调的可持续发展，建立环境管理体系，必须对钢铁工业的环境因素进行识别和评价，并对它们进行控制。从而实现清洁生产，从生产源头着手，进行全过程控制，对废弃物进行回收、处理和再生，使贯彻实施ISO 14000的过程与环境因素的再资源化或能源化相结合，具有非常重要的战略意义。

一、钢铁工业环境因素的现状及分析

目前，我国钢铁工业主要以高炉—转炉流程为主，另外还有一部分电炉流

---

* 原载于《中国冶金报》2004年8月21日。

程。以高炉—转炉流程为主的工业，生产 1t 钢需要消耗 1500kg 铁矿石，600kg 炼焦煤，200kg 石灰石和萤石，175kg 废钢和 15t 新水；产生 10t 左右的外排废水，0.05kg 的 COD，15000m^3（标准状态）废气，1.2kg 烟尘，3kg 工业粉尘，4.1kg SO_2，500kg 左右的冶炼废渣。电炉流程的工业也同样地产生相当数量的废水、废气和废渣以及其他固体废弃物。

钢铁工业的废气排放量大，污染范围广。废气温度高，400～1000℃，最高可达 1400～1600℃，治理难度大，同时烟气挥发性强。在废气中排放的烟（粉）尘颗粒细，吸附力强，1μm 以下占多数。除烟（粉）尘外，烟气中还含有 CO、SO_x、NO_x 等。

高炉—转炉流程中焦炉废气中含有 H_2S、BaP、BSO 等有害物质。焦炉在装煤、炼焦、推焦和熄焦过程中，从装煤孔、炉门、上升管道和红焦中向外排除烟气。装煤过程烟气量大约为 600m^3/min，在炼焦和推焦过程也会产生大量的烟气。如果是湿法熄焦，在熄焦时将排出大量的焦粉、H_2S、SO_2、NH_4 和含酚水蒸气。生产 1t 焦炭产生的烟尘有 1kg 左右。过程的烟气中的余能、余热、余压、氧化铁尘泥等都具有回收利用价值。钢铁工业的废水包括有烧结废水、焦化废水、高炉煤气洗涤水、高炉冲渣水、转炉烟气除尘废水、轧钢废水等。这些废水中具有不同的 pH 值，含有悬浮物、重金属、有机物、油污、酸碱等。焦炉废水中含有酚氰、冷轧废水含有铬等有害物质。

钢铁工业的固体废物，包括有铁矿开采时产生的剥离废石、选矿时产生的大量尾矿、高炉炉渣、转炉炉渣、电炉炉渣、铁合金炉渣、含铁尘泥、电镀金属污泥、六价铬渣等。

二、对环境因素控制措施的探讨

（一）强化对废气的控制

废气中含有粉尘、热能和化学物质，为了充分利用废气中的有用物质和能量，首先应将烟（粉）尘除去。除尘的方法有 3 种：一种是利用惯性力，另一种是借助于过滤器，还有一种是利用水滴或电荷进行捕集。根据粉尘的大小和性质，钢铁工业采用的除尘器有重力除尘器、袋式除尘器、喷淋洗涤塔、文氏管除尘器和静电除尘器等。

除尘后的高炉煤气可以利用余压发电，降压后的煤气可以回收作为燃料。高炉炉顶排除的煤气中含有较高的 CO，其热值为 3.7MJ/m^3，可以和天然气或焦炉煤气混合增加其热值或单独使用。高炉产生的大量煤气经管道直接输送到重力沉淀室，然后输送到喷淋洗涤塔和静电除尘器或湿式除尘器。高 CO 浓度的干净煤气燃烧预热高炉用风、产生鼓风机的电力或满足其他燃料要求，同时回收的颗粒物质烧结后再循环到高炉中。高炉喷吹煤粉或高温还原气体，既可以减低焦比，又能减少向大气排放化学物质。直接还原炼铁能够降低对环境的污染。

转炉废气除尘后收集的泥渣，有粗泥渣和细泥渣之分。粗泥渣适于烧结厂的再利用，回收金属铁，降低成本。细泥渣作成滤饼代替铁矿石或精矿粉也可以用于烧结。电炉废气中的粉尘可以制成生球团返回电炉使用。采用四孔喷枪和降低供氧强度，能够减少废气中的含尘量和红泥水中的悬浮物。除尘后的气体仍然处于高温状态（1260℃），通过热交换器或废热锅炉可以回收热能。转炉的大量废气也必须先除尘。气体中还含有的 CO（含量为 60%）可以燃烧使锅炉产生蒸汽发电。电炉的废气中含有的粉尘浓度相对比较低，难以去除。一般整个电炉车间安装排烟系统，将收集的烟气送到袋式除尘器净化，回收利用。电炉废气中常常含有 Zn、Pb 和 Cu，采用苛性钠浸出，用 Zn 置换 Pb 和 Cu，然后再用电解沉积 Zn。

随着技术进步，一大批行之有效的节能降耗、污染治理及二次资源综合利用的技术装备，如 CDQ、LT 等技术有待于进一步推广普及。

（二）强化控制废水的措施

钢铁工业使用大量的水作为冷却剂和在各种除尘器中作为吸附介质。这两种用途的水都吸附了微粒状物质，必须分离后才能循环使用或排放。分离技术分两段工序，即澄清或浓缩和过滤。

对酸洗和电镀过程产生的含有重金属的废水，最简单的治理方法是氢氧化物沉淀法，可以去除 Cu、Pb、Zn、Cd 和 As。对含 6 价铬的废水可以采用电解法和离子交换法。减少外排废水和合理用水是控制污染的最好办法。

对焦化废水采取特殊的治理技术。因为炼焦与回收焦化产品过程中，产生含有大量高浓度酚、氰、油类等有害物质的污水，必须治理，比较先进的方法是活性污泥法分解酚和氰。

目前，一些钢铁厂建设了总排水处理回用设施，有效地防治了水污染，节约了水资源。

（三）强化控制废渣的措施

对铁矿山开采设置采场、排土场和尾矿所造成的植被破坏，应积极安排好复垦工作。钢铁工业的废渣可以用于作为水泥、道路和混凝土构件等原料。高炉炉渣经缓冷（空冷）成为“干渣”，破碎筛分后用于路基材料或混凝土用粗骨料；高炉炉渣经急冷（水冲），可以用作水泥原料。掺合约 50% 高炉渣的高炉水泥与普通水泥相比，石灰石使用量减少，是节省能源和资源的材料。高炉渣还可以作为建筑材料、肥料和土壤改良材料。钢铁炉渣的再资源化的前景是非常好的。

但是，转炉渣和电炉渣具有膨胀崩裂性，适用范围受到限制。如果采用蒸汽固化处理，可以用于路基材料。发达国家钢铁炉渣的利用率已经达到98%～100%，而我国仅为87%。特别值得指出的是在生产铬铁时产生的废渣中含有6价铬，必须进行控制和治理。比较可行的方法是将铬渣经高温还原，还原成3价铬，进行无害化处理。也可以将铬渣经处理后用于房屋建筑和管线沟的基础填料，在道路建设中作为隔热材料，具有很好的承载性。还可以作为玻璃制品的着色剂，生产钙、镁、磷肥添加剂等。

三、再资源化、再能源化和清洁生产的探讨

近年来，随着我国钢铁工业现代化的发展，环境管理和技术也有很大的变化。吨钢综合能耗从1995年的1516kg标准煤，降到2003年（上半年）的778kg标准煤；吨钢可比能耗也从976kg标准煤，降到684kg标准煤。处理废水的达标率从82.17%提高到94.23%；外排水的达标率从82.17%提高到94.17%。废气排放达标率从1995年的85.91%提高到2002年的94.49%。80%以上的冶炼废渣得到了利用。但是，钢铁工业仍然是资源和能源消耗比较多的工业部门之一，也是污染大户。因此，在钢铁工业进一步发展中必须重视环境保护工作，继续向再资源化、能源化和清洁生产方向发展。

（一）再资源化

目前，钢铁工业的炉渣用作水泥的掺和料、铺路用的原料和混凝土原料。高炉渣的利用率达到100%（特殊渣除外），转炉渣的利用率也在逐年提高。含铁尘泥作为回收料返回使用。但是，为了节约资源，今后将追求新的资源循环，即将废弃的塑料（氯乙烯）在高炉中继续处理。既节约焦炭资源，又解决废弃塑料的污染问题。

（二）再能源化

高炉煤气是钢铁工业最重要的能源，炼铁过程各工序的废热，多数已经用于预热或余热发电。转炉回收的煤气，通过燃烧法或不燃烧法转换成蒸汽或电能，实现负能炼钢。今后将探讨如何利用中温（200℃左右）和低温（80℃以下）的热能，比较可行的措施是用于城市居民生活，还有钢铁厂废水资源化问题等。

（三）清洁生产

清洁生产的概念不仅限于废气的净化与利用、固体废弃物的回收与利用、建

立封闭的水循环系统、设计短流程、开发直接还原、熔融还原、高效连铸或直接炼钢等。而是将自然生态体系引入并建立人间生态体系，达到“节能降耗，减污增效”，生产出绿色产品的目的。将资源—生产—社会作为动脉系统，将废弃物—再生利用—再资源化作为静脉系统，使社会变成循环的时代，未来的钢铁工业就是实现这种循环的清洁生产。

如何评价“三同时”？*

初始评审是建立职业健康安全管理体系的基础，其主要内容之一是评价组织履行适用法律法规的符合性，包括“三同时”。

“三同时”指建设项目中的职业健康安全设施必须与主体工程同时设计、同时施工、同时生产和投入使用。组织的职业健康安全状况取决于三个主要环节：设备或设施的安全化程度、员工的操作水平和设备或设施的管理状况。其中，设备或设施的安全化程度起决定性作用，也是“三同时”所要求达到的目标。

在对“三同时”进行评价时，不仅应当检查组织是否执行了“三同时”的程序，还应了解是否对安全设计进行了审查，即是否审查了以下三个方面的内容：

（1）安全设计内容。主要指各个设计阶段是否在总体设计、工艺设计、设备设计、卫生设计、环境保护设计等方面建立了安全防护体系，以消除、减少、控制安全事故和职业病的发生，使设备或设施不受意外的破坏，使环境得到保护、财产不受或少受损失。在技术措施方面，是否体现了消除、预防、减弱、隔离、连锁、加强、合理、替代和回避等原则。

（2）安全设计程序。在设计预防事故程序中，应包括了解危险来源、预测灾害、判断后果、决定方案、实施措施、评价结果和信息反馈等过程；应有必要的安全措施资料，包括危险评价和安全检查、厂区布置、建筑设计、工艺设计、机械设计、电气设计、防灾安全和预防事故等资料。

（3）安全设计思路。安全设计既要考虑系统在规定的时间满足安全要求的能力（可靠性），又要考虑排除故障达到恢复正常状态的能力（可维修性）。尽可能汲取人机功效学成果，避免人与危险源接触，同时分析职业健康安全与环境保护的关系，尽可能同时解决。

具体说，在评价“三同时”时，最好注意检查以下四个方面的资料：

（1）发展规划中是否包括职业健康安全的内容，并有具体的目标、措施和项目。在可行性研究报告中，是否进行了危险源分析。在计划任务书中，是否规定了职业健康安全方面的要求。

（2）设计中是否根据危险源分析或计划任务书对职业健康安全方面的要求，

---

* 原载于《中国质量认证》2004 年第 10 期。

安排了相应的安全设计内容，是否履行安全设计程序和关注设计思路，并在进度上与主体工程同时进行。

（3）在施工过程中，职业健康安全的项目是否与主体工程同时进行，并经验收符合要求。验收时，有无发现不安全状态或行为，是否评审不安全状态或行为，评审的结果及任何必要的措施是否得到落实。

（4）投产前，有无规定职业健康安全操作规范或作业标准。为使员工有能力胜任安全作业和处理应急情况，应经过培训、实习和考核。投产后，职业健康安全状况是否达到预期要求。

对质量、环境和职业健康安全管理体系整合的认识*

质量、环境和职业健康安全管理体系（以下简称管理体系）整合，整合什么？应当说是整合资源。管理体系为什么要整合资源？为了将资源更好地转化为企业的核心竞争力。现代企业的竞争，不再单纯的是规模和价格的竞争，最根本的是企业核心竞争力的竞争。什么是企业的核心竞争力，就是企业通过对资源的充分利用和有效的整合而形成的企业独有的、持续发展的能力。也就是说，企业核心竞争力强调的重点是资源的整合性、独具性和可持续性。企业核心竞争力表现在核心产品具有很高的市场占有率；生产技术具有很强的创新能力；企业管理具有培育、发展和提高核心竞争力的能力。管理体系的整合不应当仅仅是文件的整合、管理的整合，更重要的是资源的整合。资源的整合其实就是资源的优化配置，用于提高企业核心竞争力。

过去，我们曾经认为质量就是满足标准要求的特性，其实满足标准要求的产品或服务，并不一定能够满足顾客要求。例如，目前各钢铁企业生产的硬线，多数能够满足标准要求，但是在满足顾客要求方面，有些企业的产品出现了不稳定、断头多的问题。问题出在哪里，有认识问题，也有技术问题，实质是资源没有得到优化。高线的生产设备好，如果钢质不好也不行，在质量范围内，不少企业存在资源优化配置问题，系统整合问题。只关注标准要求，是只从降低成本角度关心效益，是短期效益；关注顾客要求，是从扩大市场角度关心效益，是长期效益。贯彻实施 ISO 9000 标准使我们认识到质量和效益的关系。

最近，冶金报有一篇报道，宝钢五钢和日本大同特殊钢签订战略合作协议，五钢将替代日本大同特殊钢为广州本田汽车公司供应汽车用特殊钢。五钢供应的钢种主要是用于汽车连杆、传动轴和曲轴的合金结构钢和易切钢。由于环保要求，这些易切钢要求不含铅，而含硫，从标准角度要求，五钢的产品可以满足要求，也能够提供同样牌号的钢材；但是顾客还要求钢材中的硫化物成球形，并且将氧化物包起来。顾客的这些特殊要求就需要特殊的技术，也就是需要有独具的资源。在这种独具的资源中不仅考虑质量因素，也考虑了环境因素，包括了质量管理和环境管理的整合，ISO 14000 标准给我们的是一种广义的质量概念。

---

* 原载于《冶金标准化与质量》2005 年第 2 期。

在中央召开的经济工作会议上，胡锦涛总书记强调："坚持以人为本，努力构建社会主义和谐社会"。其实以人为本不仅是社会主义国家的理念，也是现代社会发达国家关注的问题。日本新日铁的大分厂，二十年前就提出"废品为零、人身事故为零、设备事故为零，核心产品市场占有率第一"，"三个零、一个一"的方针目标，是三体系整合的最好的范例。前不久我曾去日本特钢企业做过一次考察，看到轴承钢的生产，已经从生产棒材转化为生产轴承套圈，整个锻造过程全部实现机械手操作，不仅产品质量提高了，员工的工作环境改善了，消除了危险和危害。在这种独具的资源中不仅考虑质量因素，也考虑了危险和危害因素，包括了质量管理和职业健康安全管理的整合，OHSMS18000 给我们的也是一种广义的质量概念。

时代不同，质量概念也在变化。从 20 世纪 80 年代"大质量"概念逐渐被人们所接受，而且成为不可逆转的趋势。质量已经不再仅仅是技术问题，而是经营问题。顾客也不再仅仅是购买产品的用户，而是包括所有受影响的人，包括内部的和外部的相关方。评价质量不再局限于符合标准，而是与顾客和相关方的要求相对应。不久的将来还要包括企业的社会责任和经营道德，从这种认识出发，管理体系的整合是企业管理发展的必然趋势。钢铁企业一体化文件的发布，只是管理体系的整合的开始，关键是要通过资源的整合，进一步提高企业的核心竞争力，不断推出具有特色的核心产品，不断开发具有独具特性的生产技术和持续发展的能力，不断扩大市场占有率，不断扩大经营业绩、经济与社会效益。到那时，我们的钢铁企业才可以骄傲地说："我们的顾客因为我们的产品而增值"，"我们的员工具有健康和喜悦"，"我们的工厂充满阳光和绿色"。

ISO 9000 + α——审核过程的增值服务*

2000 版 ISO 9000 标准已经转换了将近 3 年了，不少单位进入了复评阶段。回顾贯彻实施 ISO 9000 标准以来，这种认证注册制度到底对企业的管理有什么帮助？有效性如何？我没有做过专门的调查研究。但是，据日本报道，他们有 70% ~80% 的企业认证注册后没有提高或提高不大。当然，日本的企业当初贯彻实施 QTC 成果比较明显，有些已经超过 ISO 9000 标准要求的管理水平。因此，ISO 9000 对他们来说可能只是一种克服技术壁垒的形式。

但对我们国家来说，确实应当研究如何提高 ISO 9000 质量管理体系的有效性问题。复评的标准没有变化，仍然是 ISO 9001，但是不应当再重复初评的水平，只要求符合性，而更应当强调有效性。现在有一种提法叫“ISO 9000 + α”。什么是 α？α 是企业的附加要求，它要求认证机构为企业提供增值服务。这种增值服务并不是咨询，而是 ISO 9000 的有效性和效率。

例如，管理职责主要要求是管理承诺、以顾客为关注焦点、质量方针、策划、职责、权限和内部沟通以及管理评审等。其实管理职责是管理者过程。其核心是管理者对方针目标的管理。目前多数企业只是把方针目标挂在嘴上，贴在墙上，没有认真地策划、实施、评审、诊断和改进。在认证机构现场审核时也常常与企业领导谈谈而已，没有把管理职责作为管理者过程进行认真的审核。

又如，资源管理主要要求人员能力、设施水平和环境条件应能够满足要求。如何评价人员能力、设施水平和环境条件，应当达到什么样的要求，其实这也是一个（或多个）过程，即支持过程。这些过程的输入（要求）和输出（结果）是什么，如何控制过程使其增值，很多企业没有解决这个问题也谈不上有效性和效率。

特别的产品实现过程的策划，很多企业仍然沿用传统的方法，没有针对不同的产品进行有针对性的策划，例如标准化的产品应有规定产品特性的产品标准和规范工艺过程参数的操作规程；对有特定要求的产品应采用质量计划；对新产品应通过设计和开发将顾客要求转化为产品特性和过程参数。在生产和服务提供过程控制中，有些企业采用质量控制点的办法，但是却没有规定控制对象和方法。质量控制点的控制方法是指直方图或控制图等，而不少企业把质量控制点理解为

---

* 原载于《冶金标准化与质量》2005 年第 43 卷第 5 期。

技术措施。

对监视和测量装置的控制理解为只是计量器具的管理也是不够的。首先应当确定监视和测量活动，其次是规定监视和测量活动对装置的要求，然后才是对监视和测量装置的控制（包括校准和维护）。计量器具只是监视和测量装置的一部分，还有相当多的化学分析、力学检验、无损探伤等。

目前，在贯彻实施 ISO 9000 标准中最薄弱的环节是数据分析和改进。相当多的企业能够对产品的符合性进行检验，但不会或没有对过程的符合性进行检查。例如，质量检验过程如何检验该过程的符合性？是否有漏检，是否有误判，没有把它作为本过程符合性来检验。其他过程也有类似现象。至于数据分析，存在的问题更多，不知道分析什么，如何分析，分析结果用在什么地方，很少企业采用统计技术，不能从大量的、分散的和随机的数据经过分析得出有规律的结论。主动的改进很少。纠正措施就事论事的多，预防措施和持续改进很少，有些企业根本就没有预防措施，更谈不上持续改进。缺乏自我改进和自我完善的机制。

为了解决上述问题，企业应当提倡提高质量管理体系的有效性。企业应当提出 ISO 9000 + α 的要求。什么是 α，由企业自己来确定。α 应当有针对性，是自我改进和自我完善的内容。在复评过程中用 ISO 9000 + α 来要求、审核和提高。

一体化管理体系的运行是持续改进过程。2004 年 7 月 1 日，公司一体化管理体系文件（管理手册和 31 个程序）正式颁布，7 月 10 日实施。随着体系文件的颁布、实施，标志着公司一体化管理体系的框架已建立，体系开始按程序、制度、规程和管理方案的规定运行。在体系运行过程中，公司主要开展了以下工作，以便持续改进。

（1）坚持满足法律法规要求的原则。坚持满足相关的法律法规要求，这是公司在质量、环境和职业健康安全活动中的首要准则。为了更好地贯彻法律法规，公司设立了法律法规管理部门，明确了法律法规的识别、传达等管理的程序，建立了法律法规获取的渠道，收集、确认了适用的法律法规和上海市地方要求 221 个，环境和职业健康安全标准 94 个，并在公司局域网上公布，为法制化管理提供了保证。

（2）完善管理制度、规程、作业指导书。针对一钢公司炼铁、炼钢、轧钢以及不锈钢新产线的设备、工艺的特点，公司组织专业技术人员制定和完善了各类检修作业标准，明确了检修作业的岗位职责、质量、安全和环保要求，报一钢公司确认后实施，使有序、安全、文明开展检修工作得到了保证。

针对老企业制度多、繁杂、重复等现状，公司组织了各专业管理部门，对现有的制度、规程等进行了清理和完善，并坚持文件少而精的原则，确保现场使用现行有效文件。

（3）强化现场管理，实施文明生产。生产现场环境条件，对员工的健康安全和环境保护工作有直接影响。为此，公司强化定置管理，对配电室、防火区域、化学品存放区域、高度危险区、各类管道、安全通道等配置标志或警示牌，对噪声大、漏油严重的机械设备进行修复，现场废弃物分类存放等措施，为杜绝环境、安全事故发生起了积极作用。

（4）开展多种培训，提高员工意识。要提高员工质量、环境和职业健康安全意识和技能，实施针对性的培训是最有效的方法之一。为此，公司通过下发文件、例会、专题讲座、专题学习、班组学习、现场演示等方法，实施全员、多层次的培训，为体系的有效运行奠定了基础。

（5）强化日常监测，坚持持续改进。对日常工作和体系运行实施检查（包括内部审核），以便验证一体化管理体系活动及其结果是否符合计划的安排和管理方针、目标和指标实现的程度，实现体系的改进。为此，在体系运行过程中，公司主要以专业线检查（包括：特种设备、危险源、废弃物排放、劳动保护、设施设备安全、消防安全、化学品以及各项制度的执行情况等）、定期检查（节假日检查、体系审核）等方法，及时发现问题或体系运行中的偏差，以便实施改进。

（6）及时进行内审和管理评审。2004 年 9 月 13～15 日和 10 月 11～14 日，公司一体化管理体系审核组按 GB/T 19001、GB/T 24001、GB/T 28001 标准，国家、地方有关的法律法规，一钢公司的有关规定，公司管理手册、程序文件及作业文件，合同或技术协议等要求，对体系所覆盖的产品和涉及的所有部门实施了二次审核，对审核发现的问题，采取了有效的纠正措施。

2004 年 11 月初，公司总经理采用会议的形式，对一体化管理体系的运行情况及管理方针和目标指标的完成情况进行了评审，并提出了 6 条改进措施。

通过体系运行情况的检查，包括日常检查、内部审核以及管理评审，表明公司一体化管理体系文件的策划符合公司的实际情况，体系运行良好，并且自我完善机制已建立。2004 年 12 月底，公司一体化管理体系通过第三方的现场审核，并于 2005 年 1 月取得认证注册。

充分理解实施过程广泛和管理系统方法及新增加的要求*

一、质量管理体系的基本原理和术语

在 ISO/DIS 9000：2000《质量管理体系——基本原理和术语》的引言中提出，“为了成功地领导和运作一个组织，需要采用一种系统和透明的方式进行管理。针对所有相关方的需求，实施并保持持续改进其业绩的管理体系，可使组织获得成功。质量管理是组织各项管理的内容之一”。为实现质量目标，应遵循八项质量管理原则。过程方法和管理的系统方法是八项质量管理原则中的两项十分重要的管理原则。

对过程方法和管理的系统方法应做如何理解，有以下几点。

（一）过程方法是过程概念和 PDCA 循环结合的产物

在 ISO 9000—1：1994《质量管理和质量保证　第一部分：选择和使用指南》中曾经提到，ISO 9000 标准是建立在“所有工作都是通过过程来完成的”这样一种认识的基础上的，并且提出质量体系也是通过过程来实现的。为使质量体系有效，组织应以协调一致的方法来确定和展开这些过程及其相应的职责、极限、程序和资源。由此可见，在 1994 版标准中已经具有过程的概念。但是，由于质量管理和质量保证标准偏重于对产品质量保证，使得标准的结构基本上是按质量环（质量螺旋）模式展开的，而 2000 版标准考虑到质量管理体系要求包括产品质量保证和顾客满意，必须强调持续改进，除继续采用过程概念外，还吸收了 PDCA 循环概念，使得标准不仅仅局限于提供质量保证，更重要的是实现持续质量改进，满足顾客和其他相关方不断增长的要求。于是质量管理体系标准（要求和指南）的结构是把管理职责、资源管理、产品实现、测量、分析和改进作为质量管理体系的四大主要过程，并按 PDCA 循环展开。过程方法或者过程方法模式是否可以理解为过程概念和 PDCA 循环的结合产物，反映了质量管理科学发展的成果和各国（特别是日本）质量管理实践的经验。

---

* 原载于《冶金标准化与质量》2005 年第 5 期。

（二）管理的系统方法是系统科学方法论在质量管理中的应用

系统方法是从系统整体出发，从系统和要素之间、要素和要素之间以及系统和环境之间的相互联系、相互作用中考察对象，以达到最佳的处理问题为目的的科学方法。系统方法的特点是具有整体性、综合性和最佳化。系统方法思考和处理问题的程序包括：（1）提出问题；（2）选择目标；（3）系统综合；（4）系统分析；（5）系统选择；（6）优化方案；（7）实施计划。在质量管理体系基本原理的3.3质量管理体系方法中列出了建立和实施质量管理体系的十三个步骤，包括：确定顾客的需求和期望，建立组织的质量方针和目标，确定实现质量目标的过程和职责，确定过程有效性的测量方法并用来测定每个过程的有效性，确定防止不合格并消除产生原因的措施，寻找改进机会，优化改进方法，实施改进计划，监控改进效果，评价实际结果，评审改进活动和确定跟踪措施等，正是科学系统方法在质量管理中的应用。

（三）过程方法是质量管理体系的通用模式，系统方法是建立质量管理体系的通用方法

在ISO/DIS 9000：2000的3.4过程方法中说，本标准鼓励采用过程方法管理组织。同时又说，过程方法模式说明了通用的质量管理体系。那么是否可以把“过程方法”看成是对质量管理的认识，属于认识论范畴的概念，例如在ISO/DIS 9000：2000的3.3质量管理体系方法中提到的建立和实施质量管理体系方法的十三个步骤和在ISO/DIS 9001的第4章“质量管理体系—要求”的4.1“总要求”以及ISO/DIS 9004的第4章“质量管理体系—指南”的4.1“体系和过程的管理”，均属于在采用过程方法认识质量管理的基础上，对建立和实施质量管理体系提出的系统方法。过程方法和管理的系统方法，两者既有联系，又有区别。

（四）管理的系统方法是实现过程方法模式的最好的方法

管理的系统方法是系统科学的方法，正如前面提到的系统方法思考和处理问题的程序包括有提出问题、选择目标、系统综合、系统分析、系统选择、优化方案和实施计划等步骤，对具有过程方法模式特点的质量管理是最好的方法，按系统方法建立和实施质量管理体系，能够充分地体现过程概念和PDCA循环。使质量管理体系具有整体性、综合性和最佳化。能够使质量管理体系持续改进和满足顾客和其他相关方的要求。从这个意义上讲，2000版标准比1994版标准在理论和方法上都有发展和提高。将过程方法和管理的系统方法列入质量管理原则，说明标准反映了现代管理科学的新发展，是一大进步。

二、新标准增加和强化的有关要求

ISO 9001：2000 质量管理体系—要求是用于认证和注册的标准。可以适用于所有产品和各种类型的企业。因为是采用过程导向模式，没有像 1994 年版本标准那样，按产品形成过程来编写，而是分管理职责、资源管理、产品实现和测量、分析和改进等过程来表现。由于产品性质、顾客要求和法律法规的规定，采用标准的企业可以剪裁“产品实现”中的某些质量管理体系不存在的活动。但是这种剪裁的合理性和细节，必须严格控制和得到认证机构的同意。

与 ISO 9001：1994 相比，新标准在以下几方面增加或强化了要求。

（一）要求最高管理者作出承诺

承诺包括向企业全体员工传达满足顾客和法律法规要求的重要性，并制定质量方针和质量目标，进行管理评审和确保提供必要的资源。因为贯彻实施 ISO 9000 标准是企业领导的一种战略选择，是企业适应市场竞争和强化质量管理体系的需要，必须由领导决策并为此作出承诺。没有领导的承诺，ISO 9000 标准的贯彻实施就没有动力。1994 年版的 ISO 9000 标准的方法，属于方法论范畴的概念。标准只提到了两种推动，即受益者推动和管理者推动，没有对最高管理者在贯彻实施 ISO 9000 标准和推动建立质量管理体系过程中提出具体要求，这次的修订体现了领导作用。领导首先应考虑所有相关方的需求，包括：顾客、所有者、员工、供方和社会。特别是顾客、法律和法规的要求，不仅领导要意识到，并让全体员工也意识到，使领导的认识变成整个企业的行动。另外领导应为本企业策划一个明确的发展规划和远景，并制定一个富有挑战性的质量方针和质量目标。质量方针和质量目标应体现企业的发展规划和远景。领导应采取措施使企业内部统一认识，统一行动，创造相互信任，相互合作、遵守纪律、讲究道德、消除忧虑、积极进取的氛围，激发、鼓励并承认员工的贡献。领导还应承诺为员工提供所需的资源，并在职责范围内具有自主权，使其积极性和创造性得以充分发挥。

（二）要求最高管理者应以实现顾客满意为目标并确保顾客的要求得到满足

体现了以顾客为中心的质量管理原则。这是 2000 年版本标准比 1994 年版本的标准的新发展。1994 年版本标准没有明确把顾客放在中心位置，而 2000 年版本标准要求以顾客为中心。为此，企业不仅在认识上，而且在行动上体现这一原则，包括控制与顾客有关的过程，在对顾客的要求评审前就应当对顾客的需求和期望加以了解，并把它转换成为顾客的要求（明示的、隐含的和义务的），在企业内部建立与顾客沟通的渠道和窗口，传递产品信息、处理合同订单和反馈顾客意见。企业还必须对顾客的满意度和不满意度进行测量，以了解产品、过程和体系的有效性和效率，从而满足顾客的要求和实现顾客满意。针对这些新的要求，企业不仅应加强培训，提高认识，而且还应着手建立一套办法，比如如何去识别顾客的需求和期望，如何将其转化为具体的要求，如何测量顾客满意度和不满意度等。

（三）要求企业加强质量管理体系运行及其有效性的内部沟通

在1994年版本标准中也提到了质量职责中注意相互关系，合同修改时正确传递到内部有关职能部门，在设计和开发时规定组织和技术接口等，但在2000年版本标准中明确提出加强内部沟通，包括各职能和层次之间的联系和沟通，以促进组织内各职能和层次之间的交流信息、增进理解、协调行动。企业应规定沟通的方式，例如质量例会、小组简报、内部刊物、电子媒体或互联网络等。企业也应规定沟通的内容，例如质量管理体系过程及其有效性，包括内部质量审核、管理评审、顾客信息、数据分析、纠正和预防措施等。这种内部沟通应与企业的信息流管理融合，使得企业的信息管理和质量管理结合起来。

（四）增加了资源管理

2000年版本标准对资源的提供，包括人力资源设施和工作环境的规定更具体了。在1994年版本标准中也提到资源问题，但不够具体。2000年版本标准对资源的要求具体了，包括人力资源、设施、软件、硬件、信息、工作环境和财务资源。这些资源主要用于质量管理体系的运行和改进，所以企业应识别对资源需求并及时提供这些资源。

对人力资源的要求与1994年版本相比，除了要求经过培训外，还强调了教育、能力、技能、经验和意识。企业应各种岗位的人员规定教育、培训、能力、技能、经验和意识方面的要求，并能提供判定准则、能够胜任和培训有效的证明材料。

对物力资源的要求也比1994年版本标准的要求具体了。包括工作场所、设备、硬件和软件以及支持性服务。另外，还对工作环境提出了要求。工作环境包括人的因素和物的因素，企业必须对工作环境加以识别和管理，以保证产品实现过程和质量管理体系的有效运行。

（五）增加了对数据和资料的分析，作为基于事实决策和实施改进的基础

为了评价质量管理体系的适宜性和有效性及识别改进机会，企业应收集并分析有关的数据和资料，包括与产品质量有关的数据和资料（如质量记录、合格品

率、顾客投诉、满意度和/或不满意度）、与体系运行有关的数据和资料（例如内部审核结论和不符合项、管理评审报告和外部审核报告等）。对这些数据和资料做出的分析，可以帮助企业了解顾客满意程度的现状和趋势、产品和服务的符合性、过程、产品特性的变化和趋势、供方产品、过程和体系的相关信息以及通过数据分析，寻找改进的机会。

（六）增加了对持续改进的策划

要求企业应策划和管理持续改进质量管理体系所必要的过程。2000 年版本标准中的改进是指为改善产品的特性和（或）提高用于生产或交付产品的过程的有效性和效率所开展的活动。改进措施可以是日常渐进改进的活动，也可以是大型革新的改进项目。标准更强调日常的持续改进，并要求企业不断寻求改进的机会。因此，企业必须对持续改进的过程与活动进行策划和管理。

为了实现持续改进，企业应在质量方针和质量目标中明确改进的方向，通过数据分析、顾客反馈、内部审核和管理评审等不断寻求改进的机会，并做出改进安排，利用纠正和预防措施来实现改进并在管理评审时对改进进行评价和寻求新的改进机会。

三、进程分析及贯彻实施

ISO 9000 的国际标准草案（DIS）在 1999 年 11 月已经公布。目前计划在 2000 年第 3 季度将对最终国际标准草案（FDIS）进行投票，在 2000 年第 4 季度发布新的国际标准 ISO 9000。

国际认可论坛（IAF）－国际标准化组织质量管理和质量保证技术委员会（ISO/TC176）－国际标准化组织合格评定委员会（ISO/CASCO）联合工作组于 1999 年 9 月 2 日在瑞士的日内瓦召开联合会议，为了保证新标准顺利转换起草和通过了联合公报。该联合公报于 1999 年 12 月 27 日发布。在公报中提出：

（1）在 ISO 9001：2000 作为国际标准发布之前，不能颁发 ISO 9001 认证证书。

（2）在 ISO 9001：2000 国际标准发布前，认证注册机构可以开始按新标准最新草案进行评审。但是，不能按 DIS 或 FDIS 颁发认证证书。

（3）按 1994 年版本 ISO 9001，ISO 9002 或 ISO 9003 颁发的认证证书，最长的有效期为 ISO 9001：2000 发布时起 3 年为止。

（4）ISO 9001：2000 要求证实审核员和认证注册机构的工作人员具有新的能力。

（5）认证注册机构需要特别关注界定按 ISO 9001：2000 颁发的认证证书的

范围和允许剪裁标准中的某些要求。

目前，ISO 9000：2000 标准正处于由草案经最终草案向正式标准过渡中。估计在 2000 年底可以通过并发布。要转化为我国的国家标准可能还要有一个过程。目前按规定，认可机构和认证机构正在培训和准备，对企业按 ISO/DIS 9001：2000 进行评审的只是少数试点单位。大多数企业要等到标准正式发布之后进行审核和认证。广大的认证企业要利用三年过渡期做好准备，以便顺利过渡。过渡期转换指南中提出，对企业来说，应作好以下几项准备工作：

（1）对内审员进行不同版本之间关系和新的要求方面的培训。

（2）针对新版本的结构和管理者的作用进行管理意识的培训。

（3）制定有助于推动全面投入和理解的全体员工意识的计划。

（4）学习标准，加深理解过程方法模式和管理系统方法概念。

（5）如果存在剪裁范围，必须理解“剪裁范围”概念和要求。

由于现行 1994 年 ISO 9000 标准的 20 个要素变为过程方法模式，因此极力推荐这些用户根据 ISO 9001：2000 要求来构筑质量管理体系。但是应当指出，并不要求用户放弃他们现有的体系，相反地，某些体系文件应加以强化，以适应 ISO 9001：2000 的要求。目前仍然打算采用 ISO 9001：1994，ISO 9002：1994 或 ISO 9003：1994 的企业，建议重新评价自己的质量管理体系，以便有可能及时采用 ISO 9001：2000。

为了在过渡过程中使质量管理体系有所增值，准备按 ISO/DIS 9001：2000 进行认证的企业应当策划，建议还做好以下几方面的工作：

（1）对包括最高管理者和管理者代表在内的标准培训，使质量管理体系的有关人员知道和理解 ISO/DIS 9001：2000 和 ISO 9001：1994 的不同，特别是理解八项质量管理原则和质量管理体系的基本原理，在建立和实施质量管理体系时符合新标准的要求。

（2）最高管理者应充分认识到新标准对最高管理者作用的要求更严格和更具体了，不仅仅对管理承诺、建立质量方针和质量目标有要求，而且还要求最高管理者明确管理职责、提供资源和进行评审，最高管理者应对新的要求进行策划，并提高具体对应措施。

（3）对文件化质量管理体系进行调整，虽然标准没有强制要求，但从可操作性方面考虑，《质量手册》必须重新整理，甚至重新编写。程序文件也有必要进行调整和补充。特别是对以顾客为中心、与顾客有关的过程和资源管理等，必然应有相应的文件化程序对应。

（4）加强各种类型的培训，特别是关于质量意识和顾客意识的培训是过去要求不多或没有要求的，培训要求讲究有效性。从培训入手来满足人力资源中教育、培训、能力、技能、经验和意识的要求。

（5）建立能够提供顾客满意度和/或不满意度、对顾客要求的符合性、过程、产品特性和趋势以及供方表现的信息收集和处理的信息系统，为评价质量管理体系的有效性和效率提供资料和数据。

（6）建立内部沟通和与顾客沟通的内容和方法，这些沟通的内容和方法应规范化和制度化，有些可能还要求量化或可测量的。

（7）加强对持续改进的策划与实施。重视通过质量审核、管理评审、顾客反馈、数据和资料分析、纠正和预防措施等实现持续的和渐进改进的，这有利于质量管理体系的自我约束、自我完善和自我提高。

如何处理 ISO 9001 与 ERP 的关系*

一、什么是 ERP?

ERP（Enterprise Resource Planning）是企业资源计划的英文缩写。企业为了满足顾客需求，首先应当对管理模式进行改革，将企业管理转移到以顾客为中心，通过业务流程重组（Business Processing Reengineering，BPR），使流程优化，减少管理层次，提高企业竞争能力和管理的有效性和效率。ERP 可以使 BPR 的效果有效的固化。

ERP 是一个面向供应链管理的管理信息集成，包括供应商、生产、采购、销售、财务、顾客关系管理、市场需求预测等。ERP 是将供应商、制造厂、分销商和顾客形成一个供应链，在供应链上不仅有物资流、资金流和信息流在流动，同时还存在工作流和增值流。物资、资金和信息本身是不会流动和增值的，只有通过企业的业务活动（工作流），才能使物资、资金和信息流动起来，并不断增值（增值流）。根据这些业务预先设定功能模块、科目和计算方式，利用计算机软件统一计算、统一记录和统一处理，实现物资流、资金流、信息流、工作流和增值流同步。ERP 的作用是为企业提供分析、控制和改进这种增值过程的能力，提高企业核心竞争力、战略优势和长期效益。

ERP 是一个通用的管理工具，ERP 是否能够成功的前提是企业有没有系统化的管理思想和信息化的技术基础。企业应在分析了原有经营战略与业务流程的利弊之后，开展业务流程重组（BPR）。业务流程重组包括引进先进的企业管理理念、组织结构和运作方式。ERP 的设计是针对优化的业务流程，而不是企业旧的组织机构和运作方式来完成。不经过优化业务流程 BPR，就没有 ERP 的有效性和效率。另外，ERP 是建立在信息技术基础上的，需要有信息化的硬件和软件的支持。

二、ERP 和 ISO 9001 的异同点分析

ERP 的管理方式与 ISO 9001 标准是一致的。ISO 9001 标准中所表述的供应

* 原载于《冶金标准化与质量》2005 年第 3 期。

链就是：供方→组织→顾客。在质量方针、目标和管理职责明确的前提下，识别和提供必要的资源，产品实现过程包括确定和评审顾客要求、设计和开发、采购、生产和服务提供过程、测量分析和改进。这些过程有明确的目标和活动程序，有适宜的测量和判断准则，有规范的记录和数据分析。ISO 9001 标准应当是建立 ERP 管理的重要基础之一。但是，ISO 9001 标准没有将过程管理与财务管理和核算科目相结合，这可能是很多企业在搞 ERP 时没有把 ISO 9001 管理作为基础的重要原因之一。因此在各企业陆续建立 ERP 管理的形势下，如何将 ISO 9001 与 ERP 整合对质量管理人员和质量认证人员都是一项非常现实的问题。

一般来说，ERP 从企业管理业务与软件设计两个方面考虑，确定 ERP 软件的功能模块。不同的行业和企业，根据实际需要，可以设计出不同的功能模块。但是，多数包括采购管理、生产计划、财务管理、人事管理、销售管理、库存管理、质量管理和设备管理等。

采购管理包括：（1）货源调查和供方评价；（2）选择供方和询价；（3）核准和下达采购订单；（4）采购订单跟踪；（5）进货验收；（6）采购订单完成。这与 ISO 9001 标准中 7.4 采购的要求应当是一致的。

生产计划管理包括由销售计划制订主生产计划（MPS）、物料需求计划（MRP）和再生成能力需求计划（CRP）。将 ISO 9001 标准中 7.2 与顾客有关过程与 7.5 生产和服务提供过程衔接起来了，使顾客对产品和服务的要求落到实处。

财务管理包括应收管理、应付管理、总账管理、账簿报表、固定资产管理、工资管理、银行对账管理和成本管理。数据集成度很高。这对实现互利的供方关系（应付管理）和发挥质量成本作用（成本管理）很有好处。

人事管理包括工种管理、职位管理、人员调动、职位调整、离职管理、假期管理、考勤管理、档案管理、住房管理。在档案管理中包括学历、经历、经验、岗位、级别、职位和培训经历等。这应当说覆盖了 ISO 9001 标准中 6.2 人力资源的全部要求。

销售管理包括市场预测、开拓市场、销售计划、产品报价、订单管理、组织交付、应收管理、售后服务、市场分析。这几乎包括了 ISO 9001 标准中 7.2 与顾客有关过程的全部要求。把 7.2.1 与产品有关要求的确定分解到市场预测和市场分析中；把 7.2.2 与产品有关要求的评审落实到订单管理上；把 7.2.3 顾客沟通分别可以用产品报价和售后服务形式来体现。

库存管理指进、出、存的管理，包括库存基本数据（代码、分类、货位）和库存业务管理（存取、移位、保管、维护、盘点）。这能够部分满足 ISO 9001 标准中 7.5.3 标识和可追溯性与 7.5.5 产品防护的要求。

质量管理包括基础数据管理、标准管理、检验管理、质量控制和质量分析。

其中基础数据管理和质量分析对8.4数据分析提供了重要手段。标准管理既涉及ISO 9001标准中4.2.3文件控制，又对应7.1产品实现策划中的“质量目标和要求”；同时对7.5.1生产和服务提供的控制中要求“获得表述产品特性的信息”提供了条件。检验管理可以实现8.2.4产品的监视和测量内容。质量控制主要是对过程参数和产品特性进行质量控制，相当于质量控制点，例如利用排列图、控制图和直方图等。这对7.5.1生产和服务提供的控制、8.2.3过程的监视和测量以及8.4数据分析都有密切关系。

设备管理包括设备和仪器的维护、保养和检修管理以及对监视和测量装置的校准管理。基本满足了ISO 9001标准中6.3基础设施与7.6监视和测量装置控制的要求。ERP是在管理信息系统（MIS）、物料需求计划（MRP）、制造资源计划（MRPⅡ）基础上发展起来的，是面向供应链管理的管理信息集成，但主要是注重供销、制造和财务功能。虽然后来有些企业也增加了客户关系管理和市场需求管理，但是与ISO 9001仍存在差异和不同。这些差异和不同表现在以下几方面：

（1）ERP功能中很少包括企业的设计开发计划。

（2）ERP基本上依赖于企业现有的数据和信息，对于预防不合格和持续改进，缺乏具体功能模块。

（3）ERP不能代替企业方针目标的管理。

（4）ERP不能代替管理体系的审核和评审。

三、如何处理ISO 9001与ERP关系?

处理好ISO 9001与ERP关系不仅对企业和企业的质量管理人员十分重要，对认证机构和认证人员也很重要。处理不好，浪费资源，管理上两张皮，事倍功半。最好使两者整合，结合起来发挥事半功倍的效率。

对于正在或已经建立ERP的企业，在软件功能模块中应增加设计和开发模块。既然ERP能够管理成熟的产品生产过程，那么也应能够管理新产品的生产过程。可以在成熟产品生产的模块上附加增、删、减程序，也可以单独建立一个独立的功能模块，根据ISO 9001标准设定设计开发业务数据流程图、实体关系图和功能模块图，成为一个管理的子系统。

在已有的采购管理、生产计划、财务管理、人事管理、销售管理、库存管理、质量管理和设备管理等功能模块中，按ISO 9001标准要求，进行一次系统维护。增加没有覆盖的条款项目，并确定基础数据和管理内容。例如，在质量管理功能模块中应包括质量保证、质量控制、质量策划、质量改进。将不合格品控制也纳入质量管理功能模块，或者将不合格品管理纳入检验管理中去。生产计划中也应考虑产品搬运、贮存、保护、包装和交付的基础数据和管理内容。使用时，在库存管理中应将顾客财产也单独列入管理项目。

至于不能够进入 ERP 的 ISO 9001 的过程或活动，例如管理职责和内部审核等仍以原有形式或媒体存在，不必要求进入 ERP。其实在 ERP 中体现了管理职责的全部原则和内容。例如 ERP 的建立和实施是一种重要的管理承诺，ERP 本身就体现以顾客为关注焦点，ERP 的应用也是方针目标的一种体现，职责权限是清楚的，策划的内容是具体的，并根据形势变化，具有动态维护功能。

那么是不是有了 ERP 就可以取代 ISO 9001 了呢？当然不能。因为 ISO 9001 是国际互认的合格评定制度，是企业达到质量管理体系要求的标志。而 ERP 是企业的一种先进的信息技术。两者的内容虽有相似之处，作用却不尽相同。可以整合，不可以代替。

四、在 ISO 9001 审核时如何利用 ERP 的资源?

既然 ERP 和 ISO 9001 在管理项目和内容上有很多相似之处，我认为在 ISO 9001 审核时应充分利用 ERP 的资源。可以从其不同的功能模块的运行中寻找符合性和有效性的证据。例如在审核时我们可以从 ERP 的质量管理功能模块和实体关系图，判断该企业是否按 ISO 9001 的4. 1 要求建立质量管理体系，是否识别质量管理体系所需的过程及其在组织中的应用，是否确定这些过程的顺序和相互作用，是否确定为确保这些过程的有效运行和控制所需的准则和方法。从质量管理流程图中，了解质量管理体系的相关子系统及其管理内容，包括标准管理、检验管理、质量控制和质量分析（包括使用哪些统计技术）。从质量管理基本数据维护流程图中，了解质量管理中检验项目、质量等级、质量缺陷和原因分析等。从质量管理质量标准数据流程图中找到检验标准、抽样标准和基础数据。从质量管理质量检验数据流程图中，了解产品的监视和测量的结果和符合性。其他诸如采购管理、生产计划、财务管理、人事管理、销售管理、库存管理和设备管理等功能模块也同样，可以找到 ISO 9001 相关过程的运行情况和证据。如果在 ERP 中已经存在并有效运行了，应当肯定，而不应再要求提供其他形式的证据。但是，不同的企业，ERP 的系统设计也不一样，实施效果也不相同。我们应当利用其信息集中、准确及时和便于分析的有利方面，也提高质量管理体系审核的水平和效率。这就需要我们审核员加强对 ERP 的了解和学习，使我们的审核工作跟上企业管理和技术发展的步伐。

环境和职业健康安全管理体系中的管理方案和运行控制的关系*

在环境和职业健康安全管理体系的标准中要求组织在贯彻实施标准时，应制订管理方案和实施运行控制。目前对管理方案和运行控制有各种各样的理解。有人说："管理方案是实现改进型目标和指标且具有时限性的控制方法，运行控制是实现保持型目标和指标，可以长期实施的控制方法"。也有人说"管理方案是针对重要环境因素的，而运行控制是针对一般环境因素的"。

其实，管理方案和运行控制是两个不同层次的问题。管理方案是属于目标和指标管理层次的问题，而运行控制是环境因素控制层次的问题，两者不应混淆。在 GB/T 24001—2004 的 4.3.3 中，将目标、指标和方案合并在一起，更说明了方案与目标和指标的直接关系。在 4.3.3 目标、指标和方案中指出："组织应制定、实施并保持一个或多个用于实现其目标和指标的方案……"，没有说方案是用于重要环境因素控制的意思。指南 A3.3 也说："制定并实施一个或多个方案，对于环境管理体系的成功实施非常重要。方案应当说明如何实现组织的环境目标和指标……"，并没有说在不能实现对该重要环境因素控制要求的目标和指标时，需要制定目标、指标和方案进行管理控制。而恰恰相反，4.4.6 运行控制中指出，"组织应根据其方针、目标和指标，识别和策划与所确定的重要环境因素相关的运行，以确保其……在规定的条件下进行"。

管理方案包括规定组织内各有关职能和层次实现目标和指标的职责以及实现目标和指标的方法和时间表。而运行控制包括控制重要环境因素的程序、运行准则以及将程序和要求通报给供方及合同方。管理方案属于策划（Plan）层次，而运行控制属于实施（Do）层次。在术语和定义 3.9 对环境目标的定义为："组织依据其环境方针规定的自己所实现的总体环境目的"。目标带有可追求性和挑战性，实现目标的方案只需要明确职责、方法和进度，并没有要求制定程序。而重要环境因素的运行控制不仅应当规定控制程序，还应包括运行准则和与供方和合同方的信息沟通。

按标准规定，组织对所有目标和指标制定管理方案，对全部重要环境因素制定运行程序；但是并不能要求组织对重要环境因素制定管理方案。管理方案没有

* 原载于《冶金标准化与质量》2006 年第 1 期。

运行程序那么细。例如，一个钢铁企业的环境目标之一是提高处理废水的达标率，指标是从80%提高到95%。管理方案是改造废水处理设备，提高处理能力和效率。职责是由设备部负责，提出改造方案，并在2006年3月份完成，从管理方案上实现目标和指标要求；而关于废水这一重要环境因素的处理运行程序的内容是，对焦化废水、高炉煤气洗涤水、转炉烟尘洗涤水、连铸冷却废水、轧钢废水、净环水处理设施排污水、煤气水封水和生活废水等水处理过程的控制、设备的使用和维护、水质的监测以及事故的处理等，从运行控制上实现目标和指标的要求。正如指南A4.6所说："本部分是关于在日常运行中贯彻管理体系要求的规定"。

如果按这种思路去理解管理方案和运行控制的话，那么就不应理解为："管理方案是实现改进型目标和指标且具有时限性的控制方法，运行控制是实现保持型目标和指标，可以长期实施的控制方法"；也不应理解为"对重要环境因素用管理方案进行控制，而一般环境因素按运行程序进行控制"。管理方案和运行控制是不同层次的问题，其作用、对象、内容和要求是不同的。不知道是否可以做这样的理解？

再谈标准+α*

十年前，我曾经跟随当时冶金部副部长吴溪淳同志去日本和德国考察标准化管理，回国后，我曾向企业介绍过，产品质量不仅应当满足标准要求，而且还应当满足标准+α的要求。后来这一概念被很多企业所接受，但是对α的理解和实施，仍然存在一些问题值得深入探讨。

第一，α是什么？α是高于或严于标准规定的产品特性。这种特性有固有特性（例如化学成分、组织结构、物理性能或工艺性能）和赋予特性（例如价格、包装、交付期）。这种特性有明示的（有合同、协议或技术条件规定的）和隐含的（没有上述明示的规定，但对顾客是非常重要的特性，例如硬线拉拔时的断头次数，标准中没有规定，但顾客希望越少越好）。这种特性有法律法规规定的（例如易切钢不应含有对环境保护有害的铅），也有企业附加的（例如针对特定用户企业提供的专业用钢）。

今后，产品的国家标准对顾客来说将是一个基本的特性值参照体系，根据需要提出α的内容。顾客对产品有α要求是正常的，是市场经济产品多样化的必然趋势。生活资料的生产如此，生产资料的生产也是如此。例如日本或德国的汽车用冷轧薄板，高于或严于国家标准规定的α是非常多的。相应地各钢铁企业提供给汽车制造厂的产品特性也是既符合产品国家标准，又具有满足顾客特定产品要求的特性，形成了相对固定的产品供应链。

第二，α是如何形成的？α首先是顾客提出的，是顾客从其产品需要出发提出的要求，很可能是工艺特性要求（例如汽车板的冲压性、耐蚀性或可焊接性等）；而把这种要求转化为产品特性（例如n、r值、腐蚀的电化学性能或碳当量等），是企业设计和开发的过程。α是企业设计和开发过程的输出。如果企业没有自主创新能力，那么就不可能有α。例如日本汽车用的曲轴和连杆用易切非调质钢，虽然与我国的标准和钢号几乎全部一样，但是为了提高汽车传动系统的性能和寿命，对氧化物与硫化物的形态特征具有特殊要求（体现在供货合同或协议上的α）。这种α表征产品实物质量的设计和开发的成果，是企业的Now How。也就是说标准+α不是随便可以实现的，它需要企业的技术创新和积累。企业的技术创新和积累越多，满足顾客特定要求的α也越多。不同的α有不同的企业标

---

* 原载于《冶金标准化与质量》2006年第2期。

准、技术规程和检验规程，是一组质量技术和质量管理的组合。

第三，α对企业有什么好处？α是企业提供给顾客的增值产品。顾客会因为α而使其产品相应的增值，从而提高经济效益。企业就会从顾客的增值中得到回报。这种回报，有时表现在产品价格提升上，有时会表现在订货数量增加上，有时会表现在市场占有率上。α是与顾客形成战略伙伴关系的重要因素，市场经济走向成熟的过程，也是战略性供应链形成和发展的过程，α也将是决定企业能否成为顾客供应链中合格供方的重要条件。

企业的技术中心的工作重点应是提供更多具有α的产品和实现这种产品的工艺技术，也就是自主创新的知识产权。

管理方案不等同于运行控制*

2005年第11期《中国质量认证》刊发的《环境管理体系的目标、指标和方案》一文认为,“组织制定的目标和指标,有保持型和改进型,有口头的和书面的,方案是实现改进型目标和指标且具有时限性的控制方法,运行控制是实现保持型目标和指标,可以长期实施的控制方法”。并且“如果对重要环境因素未进行控制或由于运行控制不能实现目标和指标的要求,未对该重要环境因素制定程序、管理办法、管理制度、作业指导书等,或上述控制文件规定不完善,适宜性、可操作性差,不能实现对该重要环境因素控制要求的目标和指标,需要制定目标、指标和方案进行管理控制”。笔者认为,这种理解值得商榷。

管理方案和运行控制是两个不同层次的问题。管理方案是属于目标和指标管理层次的问题,运行控制是环境因素控制层次的问题,两者不应混淆。GB/T 24001—2004标准4.3.3条款将目标、指标和方案合并在一起,更说明了方案与目标和指标的直接关系。4.3.3条款指出组织应制定、实施并保持一个或多个用于实现其目标和指标的方案,并没有说方案是用于重要环境因素控制的意思。(附录A)A.3.3条款指出:“制定并实施一个或多个方案,对于环境管理体系的成功实施非常重要。方案应当说明如何实现组织的环境目标和指标……”。也没有说不能实现对该重要环境因素控制要求的目标和指标时,需要制定目标、指标和方案进行管理控制。恰恰相反,标准在4.4.6条款中指出,组织应根据其方针、目标和指标,识别和策划与所确定的重要环境因素相关的运行。

管理方案包括规定组织内各有关职能和层次实现目标和指标的职责,以及实现目标和指标的方法、时间表。运行控制包括控制重要环境因素的程序、运行准则,以及将程序和要求通报给供方及合同方。管理方案属于策划范畴,而运行控制属于实施范畴。环境目标的定义为,组织依据其环境方针规定的自己所要实现的总体环境目的。目标带有可追求性和挑战性,实现目标的方案只需要明确职责、方法和进度,并非一定要制定程序。而重要环境因素的运行控制,不仅应当规定控制程序,还应包括运行准则和与供方、合同方的信息沟通。

按标准规定,组织应当对所有目标和指标制定管理方案,对全部重要环境因素制定运行程序,但我们不能要求组织对重要环境因素制定管理方案。管理方案

* 原载于《中国质量认证》2006年第3期。

没有程序那么细致，有措施、无程序，对重要环境因素起不到控制作用。例如，一个钢铁企业的环境目标之一是提高废水的达标率，那么管理方案则要体现废水处理设备改造等要素，而运行程序体现的是水处理过程的控制、设备的使用和维护、水质的监测以及事故的处理等。

如果按照《环境管理体系的目标、指标和方案》一文的思路理解管理方案和运行控制，就不存在“目标、指标和方案经过一定时限的实施，对该重要环境因素的管理控制达到了控制要求的目标和指标，该方案应撤销，纳入运行控制”。方案可以修改，甚至可以撤销，但不能纳入运行程序。因为两者管理的作用、对象、内容和要求是不同的。

用安全教育提高安全意识*

目前，我国有不少钢铁企业在贯彻实施 GB/T 28001—2001《职业健康安全管理体系规范》，正在用规范化的标准来安排生产。该标准的 4. 4. 2 条款要求：当员工从事可能影响工作场所内职业健康安全的工作任务时，应具备相应的工作能力。在贯彻实施这一要求时，钢铁企业应该加强安全教育，提高安全意识。

一、三级安全教育

三级安全教育是目前钢铁企业坚持的基本安全教育形式和方法，包括入厂安全教育、车间安全教育和岗位安全教育。

入厂安全教育是指对新入厂的工人（包括实习和参观人员）进行的安全教育。主要内容包括企业的生产特点、主要危险源、典型的安全事故。通过介绍，使新入厂的工人对安全有个初步的了解和认识，树立安全意识。在可能的情况下，企业应有一个相对固定的教材或录像。

车间安全教育是指对新到车间的工人进行的安全教育。主要内容包括车间的安全形势、主要危险源、基本的安全知识。通过教育，使新到车间的工人对安全有进一步了解和认识，尽快参与安全生产。

岗位安全教育是对新上岗或在岗的工人进行的安全教育。主要内容有生产的流程、设备的特点、危险源、安全装置、防护设施和安全作业规程，以及应当遵守的劳动纪律。为防止事故发生应当采取的预防措施和万一出现事故时应当做出的应急响应，这也是岗位安全教育中非常重要的内容。

二、特殊作业人员的专业安全教育

钢铁企业的特殊作业主要有电工、锅炉工、压力容器（例如氧气、煤气、压缩空气储罐等）操作工、起重设备（例如天车、铲车、吊车、卷扬机等）操作工、爆破工（主要在矿山）、金属焊接（气割）工、机动车辆（包括汽车、卡车、火车等）司机、高空作业（主要是维修工人）等。这部分人员的安全培训

---

* 原载于《中国冶金报》2006 年 3 月 7 日。

一般是由上级主管部门或行政授权部门进行，培训的内容和时间按国家或行业颁发的《安全技术考核标准》或有关规定进行。培训后持证上岗。

三、经常性的安全教育

钢铁企业经常性的安全教育形式和方法有班前、班后会议的安全教育，安全日（周、月）活动、安全会议、安全检查、事故分析、安全通报、安全标语、安全漫画、安全展览或安全演示等。

四、安全技能教育

目前，多数钢铁企业的安全教育或培训内容偏重于安全知识（知道），还没有或很少涉及安全技能（掌握）和安全态度（自觉）。只把安全操作规程中的要点教给操作者，并通过书面考试来判断是否完成了安全教育是远远不够的。在我国钢铁企业的设备不断更新和自动化程度不断提高的情况下，让操作者掌握生产系统的过程和活动，了解整个过程的危险源和风险，让操作者亲自参与设备的安装、调试和检修，对提高操作者的辨识和控制能力具有很大的作用。同时，我们还可以借鉴国外的一些经验：根据各企业的设备特点，编写一套成熟的安全教材，并配套专门的场所和教师定期开展讲座。

五、安全系统教育

安全生产是与整个企业相关的事情，从最高管理者、各职能机构、各分厂或车间领导到普通员工，各有不同的作用和责任。安全教育应覆盖所有层次和人员，并针对不同的对象进行不同内容和方式的教育，形成一个完整的系统。另外，企业还应当把安全教育当成一个过程进行系统的管理。这个过程的输入，不仅仅是一般的培训计划，而且应当是企业对员工安全素质和能力的要求；这个过程的输出，也不仅仅是书面考试合格率，而且应当是企业员工的安全意识和行为。为了做好安全教育，除了有组织机构分工负责外，一定要有足够的人、财、物资源，也应当有考核准则和方法，并与员工的安全行为和企业的安全绩效挂钩，在发现不足时有持续改进的动力。

提高质量管理体系的有效性*

我国绝大多数钢铁企业都完成了 ISO 9001 质量管理体系的认证，这些企业质量管理体系的符合性有了明显提高，并赢得了相关方（主要是顾客）的信任。但是，也有不少企业在贯彻实施 ISO 9000 标准中，存在应付审核和注册的弱点，与企业的经营管理脱节。如何提高钢铁企业质量管理体系的有效性，不仅符合 ISO 要求，而且超越 ISO 要求？本人提几点看法，仅供参考。

一、加强质量管理体系中的领导作用

加强质量管理体系中的领导作用是提高钢铁企业质量管理体系的有效性的最重要一条。首先，要清楚为什么必须以顾客（或用户）为关注焦点，如何承诺建立质量管理体系，在研究开发中如何运用过程方法、系统方法和信息方法，如何实现全员参与和持续改进，并如何与合作方建立互利共赢的战略伙伴关系。这也是提高质量管理体系有效性的前提。

加强质量管理体系中的领导作用，要求领导和职能部门不仅应履行和落实质量管理职责，更重要的是对方针目标进行认真的管理。管理职责包括明确质量职责权限和相互关系，使管理职责不仅有严格分工，而且有密切合作。方针目标管理包括方针目标的展开和分解、实施和审核。这是提高质量管理体系有效性的根本。

加强质量管理体系中的领导作用，还要求领导规定和考核质量管理业绩，把实现方针目标的内容分解成为不同的业绩考核指标体系。质量管理体系不应当仅仅考核经济效益，还应当衡量相关方的满意程度、研究开发领域的保持和拓展、对市场机会的快速灵活反应、对其他过程的整合效果、在科技企业中的竞争优势、员工为实现方针目标的改进意识以及与供方互利和双赢的关系等。这是提高质量管理体系有效性的基础。

二、提高资源管理的有效性和效率

企业的资源包括人力、物力、财力和信息，并在建立、实施、坚持和改进质

* 原载于《中国冶金报》2006 年 11 月 16 日。

量管理体系的过程中，不断地扩大资源范围，例如，应当把合作方也列入资源范畴，并进行管理。另外，针对发展机遇和约束条件（例如奥运会、世博会、西气东输、建筑材料升级等机会以及结构调整中的限制条件）及时提供资源，为实现提供顾客满意的产品和服务创造条件。

近年来，钢铁企业的设备更新改造取得了惊人的成绩，有相当一批企业的生产设备达到了国际一流水平，但是如何维护和保养这些基础设施，也是质量管理体系的重要内容。

控制财务资源活动和建立激励机制有助于提高资源利用效率（例如设立降低生产成本、节约管理开支和提高生产资金利用效率等机制）。在注意有形资源的同时应注意开发和利用无形资源（例如人才、技能、经验和意识）。建立良好的人际关系是人力资源管理的重要内容，是激发员工积极性和创造性的环境条件。保持雄厚的生产装备和监测仪器是实现顾客满意产品和服务的物质基础。为了取得竞争优势，企业应经常审视研究开发项目中资源对环境的影响以及对未来资源的策划。

三、控制生产过程，提高产品质量

按 ISO 9000 标准要求，正确进行产品实现过程的策划是至关重要的。为此，必须首先准确地了解用户的要求，包括明示的、隐含的、法律法规的和自身附加的要求；同时，要扩大研究开发应考虑的因素，包括产品的实用性、可靠性、经济性和风险性；在产品实现过程中严格执行程序，包括严格控制采购过程和合作过程，强化对研究和开发过程的控制，做到每种产品都有预期目标或指标，在生产时有方案和程序，在检验和试验时有证据，在交付产品或服务时有验收准则。

提高质量管理体系运行的有效性，还必须解决不同顾客要求的多样性和程序化之间的矛盾（即新产品开发或试制与大生产之间的关系）。程序化是基础，是普遍适用的原则；多样性是针对特殊要求的，也需要策划和控制。没有对多样性的控制，基础化的程序就被破坏了。有的企业的技术中心只关心新产品试制，不注意现场生产技术的优化，即使获得了一些临时的或局部的效益，由于没有执行或形成普遍使用的程序，会使新产品或新技术缺乏复现性，或者使企业的知识产权与长远效益流失。

四、建立评价质量管理体系的业绩指标体系

质量管理体系规定用顾客满意度、体系、过程和产品 4 个方面评价质量管理体系的符合性；但是为了提高质量管理体系的有效性，企业也应建立整体业绩评

价体系。包括量化顾客满意程度，改进内部审核的过程，重视所有过程的业绩考核，从多方面对产品或成果进行评价，强化管理评审的作用。

不少企业用经济效益来考核工作，这不仅是必要的，也是有效的，但是，只用经济效益来考核是短视的。企业的业绩取决于它的核心竞争力，而核心竞争力是人才、技术水平和产品使顾客增值的能力。在同行对比（Benchmarking）中，企业应注意人才、技术水平和产品使顾客增值的能力的对比，这是衡量质量管理体系有效性的重要指标。它应当是满足用户要求、法律法规要求和企业自身要求的一组相关的指标体系，不仅有项目分值，还有加权指数，使业绩量化。企业从符合 ISO 9000 到超越 ISO 9000，就是业绩从优秀到卓越的过程。

五、全员参与持续改进和不断提高体系业绩

ISO 9000 标准十分强调持续改进，它是质量管理体系的核心要素和永恒的主题。标准要求用数据分析找出改进机会，并运用 PDCA 循环程序开展改进活动。日本把它叫做“QC 活动”，宝钢叫“自主管理”。任何一个企业，都存在很多需要改进的事情。员工应乐于和善于改进自己身边的事情，哪怕是微小的，但是也必须渐进地和循环地去解决。纠正措施是在出现了问题时的一种改进的工具；预防措施是系统地策划减轻或消除潜在的问题。而持续改进是最积极的改进，它应当成为一种企业文化；对存在的问题司空见惯或见怪不怪，久而久之就会形成顽症，很难改正。

提高质量管理体系有效性应当是从我做起，从小事做起。如果贯彻实施 ISO 9000 只是归口单位或内审员的事情，广大员工不明白、不理解、也不参与，甚至有些领导也不清楚，那就谈不上有效性，而是形式主义。为了达到全员参与和持续改进，首先领导重视，同时进行培训。让员工不仅知道 ISO 9000 要求什么，而且知道怎么去做。不仅要求进行持续改进，而且应当引导和培训，使员工了解改进什么，如何改进。那种只强调参与，不讲究效果的活动，是没有多少实际意义的。持续改进是活动过程，不是最终目的，目的在于不断提高业绩。

国外有些企业已经将自主性的、自发性（Bottom up）的改进，引导成为悬赏性（Wanted）的改进，上下结合性（Top down and bottom up）和任务性（Top down），使持续改进有方向、有领导、有实效、有效率。

探讨冶金计量创新的若干问题*

胡锦涛同志在全国科学技术大会上的讲话中提出："自主创新能力是国家竞争力的核心，是我国应对未来挑战的重大选择，是统筹我国未来科技发展的战略主线，是实现建设创新型国家目标的根本途径。"并且指出："提高自主创新能力，要紧紧扭住为经济社会发展服务这一中心任务，把科技发展作为战略重点，着力解决制约经济社会发展的重大科技问题。"胡锦涛同志的讲话不仅为建设创新型国家提出了明确的目标，也为走中国特色自主创新道路指明了方向。

"创新"一词来源于英文的"Innovation"，是 Joseph A. Schumpeter 在 1912 年出版的《经济发展理论》一书中首先提出来的。该理论的最大特点，就是强调生产技术和生产方式的变革在经济发展过程中的重大乃至决定性的作用。创新是一个过程，是综合性的和创造性的过程，是开发与应用统一的过程，是与生产和营销相结合的过程。创新不能只理解为技术进步，而是一种坚持动态平衡和永远发展变化的经济观。创新是经济的基本观点和方法，甚至可以说是马克思主义世界观和方法论中的一个重要内容。

在胡锦涛同志的讲话中还提出，创新是以企业为主体，以市场为导向，产学研相结合，全面提高企业的自主创新能力。企业既是创新开发的主体，也是创新应用的主体。可以预期一个为建设创新型国家，走中国特色的自主创新活动将在我国蓬勃兴起。这将给企业的改革和发展带来前所未有的机遇和挑战。作为企业组织和活动一部分的计量工作，同样也将面临如何在发展中创新和通过创新来发展的重大问题。下面对冶金计量创新的几个问题，提出一些看法。

一、冶金计量的创新应以市场为导向

冶金计量多属于冶金企业的一部分，有的是管理部门，有的是分支组织（或公司），有的是两者兼有之。基本上是为主体企业行使部分管理职责或为主体公司服务，靠主体企业的"钢"来生存和发展的。这种体制的存在，使冶金计量工作成为主体企业的二级单位。虽有经济责任制，但仍然是以指令为导向，相当多的计量部门或单位缺乏市场意识。首钢自动化信息技术公司（最初叫计量自动

---

* 原载于《计控信息》2006 年第 570 期。

化公司）是冶金行业中第一个将计量（包括控制）分立为独立法人的企业。这种体制的变革，迫使首钢的计量工作走向了市场。当初他们以转变观念为突破口，树立市场经营观念，迈出了创新的第一步。以市场为导向，包括内部市场，也包括外部市场。通过市场了解顾客的需求，包括长远的和近期的，明示的和隐含的，并满足和超越顾客的需求。在这一变革的当年（2001 年）他们便实现了可观的经济效益。这些效益是向顾客提供增值产品或服务的回报。重要的不是利润多少，而是一种体制的创新，树立了以顾客为中心的经营理念，以市场为导向的创新动力，不少企业（例如武钢计控公司、太钢自动化公司、马钢自动化工程公司、重钢电子公司等）也陆续走上了这条道路，但是有些企业名为独立法人，实为二级单位的做法，仍然靠“钢”吃饭，不利于计量的自主创新。

二、冶金计量的创新应以产品创新为重点

产品（和/或服务）是企业竞争力的主要表现，包括质量、成本和交付期。冶金计量的创新应以产品创新为重点。当然在产品创新过程中，市场需求是第一要义，在细分的市场中找到自己的目标，把市场需求、技术机会与本企业的相对优势结合，研究和开发主导产品，并使之系列化、高度化和差别化，在正确的时机投放市场，是产品创新战略的关键。在产品创新方面，首钢计量部门起步比较早，在巩固内部市场的同时，积极开发外部市场，以四级自动化产品及其服务体系构成产业架构，并形成了具有自主知识产权的产品系列。武钢计控公司通过服务创新，实现了计量数据采集、传输、运行网络化，为武钢的能源管理创造了条件。冶金计量产品（包括服务）的市场竞争非常激烈，实现原始创新是很困难的，但是，把自主研究开发与引进技术相结合作为一种技术获取方式，实现集成创新和引进消化吸收再创新是非常有效的。宝钢在这方面有丰富的经验。

三、冶金计量的创新应以管理创新为支撑

冶金计量创新是一个过程，需要有管理的支撑。目前，不少具有独立法人地位的冶金计量单位或部门仍然由主体企业按二级单位进行管理，这在很大程度上限制了创新过程的有效性和效率。不论是全资的子公司，还是股份公司，均应按《公司法》规定，由董事会授权总经理进行管理。管理创新的核心是所有权和经营权分离，并实现方针目标管理。方针是企业的行为模式，目标是实现企业行为模式的具体追求，是可分解的和可量化的。方针目标的管理体现了管理者的价值观。一般创新组织的方针目标具有挑战性和超越性。在方针目标中不仅要体现追求利润、降低成本和规避风险，同时也体现社会责任的原则。管理创新应包括建

立企业的自我发展机制、整合和优化企业创新资源（包括机会和环境）；建立企业的创新文化，在共同价值观指导下，培育起来的创业精神；建立企业的高效组织机构、运行程序和管理方式。在创新过程中应重点解决好信息管理、决策管理、计划管理。一种叫做“适时管理（Just in Time）”的管理方式在创新过程具有很大的应用前景。ISO 10012 的计量管理体系只是一个基础，创新必须立足于卓越模式。

四、冶金计量的创新应以人力资源为保证

胡锦涛同志说：“技术创新关键在人才。”任何创新过程都是由人来完成的，人是最重要的资源。人力资源的管理也必须创新，从而保证产品创新、管理创新和技术创新。L. W. Porter 和 E. E. Lawier 曾经提出过努力 - 绩效 - 奖酬循环的理论。绩效取决于员工努力的程度；而奖酬又取决于绩效的水平；奖酬又进一步激发了员工的努力，推动创新过程的发展和提高。为了提高绩效，必须鼓励或激发员工的努力，不仅给予应得的奖酬，还应给予培训和发展的机会。建立起衡量能力的准则和方法，使得员工有受尊重和成就感，为企业的创新过程忠诚和献身。首钢自动化信息技术公司实行“双向选择”和“竞争上岗”也是一种创新，但是不少企业计量部门或单位，急需的人员不够，没用的人员过多。工作效率低，业务技能差，这种状态不解决，创新是没有保证的。

五、冶金计量的创新应以提高竞争力为目标

自主创新能力是国家竞争力的核心，也是企业竞争力的核心。企业的核心竞争力就是具有自主知识产权的产品和技术。冶金计量企业的创新会使企业有更多的获取技术的机会。在产品和技术创新过程中提高企业的竞争力。这种竞争力不仅表现在国内市场上，也应当表现在国际市场上。例如我国冶金企业的称重技术，通过各企业的自主开发有了长足的进步，从单体或单点称重计量开始向自动化、网络化和智能化方向发展；但是是否在性能和价格上具有竞争力是衡量产品或技术创新的关键。如果我国的产品或技术能够在国内和国际市场上具有竞争力，就证明我们的创新是成功的。“不能出口，就必然进口”，这话有一定道理。衡量竞争力可以采用“benchmarking”（标杆管理）的方法，如果我们的计量产品或技术达到或超过霍尼韦尔、西门子或横河的话，我们的创新就见到了成效。

质量管理的未来——系统创新*

一、质量管理在变化

任何事物都是在变化和选择中生存和发展的。没有变化或选择错误就意味着消亡。任何变化和选择必须有思想、方法和途径。质量管理也同样。钢铁企业的质量管理也不例外。

我国钢铁企业在20世纪60年代的质量管理主要依赖于质量检验（注重结果）和质量控制（注重过程），80年代从日本引进全面质量管理，主要关注质量改进（注重系统）。90年代贯彻实施ISO 9000标准，进一步规范了质量管理活动、过程和体系，而近年来从西方国家引进的六西格玛，则强调过程和系统的结果取向。

TQM虽然也关注活动项目的结果。但是，主要还是强调对员工的培训、QC小组活动以及相应的质量改进。六西格玛不仅重视结果，而特别关注财务的和战略的结果。六西格玛总是与企业的战略相结合的。近十年来，计算机技术和统计软件的巨大变化，对将TQM演变为六西格玛也起到了重要的推动作用。

有人批评六西格玛是“新瓶装老酒”。这是因为六西格玛接受了朱兰的三部曲的概念。将质量控制融入到六西格玛DMAIC业绩改进模式中，六西格玛DPSS中的策划类似于朱兰的质量计划的概念。六西格玛的项目管理则与朱兰的项目管理思想相似。六西格玛实际是朱兰质量管理思想和实践的发展。

二、系统创新的概念

“创新理论”是熊彼特（Joseph A. Schumpeter）在1912年出版的《经济发展理论》一书中首次提出来的。创新是指建立新的生产函数或供应函数，是在生产体系中生产要素和生产条件的新组合。创新对成功的企业家会产生明显的利益。当然，创新也会摧毁原有的产品、过程和业务。例如，打字机作为计算机技术创新的牺牲品而被消亡。质量管理过程生产制造过程一体化，质量管理部门整合成

---

* 原载于《冶金标准化与质量》2007年第1期。

系统创新部门。

系统创新包括过程创新和产品创新。产品创新是开发具有吸引顾客和使顾客增值特性的产品；而过程创新的目的在于降低现有生产过程的成本，或提高整个供应链的效率。而为了使创新过程系统化并降低过分依赖于领导的个人能力或才干，采用适用的工具和方法是必要的。它们可以用于系统地分析顾客的需求和期望，分析和研究遇到的问题，开发解决问题的方法，以保证持续改进。

系统创新是对预期结果的系统策划和组织活动。换句话说，系统创新包括对过程实行精细的管理程序，类似于 DMAIC 或六西格玛的定义、测量、分析、设计和验证战略以及采用适当的工具（统计的或其他）和路线图。六西格玛的范围和术语进行微调后，便可以用于系统创新过程。

建立质量管理体系的目的在于使顾客满意。TQM 致力于减少缺陷，例如武钢质量效益型的主要经验是从废品减半开始的，日本新日铁大分制铁所在 80 年代就提出“废品为零”目标。ISO 9000 把质量概念扩大到符合要求和顾客满意。但是，企业的宗旨应当是提高竞争力、包括提高顾客满意程度和降低生产成本。“系统创新”概念比 TQM 和 ISO 9000 具有更广义的经济意义。宝钢是我国钢铁行业中最早建立系统创新部门的部门。

三、创新将决定成败

朱兰在他的《质量管理手册》（第 1 版）时，就清楚地阐明质量经济学的重要性。在 20 世纪 80 年代质量管理的一个重要发展是从学究式的 TQM 向讲究质量成本和节约实效的六西格玛转移。世界各国最高质量奖都有经营业绩的底线要求。宝钢、武钢、济钢、华凌和太钢获得全国质量管理奖的重要条件之一是具有卓越绩效。优秀管理模式鼓励采用经济的方法去观察质量管理；但不是关注狭窄的和短期的效益，而是对企业的长期经济起作用。同时也不应只局限于狭窄的操作层面上，分析缺陷的多少，而是放眼于广阔的经营层面上，关注长远的经济利益。包括战略、使命、愿景、方针、目标和企业文化等。

选择“创新”这个词的主要原因是承认经济学对管理理论的重要性。熊彼特认为，对多数经营领导来说，质量是一个非常麻烦的问题，所以他们想离它远点。但是，“利润的主要前提条件是以创新的风险为代价”。换句话说利润来自创新，没有创新，也就没有效益。新的创新带来的高的初期效益吸引了其他企业家和投资家。例如，当前的高强韧性的管线钢、汽车用的超深冲冷轧或镀锌板、超超临界压力锅炉管、超深井耐腐蚀油气井用钢管、核电用钢和其他高附加值产品，很多钢铁企业都在设计和开发。当新产品投入生产后，数量开始增加。当达到一定数量时，又必然对数量进行调整，价格开始回落，并且竞争也变得激烈。

于是产品价格也自然长期维持在低利润的水平，例如普通线材、螺纹钢和一般用途钢板或钢管。没有竞争力或者说没有创新最终就将被淘汰。我国钢铁企业也面临着这种形势，所以说创新是最重要的战略问题，企业忽略了创新，就会导致危机，甚至失败。在当今激烈的、全球的竞争和迅速变化时代，创新具有重要的战略意义。

四、企业的系统创新

创新理论首先强调生产技术和生产方式对经济发展的重要作用。创新是一个过程，一个系统，具有综合性。系统创新是以产品创新和过程创新为基础，并与生产技术、经济效益、教育培训、企业文化等相互结合的一种综合性管理过程。现在有些企业的系统创新或管理创新部门只是一个综合部门，没有系统创新职能和活动。

企业的系统创新应开始于产品的设计和开发阶段。然后创新便集中在过程中，而且基本上是针对降低成本。缺陷影响成本，所以质量是创新的重要环节。产品创新必须以顾客期望和需求为关注焦点，包括现时的和未来的，明示的和隐含的。在产品创新时不仅应关注顾客或市场，还应考虑企业自身的条件（优势和劣势），产品的技术经济分析，与现有产品的关系（继承性和创新性）等。产品创新是靠过程创新作为支撑的。过程创新包括技术选择、获取和运用，供应链的选择和优化，营销服务系统和网络的建立等。

把质量管理纳入系统创新实质上是把质量管理的过程方法和系统方法的基本原则更具体化了。质量管理不仅跨越了部门界限和组织界限，使管理进入了市场，在激烈的市场竞争中实现管理的创新。为了满足市场和顾客要求，开发新产品、新工艺、节约资源、保护环境，不断地使生产要素实现优化组合。也就是说，在系统创新（生产要素的新组合）过程中实现质量管理。其结果是企业更具有竞争力。当前，有些企业对质量、环境和职业健康安全管理进行整合，也只能是系统管理的开始，而远远没有达到系统创新的水平。

五、系统创新的培训

企业应当开展有组织的创新活动。首先，应当吸纳和使用经过培训的系统创新人才。系统创新应当看成是由每一个人链接成的，而不是个别部门或少数专家的职责。质量改进也不再仅仅是质量部门的事情，而是由黑带和绿带带头进行。除对系统创新工作人员进行技能培训外，竞争力的培训也非常重要。对质量管理、营销管理和工程管理人员来说，他们都应当补这门课。

未来的质量管理将整合到更加集成的体系创新管理中去。传统的质量检验人员的责任和作用将结束，质量管理人员的任务将转移到培养团队精神和持续改进上去。质量管理机构也将缩小，质量是每个人的责任。未来的质量工作者的任务是培训、审核、咨询和顾问。

科学地和系统地解决问题的方法也是核心竞争力。如果我们的质量管理人员能够抓住机会，并且具有创新思路，就能够在未来知识经济中领先。有些人，特别是在封闭式的和学究式的质量管理人员，可能对这种变化（例如像宝钢、鞍钢等企业的装备、技术、产品和市场的变化）感到陌生和无助；但是这种转变能够使质量工作者很好地创新产品和过程，保证在未来的竞争中具有优势。为此，质量工作者必须重新学习，以适应系统创新的形势要求。

访日印象记*

一、日本特殊钢企业的节能减排

我前不久去日本做了一次技术性访问，在访问期间参观了几家特殊钢企业，他们十分重视节能减排，给我留下了深刻印象。

（一）关注社会责任是节能减排的驱动力

这些企业的领导认为，企业不能片面追求效益最大化，必须关注社会责任。企业不仅应当为顾客负责，提供增值的产品；也要为环境负责，节能减排；还应为员工负责，提供安全的工作条件。在为投资方提供经济回报的同时，也必须兼顾社会责任，为建立循环经济和协调发展做出贡献。

日本企业十分重视遵守国家和地方法律法规，节约能源消耗、寻求替代燃料、推进绿色物流和实现零排放来应对地球温室化问题、促进生态平衡和参与构建循环型社会。有些企业把提高对环境要求的应变能力和公开企业环境表现的透明度作为提高企业竞争力的重要课题来对待。不少企业每年向社会提供公司社会责任报告（Corporate Social Report，CSR），并同时进行公众调查报告，征求社会对企业的评价。

（二）创建循环型社会的四大要素

日本企业把创建循环型社会的活动分解为四大要素，即：环境保护、再生利用、节约能源和可持续发展。

首先要逐步降低环境负荷，实现零排放的目标。为此，企业加大了环境保护投资，提高了环境保护成本。特别是近年来企业陆续增设了除尘装置，为了降低 SO_x、NO_x 的排放，进行了燃料转换，采用了降低废水中氮含量的技术，推广了资源再生工艺。作为防止或减缓地球温室化效应，日本钢铁联盟制订了钢铁行业导则。钢铁企业把投资重点放在节能减排上。例如提高加热炉热效率，改进废水利用效率，改变燃料结构（从烧重油改为烧煤气）和改变运输方式（不用或少

---

* 原载于《质量管理》2007 年 2 月 27 日。

用卡车，而多用船舶和电气机车）。日本特殊钢企业水的循环使用率超过95%，由于采取控制和监测两方面措施，一般废水中的COD均低于10mg/L（限制值为20mg/L），SS为5mg/L以下（限制值为30mg/L）。有害化学物质的排放量接近于零。日本非常重视控制二噁英的排放。近10年来由于采取多种措施，排放量降低了80%。

（三）从循环经济和持续发展高度，选择研究开发战略

日本钢铁企业普遍认为，节能减排是永恒的发展目标。达到这一目标的关键词就是“轻量化”，或者叫做“高强度化”。具体目标是：（1）提高材料使用寿命；（2）缩短加工工艺流程；（3）发展近终形产品，取消标准规格尺寸，按顾客要求生产，或将尺寸公差降低到±0.1%，减轻顾客加工负荷。采用精密铸造工艺，实现近终形尺寸。

有一位公司的总经理说：“企业不能停滞不前，没有现实的持续发展就没有企业的明天。企业的发展离不开社会，没有社会的持续发展，也就没有企业的持续发展”。为此，要从企业的社会责任高度来关注节能减排。

二、日本的钢材加工配送

我抱着对日本钢材加工配送企业的好奇心，参观了位于静冈的I-TEC公司，想了解它到底是单纯经销的商业活动，还是有深度加工的生产活动。得到的印象是：我国的钢材经销商与日本的钢材加工配送企业相比，差距颇大。

（一）加工配送是钢铁产品供应链上的重要环节

我国的钢铁产品经销商（或称中间商），在销售过程中（购买）拥有产品所有权，通过销售获得利益的独立机构，占钢材总销售量的60%左右，这是我国钢材的主要销售渠道。在这类经销商中绝大多数是利用本身具有一定流动资金的优势。他们可以用现款（不欠债）从钢铁企业购买钢材，然后卖给钢铁企业的非直供顾客，利用现款批量采购和缓收货款零星销售的价格差从中谋利。对这样一些经销商来说，没有改变钢材任何特性和生产过程任何参数，质量证明书也是钢铁企业的复印件，如果发现有不合格品，也由钢铁企业负责处理。

而日本的加工配送企业不仅有采购、销售、仓储和运输，也有加工和装配过程。甚至有个性化、差异化的产品和服务。弥补钢铁企业不能满足某些顾客群特殊要求的不足，包括品种、数量、交付期，甚至还有的根据市场和顾客需要，对钢材进行再加工和配送。减轻了顾客加工负荷，提高了施工进度。这一类企业是钢铁产品供应链上的重要环节。但是，在我国还为数不多。

（二）加工配送的基本条件是就地就近服务

日本的钢材加工配送企业多数有专用的港口和仓库，并且在全国各地有分支机构，顾客需要钢材可以就地就近加工配送。不仅减少了顾客的库存，而且实现了快速服务。甚至有的加工配送企业用卡车拉着钢材和成型设备，在施工工地现场提供适合的产品，有的是成型板，有的是结构件。在东京湾新日铁君津工厂附近有一个日本鞠井钢构厂，是一个大型加工配送企业的加工厂，在本企业的车间里将桥梁或工程结构加工好，有的加工成半成品，有的加工成结构件（例如建筑用的钢结构和夹层板），配送到现场直接安装。这样的企业才是真正的加工配送中心，而不仅仅是中间商（经销商）。据说这种加工配送企业与顾客也是长期战略伙伴关系。

（三）加工配送过程也是计算机辅助管理

在仓库可以看到钢材上贴有条码标识，不论搬运还是贮存全部由计算机管理。有些企业实现立体仓库，入库出库由机器人搬运和堆垛。先入先出，定位准确，账目清楚，没有差错。在加工车间可以看到下料是计算机控制的氧乙炔切割，机械手在焊接。由于实现了本质安全设计，所以员工作业的安全风险非常小。即使这样，在车间的各个操作岗位都有“危险预知”，劳动保护用具穿着整齐，应急设施齐备。在这些企业中从订货到交付全程用 ERP 进行物流、资金流和信息流管理。甚至包括成材率计算和交付期控制全部由计算机管理系统完成。这种自动化的过程控制和健全的社会外包和诚信的资金管理，使得日本的加工配送行业成为存在于钢铁企业和终端用户之间的一个产业。

三、日本的集成仪表和数字工程

在日本钢铁企业中，技术创新在不断地发展，不仅在钢铁产品和生产技术上有创新，在计控仪表和技术方面也有新的动向。

（一）集成仪表的创新正在兴起

在一个企业连铸车间的控制室，技术人员正在调试“集成仪表”（Synthetic Instrument）。传统意义上的测量仪表是一个信号处理器，负责接收、放大和使输入标准化，实现模拟量与数字量的转换，并采用界面系统和操作控制系统，可以看成是一个系列相互关联的组合。在集成仪表系统中，仪表不再是信号、硬件和软件的组合，仪表将是抽象的。不同的输入信号借助界面系统与信号处理系统、模拟量与数字量转换系统和测量处理系统联系，通过控制系统和用户界面实现测量过程。他们说，这样可以大大提升仪表的集成度，是一个新的发展方向。

（二）数字工程

过去，在材料塑性加工过程中经常用有限元分析处理或解析变形体的形状、温度和应力之间的关系。现在，日本有的特殊钢企业采用数字工程（Digital Engineering）系统进行塑性加工过程的设计，可以定量地得到模具寿命和材质的关系，并能够预测模具裂纹和磨损等数据。数字工程实际上是把 CAD 和 CAM 结合起来，具有 4 个预测模型：（1）损坏模型；（2）晶粒度模型；（3）寿命模型；（4）缩孔模型。他们把这种数字工程称为“计算机辅助工程（Computer Aided Engineering)”。采用这种合金设计方法，不仅能够提高材料质量，也提高了研究开发的效率。

（三）数字化使设计开发实现创新

在一个设备制造企业，有一个非常大的办公室。里面分两个区，各区的工作人员身穿不同颜色的工作服。一边是设备设计单位的人员，另一边是设备分包单位的人员。他们利用计算机相互交换信息和修改数据，使设备设计和制造实现了在线沟通。为了证实设计制造水平，他们给我展示了一个电炉设计的三维图，可以对机械零部件进行模拟装配。发现问题及时修正，并传递给制造现场。

访问时间很短，了解信息不多。但是，我感到他们的工作在不断改进和提高。数字化已经进入生产和办公的各个领域。甚至连产品检验也由计算机在线检测和计算出尺寸与偏差，判断是否合格，是否交付。我在现场看到棒材的尺寸测量就是这样逐根进行的。

日本特殊钢企业的节能减排*

日本特殊钢企业十分重视节能减排，甚至是成为了企业的发展战略。主要有以下几点值得关注。

一、关注社会责任是节能减排的驱动力

日本特殊钢企业普遍认为，企业不能片面追求效益最大化，必须关注社会责任。企业不仅应当为顾客负责，提供增值的产品，也要为环境负责，节能减排，还应为员工负责，提供安全的工作条件。在为投资方负责，提供经济回报的同时，也必须兼顾社会责任，为建立循环经济和协调发展做出贡献。

基于这种理念，日本特殊钢企业建立了各自企业的基本方针。例如，在生产经营全过程降低环境负荷；向社会提供优质、环保和安全的产品与服务；加强对外沟通，增加环境表现的透明度等。

为了在生产经营全过程降低环境负荷，日本特殊钢企业十分重视遵守国家和地方法律法规的要求，开展节约能源消耗、寻求替代燃料、推进绿色物流和实现零排放来应对地球温室化问题、促进生态平衡和参与构建循环型社会。为了加强对外沟通，增加环境表现的透明度，日本特殊钢企业向社会公开本企业节能减排信息，接受社会监督和取得公众信任。

在日本和其他发达国家，社会责任已经逐步成为评价企业的重要基准。企业应在关注环境保护和参与解决社会问题方面发挥重大作用。为此，日本特殊钢企业非常重视遵守职业道德，坚持环境信息透明，创造能够使员工安心工作的作业环境。

有些企业把提高对环境要求的应变能力和公开企业环境表现的透明度作为提高企业竞争力的重要课题来对待。与此同时，企业为了防范现实的和潜在的风险，把风险危机降到最低限度，还制定了有针对性和可行性的预案。有些企业还聘请律师担任法律顾问，使企业认真履行社会责任。不少企业每年向社会提供公司社会责任报告（Corporate Social Report，CSR），并同时进行公众调查报告，征求社会对企业的评价。

---

* 原载于《冶金标准化与质量》2007 年第 5 期。

二、创建循环型社会的四大要素

日本特殊钢企业把创建循环型社会的活动分解为四大要素，即：环境保护、再生利用、节约能源和可持续发展。他们认为，地球上还有很多待开发的地区。在21世纪，这些地区的工业化进程和基础设施建设，必将迅速发展，资源和能源消耗也将同时大幅度增加。面对这种形势，为了持续发展，必须节能减排。很多企业把资源和能源的再利用，作为创建循环型社会的重要途径，也作为企业社会责任的出发点。

日本特殊钢企业为了满足上述要求，首先要逐步降低环境负荷，实现零排放的目标。为此，企业加大了环境保护投资，提高了环境保护成本。特别是近年来企业陆续增设了除尘装置，为了降低 SO_x、NO_x 的排放，进行了燃料转换，增加了特殊钢连铸设备，采用了降低废水中氮含量的技术，推广了资源再生工艺。

作为防止或减缓地球温室化效应，日本钢铁联盟制订了钢铁行业导则。特殊钢企业把投资重点放在节能减排上。例如提高加热炉热效率，改进废水利用效率，改进烧嘴（带有自预热式蓄热器），改变燃料（从烧重油改为烧煤气）和改变运输方式（不用或少用卡车，而多用船舶和电气机车），大幅度节约燃料使用，防止地球温室化。有些企业1990～2005年由于产量增加比较多，CO_2 的平均排除量只减少了0.5%左右，但从2008～2012年5年间特殊钢企业的 CO_2 的平均排除量预计可以削减10%。

为了降低废气中 SO_x、NO_x 对大气的污染，日本特殊钢企业开发低 NO_x 烧嘴、改进燃烧效率、增加脱硫装置、重油水蒸气雾化等措施，在特殊钢产量不断增加的近几年，废气的排放量控制在一个相当低的水平。日本特殊钢企业水的循环使用率超过95%，由于采取控制和监测两方面措施，一般废水中的COD均低于10mg/L（限制值为0mg/L），SS为5mg/L以下（限制值为30mg/L）。有害化学物质的排放量接近于零。另外，日本特殊钢企业非常重视控制二噁英的排放。近10年来由于采取多种措施，排放量降低了80%。

作为特殊钢企业的副产品主要的炉渣，大约占65%，氧化铁皮占20%，粉尘占5%，废弃耐火材料占5%，泥浆占2%，其余为其他固废。目前，日本特殊钢企业对上述副产品的循环再利用率超过95%。电炉炉渣全部用于筑路材料，废弃的耐火材料回收再利用率超过80%。粉尘和泥浆过去多用填埋方法处理，近年来，有的企业将电炉粉尘和酸洗泥浆利用熔融还原技术提取含镍等元素再用于炼钢。

三、从循环经济和持续发展高度，选择研究开发战略

日本特殊钢企业非常重视研究和开发环境友好型产品、技术和装备。例如作

为环保产品，研究开发高寿命、轻量化、节能（非调质）、无害（无铅易切削）材料；作为环保技术，有大断面连铸、节能退火炉、粉尘熔融还原炉等；作为环保设备，有下水道污泥炭化处理系统、汽车隧道电除尘装置和聚氯乙烯真空加热回收设备等，也是特殊钢企业的研究开发成果。

日本特殊钢企业普遍认为，节能减排是永恒的发展目标。达到这一目标的关键词就是“轻量化”，或者叫作“高强度化”。具体目标是：

（1）提高材料使用寿命。例如，开发齿轮钢时，注意提高渗碳层的强韧性和降低晶界氧化层；改进弹簧钢的脱碳和耐疲劳特性；研究轻型马达用易切削钛合金；开发超纯净化轴承钢；提高无铅易切钢的工艺性能等。

（2）缩短加工工艺流程。例如，推广非调质钢、冷锻高频淬火钢、冷锻用硼钢等。

（3）发展近终形产品。取消标准规格尺寸，按顾客要求生产，或将尺寸公差降低到 ±0.1%，减轻顾客加工负荷。采用精密铸造工艺，实现近终形尺寸。

总之，日本特殊钢企业在发展战略上，非常重视社会责任，也非常关注节能减排。他们的观点是企业不能停滞不前，企业没有持续发展就没有企业的明天。企业的发展离不开社会，没有社会的持续发展，也就没有企业的持续发展。为此，要从企业的社会责任高度来关注节能减排。

别忘了建立安全管理体系*

读了2007年6月28日《中国冶金报》第一版刊登的关于国家安监总局分析报告的报道之后，笔者认为，钢铁企业安全生产问题，不仅在监管方面存在问题，更重要的是没有对安全进行科学管理。

确实，一段时期以来，一些企业，包括一部分钢铁企业片面追求“效益最大化”，忽视了环境保护和安全生产，导致2006年全国冶金行业发生279起生产安全事故，死亡244人，其中重大事故9起，死亡37人，重大事故同比分别上升28.6%和48.0%。

企业片面追求“效益最大化”，就会使各级管理人员以为只有效益是企业最大的、甚至是唯一的责任，其他都可有可无。其实企业的责任是多方面的，包括为顾客提供增值的产品、为员工创造安全的工作环境、为社会保护良好的生态环境和为投资者提供回报等，而安全生产是实现上述各项责任的基础。但是，近年来有些钢铁企业只注意快速发展，安全生产成为了被遗忘的“角落”。所以国家安监总局的领导认为，在冶金行业存在安全隐患，政府、企业存在安全监管“真空区”，必须进行综合治理，而建立完整的安全管理体系是实现综合治理的有效途径。

综合治理首先应当从领导开始，树立安全生产意识，然后建立安全分析、安全评价、安全决策、安全控制和安全改进等完整的安全管理体系。特别是对于钢铁企业来说，生产工艺多数是由环境污染较大、危险系数较高的环节组成，企业必须运用系统的方法，建立起包括职业健康和安全在内的管理体系，而不仅仅是一个概念的“监管”。

第一，建立安全管理体系必须从危险源辨识和风险评价开始，找出可能导致事故发生的重大危险与危害因素。这不仅是安全管理人员的工作，更需要全员参与才能弄清这些因素的分布、危害、弄清安全事故发生的方式、途径和范围，以及导致事故发生的原因和防止事故发生的方法和措施。如果企业对危险与危害因素心中无数，势必会埋下安全隐患。

第二，制定安全管理方针和目标是建立安全管理体系的前提，是企业遵守安全法律法规、实践以人为本的表现。一些先进企业提出了“四个零，一个一”

---

* 原载于《中国冶金报》2007年7月19日。

的目标，即“废品为零，人身事故为零，设备事故为零，产品质量一流”。此类方针和目标的制定和执行，在员工中产生了鲜明的导向作用。

第三，安全管理体系需要建立必要的管理制度，例如安全生产责任制度、安全生产措施计划制度、安全生产教育制度、安全生产检查制度、事件、事故调查、报告和处理制度、安全监察制度、“三同时”制度等。现在，有些企业有制度不执行，有些企业根本就没有这些制度。特别是在遇到紧急情况时，没有应急准备和响应制度（或预案），缺乏处理突发安全事故的能力。

第四，安全管理体系更需要必要的技术措施，用于预防事故、避免和减少事故损失、改善作业环境以及作业现场的安全管理等。包括对企业所有作业场所、工艺过程、机电设备、危险物料、作业程序、劳动组织和人员能力等进行控制，以从根源上消除或降低职业健康安全风险。特别是对机械伤害、物体打击、车辆伤害高处坠落、起重伤害、煤气中毒和高温灼伤等钢铁企业出现最多的伤亡事故，必须采用必要的技术措施。首先从工艺设备本质安全化做起，依次为采取技术措施、安全装置、检测装置、报警系统等。安全技术措施必须与工艺技术装备水平相适应，以实现经济效益和安全生产的统一。

第五，对安全绩效的检查和评价是安全管理体系的重要组成部分，这种检查包括法律法规规定的查思想、查管理、查隐患、查整改和查事故外，还应当包括主动检查、被动检查、定性的、定量的、预防性指标、事后性指标等。对安全绩效的检查和评价用于评价：安全方针目标是否得到贯彻实施，安全信息是否得到交流与沟通，对员工和相关方的培训是否已经落实，危险和危害是否得到控制，发生的事件或事故是否得到处理并吸取了教训等。

安全管理是一个系统工程，它与其他系统工程一样，也是“人—机—环境”系统。实现安全生产必须从人、机、环境三个方面进行综合治理。而建立安全管理体系是实现综合治理的有效途径，特别是 GB/T 28001—2001《职业健康安全管理体系规范》为我们建立安全管理体系提供了准则。认真贯彻实施该规范有助于“消除或减少因组织活动而使员工和其他相关方可能面临的职业健康安全风险”，有助于企业坚持科学发展观，有助于实现可持续发展，也有助于钢铁企业做大、做强、做好。

质量，一个永恒的主题*

虽然一年一度的“质量月”活动要结束了，但质量却是企业永恒的主题。而且，在不同的时期，质量的内涵还具有不同的侧重点。在我国钢铁工业高速发展，并成为世界第一产钢大国的今天，钢铁产品的质量虽然有了很大的提高，品种结构也有了明显的改善，但质量问题的含义仍然需要深刻的认识和理解。

质量是企业的社会责任。钢铁企业同所有企业一样，一定要讲究效益。但是，现代化的企业，不能片面追求效益，同时必须关注社会责任。企业为顾客提供符合要求的产品（包括明示的要求、潜在的要求、法律法规的要求和企业附加的要求）是一种社会责任。而且，为投资方提供回报，为员工提供安全工作条件，为社会节能减排、改善环境……，这些都是应尽的社会责任。质量对转变经济发展方式和建立和谐社会具有重大意义，如果产品质量存在问题，不仅是对顾客，也是对社会的不负责任。

质量是向顾客提供增值产品。现在不少钢铁企业已经不局限于按国家标准向顾客提供产品，而是按顾客要求，甚至是标准 + α，满足顾客个性化和增值的要求。个别企业认为超过顾客要求是“质量过剩”，这是对质量要求的一种误解。在供方—钢铁企业—顾客这一价值链上，效益是从顾客增值中得到的回报。现代质量管理认为，及时处理顾客异议的质量是低层次的，满足顾客规定要求的质量是中层次的，满足顾客增值要求的质量是高层次的。满足顾客高层次的要求，会得到高效益的回报。

质量是企业核心的竞争力。在激烈的市场竞争的环境中，企业核心竞争力表现在质量、成本和交付期上。其中，成本和交付期是赋予特性，不是产品的固有特性。而顾客最需要的是固有特性，固有特性才具有竞争力。降低成本是有限的，无条件地降低成本会牺牲产品的固有特性，而提高质量（提高附加值）是无限的。而且，质量是企业技术创新的产物，只有创新才能使产品质量（特别是实物质量）不断提升。从这一层面上说，企业的产品质量水平标志着企业的创新能力，创新能力才是企业核心的竞争力。

质量是钢铁强国的必要条件。现在不少专家在讨论 3 ~ 5 年建成钢铁强国的

---

* 原载于《中国冶金报》2007 年 9 月 29 日。

问题，也有不少人非常关心企业规模和产品集中度的问题。当然，这些话题非常重要，但我们应该注意的是，建设钢铁强国的必要条件之一是质量的提升。在追求兼并重组、规模扩张、扩大企业经营额、提高行业集中度的同时，千万不能忽视质量对实现钢铁工业由大变强的重要作用。在我国钢铁企业装备逐步现代化的背景下，必须注意以质量品种为核心的系统优化，否则会影响钢铁强国的3～5年的“必然”。

五大质量问题影响“钢铁强国”进程*

我国钢的年产量已经超过5亿吨，居世界第一，但是，从总体上来看，我国要成为“钢铁强国”还有一定的差距。特别是在质量上还存在以下一些问题，解决好了，我国才能称得上“钢铁强国”。

一、产品标准体系问题

我国到2006年年底，钢铁行业的国家标准、行业标准总数达到1800多个，重点标准采用国际标准和国外先进标准采标率达到67.9%。基本建立起了面向市场需求、结构趋于合理、水平逐步提高的产品标准化体系。但是，这些标准与国内外市场需求相比，还存在不小差距。主要是钢号少，指标低，项目不全，满足不了顾客的要求，包括明示的和潜在的要求。另外，国家标准和行业标准并不能完全代替企业标准。企业标准应是向顾客承诺的、满足顾客个性化要求的标准。但是，我国多数钢铁企业没有建立起完整的企业产品标准化体系，即使有的企业建立了企业标准，也多是约束内部的技术指标，而不是向顾客承诺的产品特性。

例如，我国模具工业近年来每年以15%的速度增长，每年要从国外进口6万吨模具钢。原因之一就是我国的模具钢标准有局限性，它只是合金工具钢标准的一部分，没有形成独立的标准体系。在国家标准中仅有的几个钢号，也比外国少得多，产品特性也没有外国全。顾客用得比较多的H13热作模具钢，我国标准只规定检测化学成分、酸洗低倍、退火硬度，而从瑞典或日本进口的模具钢不仅提供化学成分、酸洗低倍、退火硬度等检测数据，还提供非金属夹杂物、冲击韧性、晶粒度、退火组织和带状组织等信息。企业没有相应的企业标准，顾客只能用国家标准或行业标准订货，这在很大程度上满足不了顾客的使用要求。一般按我国国家标准生产的H13钢，制造的压铸模具的寿命只有3万~5万次，而进口H13钢的压铸模具的寿命可达20万次。类似现象在其他产品中也不同程度的存在。产品标准问题不应当只追求采标率，而应考虑顾客满意率。建立满足和超越顾客要求的产品标准化体系（特别是企业标准）是钢铁强国的重要条件之一。

---

* 原载于《中国冶金报》2007年11月6日。

二、产品实物质量问题

2006年我国进口钢材1851万吨，其中高附加值的钢材1337万吨，占进口数量的72.2%。这一部分钢材主要是不锈钢板带、不锈钢棒线材、冷轧板卷、镀层钢板卷、电工钢板卷和锅炉用无缝钢管等。所以进口这类钢材不仅仅是国内生产数量满足不了要求，更重要的是实物质量没有进口的好，规格也没有外国的全。例如高压锅炉管，目前我国年需求量在30万~40万吨左右。ϕ159mm以下的已基本上国产化，ϕ159mm以上的高压锅炉管国内可以供应一小部分，如T91、内螺纹管等，但在数量上供应不足，有些品种不全，如WB36、T/P23、T/P122等。特别是缺少小规格的，例如ϕ16mm×1mm低压不锈钢管，ϕ16mm×2mm高压加热器碳钢管，ϕ25mm×(0.5~0.7)mm×1m冷凝器用的不锈钢管或钛管等，基本上依靠进口，ϕ159~1060mm以上的大口径管大部分要进口。

2006年我国不锈钢产量达到530万吨，超过日本，居世界第一。2006年不锈钢的消费量为595万吨，而板带的净进口为148万吨。国产不锈钢质量除存在200系列问题外，其他系列存在有实物质量问题。除表面质量、有害元素、腐蚀性能外，不锈钢的工艺性能也存在不稳定的问题。Cr13型不锈钢塑性偏低、Cr17型不锈钢成型性差，400系列、含氮、双相不锈钢尚处于开发阶段，在生产和使用两方面与国际先进水平有明显的差距。电工钢不仅国产数量不够（2006年进口95万吨，其中取向硅钢25万吨），在实物质量上也存在一定的差距。国外为了降低铁芯损耗，厚度趋于薄规格化，并提高硅含量和采用细化磁畴技术，我国生产的取向硅钢中除0.30mm外，更薄规格（0.15mm，0.20mm，0.23mm）的生产还存在一些困难。0.30mm的取向硅钢的铁损也与日本水平有一些差距。

三、工艺系统优化问题

近年来，我国钢铁工业引进和更新了一大批生产设备，多数达到了世界先进水平。但是工艺系统优化问题并没有很好的解决，在很大程度上影响着产品的质量。例如，我国高速线材轧机不论轧机数量还是装备水平都是世界领先的。但是我国用于生产汽车轮胎钢帘线用线材，还必须进口（缺口近30万吨）。国产的轮胎钢帘线用线材的主要问题是断丝率高。原因是冶金质量问题，包括夹杂物、中心偏析和表面质量等，显然主要是炼钢和连铸问题。引进了先进的轧制设备，冶炼工艺没有得到系统优化，产品质量仍然提不高。国外企业为了提高钢材的冶金质量，采用加大连铸坯断面尺寸，在轧制前增加一道锻压工序，大压下量改善组织，而我国有些企业在生产同样品种的钢材时，却提倡“小方坯直接轧制成材”。这样虽然降低了成本，但同时也降低了实物质量。有些生产中厚板的企业引进了主要加工装备——轧机，但在调质和精整方面缺乏系统配套，导致只能生产一般品种，不能生产高附加值产品。例如生产管线用中厚钢板，必须有热处理过程，热处理方式有轧后在线控制冷却、轧后在线直接淬火、正火和调质（淬火 + 回火）4 种。采用轧后直接淬火工艺可以生产 X42 ~ X80 级的管线用钢板，厚度达到 50mm 以上，尤其是厚规格的管线用钢板必须采取直接淬火工艺生产。没有适当的热处理设备，生产高档次的管线钢是不可能的。目前国产管线钢的卷板性能各部位差异性较大，尤其头尾部与其他部位的抗拉强度偏差更大；卷板的几何尺寸精度也不够，一般相差 20mm，而进口卷板的实际公差在 +10mm 以内；表面问题也较多，主要是压坑和划伤，多出现在沿宽度方向，造成用户在制管时原料切除量大。这些问题在很大程度上都属于工艺系统优化问题。

四、自主技术创新问题

自主创新是企业的核心竞争力，也是一个钢铁强国的重要标志。在这方面我国钢铁工业取得了很大成绩，但也存在明显的差距。例如管线钢的研究与开发，一些发达国家早在 20 世纪 70 年代就用 TMCP 工艺代替了热轧和正火，将生产出的 X70 钢应用于工程建设中，而我国相同钢级管线钢的开发与应用几乎比发达国家晚了近 30 年。国外在 X100、X120 及 X130 管线钢的研究与开发中已经获得了巨大突破，X100 管线钢将立即投入使用，而我国的管线钢研究还基本处于 X80 钢级阶段，对 X100 钢级管线钢的研究极少。特别是原始创新性的产品更少。我国近年来一大批中厚板轧机陆续投入生产，2006 年中厚板产量达到 8500 万吨，估计今年可能超过 1 亿吨，约占钢材总量的 1/4。特别是宽度 5000mm 和 5500mm 的中厚板轧机也将陆续投产。我国的中厚板产量居世界第一。这么大的产能除满足国内建设需要外，也必然要出口，参与国际市场竞争。因此，不能再局限于普通的碳素钢或仅有的几个低合金钢，必须针对船舶、锅炉、容器、油气管线、大型储罐、海洋平台、工程机械、桥梁、电站和建筑等用中厚板，充分发挥微合金化的作用，大力开展品种开发和技术创新。例如，研究开发大线能量焊接钢板、沿长度方向厚度变化的钢板、高强度、高韧性、焊接性好、抗层状撕裂、抗震、耐蚀、耐候、耐火钢板等，发展超低碳贝氏体钢和 TMCP、RPC 和直接淬火技术。在发展中厚板品种质量的同时，也必须注意同步发展配套的型钢、焊接材料和焊接技术。在这方面，日本的新日铁和 JFE 比我们动作快，值得我们思考和重视。

五、质量管理体系问题

改革开放以来，我国钢铁企业的质量管理从产品检验模式转换为全面质量管理模式，管理水平和效果有了很大提高。近年来又贯彻实施 ISO 9000 标准，质量管理日趋规范。但是，相当一部分钢铁企业质量管理的有效性仍然存在问题。企业标准不健全，控制措施不到位，对生产过程缺乏精细管理，5S 和 6σ 没有真正发挥作用，不合格品和顾客异议时有发生。有些企业忙于进行质量、环境、安全三体系整合，处理不好，在某种程度上削弱了质量管理。实现从钢铁大国向钢铁强国的过渡或飞跃，质量管理具有重要作用。从识别顾客要求到达到顾客满意，必须控制产品实现过程，包括设计开发、经营采购和生产控制。但目前我国不少钢铁企业缺乏设计开发能力，只关心个别产品试制，不重视工艺系统优化；采购—生产—营销没有形成战略性供应链；特别是在生产过程控制中只注意技术手段，缺乏管理措施，很少用统计技术进行控制和管理，很难保证过程处于受控状态。持续改进不多，对问题的纠正和预防意识比较差。为了提高产品质量，降低生产成本，增强企业竞争力，实现向钢铁强国跨越，必须建立符合企业实际的、不断改进过程和产品质量、追求卓越绩效的质量管理模式。

质量保证不可忽视设计和开发*

全面质量管理（TQC）或 ISO 9000 都把质量保证作为质量管理的核心。在质量保证期限内，顾客会得到或兑现厂家或商家的质量保证承诺。目前，我国多数钢铁企业向顾客提供的质量保证是满足顾客的明示（标准或协议）要求，如果出现不合格产品，可以退货或赔偿。这也是当前企业处理质量异议的主要形式。但是，随着时代的发展，顾客采购的不再仅仅是产品或服务，更重要的是产品和服务的特性（包括固有特性和赋予特性），特别是对耐用的生活用品和生产资料，产品和服务的可靠性备受关注。于是，生产企业逐步将产品或服务的可靠性纳入设计开发、生产过程和检验试验之中，使之成为质量保证的主要内容，并重视从顾客和市场收集事故或故障分析数据，来改进产品或服务质量。

只靠检验试验来把关，即使按统计学的方法使其局部抽样的几率尽可能代表全局，也只能防止不合格品出厂，而不能提升产品或服务质量。过程控制可以提升产品质量，但它也只能是以顾客明示的要求为目标，不可以改进顾客隐含的要求。例如，生产拉丝用的线材，产品检验再严格，过程控制再精细，产品只能符合标准要求（化学成分和力学性能），但是拉丝时的断头率（不在标准要求中，但是顾客很关注）无法解决。为了解决顾客的实际要求，生产企业必须开展有针对性的设计和开发，也就是说，设计和开发是质量保证不可缺少的组成部分，“技术创新”也应包括提高质量保证能力和企业竞争能力。日本把原来的全面质量管理 TQC（强调过程控制）改成 TQM（强调体系管理），也是出于这种观念而改变的。

随着市场经济的发展和市场竞争的加剧，钢铁企业在质量管理体系中的质量保证从概念和方法上必须改变和创新。以下几个方面值得在质量月期间加以关注和研讨：

对顾客的要求进行细化分析。随着社会经济的发展，顾客对钢材的要求日益高级化、多样化和复杂化，只满足产品标准的要求是不够的，必须了解顾客的个性化要求，即标准 $+\alpha$ 的要求。对顾客的要求进行细化分析，有助于企业策划如何提供具有特征化或差异化的产品。质量策划，包括满足特殊要求的措施（质量计划），必要时应进行设计和开发。目前，我国钢铁企业的设备具有向顾客提供质量保证的能力和水平，关键是对特殊的 α 要求应有细分的对策，包括采用不同

---

* 原载于《中国冶金报》2008 年 9 月 4 日。

的原料、不同的工艺、不同的设备和不同的检验方法。只有顾客的要求得到满足，顾客的过程得到增值，钢铁企业才具有竞争力。按顾客细分的要求提供的质量保证是具有战略性的。

提高预测、验证和确认能力。我们正面临着加速产品更新换代的时代，顾客要求钢铁企业尽可能缩短设计开发周期。国内 X80 管线钢还没有大量投入生产，国外 X100 管线钢已经问世。时速 200 ~ 250 公里的车轮刚刚采用，时速 350 公里的要求又接踵而来。如果我们没有预测能力，就赶不上时代的要求或长期依赖进口。为了提高顾客对产品可靠性的信任程度，除强化设计和开发过程外，企业还应当提高验证和确认能力，包括在顾客使用条件下的验证和确认能力。例如，日本爱知特殊钢公司设立了丰田汽车用钢试验中心。我国也有些钢铁企业的技术中心设置了一些模拟顾客使用条件的检验和试验，这种验证和确认的数据是质量保证的有力证据，既能提高企业的信心，也能增强顾客的信任度。

加强供应链的合作伙伴管理。构筑符合顾客要求的供应链，建立战略伙伴关系，对提高企业的质量保证能力至关重要。构成产品重要组成部分的原辅材料或坯料，不仅应符合规定要求，而且还应对供方进行选择和评价。世界上著名的汽车制造企业的零配件和材料的供应基本上是定点的，而且绝不轻易更换。因为这些供方最了解顾客的需求和期望，并从技术和管理，甚至是价格上满足乃至超越他们的要求。这是多年合作的结果，是一种战略伙伴关系。一年一度的招标采购并不是值得提倡的方式。加强供应链的合作伙伴管理，是提高质量保证的重要措施。

提高员工素质和技能水平。当前钢铁产品的质量问题多数出自员工素质和技能水平。技术人员的素质和水平影响企业产品的创新能力，操作人员的素质和水平影响企业产品质量的可靠性和稳定性。目前，有些民营企业员工流动性很大，一时的兴旺发达并不意味着具有长久的竞争力。不断地提高员工素质和技能水平的关键，是让员工能够识别顾客变化的要求、认识本身的优势与不足，以及如何改进自我。没有全员参与的质量管理体系是不稳定的，缺乏质量保证能力。如果没有适应的素质和能力，那么推行任何先进的管理方法，例如 6σ 或 5S 等，都是形式主义，不会起到应有的作用。

加强质量保证现场执行力。加强质量保证现场执行力主要有两个方面，一是不出废品，二是减少错误。有些企业推行 5S 管理，只注重整理、整顿、清洁、清扫，甚至在一定程度上实现了标准化程序，但没有与产品质量相联系，对质量保证作用不大。现场管理的关键是让员工理解什么是对的、什么是错的，如何保持和改进正确的、如何减少和纠正错误的。有的企业把加强质量保证现场执行力分解为 7 个方面：减少搬运差错、减少入库库存差错、减少转序交付差错、减少加工过程差错、减少操作程序差错、减少返工返修差错、减少批次数量差错。这样的现场管理对提高员工的自律精神和质量保证能力具有很实际的作用。

建立能源管理体系，规范企业节能减排*

国际标准化组织（ISO）新项目委员会PC 242的第一次会议于2008年9月8～10日在美国的华盛顿召开，主题是制定一项有关能源管理的国际标准ISO 50001。该标准将为全球的企业、工厂或所有组织的能源管理建立一个框架，据说这个标准可能会影响到大约60%的世界能源消费。出席这次会议的共有来自世界25个国家的标准化机构的代表，联合国工业发展组织（UNIDO）的代表也参加了会议。所有与会国家都在开展能源管理方面的工作，并且希望在国际间建立一个协调一致的规范性的管理文件。通过技术讨论和交流，该标准制定工作取得了进展，工作草案的初稿已经完成。与会各国的代表在讨论中希望能源管理体系标准能够与现有的ISO管理体系系列标准兼容。因此，该委员会做出了重要决定，能源管理体系标准将与ISO 9001质量管理体系标准和ISO 14001环境管理体系标准等保持最大限度的兼容性。我国标准化行政管理部门也在积极准备等同采用该国际标准。

一、建立能源管理体系的目的和作用

建立能源管理体系是采用能源管理体系标准来规范企业的能源管理，目的在于降低企业的能源消耗、提高能源利用效率。建立和实施能源管理体系应是企业最高管理者的一项战略性决策，必须在最高管理者承诺和全员参与的前提下才能发挥作用。能源管理体系标准要求企业应首先将本企业的能源管理工作与法律法规、政策、标准及其他要求有机结合起来，根据本企业实际情况，制定能源管理方针和目标，规范合理地降低能源消耗、提高能源利用效率。企业应采用过程方法和系统方法，对企业的生产活动、产品和服务中的能源因素进行识别、评价、控制和优化，并持续改进。企业应采用先进有效的节能技术和方法，提高能源管理的有效性，并改进其能源管理的整体绩效，从而提高相关方的信任和满意程度。该标准是针对企业自身的能源消耗、能源利用效率的管理要求，而不对其所提供产品的能源消耗、能源利用效率提出要求。该标准并未对能源绩效提出具体指标值的要求，也不包含针对其他管理体系的要求，如质量、环境、职业健康与

* 原载于《中国冶金报》2009年2月3日。

安全、财务或风险等管理体系要求。但可将该标准所规定的要素与其他管理体系的要素进行协调或整合，建立一体化的管理体系。

二、能源管理体系的模式和内容

能源管理体系标准和质量管理体系、环境管理体系和职业健康安全管理体系标准一样，采用策划—实施—检查—改进（PDCA）模式。

策划（P）：包括识别和评价企业的能源因素，识别适用的法律法规、政策、标准及其他要求，策划并采用适用的节能技术和最佳的节能实践，通过分析确定能源管理基准，可行时确定标杆，建立能源目标、指标和实施能源管理方案等。

实施（D）：包括提供所需的资源，明确组织内部各部门和单位的作用、规定其职责和权限；确定与能源管理有关人员的能力、意识和培训；明确能源管理信息交流的内容和方法，建立所需的文件和记录，实施能源管理运行控制活动等。

检查（C）：包括对能源管理活动绩效和能源方针目标以及管理方案的实现情况的监测；进行合规性（符合适用的法律法规）评价；如有不符合，应及时纠正和处理，并分析原因加以改进，同其他管理体系一样，定期开展内部审核和管理评审等。

改进（A）：包括采取纠正或预防措施持续改进能源管理和绩效。

该标准规定各企业建立和实施能源管理体系时应结合本企业生产活动实际和产品性质和类型，以及能源消耗的类型与消费量要求等多方面因素。特别是为了提高企业的能源管理体系的有效性，还需要相关节能技术和方法的支持，同时充分考虑到采用这些节能技术和方法的成本效益。

三、能源管理体系控制的对象和方法

能源管理体系的控制对象主要是“影响能源消耗、能源利用效率的因素”，也就是说企业通过能源管理，将能源消耗控制到规定的目标和指标范围内。该目标和指标包括企业的“纵向比较目标”以及同行业的“横向比较目标”。企业在确定能源目标和指标时，一方面要考虑到有关的法律法规要求，另一方面也根据本企业的自身需求。能源因素与质量因素、环境因素和危险源一样，与企业提供的产品和生产工艺有密切关系，因此，能源管理所使用的控制方法同样也具有较强的企业或行业特点。在能源管理体系控制的范围包括能源规划及设计、能源输入、能源转换、能源分配和传输、能源使用（消耗）、能耗分析与评价和节能技术进步。

《中华人民共和国节约能源法》也做出了类似的规定，例如用能单位应当建立节能目标责任制；应当按照合理用能的原则，加强节能管理，制定并实施节能计划和节能技术措施，降低能源消耗；应当定期开展节能教育和岗位节能培训；应当加强能源计量管理，按照规定配备和使用经依法检定合格的能源计量器具；当建立能源消费统计和能源利用状况分析制度，对各类能源的消费实行分类计量和统计，并确保能源消费统计数据真实、完整等。因此，建立和实施能源管理体系有利于贯彻实施《中华人民共和国节约能源法》。

四、进一步规范钢铁企业的能源管理

据国际能源组织（IEA）2008 年 6 月 6 日发表的 2008 年度“能源技术展望”，对主要产钢国的节能减排进行了比较。以 2005 年为例，日本吨钢能耗为 0. 83GJ，美国为 1. 98GJ，欧洲（欧共体）为 2. 12GJ，中国为 5. 57GJ。吨钢折算的 CO_2 排放量日本为 0. 07t、美国为 0. 14t、欧洲（欧盟）为 0. 15t、中国为 0. 48t、乌克兰为 0. 70t。虽然近年来，我国钢铁企业的节能减排工作取得了一些进展，但是我国钢铁企业的吨钢能耗仍然是日本的 1. 3 倍，吨钢 CO_2 排放量是日本的 4. 8 倍，也高于欧盟和美国。为了进一步有效地节能减排，必须加强钢铁企业的能源管理。建立和实施能源管理体系可以使识别和控制一次能源（如煤、石油）、中间能源（电力、蒸汽、焦炭等）和其他能源（包括外包加工环节用能、使用及废弃过程中的能源消耗、物流运输过程中的用能等）过程标准化、规范化和长效化，提高能源使用、转换和加工的效率。根据方针、目标和指标管理与标杆对比可以核定合理的能源消耗定额；“运行控制”能够规范能源管理程序和建立健全管理制度；“监视和测量”可以完善能源计量和能源审计过程。使能源管理实现从主体设备到生产全过程，从生产部门到企业所有单位，从企业本身到相关方，从经验管理到科学管理的转变，将能源管理与结构调整和技术进步结合起来，形成全面能源管理机制。

钢铁工业是高能耗、高污染的传统产业。我国钢铁工业总能耗已占全国工业总能耗的 15% 左右，而能源有效率仅为 30% 左右，与国际先进水平相比差距很大。“十一五”期间，国家要求万元 GDP 产值的能耗要降低 20% 。对于钢铁工业来说，这个任务十分艰巨，所以应当进一步加强能源管理，开辟钢铁工业节能新思路和新途径。既要减少一次能源的浪费，又要大力回收生产过程中产生的二次能源。坚持节能与发展相互促进，坚持开发与节约并举，坚持把节能作为转变钢铁工业增长方式的主攻方向，从根本上改变高耗能、高污染的粗放型增长方式，促进钢铁工业又好又快地健康发展。

2008版ISO 9001中7.6的变化与理解*

2008版ISO 9001的7.6变化不大，只是稍有修改，我对该条款的理解有以下几点：

（1）将7.6的题目由“监视和测量装置的控制”改为“监视和测量设备的控制”。为什么将“装置”改为“设备”呢？这可能与该标准的术语和定义引用ISO 19000—2005《质量管理体系——基础和术语》有关，将“装置”改为“设备”就与ISO 19000—2005《质量管理体系——基础和术语》中3.10.4测量设备（measuring equipment）一致了。

（2）在ISO 19000—2005《质量管理体系——基础和术语》的3.10.4测量设备中将测量设备定义为：“为实现测量过程所必需的测量仪器、软件、测量标准、标准物质、辅助器械或它们的组合”。那么在7.6“监视和测量设备的控制”中应控制的测量设备不仅仅是属于计量器具的测量仪器，也包括测量软件、测量标准、标准物质、辅助器械或它们的组合。有的钢铁企业，7.6中的测量设备只理解为计量器具是不全面的，应包括像标钢、化学分析仪器、力学试验设备和金相显微镜等。

（3）在该条款中要求：“组织应确定需实施的监视和测量以及所需的监视和测量设备，为产品符合确定的要求提供证据”，即监视和测量设备是用于证实产品符合规定要求的。在8.2.4产品的监视和测量中规定，“组织应对产品的特性进行监视和测量，以验证产品要求已得到满足。这种监视和测量应依据所策划的安排（见7.1）在产品实现过程的适当阶段进行”。那么监视和测量设备应是用于原材料、半成品和成品特性的监视和测量。

（4）在该条款中要求：“组织应建立过程，以确保监视和测量活动可行并以与监视和测量的要求相一致的方式实施”。这个过程应当是指8.2.4产品的监视和测量。监视和测量设备应当是为8.2.4产品的监视和测量过程服务的，应确保产品的监视和测量活动可行并与产品的监视和测量的要求相一致。如果要求是在线的或非破坏性的测量，那么测量设备的测量方式必须与要求是一致的。

（5）在该条款中要求：必要时，测量设备应进行校准和（或）检定（验证）。校准的对象是属于非强制性检定的测量设备，而检定的对象是属于强制检

---

* 原载于《冶金标准化与质量》2009年第4期。

定的测量设备。对钢铁企业来说，在生产和服务提供过程中大量使用的测量设备，包括进货检验、过程检验和最终产品检验所使用的测量设备等，主要应以校准为主，或通过验证（提供其他客观证据对规定要求已得到满足的认定）代替。不应强求检定。特别是化学分析用的直读光谱、碳硫分析仪、X 光荧光分析仪和原子吸收分析仪等应通过验证方法进行控制。

（6）在该条款中要求："当发现设备不符合要求时，组织应对以往测量结果的有效性进行评价和记录。组织应对该设备和任何受影响的产品采取适当的措施"。如果发现测量设备出现了不符合要求，主要是准确度或精密度出现偏差，应分析原因及其影响程度，采用纠正或纠正措施，解决出现的偏差及其带来的影响。对测量设备采取措施是比较容易的，但是对以往测量结果的有效性进行评价和采取适当的措施是很困难的。为了解决这个难题，应对测量设备进行日常点检，出现偏差采取措施会比较及时。

（7）在该条款中要求："当计算机软件用于规定要求的监视和测量时，应确认其满足预期用途的能力。确认应在初次使用前进行，并在必要时予以重新确认"。测量软件不是控制软件，也不是计算软件，对钢铁企业来说，像在线测厚、测宽测直径的测量软件，试验室的定量金相图像仪和显微硬度计的测量软件应属于上述控制范围。这与 2000 版的要求没有什么变化，但在注解中提到，"确认计算机软件满足预期用途能力的典型方法包括验证和保持其适用性的配置管理"。适用性是指测量软件在正常使用条件下，是否能够持续满足预定使用要求的能力。对能否保持这种适用性应进行规范性的管理。

创新计量技术，打造钢铁强国*

不久前，温家宝总理在视察太钢时提出，要把钢铁业的发展与信息化结合起来，与新材料发展结合起来，与循环经济结合起来，使钢铁工业经过国际金融危机的锤炼真正强大起来。近年来，我国钢铁企业在设备现代化的同时，信息化也有了显著的进步，在过程控制和企业管理两个方面发挥了明显的作用。但是距离钢铁强国的战略目标仍然有相当大的距离。

一、钢铁企业中计量工作的任务和作用

为了实现钢铁工业的信息化，计量技术的创新非常重要。钢铁企业的产品现实是一个庞大复杂的过程。提供的产品，不论是平材还是长材，其成分精度要求控制在 ppm($1ppm = 10^{-6}$) 水平，尺寸精度要求在 μm 范围，如何使钢铁生产过程控制在满足上述要求的能力的水平，生产具有高技术含量和高附加值的产品，是实现钢铁强国的重要任务之一。

为了生产具有高技术和高附加值的产品，重要的前提之一就是生产设备和生产条件的稳定性，包括温度、压力、流量等过程参数。有了生产设备和生产条件的稳定性，包括材质、尺寸缺陷和表面状态等产品特性。将这些过程参数和产品特性及时准确地监测并反馈进行控制，突破信息的无序性（熵），生产出满足顾客要求的产品，这就是计量的主要任务。

在钢铁企业生产过程中计量的作用尤为重要。原因之一在于铁的性能多样性。特别是在铁的晶格中固溶或置换有微量的杂质元素或热处理条件不同，会使铁具有多样性性能。例如铁中的碳含量影响着钢的硬度，所以在炼钢过程将碳的波动控制在 10ppm 范围；其他元素，例如硅可以改善钢的电磁性；铬可以改善钢的耐蚀性；镍可以改善钢的低温韧性；铜可以改善钢的耐候性等，极微量的元素也会对钢的性能产生重大的影响。另外，凝固或轧制温度对铁素体、珠光体、贝氏体和马氏体等组织的形成有影响，这些组织又会影响钢的强度和韧性。为了实现其性能的多样性，在生产过程中必须对其过程参数和产品特性进行严密的监控。原因之二在于钢是近终端用途的产品。钢材虽然属于一种基材，但是其具有

---

* 原载于《冶金标准化与质量》2009 年第 6 期。

的特性将影响其终端产品。例如，建筑钢材、造船钢材、管线钢、油井管等要求具有拉伸、弯曲、焊接等使用性能，汽车、电机和罐用钢板要求具有拉拔、深冲、涂覆、表面处理等工艺性能。随着时代的前进和发展，对钢材及其生产过程的监控技术的要求也越来越高。原因之三在于大批量生产。例如转炉一炉能够吹炼200～300t钢，一只连铸板坯就有20～40t重，生产出来的板卷也有几吨到40吨重。这样的大规模和大批量生产不仅要求生产过程条件和产品质量受控，而且要求设备运行稳定，控制设备状态，缩短检修时间，在这方面计控的作用也非常重要。在钢铁生产过程中计量的作用可以归纳为三个方面：

（1）过程计量。在ISO 9001：2008中7.5.1中规定，组织应策划并在控制条件下进行生产和服务提供。受控条件应包括：获得和使用监视和测量设备、实施监视和测量，包括对温度、压力、流量、重量、位置、水平、形状、速度、浓度、成分和水分等。

（2）质量计量。在ISO 9001：2008中8.2.4中规定，组织应对产品的特性进行监视和测量，以验证产品要求已得到满足，包括原材料、半成品和产品的材质、尺寸、组织、表面、缺陷等。

（3）设备诊断、环境计量和自动化监控。为了保证整个体系的稳定性，防止事故或故障发生，必须对设备的异常、老化、寿命、环境（废气、废水、噪声、固废和粉尘等）进行检测。

二、钢铁企业中计量技术创新的方向

计量的本质是“尺度”的标准化。在质量保证和销售合同中，生产厂家和顾客必须持有相同的“尺度”。一方面在生产过程的操作中，没有标准化的“尺度”就没有可靠的质量保证。有了标准化的“尺度”，对任何人、在任何时间和地点，对任何对象进行的监测都具有可溯源性。

目前钢铁企业的生产现场使用的计量和检测设备很多，但是也很难满足现场监视和测量的要求，例如对钢材表面质量的检验基本上还是依靠质检员用眼检查。有些化学成分和力学性能检验是抽样的破坏性检测，目前还很难实现在线检测，也就是说钢铁企业的生产目前依靠离线检测提供质量保证的现象还比较普遍。由于质检人员之间的个人差异和抽样的代表性问题，往往会产生“尺度差异”，如果在计量和检测技术与设备上没有创新，就会影响生产效率、产品质量和生产成本的改进，也会影响钢铁大国向钢铁强国的发展。

钢铁企业中计量技术创新的方向为定量化、高精度化、高灵敏度化、连续化、实时化和智能化。定量化的关键是对“计量的标准化”，即从感观和目视向定量和自动化发展；高精度化、高灵敏度化的主要内容是“计量精细化”，即提高控制和检测精度；连续化、实时化的任务是“计量的时间和空间的精细化”，即从离线到在线，从抽样到连续，从点到线，从线到面；智能化的开发是“计量适用化”，即识别、判断和控制的一体化。

在计量技术创新的同时，应对计量装置进行开发，不仅能够对过程和产品进行全面的和定量的检测和评价，而且能够把握过程参数和产品特性的因果关系，确定形成最佳质量的最佳过程，实现使产品增值和使过程优化控制和管理。

在计量技术创新和计量装置开发的同时，应关注发挥计量装置的功能和作用，包括为提高成材率和收得率、提高产品附加值、省力化和无人化、延长设备寿命和使用周期发挥作用。

三、钢铁企业的计量技术创新体系

在普遍采用计算机控制的钢铁生产过程中所采用的计量装置不仅应具有满足生产过程要求的反应速度、分辨能力、测试精度，而且还应具有较高的可靠性。特别是在来自检测条件和钢材材质多变的条件下，建立稳定的、强化的和灵活的计量检测体系应是计量技术创新的主要方向。这样一个体系的建立需要有计量的基础技术、系统技术和工程技术等多种技术的融合。钢铁企业的计量创新与其他领域的创新一样，技术的选择和技术的获取决定着创新的速度和成败。计量技术的创新应以光、电、磁、声、振动、图像、辐射、音响等技术为基础，吸收外部的技术，包括电子技术、计算机技术、信息处理技术等，并集约和传承本企业的技术，针对本企业的发展，面向过程控制、产品质量、环境保护、设备诊断和自动化。

计量技术创新体系主要包括以下几个方面：

(1) 高生产效率和成材率方面的计量技术，包括支持稳定高炉操作的高精度炉况诊断技术、炼钢和精炼过程的温度和成分的连续监测技术、轧钢过程对尺寸和形状进行高精度监测技术。在成品的表面质量检查中，目前虽然也有某些检测装置，但有的仍然达不到熟练的人员检查的水平，有的仍然依靠人工检验。不仅是表面质量检验，就是超声波探伤和磁粉或漏磁探伤的自动化检验，对缺陷的定量判定仍然不够充分，还存在着漏检、误判等问题。表面质量检验技术也应是计量技术体系的重要组成部分。另外，为了遏制设备的老化，延长使用寿命，降低设备成本，也应关注设备诊断和维护技术。

(2) 创新产品设计和开发的计量技术，包括提高钢铁产品高功能化（高强度、高韧性、高成型性、高耐蚀性和高耐热性等），必须采用在线加工热处理控制钢的组织和形态，这不仅要求在线进行测温和检验尺寸，而且还需要在热处理过程监测组织组成和检验尺寸，而且还需要在热处理过程监测组织组成和形态变化，这样的技术虽然还不成熟，但是国外已经正在开发。为了实现钢铁强国的目标，应是计量技术体系创新的内容之一。

（3）替代现场人工熟练技术的自动化技术，包括将熟练工人的操作技能和技术诀窍如何转化成电子信息，并开发具备智能判断和学习功能、掌握熟练技能者能力的智能型传感器也是有待开发的技术。

（4）计量检测技术本身的技术创新，包括利用微型化、集成化、智能化、仿生化和信息化等基础技术，开发新的检测方法（例如高炉炉况判断、连续监测钢水成分和钢的组织）、传感器的智能化和廉价化，并适应高温、水蒸气、粉尘等恶劣环境下的使用等。

（5）适应循环经济发展创新计量技术，包括从产品的规划、设计开发、市场制造、监视测量、物流运输、回收利用以及再利用等生产环节进行有效的控制和管理。对产品使用前、使用中和使用后的所有过程进行物资流、资金流和信息流监控，防止物资损耗和变异过大。

创新质量管理，打造钢铁强国*

9月份，我们又迎来了一年一度的“质量月”。今年“质量月”的主题是“全员全过程全方位参与，全面提高质量安全水平”。全过程和全方位参与应具有创新性。在当前国际金融危机影响的形势下，质量管理更应向全过程和全方位延伸和发展。

首先，应把质量管理的过程向顾客和供方两个方向延伸和发展，形成战略供应链。为了保证产品满足顾客要求，必须对顾客的需求，包括明示的、隐含的和法律法规的要求，进行深入细致的识别和确定，提供不仅满足上述要求，而且给顾客以增值的产品，并形成长期、稳定的战略关系。质量管理不仅应对内部质量过程进行控制，同时也应对顾客和供方的关系进行研究。包括如何从产品质量和价格（也包括交付期）方面，不仅满足顾客要求，而且使顾客增值，从顾客增值中得到回报，并与供方分享。因此，为了满足顾客的要求，必须选择适宜的供方，与供方建立长期、稳定的战略关系。建立这种战略关系的关键是互利共赢。顾客不能增值或供方不能赢利的局面是不可能长期存在的。在金融危机的影响下，顾客不景气，钢铁企业也亏损；顾客企稳回升，钢铁企业的经营形势也转暖。

其次，全员全过程全方位参与应体现过程控制和系统优化。钢铁工业作为高污染和高能耗的行业，质量管理应关注产品形成和使用过程的节能减排。不仅在生产过程中降低污染，而且在使用过程也应具有长寿命、可循环、再利用和无公害等特性。这应是设计和开发的重要目标，也应是质量管理的重点。发达国家的钢铁企业不仅在生产尺寸精准、毛坯精化和近终形的产品，而且还在开发节能和环保的产品。打造钢铁强国不仅仅在于产品结构的调整和实物质量的提高，也包括全过程和全方位参与，特别是节能减排和清洁生产，否则超过5亿吨的钢产量将给我国的环境、能源和资源带来严重的负面影响。目前，我国部分钢铁企业只关心个别产品的试制，不重视工艺系统优化，与全员全过程全方位参与节能减排、清洁生产和质量管理创新还存在很大的差距。

再次，全员全过程全方位参与应体现质量管理和过程控制的信息化。温家宝总理在考察太钢时提出，要把钢铁业的发展与信息化结合起来，与新材料发展结

---

* 原载于《中国冶金报》2009年9月17日。

合起来，与循环经济结合起来，使钢铁业经过国际金融危机的锤炼真正强大起来。近年来，我国钢铁企业在实现设备现代化的同时，信息化也有了显著的进步，在过程控制和企业管理两个方面发挥了明显的作用。特别是 OA、MES 和 ERP 管理几乎覆盖了绝大部分钢铁企业，对生产经营过程的物质流、资金流和信息流做到同步管理。但是，有些企业 ERP 中的管理模块并没有得到充分利用，信息化还只限于表征现状，缺乏辅助决策。如何有效地利用好并充分发挥其作用，还有相当大的潜力。创新质量管理应让信息化过程在提高产品质量、降低生产成本、改善环境因素影响、实现本质安全生产和加强供应链管理等方面发挥决策作用。

此外，全员、全过程、全方位参与还应体现在全员参与的持续改进。持续改进孕育着质量管理的创新。我国不少钢铁企业在推进 QC 小组 JK 活动、5S、6σ 和目视管理等，但往往流于形式或半途而废，没有将其作为一种持续改进的工具坚持下去，直至形成一种精细的管理制度。日本新日铁的大分厂在 30 年前就提出过“三个零，一个一”的口号，其中就有废品为零，但至今我国的钢铁企业还达不到废品为零，甚至有的废品还流到顾客那里，造成质量异议。即使异议解决了，因为没有进行有持续性、针对性和有效性的改进，类似问题仍在继续出现。质量管理中的持续改进，是按 PDCA 循环（戴明环）模式进行的，把它作为一种思维方式进行持续改进，不仅对产品，对其他过程的改进也具有规范化作用。

实际上，“质量月”的活动是日本最先推行的，我国已经从日本引进并持续开展了多年。我们不仅应学习“质量月”活动的形式，更为重要的是应通过“质量月”活动悟得质量管理的真谛，结合企业实际发展和创新质量管理，建立以顾客为核心的稳定的战略供应链，优化产品和过程，形成持续改进的企业文化，为打造钢铁强国贡献力量。

探讨钢铁企业的计量技术创新*

不久前，温家宝总理在视察太钢时提出，要把钢铁业的发展与信息化结合起来，与新材料发展结合起来，与循环经济结合起来，使钢铁工业经过国际金融危机的锤炼真正强大起来。在钢铁业的发展与信息化结合的过程中计量技术的创新具有非常重要的作用。

一、钢铁企业中计量工作的任务和作用

为了生产具有高技术含量和高附加值的产品，重要的前提之一就是生产设备和生产条件的稳定性，有了生产设备和生产条件的稳定性才有产品特性的稳定性，生产出满足顾客要求的产品，这就是计量的主要任务。

在钢铁生产过程中计量的作用可以归纳为三个方面：

（1）过程计量：在 ISO 9001：2008 的 7.5.1 中规定，组织应策划并在受控条件下进行生产和服务提供。受控条件应包括：获得和使用监视和测量设备、实施监视和测量。

（2）品质计量：在 ISO 9001：2008 的 8.2.4 中规定，组织应对产品的特性进行监视和测量，以验证产品要求已得到满足。

（3）设备诊断、环境计量和自动化监控：为了保证整个系统的稳定性，防止事故或故障发生，必须对设备的异常和老化、环境（废气、废水、噪声、固废和粉尘等）进行监测。

二、钢铁企业中计量技术创新的方向

钢铁企业中计量技术的创新方向为定量化、高精度化、高灵敏度化、连续化、实时化和智能化。定量化的关键是对“计量的标准化”，即从感官和目视向定量和自动化发展。高精度化、高灵敏度化的主要内容是“计量的精细化”，即提高控制和检测精度。连续化、实时化的任务是“计量的时间和空间的精细化”，即从离线到在线，从抽样到连续，从点到线，从线到面。智能化的开发是

---

* 原载于《计控信息》2009 年第 753 期。

“计量的适用化”，即识别、判断和控制的一体化。

在计量技术创新的同时，应对计量装置进行开发，不仅能够对过程和产品进行全面的和定量的检测和评价，而且能够把握过程参数和产品特性的因果关系，确定形成最佳质量的最佳过程，实现使产品增值和使过程优化控制和管理。

三、钢铁企业的计量技术创新体系

在普遍采用计算机控制的钢铁生产过程中所采用的计量装置不仅应具有满足生产过程要求的反应速度、分辨能力、测试精度，而且还应具有较高的可靠性。特别是在来自检测条件和钢材材质多变的条件下，建立稳定的、强化的和灵活的计量检测体系应是计量技术创新的主要方向。计量技术创新体系主要包括以下几个方面：

（1）提高生产效率和产品质量的计量技术，包括支持稳定高炉操作的高精度炉况诊断技术、炼钢和精炼过程的温度和成分的连续监测技术、轧制过程对尺寸和形状进行高精度监测技术。在成品的表面质量检查中目前虽然也有某些检测装置，但有的仍然依靠人工检验。不仅是表面质量检验，就是超声波探伤和磁粉或漏磁探伤的自动化检验，对缺陷的定量判定仍然不够充分，还存在着漏检、误判等问题。表面质量检测技术应是计量技术体系的重要组成部分。

（2）支撑新产品设计和开发的计量技术，包括提高钢铁产品高功能化（高强度、高韧性、高成型性、高耐蚀性和高耐热性等），必须采用在线加工热处理，控制钢的组织和形态，这不仅要求在线进行测温和检验尺寸，而且还需要在热处理过程监测组织组成和形态变化，这样的技术虽然还不成熟，但是国外已经开发。为了实现钢铁强国的目标，这应是计量技术体系创新的重要内容之一。

（3）替代人工熟练技能的自动化技术，包括将熟练工人的操作技能和技术诀窍转换成电子信息，并开发具备智能判断和学习功能、掌握熟练技能者的能力的智能型传感器也是有待开发的技术。

（4）计量检测技术本身的技术创新，包括利用微型化、集成化、智能化和仿生化和信息化等基础技术开发新的检测方法（例如高炉炉况判断、连续监测钢水成分和钢的组织）、传感器的智能化和廉价化，并适应高温、水蒸气、粉尘等恶劣环境下的使用等。

（5）适应循环经济发展创新计量技术，包括从产品的规划、设计开发、生产制造、监视测量、物流运输、回收利用以及再利用等生产环节进行有效的控制和管理。对产品使用前、使用中和使用后的所有过程进行物资流、资金流和信息流监控，防止物资损耗和变异过大。

可视化管理须向全面管理扩展*

可视化管理在日本非常流行，它不仅应用于现场管理，也逐步推广到了战略的可视化、经营的可视化、上下级（纵向）和部门（横向）之间内部沟通的可视化、与顾客和相关方之间外部沟通的可视化等企业管理的各个方面。可视化管理正在从现场管理向全面管理扩展。可视化管理是一种以公开化和透明化视觉显示为特征的管理方式，也可以叫作“看得见的管理”。这种管理的特点是以视觉信号显示为基本手段、以公开和透明化为基本原则，并以可视化作为交流方式。在日本的可视化管理著作中，很多作者都认为，可视化管理的思想早在两三千年前的中国就有了。例如在《论语》中，孔子就说过：“视其所以，观其所由，察其所安，人焉廋哉?”其意思是，视其行为，观其经纬，察其动机，任何人都隐蔽不了。有的学者还引用《孙子·谋攻》中的“知己知彼，百战不殆”来形容可视化管理。只有企业管理的战略理念、方针目标、经营思路、管理要求、信息沟通等公开和透明了，才能激发广大员工的积极性和创造性，增强企业的竞争力。在当前面临金融危机的特殊形势下，实施全面的可视化管理尤为重要。

一、以技术进步拓展可视化管理内涵

可视化管理最初实施的方法主要有标牌、标语、手势、看板、灯具、图表、画线和影视等方式。而随着技术的进步、信息化系统的普及，现在可视化管理已经逐渐发展到利用电子媒体在 OA（办公自动化）、MIS（管理信息系统）、MES（制造执行管理系统）和 ERP（企业资源计划系统）进行管理了。管理的内容也从开始时的规章制度公开化、生产进度图表化、器具管理定置化、控制程序形象化、产品储运规范化、员工行为统一化和色彩管理标准化等方面，发展成为“改变企业”的全面管理模式。可视化管理的核心思想是：只有可视，才能可知；只有可知，才能可动；只有可动，才能可变。在信息技术不断发展和信息产品价格不断降低的情况下，不仅大中型企业可以利用这些技术，而且小企业也可以利用 IT 技术进行可视化管理。在日本，有的企业已经将 IT

---

* 原载于《中国冶金报》2009 年 12 月 1 日。

日报的定性信息和ERP的定量信息整合成为企业的可视化管理系统（Visibility Management System），把它看成是企业经营管理的罗盘。例如有的企业通过计算机网络每天公布"经营天气预报"，并提示是"晴"还是"阴"。这里的"经营天气预报"，包括企业的销售额、产量、订货合同数量（增减分析）和价格及交付期动态、重点顾客的订货动向、顾客投诉和处理情况、改进提案的进展等各个方面的内容。每天员工上班的第一件事情就是打开可视化管理系统，了解本企业的经营动态和管理现状，在了解相关信息的情况下，针对各项工作的开展情况和存在的问题，采取相应的措施并积极实施，从而保证企业更好地发展。

二、把握可视化管理特点合理推进

可视化管理认为，企业的竞争力取决于策划力和执行力，缺一不可。可视化管理有以下3个主要特点：一是能够使企业的经营理念和发展战略通俗易懂，二是能够使生产现场的过程和活动及时被掌握，三是使视觉可见的信息让公司全体员工共享。在可视化管理中，企业领导应将工作的重点放在展示经营理念、发展战略和方针目标的策划上；管理机构的职责在于负责承上启下，左联右合，体现出其纽带作用；而基层的工作重点则在于展示其实现经营理念、发展战略和方针目标的执行力。企业要实现规范的可视化管理应制作规范的管理可视化工作卡和检查表，用以评价企业战略决策、经营管理信息、现场信息、部门协作情况、顾客要求、对手状况、知识技能信息来考核可视化管理的水平和效果。企业实施可视化管理必须具有一定的条件：对不属于企业机密的信息必须公开和透明，对部门或个人之间的差异、矛盾、摩擦和利益冲突能够包容，对自己或部门的行动能够进行控制；树立我为企业全局、企业全局为我的思想，形成企业心中有员工、员工心中有企业的的价值观。实施可视化管理的过程，也是提升企业文化的过程。目前我国部分钢铁企业也引进和实施了可视化管理，但多数企业仍然局限于现场管理，类似于5S管理。我们不能将可视化管理局限于现场管理的狭窄范围内，应当根据企业的实际，创新可视化管理。钢铁企业应在现场管理的基础上，结合质量管理、环境管理和职业健康安全管理3个体系进行整合，拓展可视化管理的范围、内容和方法。例如，展示企业的方针目标、指标以及管理方案，公布顾客和相关方的要求、质量要素、能源因素、环境因素和危险源识别、评价结果以及适用的法律法规条款等各个方面的内容，包括管理手册、程序文件和作业指导书均应该以可视化的形式让员工知情、了解和理解。特别是在产品和服务提供过程中，应采用多种形式让员工了解顾客的需求和管理者的要求，用看板或电子媒体等目视形式规范员工的作业程序和应急措施，把产品合格率、环境因素指标、安全生产以及节能减排的绩效等公布于众，会对管理体系的运行控制起到积极作用。在此基础上再进一步地策划，使可视化管理进入战略的可视化（包括顾客、过程、人才、财务和社会责任）、经营的可视化（包括顾客信息、订货或销售信息、竞争对手对比信息等）、部门之间信息的可视化（包括管理过程的输入和输出信息，以及相互配合的信息沟通等）。

品牌之路，中国钢铁怎么走？*

我国的粗钢产量占世界第一，已经是钢铁大国了。但是要成为钢铁强国，还须做许多努力，其中之一就是产品的品种和质量问题。应当说我国绝大多数的钢铁产品的品种和质量已经达到或接近国际先进水平，但是有一部分技术含量高或生产难度大的产品，距离国际先进水平仍有一定的差距，品牌产品也少。

2009 年以来我国钢铁产品出口大幅度萎缩，进口增加，除了受国际金融危机影响外，品种质量也是一个重要的因素。目前，我国进口钢材中高附加值的钢材超过进口数量的 70%。这一部分钢材除了铁道用钢外，主要是不锈钢板带、不锈钢棒线材、热轧板卷、冷轧板卷、镀层钢板卷、电工钢板卷和锅炉用无缝钢管等。进口这类钢材的主要原因不只是国内生产数量满足不了要求，更重要的是实物质量没有进口的好，规格也不全。据权威人士估计，明年我国的钢铁产能有可能超过 7 亿吨，产能过剩将进一步加剧，市场竞争也将更加激烈。为此，我国的钢铁企业有可能为了消化产能而进入出口钢材的竞争行列。如果在产品品种和质量上没有创新，没有国际市场认可的品牌产品，很难在出口钢材的竞争中取胜。即使出口一部分产品，也只能是用资源、能源以及环境的代价换来的，并不是靠技术创新和品牌效应增值的。为了打造钢铁强国，必须创新品牌产品。为了创新品牌产品，关注以下几点是非常重要的。

一、提高产品实物质量，满足顾客增值需求

产品质量仅仅满足标准要求是不够的。国际标准和国家标准是通用的和共性的准则，仅限于一般的规范性要求。即使满足国际标准和国家标准要求，产品的实物质量与顾客的特性化需求仍会存在很大的差距。例如国产不锈钢，除表面质量、有害元素、腐蚀性能外，不锈钢的工艺性能也存在一定的问题。Cr13 型不锈钢塑性偏低、Cr17 型不锈钢成型性差，400 系列、含氮、双相不锈钢尚处于开发阶段，在生产和使用两方面与国际先进水平有明显的差距。在国际市场上具有竞争力的品牌产品，多数是在满足标准的基础上，根据顾客的个性化要求，进行研究和开发，并具有一定的创新性。例如日本的特殊钢企业对铁素体 430、马氏

* 原载于《中国冶金报》2009 年 12 月 29 日。

体420或440以及奥氏体304不锈钢，为了提高耐蚀性、易切削性、强度或冷加工性，开发了满足顾客对上述产品要求的品种，包括具有与440C同等强度、但耐蚀性接近于和冷加工性能优于630的含氮马氏体不锈钢；耐热性比310好、耐蚀性与329相当的、并比双相钢冷加工性能好的、冷拔后仍然是无磁的奥氏体不锈钢等。双相不锈钢的强度和耐蚀性也都远远优于国家标准。在顾客订货时不是只以国家标准为依据，而主要是以企业的产品标准为主，以满足顾客的个性化要求为目标，在顾客使用过程中达到增值的效果，从而在市场竞争中建立了本企业的品牌。我国的钢铁产品基本上是以国际标准为基础，即使有企业标准的也多数用于内控，或国家标准没有覆盖的尺寸规格。在品种质量上不能满足顾客的个性化需求，这也许就是我国进口钢材数量大于出口，而出口钢材价格低于进口的主要原因。

二、坚持企业技术创新，提升产品竞争优势

最近，国家发展改革委员会为了遏制过剩的产能，出台了5项措施，其中第三项是重点支持有条件的大型钢铁企业发展百万千瓦火电及核电用特厚板和高压锅炉管、25万千伏安以上变电器用高磁感低铁损取向硅钢、高档工模具钢等关键品种。这些品种也正是我国进口的主要品种。其中以取向硅钢为例，我国的表观消费量大约为70万吨，国内产量有35万吨，进口35万吨（其中从日本进口约12万吨）。进口的主要原因是国产的取向硅钢在实物质量（主要是铁损）上存在一定的差距。日本新日铁为了降低铁芯损耗，除厚度趋于薄规格化（0.15mm、0.20mm、0.23mm）外，还采用提高硅含量和细化磁畴技术，开发出国际一流的品牌。我国模具工业近年来每年也以15%的速度增长，每年模具钢的需求量为15万吨，其中从国外进口6万吨。进口的原因主要是国家标准中钢号比较少，产品特性不全，板材缺口比较大。国外塑料模具钢的研究和开发已经实现系列化。日本大同特殊钢为了保持模具钢品牌的竞争优势，创新开发了端面为650mm×850mm立式板坯连铸机，经过锻轧后生产出具有国际先进水平的模具钢，并从加工和热处理等方面向顾客提供服务。这种差异化的创新具有绝对的竞争优势。我国钢铁企业在产能过剩的形势下，未来钢材的消费品种有可能向制造业转移。为了防止无序竞争和提升竞争优势，必须坚持企业的技术创新，研究和开发差异化的品牌，打造企业品牌产品。我国不少企业都挂有“技术中心”的牌子，有的只是管理部门，有的只是仿制“新产品”。为了提高企业竞争优势，创新品牌产品（及其相关技术）应是“技术中心”的核心使命。

三、重视关键技能传承，提高技术装备效能

改革开放以来，我国钢铁工业的技术装备水平有了显著的提高，特别是生产

普钢的企业，设备引进和更新非常快，其中板、带、管生产设备提升得更快。据统计，目前我国已经投产和在建的4000mm以上的宽厚板轧机和2000mm以上的大型热轧带钢连轧机，75%是从国外引进的，冷连轧机和镀层机组几乎全部是从国外引进的。无缝钢管的年生产能力也超过了2500万吨，仅2008年一年新投产的无缝钢管机组就有10多台（套）。板带和钢管的生产能力也明显过剩，但是高技术含量的中厚板、热轧板卷、冷轧板卷、镀层钢板卷、特殊钢级的、特殊丝扣的油套管、超临界和超超临界电站用锅炉管等仍然需要进口。为了提高企业竞争能力，打造钢铁工业强国，不仅要重视生产装备的现代化，更应关注操作技能的积累和传承。设备的大型化、连续化、自动化和智能化也不能完全取代操作人员的技能。特别是民营企业，人员流动比较频繁，关键技能难于积累和传承，既影响技术装备的效能，也影响产品质量的稳定和提高。另外有些企业引进设备只重视主体而忽视系统配套，例如有些中厚板生产线热处理调质设备不完善；有些特钢企业冶炼设备比较先进，但加工和精整设备相对落后；钢管加工设备齐全的企业，没有冶炼和精炼设备，外购的坯料质量很差，加工设备的技术效能不能充分发挥。例如超超临界参数锅炉机组所需的Super 304H、TP347HFG和HR3C等小口径钢管，单从技术装备方面来看，完全具备生产能力，但是生产出来的产品满足不了顾客要求，与国际先进水平有很大的差距。重要的原因之一就是忽视设备的系统优化配置和关键技能的积累与传承。

四、严格进行质量管理，健全质量保证体系

为了创新品牌产品，必须进行有效的质量管理，包括对内的质量控制和对外的质量保证。有些企业将企业标准作为内部质量控制的依据，其实企业标准应是对产品特性的规定，而不是对过程参数的控制。质量控制应体现在工艺技术规程或作业指导书中，它应当是设计和开发的输出，是技术创新的结果，是品牌产品的核心技术。质量保证应以质量保证书形式体现，它是产品特性的检测结果，是产品符合企业标准规定和满足顾客要求的信息，是给顾客以信任的依据。为了向顾客提供品牌产品的质量保证，企业应对质量形成过程进行精心策划和精细管理，形成健全的质量保证体系。严格的质量控制会提高企业对产品质量的信心，健全的质量保证能提高顾客对产品质量的信任。但是，目前仍有一部分企业只重视规模效益或成本管理，对技术创新和质量管理并不认真，6σ和5S管理只不过是走过场，ERP也没有完全发挥作用。有的为了取得“名牌产品”称号，只在文件化和应付现场检查上做文章。靠这些做法取得的“名牌”或“奖牌”其实并不是真正的品牌产品。品牌产品是先进技术+精细管理的成果，是企业创新

的，是顾客认可的，不是上级部门或其他组织授予的。

在钢铁企业生产设备和技术现代化快速发展的形势下，质量管理必须同步发展，否则品牌产品也很难问世。我国钢铁企业的产品有相当一部分是具有品牌优势的。如果在技术和管理两个方面下工夫，使产品质量特性上能够进一步提高，满足顾客的增值要求，不仅在国内，就是在国际市场上也会具有较强的竞争力。

产品的监视和测量是质量保证的原点*

GB/T 19001 - ISO 9001 的 8.2 监视和测量的 8.2.4 产品的监视和测量规定：为了证明产品符合要求，必须进行监视和测量。在生产过程的哪个阶段和对哪些产品进行监视和测量，由顾客要求、产品标准和操作规程的策划来确定。所有产品的监视和测量必须做到结果有记录，判定有准则，放行有授权。没有来得及完成监视和测量的产品必须得到顾客同意才可以交付，没有来得及完成监视和测量的半成品必须得到下工序同意才可以转序。GB/T 19001 - ISO 9001 标准的这一基本要求，应当说这是质量保证的基本点或原点。

随着技术进步和经济发展，各行各业对产品的要求越来越高，越来越严，相应地质量保证的概念也越来越提升和拓宽。过去出厂的产品在交付时，如果有上述监视和测量的结果和质量保证书，就认为符合要求和有质量保证了。现在有些行业和顾客不仅要求产品在交付时有监视和测量的结果和售后服务的承诺保证，而且还要求产品在整个使用过程中满足使用功能和寿命要求，甚至在整个寿命周期不应对环境造成危害，能够实现再利用和再循环。

钢铁产品也是如此，仅仅用产品的监视和测量结果是不够的，必须关注质量保证的其他方面的要求。也就是说，质量和质量保证的概念扩大了。质量保证不仅应保证符合性，还应保证稳定性、持续性和可靠性。顾客对产品质量的信任不仅来自产品的监视和测量结果，更重要的是关注产品的生产过程、设计和开发过程，甚至从企业的经营理念、企业文化和社会责任等方面来选择和评价产品。

尽管如此，产品的监视和测量仍然是当前质量保证的主要表现形式。为了满足顾客要求，并赢得顾客信任，必须认真策划和严格控制产品的监视和测量过程。仅仅达到结果有记录，判定有准则，放行有授权是不够的。随着顾客要求的多样化和高档化，产品的监视和测量过程应考虑以下几个问题并加以改进和提高。

（1）根据顾客的质量要求和产品的实际水平来确定监视和测量的项目和内容，包括进货、半成品、成品和交付的检验和试验，是全数、抽样、$n=1$ 或免检等。如果是抽样，应明确抽样的数量和部位。钢铁产品标准只规定了成品的检验和试验，没有对进货和半成品的检验和试验做出规定，为了提高产品的监视和

---

* 原载于《冶金标准化与质量》2010 年第 2 期。

测量在质量保证方面的作用，应策划和控制对进货（原料）、过程（半成品）的检验和试验。有部分企业对半成品的检验和试验并不严格，甚至不能做到结果有记录，判定有准则，放行有授权。

（2）主要原材料和辅助材料一般有进货验收和使用前分析检验。进货验收属于采购控制。使用前分析检验属于产品的监视和测量。有些原材料的进货验收不能替代使用前的分析检验。不仅因为原材料（包括焦煤、铁矿石、铁合金等）的贮存和运送会发生质量变化，而且不同供方和批次也会引起原材料的波动，所以在使用前应对原材料和辅助材料进行分析检验。如果原材料质量发生变化可以及时采取应对措施，保证半成品和成品的质量。特别是在对钢材中某些元素的当量和有害元素进行控制时，使用前的分析检验和过程分析是不可缺少的。

（3）半成品的监视和测量具有产品生产过程控制和质量保证双重作用。产品的生产过程控制包括产品特性和过程参数的监测。半成品的监视和测量在一定程度上反映出生产过程的受控程度和水平，为工序能力指数提供量化的信息。对半成品监视和测量的策划和实施（包括取样部位和数量，分析检验的对象和结果）是非常重要的质量保证活动。如果半成品不合格，必然会影响成品的质量。如果质量目标是“零缺陷”，必须对半成品进行监视和测量。大规模和自动化的钢铁工业生产线具有日益完备的在线检测装置，但是对关键的工序进行人工抽检验证仍然是不可少的。

（4）强化对新产品的监视和测量，特别是设计和开发过程的新产品质量不够稳定，应策划和实施有效的检验和试验方法和程序。尽可能在评审和验证阶段提供充分的质量保证证据。新产品的设计和开发的输出不仅应包括产品特性（产品标准）和过程参数（操作规程），也应包括产品的监视和测量（检验和试验规程）。现在有的企业把新产品试制只看成是提高经济效益的措施之一，提供了产品后对能够形成操作规程和检验与试验规程的信息没有作为设计和开发的输出进行管理，不利于产品的监视和测量过程的提升。

（5）既要充分利用仪器设备的效率，也要重视人工技能在产品检验和试验中的作用。在钢铁产品大批量生产过程中成分分析和性能检测，仪器设备起到了十分重要的作用；但是对产品的表面质量，无损探伤也很难完全替代人工的目视检验。也就是说，仪器设备对测量（或试验）有效，而人工技能对监视（或检验）有用。即使在生产过程设置了自动检测装置，有些产品在成品和交付检验时，人工的检验不可缺少。为了提高质量保证能力，应重视人工检验技能的培养和传承。对监视和测量人员来说，能力要求和培训应以提高技能为主，并设置资格认可和等级要求。

（6）判断有准则，操作有规程应是产品监视和测量的主要管理内容。判断准则有国家标准和企业标准两大类。如果企业标准只做内控，国家标准才是准则的话，产品的差异化就是一句空话。如果在合格不合格的判断准则中具有针对顾客个性化要求的内容，才能体现企业产品的品牌水平。产品的监视和测量过程也需要受控，操作规程应属于受控的程序。操作程序不仅应包括组批、取样、检验和试验程序，还应规定数据处理和分析，不仅应记录检验和试验结果，还应根据判定准则做出合格不合格的结论。合格品由授权人签字交付，不合格品转入不合格品原因分析和处置程序。

（7）产品的监视和测量过程必须有适宜的分析仪器和检验设备，资源配置合理，检定校准合规、标准物质齐全，维护检修及时。多数企业将监视和测量设备的控制规定由计量部门负责，其实这种职能分工不一定合适。因为监视和测量设备控制的过程不仅仅是检定和校准，最重要的是规定产品的监视和测量活动，用什么样的设备和方法，监测产品的哪些特性，并规定监测的范围和精度等，这些显然是产品检验和试验部门的工作。计量部门只应负责监视和测量设备的量值传递和数据溯源。

（8）为了满足顾客要求，提高企业的竞争力，钢铁产品的监视和测量应延伸到产品应用工艺性能，例如不锈钢的抗腐蚀性能，汽车用钢的深冲性能、轴承钢的抗疲劳性能、齿轮钢的易切削性能、锅炉钢的长期蠕变性能、造船用钢的焊接性能、管线和容器钢的低温性能、石油钢管的射孔性能、核电用钢的抗辐照性能等。只有满足了顾客的使用要求才会赢得顾客满意。例如日本丰田汽车公司的材料研究所就设在爱知特殊钢公司隔壁，在产品的特性参数监视和测量过程中一定会有密切的合作。

（9）产品的监视和测量也是一个过程，对该过程应如何评价？有不少企业对从事该项工作的部门（技术中心或质量处）按产品合格率进行考核，显然是不合适的。合格率是生产出来的，不是检验出来的。产品的监视和测量部门应将不漏检和不误判作为目标。只有做到漏检率为零，误判率为零，才能赢得顾客的信任，增强企业的信心，才能提升质量保证的水平。

（10）关于产品监视和测量的管理体制问题，各企业根据实际情况确定，没有统一的模式。有的企业对产品的检验和试验、判定和放行由质量管理（或监督）部门执行，有的企业下放到生产部门自行检验和试验，最后由销售部门开具质保书。如果生产现场的员工质量意识不强，自动检测手段不全，下放到生产部门自行检验和试验，难于赢得顾客的信任。向核电工业用户要求提供钢铁企业必须有质量保证部门，并对产品质量进行监测。有的企业用经济责任制来控制产品的监视和测量工作，但最根本的动力在于顾客意识。只有认识到向顾客提供可靠的和增值的产品才是企业生存发展的关键，也是必尽的社会责任，才能精心地做好产品的监视和测量工作。

监视和测量在质量管理体系中的作用*

在 GB/T 19001：2008 发布实施后，有的专家认为，“将旅馆、饭店、教育机构、公共服务机构这样的一些组织，根据其产品的性质，采用调查问卷、调查表、试卷、统计报告等作为‘监视或测量设备’来实施监视和测量活动。这些设备应受控，并得到相应的验证，以确保它们作为过程、产品或服务及顾客满意程度的监视和测量手段的一致性”。我认为这一观点值得商榷。

（1）标准规定，监视和测量设备是为产品符合确定的要求提供证据，监视和测量设备是作为 8. 2. 4 产品的监视和测量的手段，而不是 8. 2. 1 的监视和测量手段。GB/T 19000《质量管理体系——基础和术语》的 3. 10. 4 测量设备定义为“为实现测量过程所必需的测量仪器、软件、测量标准、标准物质、辅助器械或它们的组合”。美国《质量进展》（Quality Progress）2007 年第 6 期曾经发表美国质量专家 G. 佩恩一篇文章，他说，ISO 9001 标准 8. 2 监视和测量活动中的测量包括过程的和物理的，“物理测量是指采用检验、测量和测试设备（IM&TE）对物理的参数进行测量。测量和测试设备（IM&TE）属于计量学（测量科学）范畴”。“物理测量是 ISO 9001 标准第 7. 5、7. 6 和 8. 2. 4 的主要内容”。G. 佩恩的观点也认为，监视和测量设备是用于测量和监视生产过程参数和产品特性的。

调查问卷、调查表、试卷、统计报告等既不是组织为产品（服务）符合确定的要求提供证据的监视和测量设备，也不是监视和测量结果。特别是调查问卷或调查表，正如 8. 2. 1 顾客满意的“注”所叙述的，它是监视顾客的感受，是作为对质量管理体系绩效的一种测量，不能与“为产品符合确定的要求提供证据”相混淆。

（2）标准规定，“组织应建立过程，以确保监视和测量活动可行并以与监视和测量活动要求相一致的方式实施”。这里指的一致应理解为监视和测量活动与监视和测量要求相一致，并非指“确保它们作为过程、产品或服务及顾客满意程度的监视和测量手段的一致性”。监视和测量装置所涉及的监视和测量活动是为产品和（或）服务符合确定的要求提供证据的活动，而不应包括顾客满意、过程和体系的监视和测量。这也许就是监视或测量设备的控制放在第 7 章，而没有放入第 8 章的原因吧。第 7 章是产品实现过程，在产品实现过程中不论是确定和

---

* 原载于《计控信息报》2009 年 8 月 15 日第 740 期，《冶金标准化与质量》2010 年第 4 期。

评审顾客对产品的要求，还是设计和开发与生产过程也全是涉及过程参数和产品特性。为了使这些过程受控，必须识别和实施监视和测量活动，监视和测量活动必须与监视和测量要求一致，那么监视或测量设备的配置和控制，也必须与监视和测量活动与监视和测量要求一致。

（3）标准规定，对生产过程参数和产品特性进行测量必须可追溯到国际单位制，“对照能溯源到国际或国家标准，按照规定的时间间隔或在使用前进行校准和（或）检定（验证）。当不存在上述标准时，应记录校准或检定（验证）的证据”。“验证”应属于在某些条件下替代校准或检定的一种方法。例如钢材（棒材）在线监视和测量（直径和偏差）设备，因过程设备连续生产或定期检修等原因，不能按照规定的时间间隔进行校准和（或）检定时，可以采取变换方法（用检定或校准过的卡尺）等手段来进行验证。如果将调查问卷、调查表、试卷、统计报告等作为“监视或测量设备”，它们不仅不能对照能溯源到国际或国家标准进行校准和（或）检定，也没有可以替代校准和（或）检定的验证设备或方法。为了保证测量方法正确和结果准确，ISO 10012：2003 提供了关于测量管理体系的指南，从事测量和测试设备（IM&TE）校准的组织应按 ISO/IEC17025：2005 接受认可。

（4）标准规定，产品是“过程的结果”。服务是产品的类型之一，服务的提供可涉及有形产品或无形产品，宾馆和饭店的服务是为顾客创造气氛。服务是一种特殊过程，这种气氛是否符合顾客要求，是不能用监视和测量设备提供证据的。例如航空的服务是为顾客提供安全准点的运输，其中安全也很难用监视和测量设备提供证据。把调查问卷、调查表等看作“监视和测量设备”，并要求提供服务的组织按规定进行校准和（或）检定（验证）是很难办到的。如果一定这样要求，也只能想对策，走形式。监视和测量活动会涉及有形的产品或过程，也可以涉及无形的产品（服务）或过程，但是，监视和测量设备是针对有形的产品或过程的，正如 G. 佩恩所说的是物理性的对象。如果把它扩大到无形的范围，把调查问卷、调查表、试卷、统计报告等也作为“监视和测量设备”来管理，势必引起管理上的混乱，甚至会把记录也当成设备来管理了。

“顾客满意”的监视和测量是企业经营的“晴雨表”*

GB/T 19001《质量管理体系——要求》的第8章8.2监视和测量中包括对体系、过程和产品的监视和测量，但是监视和测量的第一项8.2.1是“顾客满意”。“顾客满意”的监视和测量列为首项是因为它是企业经营的“晴雨表”。

很多企业为了向认证机构提供质量管理体系符合性证据，制订了“顾客满意”监测程序，并将“顾客满意”量化为“顾客满意度”，以表示不仅符合质量管理体系标准的要求，而且“顾客满意度”逐年提高，具有持续改进的表现。

“顾客满意”并不只限于是顾客对组织提供的产品或服务是否满意的一种反映，更重要的是对质量管理体系绩效的一种评价。确定获取和利用这种信息，不仅应重视监测方法，更应重视监测的内容和结果。不应只局限于从提供的产品或服务来进行“顾客满意度”调查，还应从用户意见调查、流失业务分析、顾客赞扬、投诉、索赔和经销商报告之类的信息，构成企业经营的“晴雨表”。为此，应对“顾客满意”进行正确的和完整的理解。

（1）“顾客满意”不应只监测满意信息，更应监测不满意信息。顾客对组织提供的产品或服务，满意和不满意是同时存在的。只了解满意或满意度，不了解产品或服务存在的缺陷和不足，是不可能获得产品或服务持续改进的信息的。顾客不提出不满意也并不意味产品或服务质量没有问题。在“顾客满意”的监测时，如何能够了解到顾客不满意是非常重要的。顾客不满意并不完全等于产品或服务质量下降了，有可能是顾客要求有变化或者竞争对手的产品或服务质量提高了，如果不能及时了解这种信息，就会影响组织的竞争力。

（2）“顾客满意”不应只从满足产品标准角度进行监测，更重要的是应从满足顾客隐含的或潜在的要求出发进行评价。国家标准是通用的和共性的准则，即使满足国家标准要求，产品的实物质量与顾客的特性化需求仍会存在一定的差距。例如钢丝绳用的硬线，在标准中并没有规定拉丝时断头率的要求，但是拉丝企业非常关心这个指标。为了提高顾客满意度，在订货时不应只以国家标准为依据，而主要是以满足顾客隐含的或潜在的个性化要求为目标，在顾客使用过程中达到增值的效果，从而在市场竞争中既赢得了顾客满意，又建立了本企业的

---

* 原载于《冶金标准化与质量》2010年第4期。

品牌。

(3)"顾客满意"不应只从满足当前需求出发，更重要的是应了解顾客对未来的要求。"顾客满意"不只是对已交付的产品或服务的评价，同时也有可能提供未来的需求信息。这些信息为组织今后产品或服务设计和开发过程提供了重要输入，是技术创新的动力。例如有的不锈钢生产企业在监测"顾客满意"时发现，顾客认为 9Cr18 不锈钢强度很好，但耐蚀性和冷加工性能不如 0Cr17Ni4Cu4Nb；而 0Cr17Ni4Cu4Nb 耐蚀性和冷加工性能虽然比较好，但是强度不如 9Cr18，根据顾客的要求，开发了兼顾强度、耐蚀性和冷加工性的含氮马氏体不锈钢，为顾客未来的要求提供了满意的产品，赢得了顾客，开拓了市场。

(4)"顾客满意"不应只监测中间环节，更重要的是应监测最终用户。目前不少钢铁企业的"顾客满意"的信息是从钢材经销商那里收集的，未必全部真实可靠。原因在于有些钢材经销商也不一定清楚终端用户的使用情况；另外，为了维持经销关系也未必能够如实反映问题。到钢材终端用户去了解产品或服务是否能够满足顾客增值要求，才能真实地反映顾客满意什么，不满意什么，才能有的放矢地去改进。有的钢铁企业为了满足顾客需求，到使用钢材的现场跟踪了解应如何进一步改进钢材质量，把"不满意"转化为"满意"。

(5)"顾客满意"不应只狭义质量概念上来衡量，更重要的是应从组织的经营战略上来思考。现在多数钢铁企业的"顾客满意"调查内容是征求顾客对钢材化学成分、力学性能、表面质量、包装交付和异议处理等方面的意见。采用这些内容来监测"顾客满意"是低层次的。只能表示组织对顾客要求的符合性对应。高层次的监测内容应了解产品或服务对不同顾客的增值效应。同样的产品或服务提供给不同的顾客很可能要求具有不同的特性。了解和满足顾客的个性化和差异化需求，应是组织的经营战略。"顾客满意"的监视和测量是企业生产经营的"晴雨表"，顾客关系管理（CRM）应向顾客满意经营（CSM）转移和提升。

质量经营是转变发展方式的重要管理模式之一*

我国钢铁企业面临转变发展方式的严峻形势。在这种形势下，质量管理不能再只局限于产品生产或服务提供过程，应向经营管理中渗透。关注的焦点，不仅是顾客和向顾客提供的产品或服务，还应关注相关方（投资方、员工、供方和社会）的要求、工作质量和经营业绩，也就是说今后的质量管理应向质量经营方向发展，包括方针目标管理过程、与顾客有关的过程、供方和外包方管理过程、人财物资源管理过程、设计和开发过程、产品生产和服务提供过程、产品和服务检验过程、活动过程和体系考核过程、消除废品和持续改进过程等。质量经营将用市场竞争力和经营业绩来衡量企业的产品质量、服务质量、工作质量和经营质量。质量经营应是转变发展方式的重要管理模式之一。为了将质量管理向质量经营转变，应做到以下几点：

（1）树立先进的质量理念。质量经营中的质量不仅包括产品和服务质量，而且还应包括作业质量、管理质量和经营质量。产品和服务质量也不仅仅是符合或满足标准或合同要求，而是考虑到产品和服务的适用性、变化性、超值性、差异性和综合性等要求向顾客提供增值和满意的产品和服务。质量不仅涉及顾客利益，也与投资方的收益、员工的待遇、相关方的互利共赢关系与社会责任具有重要影响。不是只追求企业效益最大化，而是保证相关方的利益最大化。例如，鞍钢的发展战略提出鞍钢的使命是“以钢铁强国为己任，为股东、为客户、为员工、为社会创造价值”。

（2）充分发挥领导作用。质量经营要求企业领导组织制定愿景、理念、使命、战略、方针和目标，并履行对顾客和其他相关方的承诺。在企业内部建立创新、学习、激励和沟通的机制，特别是学习与创新型组织机制。学习与创新是提升企业核心竞争力的主要途径。企业领导应履行对各相关方的承诺，并通过激励、创新和沟通等机制带领员工为顾客提供使用价值提升到为顾客创造价值，并进一步提升到为相关方创造价值。领导者还应带头树立适应建立和谐社会的人生价值观、道德行为、经营能力和素质。

---

* 原载于《冶金标准化与质量》2010 年第 5 期。

（3）加强质量教育和开发。人才培养开发有助于提升公司质量经营水平和企业核心竞争力。对质量经营来说，人力是重要的资源。不仅应重视人才选择（人员招聘和调配）、使用（绩效评估和能力分析）、稳定（报酬和奖励）和提升（发展机遇），更重要的是教育和开发。教育和开发的重要内容是培育和提升质量经营能力和质量文化水平。质量教育和开发既是质量经营的核心内容，又是质量经营其他要素发挥作用的必要条件。质量经营能力和质量文化水平虽然是比较抽象的概念，但是不同行业和不同企业基于各自的特点和所处的环境，应创建和形成各具特色的质量经营能力和质量文化水平。

（4）建立质量经营供应链。原辅材料的供方是供应链源头，是产品或服务形成过程的第一个环节，是钢铁企业质量体系的组成部分。质量经营模式要求企业与供方和顾客建立长期战略合作关系。目前，我国钢铁企业多数已经建立了比较稳定的供应链，但是有些企业还没有形成长期战略合作关系。能够维持这种关系的关键是互利共赢。如果缺乏正常的互利双赢的关系，会使部分冶金辅料企业陷入困境，而一些浪费能源和资源的供方又应运而生，甚至假冒伪劣产品也进入钢铁企业。究其原因正是企业如何处理供应链上的关系问题。从供方—企业—顾客的供应链来分析，为了企业与顾客的长期战略伙伴关系，必须建立供方与企业的长期战略伙伴关系。任何短视行为，必然损害与顾客的关系，最后殃及企业自身。

（5）技术创新提高经营竞争力。近年来我国钢铁企业设备更新很快，有相当一部分装备具有国际先进水平。我国是世界上钢材消费量最大的市场，虽然产能总量过剩，但是还有相当一部分产品，特别是高技术含量和高质量等级的钢材仍然依赖进口。目前我国进出口钢材结构差异较大，进口高技术含量和高质量等级的钢材比例高，出口中低档钢材比例高。这表明我国钢铁企业技术创新仍然有一定的差距。为了提高国际和国内市场的占有率和竞争力，技术创新是关键。技术创新关键在于对未来市场的判断，质量经营要求要做到“前期介入”，使企业的经营从销售当今的产品转移到对顾客未来需求的识别，并为企业技术创新找到切入点，从而牵动技术创新，研发核心技术和原创技术，开发高档次产品，提高企业经营竞争力。

（6）质量经营提升信息化水平。质量经营要求信息准确和灵通，并做到及时传递与沟通。国外有的企业把 OA 和 ERP 整合，有的企业将 CRM 与 ERP 整合，并将每天的经营信息可视化。把合同数量变化、应收应付资金、交付期的准时率、产品产销率、销售利润率、顾客满意率、高端用户使用率、设备完好率和运转率等信息统计分析并形成企业生产经营“晴雨表”。让企业每位员工在视频设备上看到本企业今天是“晴天”还是“阴天”，从而与自己的工作联系起来，持续改进。目前，我国钢铁企业已建立起信息管理系统，但是多数局限于企业内部，缺乏与顾客、供应商、分销商集成和协同的企业间供应链系统。“信息孤岛”问题影响数据、功能和流程集成。业务运行系统多，决策支持系统少，普通信息系统多，战略信息系统少。质量经营要求提升信息化水平，将与质量经营有关的信息系统化和数字化，成为发展方式转变和战略经营决策的依据。

质量经营，钢企“转方式”的又一抓手*

近年来，我国企业质量管理已取得了很大的成就，逐渐从质量检验阶段、统计质量控制阶段和全面质量管理阶段向精益质量管理阶段发展，包括生产系统化、工序标准化、量度精细化、改进持续化和员工职业化。但与发达国家相比，我国企业质量管理的创新依旧比较薄弱，对质量管理在转变发展方式中的作用，仍然存在认识和实践方面的差距。在日本，质量管理正在逐渐发展为质量经营，即企业不仅应提高产品质量、服务质量和工作质量，更重要的是将质量管理融合在企业的经营管理中，把增强企业的市场竞争力作为质量管理的目标。

笔者认为，我国钢铁企业面临转变发展方式的严峻形势，在质量管理方面必须有所创新，应该树立质量经营理念，不能把质量管理只局限于产品生产或服务提供过程，应包括方针目标管理过程、与顾客有关的过程、供方和外包方管理过程、人财物资源管理过程、设计和开发过程、产品生产和服务提供过程、产品和服务检验过程、体系考核过程、消除废品和持续改进过程等；不能把质量管理只限于说和写（文件化），关键在于做得如何（绩效）；不应只用政府或行业组织的奖励来衡量，更多地要用市场竞争力来衡量企业的产品质量、服务质量、工作质量和经营质量。因此，质量经营应是我国钢铁企业转变发展方式的重要管理模式之一。

一、树立质量经营理念

在企业的经营方针、目标管理中，一般包含质量方针、目标。但有不少企业把质量方针、目标形式化和边缘化了。如在接受质量管理体系认证时把质量方针、目标讲得很清楚，说得很具体，但是在日常运作时只追求效益最大化。为了提高经济效益，把负偏差降到了极限；为了降低生产成本，对不合格品“让步放行”。有些企业在质量方针中提出“顾客至上”的理念，但是在产品畅销时不能按期交付，使顾客停工待料；在产品滞销时提前交付，使中间商库存增多。有些企业的质量方针中虽然包含“以顾客为关注焦点”的内容，但是目标不是“废品为零”，顾客投诉或异议一直很多。这种在实际经营中并不是将向顾客提供增

---

* 原载于《中国冶金报》2010 年 8 月 12 日。

值的、满意的产品或服务作为目标的经营方式，显然不是质量经营。质量经营不仅涉及产品或服务质量，也涉及过程质量和经营质量，应将质量管理渗透到企业的所有环节，包括发展战略、方针和目标。树立这种经营理念对企业转变发展方式非常重要。

二、建立质量经营供应链

原辅材料的供方是供应链源头，是产品或服务形成过程的第一个环节，是钢铁企业质量管理体系的组成部分。顾客是企业生产发展的前提，没有顾客就没有生产产品和提供服务的企业。顾客要求是质量管理的出发点，顾客满意是质量管理的落脚点。企业必须满足和超越顾客要求，才能从顾客那里得到回报，从而得以生存和发展。质量经营模式要求企业与供方和顾客建立长期的战略合作关系。目前，我国钢铁企业多数已经建立了比较稳定的供应链，但是有些企业与供方和顾客还没有形成长期的战略合作关系。能够维持这种关系的关键，不仅是产品或服务质量，也包括过程和体系质量，更重要的是经营质量。产品结构不合理，产品质量不稳定，很难在产能过剩和市场竞争中保持长期的合作关系。笔者认为，转变发展方式不应只追求投资者的暂时效益最大化，而应保证相关方的长远利益最大化。

三、质量经营有利于推动技术创新

近年来，我国钢铁企业设备更新很快，有相当一部分装备具有国际先进水平。我国是世界上钢材消费量最大的市场，虽然产能总量过剩，但是还有相当一部分产品，特别是高技术含量和高质量等级的钢材仍然依赖进口。目前我国进出口钢材结构差异较大，进口高技术含量和高质量等级的钢材比例高，出口中低档钢材的比例高。为了提高在国内外市场的占有率和增强市场竞争力，技术创新是关键。现在有不少企业建立了国家级或地方级的技术中心，开发新产品、新技术和新装备，但是有的企业的技术中心仅仅是块牌子，缺乏核心的技术创新能力。技术创新关键在于对未来市场的判断，质量经营要求要把关注焦点从中间商转向直接用户和最终顾客，甚至做到“前期介入”，使企业的经营从销售当今的产品转移到对顾客未来需求的识别上来，并为企业技术创新找到切入点，从而推动技术创新，研发核心技术，开发高档次产品，增强企业竞争力。

四、质量经营可以提升信息化水平

质量经营要求信息准确和灵通，并做到及时传递和沟通。国外有的企业把

OA（办公自动化）和ERP（企业资源计划系统）整合，将每天的经营信息可视化，把合同数量变化、应收应付资金、交付期的准时率、产品产销率、销售利润率、顾客满意率、高端用户使用率、设备完好率和运转率等信息进行统计分析并形成企业生产经营的“晴雨表”。让企业每位员工在视频设备上看到本企业今天是“晴天”还是“阴天”，从而与自己的工作联系起来，持续改进。目前，我国也有不少钢铁企业建立了ERP或其他类型的信息管理系统，但是多数只是对物资流和资金流的管理，信息流并不完整。虽然在策划和设计时有质量管理等模块，但是由于信息收集、分析和处理等原因，没有能够将这些信息为质量经营服务。质量经营要求提升信息化水平，不仅仅限于按合同组织生产、交付和结算，必须将与质量经营有关的信息系统化和数字化，成为发展方式转变和战略经营决策的依据。

五、质量经营有助于增强国际竞争能力

由钢铁大国向钢铁强国发展是转变发展方式的战略目标。为了实现这一目标，我国钢铁企业就必须增强国际竞争力。国际市场竞争的焦点是品牌的竞争。质量经营有助于提高我国钢铁产品的品牌形象。品牌产品不是上级部门或其他组织授予的，是先进技术+精细管理的成果，是企业创新的成果，是质量经营的成果，是得到顾客认可的。我国钢铁企业的产品有相当一部分是具有品牌优势的，但是在产品创新上，往往是国外有了新产品之后，国内才会有类似的产品出现，很少有我们先创新研发出来的产品。如果企业能在质量经营上下工夫，根据市场需求，参与发展策划，并面向国际市场对企业品牌、企业形象进行全面、系统开发，努力使企业形象、企业品牌与企业国际化战略相匹配，则会让企业不仅在国内市场上，还在国际市场上具有较强的竞争力。

用户在我心中，CS驱动经营*

现代质量管理重要的基本原则之一是“以顾客为关注焦点”。企业所建立和实施的质量管理体系也是以顾客要求为出发点和以顾客满意（CS）为落脚点。为了使企业提供的产品或服务能够满足顾客要求和赢得顾客满意，企业通过各种途径和方法了解和确定顾客的要求，包括明示的要求、隐含的要求、法律法规的要求和企业本身应附加的要求。不仅建立与顾客沟通的信息，而且采用一些措施调查顾客的满意或不满意，以便采取改进措施提高顾客满意和信任程度。但是，顾客满意在质量管理上一直作为对质量管理体系绩效的一种测量，企业监视顾客关于是否满足其要求的感受的相关信息，并确定获取和利用这种信息的方法，但并没有把CS像销售额或利润率那样成为企业经营的重要指标。受国际金融危机影响，有些工业发达的国家逐步意识到顾客满意的重要性，将通过顾客满意度调查，将CS作为质量经营的重要原则，认为顾客的声音左右着企业的命运，顾客满意从质量管理体系的落脚点转变为出发点。今年“质量月”的宣传口号之一是“质量在我手中，用户在我心中”。我认为应再补充一句：“CS驱动经营”。

在当前全球市场激烈竞争的形势下，企业向顾客提供的产品或服务不仅应符合标准要求，而且还应提供增值的产品或服务使顾客受益和满意。所谓“增值”不仅仅是价格问题，更重要的是使顾客在进一步加工或使用时简化工序、节约成本、改进功能、延长寿命和提高效益。例如采用精密化、多规格和多周期轧制技术，生产的棒材尺寸偏差控制在±0.1%以内，使顾客减轻加工负荷；采用大型连铸扁坯和精密加工技术使模具钢的尺寸规格范围扩大，只需磨削1mm就可以使用，使顾客降低加工成本和周期，提高成材率和实现高性能价格比；采用高纯净度连铸坯生产铁道用车轮和采用高抗疲劳强度的贝氏体钢轨会明显地提高铁道用材的使用寿命等。企业通过产品或服务向顾客提供价值，将从顾客得到的回报利益作为资本，使这种增值再循环，这就是“CS驱动经营”的管理模式。

目前，顾客满意度是作为对质量管理体系绩效的一种测量，企业了解的只是顾客关于企业是否满足其要求的感受的相关信息。尽管确定了获取和利用这种信息的方法，但是其获取的内容只限于产品或服务质量是否符合要求，利用该信息的也只限于销售部门或生产部门，最高管理层也多将这个信息作为顾客对产品或

---

* 原载于《中国冶金报》2010年9月16日。

服务质量的评价，没有将CS作为经营的驱动力。“顾客满意”不应只从狭义质量概念上来衡量，更重要的是应从组织的经营战略上来思考。现在多数钢铁企业的“顾客满意”调查内容是征求顾客对钢材化学成分、力学性能、表面质量、包装交付和异议处理等方面的意见。采用这些内容来监测“顾客满意”是低层次的。只能表示组织对顾客要求的符合性对应。高层次的监测内容应了解产品或服务对不同顾客的增值效应。“顾客满意”的监视和测量是企业生产经营的“晴雨表”，顾客关系管理（CRM）应向顾客满意经营（CSM）转移和提升。

今后的质量管理应属于向顾客提供价值的管理，是CS驱动的质量经营管理。为了实现CS驱动的质量经营管理，首先应做到以下几点：

（1）树立“CS驱动经营”的管理理念。顾客需要产品或服务，其实顾客需要的是价值。如果企业提供的产品虽然符合标准要求，但是不具有增值作用，顾客是不可能满意的。增值表现在产品的适用性、多样性、超值性、差异性和综合性等方面。例如为了适应顾客的加工或使用过程，有的企业从提供棒材转移到提供锻件（曲轴或轴承环）；为了适应顾客的多品种多规格的需要，有的企业将尺寸规格扩大超出标准范围；为了使顾客在加工或使用过程增值，有的企业提供尺寸精度高和使用寿命长的产品；为了适应顾客特殊的和附加的要求，有的企业提供品种规格差异性产品；为了适应环境保护要求和履行社会责任，企业努力在提供环境友好型和资源节约型产品。顾客选择供应钢铁产品的企业不仅仅是从产品质量来评价，还要求具有先进的质量经营理念。不久前，日本的日产本部对中国钢铁企业进入其供方行列进行评价时，除包括产品质量和价格外，也对创新和管理等进行评价，为其新车型开发和车辆轻量化选择有综合实力的企业。如果企业领导没有“CS驱动经营”的管理理念，是很难令顾客满意和入选的。

（2）坚持技术创新，掌握一流的技术。为了满足顾客增值要求，企业必须坚持技术创新，掌握一流的技术。没有技术创新，没有一流的技术是不可能生产使顾客增值的产品的。目前，我国的钢铁企业设备应是比较先进的，有的甚至达到国际领先水平。但是运行的效果并不完全很理想，生产出来的产品很少具有创新性。有相当一部分产品的核心技术和原创技术仍然是引进的或跟踪的。今年上半年我国进口钢材到岸价平均为1181美元/吨，均属于高附加值产品；而出口钢材离岸价平均为792美元/吨，同比还下降了298美元/吨，降低27%。在进口的钢材中，合金钢棒线材进口增长101.71%，合金钢板增长66.99%，镀锌板增长74.61%，电工钢板带增长33.89%。这说明我国的钢铁产品，特别是合金钢棒线材和镀锌钢板，虽然具有生产能力，但是在品种质量方面距离顾客满意（CS）仍有一定的距离。为了彻底扭转这种局面，企业必须从树立技术创新战略、提高技术创新能力、建立技术创新机制和创造技术创新环境等方面进行强化，掌握一流的技术，为顾客提供满意的产品。

（3）坚持以人为本，培育一流的人才。只有一流的人才才能掌握一流的技术。但是一流的人才不能依赖于引进，企业应加强培育，形成本企业的一流人才群体。为了培育一流的人才，企业必须坚持以人为本，建立学习、创新和激励机制，使员工掌握顾客满意的意识和技能。新进厂的员工，包括大学生和中专生所接受过的教育是一般性的和基础性的，必须进行专业性质量教育。技术和管理是不断更新的，即使是硕士或博士也需要接受企业的固有技术和管理经验的培训，以便得到传承和发扬。对钢铁企业来说，虽然生产过程自动化程度不断提高，但是冶炼、加工和检验岗位的人工技能仍然十分重要。为了满足顾客要求和顾客满意，应根据环境变化、企业发展和市场竞争的需要，提高员工的素质和水平，特别是应树立 SC 意识。国外有的企业要求进入研究开发部门的员工必须有现场工作经验；从事售后服务的员工必须从事过技术工作。采购人员应掌握供方的业绩和生产的需求，营销人员应熟悉顾客的需求和企业的能力。人才在企业内部的流动也是人才培育的一种培训方式。为了培育一流人才，有计划、有选择地让一部分员工在不同的岗位流动，培养成全面发展的人才，为高层领导岗位做好人才储备。

（4）进一步提升信息化水平。目前，我国钢铁企业多数已经建立了各种类型的信息管理系统，但是基本上局限于企业内部对物资流和资金流的管理，信息流并不完整。缺乏与顾客、供应商、分销商和协力企业间的供应链系统信息。有电子商务系统的企业也比较少。业务运行系统多，决策支持系统少，执行系统多，战略系统少，而且存在“信息孤岛”，缺乏数据、功能、流程和系统的集成与整合。进一步提升信息化水平是 CS 驱动质量经营的必要条件，不仅要求信息准确和灵通，而且应做到及时传递与沟通。特别是来自顾客的信息，包括顾客的发展战略、方针、目标和对产品的要求；合同数量变化、应收应付资金、交付期的准时率、产品产销率、销售利润率、顾客满意率、高端用户使用率、与行业或竞争对手进行比较等。如果将顾客信息可视化，有利于激活企业的质量经营。顾客需求和竞争对手的对比信息可视化有助于推动技术创新；顾客订货动态信息可视化有助于提高企业的生产效率；将企业绩效可视化有利于提高员工的 CS 意识。顾客、供应商、分销商和协力企业间的供应链系统信息可视化有利于提高顾客的满意度和相关方的信任度。及时用可视化形式将顾客信息传递给全体员工，让员工与自己的工作联系起来，坚持持续改进和技术创新，提高工艺技术水平，保证和满足顾客要求，使顾客更满意。

安全生产必须“软硬兼施”*

近10年来，我国的钢铁工业有了飞快的发展，已成为世界上第一产钢大国。与此同时一些钢铁企业重特大事故也在不断地发生，国家安全生产监督管理总局已经把钢铁行业当作“高危行业”。据报道，目前我国多数大型钢铁企业（没有包括中小企业）百万吨钢的死亡率低于0.5，但是工业发达国家在30年前百万吨钢的死亡率就已经在0.1以下了。目前，安全生产已经成为我国钢铁企业的一个薄弱环节，为了扭转这种局面必须“软硬兼施”，也就是说应从安全生产的科学管理和生产设施的本质安全两个方面去抓。

我国一直提倡“安全第一，预防为主”的方针，但是有些企业只把它当成一个“口号”，虽然也制订了安全生产责任制、教育制度、检查制度、事故报告、调查和处理制度、安全措施计划制度等，但是如果企业领导没有树立“以人为本”的理念，只追求“效益最大化”，没有采取科学的管理方法和本质安全的设施，安全风险依然存在。

目前，不少钢铁企业在贯彻实施GB/T 28001《职业健康安全管理体系——规范》，建立了安全生产和职业健康的方针目标，对危险源进行了辨识和评价，针对目标建立了管理方案，对危险因素和危害因素建立了控制措施，并有应急准备和响应预案；但是许多企业并没有把它作为现代化安全生产的管理模式，只是在管理部门和文件化层次上忙活，基层的安全隐患、事件或事故依然频发。有的虽然没有造成人员伤亡，但材料、设备和设施损失很大。关键在于安全管理没有落实到基层岗位。既没有做到危险预知，也没有实施安全标准化作业。设备检修过程，特别是对外包作业，风险更大。今年上半年的死亡事故多是煤气中毒引起的，但是从钢铁行业总体来看，主要的危险因素仍然是机械伤害和物体打击、车辆伤害、高处坠落、起重伤害和高温灼烫。如果在操作岗位上没有把机械、电气、起重、运输、装卸、中毒、窒息、防火、防爆、灼烧等危险因素和危害因素的防控措施落实到危险预知和标准化作业中去，就很难实现安全生产。安全生产管理的重点应是作业前的危险预知和作业中的标准化作业。

另外，生产技术和设备的本质安全也非常重要。从工厂设计开始就应采用消除、预防、减弱、隔离、连锁、加强防护、合理布置、机械化、自动化等措施，

---

* 原载于《中国冶金报》2010年12月2日。

防止人为失误、控制失误后果、防止能量释放和故障传递。在新建、改建和扩建过程中应落实资源投入和进入管理程序，在执行“三同时”过程中不应走过场。本质安全技术和设备，包括主体设备的安全、辅助设施的安全、供电供水的安全、防火防爆的技术、降低劳动环境危害的措施以及用机械化和自动化的无人操作技术等应作为安全措施计划的重点。工业发达的国家和设备先进的企业安全事故比较少，有的企业提出“三个零，一个一”（废品为零、人身事故为零、设备事故为零，质量第一）的目标，并以手势相互打招呼。“事故为零”的关键不仅是安全意识强，也在于工艺设备的本质安全水平高。例如，遥控天车、封闭修磨和机械手作业等，对员工无伤害。

在钢铁行业中，现在打造“绿色钢铁”（环境保护）呼声很高，却对生产过程的“红色”（安全事故）关注不多。以人为本，安全生产，与“绿色钢铁”和“低碳经济”一样，也应是钢铁企业转变发展方式的任务之一。

探讨质量创新的重点*

全国已经有将近15万个组织取得了ISO 9001的认证，但是，应当说大多数组织只是基本上达到了符合性，距离有效性和效率，还有相当大的改进空间。这是个共性问题，研究开发机构尤其如此。

什么叫符合性，就是基本上满足标准条款的要求；什么叫有效性，就是不仅符合标准要求，而且也切合本单位实际，收到实际效果；什么叫效率，就是不仅切合本单位实际，收到实际效果，而且工作变化大，变化快，成绩显著。

一、过程方法和系统方法

过程方法（增值）和系统方法（优化）是ISO 9000标准的基本原则。质量管理体系要求不仅过程要增值，系统还要优化。任何组织的过程输入是用户的要求，而不是本单位的经济效益。输出是交付给用户的产品，经济效益是从用户得到增值产品后的回报。为了提高经济效益，必须向用户提供增值的产品。为了向用户提供增值的产品，必须对过程进行控制和使由过程组成的系统（所有部门的所有工作）得到优化。

我院的产品实现过程中，有标准化产品和标准化+特殊要求的产品（有形产品），还有非标准化的产品（无形产品——设计和开发的成果）。根据ISO 9000标准规定和过程方法要求，标准化产品应当有技术标准和操作规程；标准化+α（特殊要求）的产品应当有质量计划；如果是设计和开发的“产品”，应是将用户的要求转化为产品的特性（成分与性能）和过程参数（工艺和技术）。

标准化的产品实现过程按7.5.1生产和服务提供进行控制，标准化+α（特殊要求）的产品实现过程按7.1的质量计划进行控制，设计开发的过程按7.3设计和开发进行控制，对这样的问题，在不少研究开发机构是混乱的。我院有一部分分公司或研究所对这些规定也不是很清楚。特别是设计和开发部门对从输入（用户要求）到输出（设计开发成果）没有规范的控制程序，随意性比较大。ISO 9000标准要求形成的记录不仅为过程提供证据，具有可追溯性，而且是形成自主创新和知识产权的基础。但是这些记录（包括评审、验证和确认的记录）

---

* 原载于《冶金标准化与质量》2011年第1期。

不少以保密作为借口，没有形成系统的资料和数据（可能装入个人脑袋，成为个人经验）。

ISO 9000 标准还要求管理体系的各过程得到优化，例如设计和开发同检验和试验之间应协调发展，采购与销售之间的供应链的形成，装备使用与点检维护之间的专业管理，人力资源的使用和培训，数据分析和科学决策，不符合的监测、纠正和预防措施等，是一整套的系统。如何使这些过程增值和系统优化是提高质量管理体系有效性的重要课题。如果不能在这些问题上有所突破，还仍然是孤立的、分离的或畸形的，贯彻实施 ISO 9000 标准就只是一种形式，甚至管理工作是“两层皮”，说一套，做的另一套。为了提高质量管理体系的有效性必须真正学会把“过程方法”和“系统方法”运用到我们的研究开发工作中去。

二、领导作用和全员参与

领导作用和全员参与也是 ISO 9000 标准的基本原则。领导作用是指最高管理者的作用，而不是中层干部。最高管理者的作用主要是明确本单位的宗旨和方向、制订方针目标以及为实现方针目标提供必要的资源。全员参与是指全体员工理解方针目标并为实现方针目标坚持改进本职的工作。领导作用的关键在于科学决策，全员参与的核心是持续改进。如何管理是职能机构的问题，职能机构属于执行层，不应有决策权，只能以法（规定的程序）行事，做好服务。

领导作用具体表现在以下几个方面：

（1）带头树立满足和超越顾客要求的生存发展观念。

（2）制订满足顾客要求与持续改进的质量方针和目标。

（3）建立、实施、保持、改进和定期评价体系的有效性。

（4）建立激发全员参与实现方针目标和持续改进的机制。

（5）提供质量管理体系运行和保持所必要的资源和环境。

很多企业的领导对 ISO 9000 很有研究，他们不仅知道标准中各项条款的要求，而且能够提出符合和有效对应的措施。例如，有的企业明确提出“三个零和一个一”的方针目标：“废品为零，伤亡事故为零，机械事故为零，市场占有率第一”。方针目标明确，宗旨方向清楚，并提供了足够的资源（如 ERP 系统）和建立了一系列的考核办法，使质量管理体系落到实处。方针目标不能只限于效益，效益是过程的结果。没有有效运行的过程，就没有稳定的经济效益。

全员参与是质量管理体系的基础。全员参与不能仅仅理解为员工按程序规定进行工作。全员参与是持续改进的主体。全员参与的主要形式是用 P（Plan，策划）、D（Do，实施）、C（Check，检查）、A（Action，处置）循环来持续改进。我国企业普遍采用 QC 小组形式（宝钢采用新日铁的 JK 自主管理），而研究开发机构却没有开展这项活动。持续改进工作处于无序状态，甚至是空白。我院在这方面可能也不是很好的。没有全员参与，质量管理就没有群众基础。只有领导的积极性，没有群众的积极性，质量管理体系不可能持久，反之只有群众的积极性，没有领导的积极性，质量管理就没有正确的方向，两者缺一不可。但是，领导不重视，肯定就没有全员参与，全员参与取决于领导作用是否到位。

归根到底，在于贯彻实施 ISO 9000 的目的是什么。如果只是为了取证以便能够拿到更多合同，领导作用和全员参与都是不可能实现的或者是走过场的。如果不相信，甚至不清楚 ISO 9000 是什么，领导作用和全员参与都是空话。只有为了规范质量管理和提高竞争能力，领导才会自觉地发挥作用，全员参与也会变成自觉的行动。

三、数据分析和持续改进

数据分析也是 ISO 9000 标准的基本原则之一。强调数据分析的原因是数据本身代表事实，事实是决策的基础和依据，有数据，有分析，决策就不容易失误。数据分析对质量管理也非常重要。合格或不合格要靠数据来判定。产品、过程、体系、顾客是否满意，供方表现如何也需要用数据来表示。数据分析也是持续改进的基础和依据。经过数据分析才能够找到持续改进的切入点。

ISO 9000 标准要求，组织应规定数据分析的范围、收集方法、处理方法、使用方法和场合。钢铁企业大量采用排列图和因果图分析不合格品种类和产生的原因；利用分层图和对策表减少废品和提高合格率。设计和开发机构采用正交设计或回归分析来优选方案，数据分析有助于提高设计、开发和生产过程中的有效性和效率。

持续改进是任何组织的永恒的目标。它是一种提高产品或工作质量的渐进的、循环的群众活动。但数据分析和持续改进并不是自发的活动，单位领导和职能部门应当号召和引导员工参与这些活动，并有激励机制或鼓励措施，使其形成一种长效的活动。武钢是由工会组织领导开展这项活动的。宝钢是由管理创新部管理，自主管理性的持续改进活动更加活跃。他们在活动过程中都采用了 PDCA 循环和统计技术，有相当多的成果解决了降低成本、提高质量、保证安全和保护环境问题，获得了很好的经济效益和社会效益。

目前有不少企业采用标杆管理（Benchmarking）收集竞争对手的数据进行分析，对照最强的竞争对手对本组织的产品、服务以及行事方式进行比较，并制订达到或超过竞争对手的目标和计划，提高本组织的竞争力。目前，研究开发机构在数据分析和持续改进方面与生产企业相比，差距很大。原因是多方面的，主要原因是没有把本组织放在企业的位置和竞争的环境中去。市场竞争压力不大，没有深刻感受到管理方面的压力。“科研管理最不科学”的说法不是没有道理的。但是，随着市场经济体制的逐步完善，研究开发的管理也日益重要，作好 ISO 9000 是一个起点，一个从不规范到规范，从符合性到有效性的过渡。因此，按质量管理原则办事是关键。

为了正确地进行数据分析，应当策划数据分析的体系，应当收集什么数据，从哪里收集，公开的、秘密的、技术的、经济的、收集到的数据如何处理，哪些数据提供给管理者，哪些数据提供给执行者，是否需要公示，是否需要共享，应当通盘策划。不少钢铁企业已经实现物流—资金流—信息流三流同步。产品到哪里、成本数据到哪里、所有的信息（合同号、标准、炉号、批号、牌号、成分、性能、质量、重量、顾客、发货地点等数据）同时到位。如果 ERP 上线的话，整个供应链也在管理范围内。目前有些研究开发单位也有统计报表，多属于财务或劳资方面的数据；涉及产品、过程和体系的质量趋势、供方表现和顾客意见的数据还不多，更不用说完整的信息系统。从这个角度来看，研究开发机构距离 ISO 9000 标准的有效性还有一定的差距和不小的改进空间。

四、建立供方—组织—顾客互利、双赢的战略伙伴关系

质量管理原则要求“以顾客为关注焦点”和“互利的供方关系”。谁是顾客，顾客是接受生产企业产品的组织或个人；谁是供方，供方是向生产企业提供产品的组织或个人。生产企业的供应链的中心环节，必须与顾客和供方建立互利的、双赢的战略伙伴关系。

顾客是企业生产发展的前提，没有顾客就没有生产产品的企业。企业必须满足和超越顾客要求，才能从顾客那里得到回报，从而得以生存和发展。为此，企业必须了解顾客的需求，包括现实的要求和潜在的要求，明示的要求和隐含的要求。对顾客的订单要认真评审是否具有满足顾客要求的能力，并与顾客建立沟通的渠道。不断了解顾客满意程度，改进顾客不满意的问题。

供方的产品形成过程的第一个环节，是质量管理体系的组成部分，产品质量中有供方的贡献。企业与供方建立互利、双赢的战略伙伴关系有助于从供应链源头提供质量保证。为此，对所有采购和分包的供方应当进行评价和选择。绝对不从合格供方以外的单位采购或外包。有些企业还与供方共同研究开发和享有知识产权。

研究开发单位也是企业，产品（包括有形的和无形的）也是提供给顾客。不过顾客中有一部分是政府（例如政府下达的攻关课题）。这种关系是否也服从 ISO 9000 质量管理原则呢？是否也存在“以顾客为关注焦点”呢？政府下达攻关任务是一种从计划经济向市场经济过渡还没有来得及改革的“残余”。今后国

家攻关或军工任务都将实行“招标采购”。国家攻关中基础研究项目应由基金会管理，国家攻关中应用研和军工任务将由用户制造厂家实现公正、公开和透明的原则选择研究开发单位。政府应陆续退出，否则容易出现决策失误或产生腐败。未来，国家攻关或军工任务的顾客将是基金或制造企业。研究开发单位为了提高经济效益，不仅是要争取项目，而且要从顾客得到的增值中取得回报。那就必须满足和超越顾客要求。在这个问题上生产企业比研究开发单位认识得深刻，所以在处理与顾客关系上着眼于核心竞争力（质量和成本）。以提高质量和降低成本来提高经济效益，或者说是靠利润，而不是销售额。

在与供方关系上也基本上是固定的长期伙伴关系，而不是临时采购。特别是分包项目，分包方开始形成“协力公司”。包括物资采购、设备维修和半成品加工也是经过评价和选择的，在合格供方或分包方名单中采购或分包。

为了提高质量管理体系的有效性，研究开发单位也应当运用顾客关系学（Customer Relationship Management，CRM）原理，对顾客进行分析、对顾客给予承诺、与顾客进行交流、实行顾客反馈管理和建立长期合作伙伴关系。对供方也应当建立评价和选择准则，对形成产品的物资、对影响产品质量的过程和活动，实现供方和分包方管理。

适应钢铁工业的结构性转变要求
——“十二五”质量创新应突出五大转变*

2010年，国务院总理温家宝考察中冶南方工程技术公司时说：“当前钢铁业面临的主要矛盾是产能过剩，面临的最大任务是钢铁行业的结构性转变，主要包括钢铁产业的集中度和现代化，其中一个重要的方面就是要努力实现钢铁行业的节能环保”。许多业内人士也指出，“十二五”期间，钢铁工业仍将以结构调整和节能减排为主线，转变发展方式，增强钢铁企业在全球市场的竞争力。钢铁工业要实现结构性转变，“十二五”质量工作也应有所创新，笔者认为主要有以下五大转变。

一、产品质量从满足标准要求向满足顾客要求转变

20世纪80年代末、90年代初，为了提高产品质量，我国钢铁行业曾提出从满足标准要求向提高实物质量转变，虽然取得了一些成绩，但产品质量水平与顾客日益提高的要求仍存在较大差距。在工业发达国家，国家标准或国际标准只是企业向顾客提供产品的最低质量要求，多数是以与顾客协商的技术条件（或企业标准）为主，提供具有本企业特色的产品。另外，提供给顾客的不仅是产品质量，还包括经营质量和工作质量的可信度和可靠性，提高顾客、员工和社会的信任度，从而提高企业的价值。

从统计数据看，我国每年进口2000万吨左右钢材，其中多数是高附加值产品，即国内产品质量达不到要求的高强度、高精度和长寿命产品。例如，近年来，我国汽车行业发展迅速，汽车今后的发展方向将是轻量、环保、安全、信息化和低成本，这就要求汽车用钢材质量也必须满足汽车节能、减排、安全、轻量化和防腐蚀的要求。如果国产钢材只符合通用标准，达不到上述增值要求，国外竞争对手便有机会进入中国市场。

目前，我国不少企业也有高于或严于国家标准的企业标准，但是多数只是作为内部的质量控制标准，而不是对顾客的质量承诺，对满足顾客增值要求没有明显作用。产品结构的转变不只是解决规格、品种问题，更重要的是针对顾客的特

---

* 原载于《中国冶金报》2011年2月10日。

性化或差异化要求提供特性化或差异化产品。国外把这种高质量带来的高附加值优势叫做商品力，并把它看成是企业竞争力的核心。具有商品力的企业非常关注顾客对产品和服务的要求，包括适用性、变化性、超值性、差异性和综合性要求，提供令顾客满意的产品。

二、技术创新从跟踪性向原创性转变

先进装备制造业的发展和原材料工业的调整优化，要求钢铁产品升级换代，钢铁工业也将进入一个必须依靠技术创新发展的新阶段。近年来，我国钢铁企业在新建、改建和扩建过程中，引进了很多先进的设备和技术，夯实了技术创新的物质基础。但是，我国钢铁产品创新仍然以跟踪性居多，原创性比较少，对具有商品力产品的核心技术仍然处于追随阶段。例如，汽车用钢板国外已经开发成功600~900MPa的TRIP钢和1300MPa的DP钢，而我国汽车钢板的强度还在210~550MPa之间；超临界和超超临界火力发电机组所用的锅炉管WB36、T/P23、T/P122等基本依靠进口；家电行业用国产钢材H13制造的压铸模具寿命只有3万~5万次，而用进口钢材H13制造的压铸模具寿命可达到20万次。

为了扭转这种局面，钢铁工业的技术创新必须以顾客需求为导向，以核心技术为目标，对创新产品的及时性、通用性、差异性和灵活性进行有区别的对应，将计算机辅助设计开发和质量功能分配等先进的方法用于产品设计和技术创新过程，特别是将产品的设计开发与生产技术、装备（尤其是后步工序）的系统优化结合起来，实现原创性技术创新。这要求企业不仅要关注顾客和市场的需求，也必须注意正确地选择技术获取方式，加大对研究开发的投入，将具有生产经验和创新能力的人才用于产品研发上，并建立相应的激励机制，将创新成果迅速转化为有形产品和无形资产。这样不仅可以满足国内市场要求，而且可以与先进装备制造业实现同步发展，一起进入国际市场。

三、质量管理从生产过程向企业经营全过程转变

我国现在广泛采用和实施认证的GB/T 19000质量管理基本上是以产品生产和服务提供过程为主，预防不合格品的产生。这种管理模式只局限于企业内部的质量控制，对企业的经营以及企业在大环境下如何持续、健康发展缺乏应对思路和措施。因此，“十二五”期间，钢铁企业要加快解决突出矛盾和问题，实现质量管理从生产过程向企业经营全过程转变。

21世纪初，日本企业界为了应对国内外经营形式的变化，提出了质量管理的新模式——质量经营。质量经营从企业领导的经营理念和愿景出发，考虑到顾

客、投资方、员工、相关方利益和社会责任，认清使命，看准方向，树立正确的价值观和制定适宜的发展战略，将质量经营思路和措施渗透到企业的全过程，带领员工使企业在竞争中创新，在创新中发展。质量经营不仅重视有形资产经营，也重视顾客、品牌、专利、诀窍和企业声誉等无形资产经营，真正实现了质量管理从生产过程向企业经营全过程转变。在这一点上，我国有一些钢铁企业已经走在了前列。例如，鞍钢为了实现到2015年年产钢量进入世界前5位的目标，在发展战略上强化了4大转变：从投资新建为主向投资新建与兼并重组转变，从内陆发展向沿海发展和国际化经营转变，从核心技术的追随者向领跑者转变，从单一产品输出向技术输出和管理输出转变。这是我国钢铁企业向质量经营过渡和发展的典型。

四、5S从现场管理向建设高素质的企业文化转变

近几年，我国有不少钢铁企业把5S管理作为质量管理中重要的现场管理方法，对生产现场的人、机、料、法、环进行管理，使现场处于优质、高效、低耗、均衡、安全和文明的生产状态。但前不久，5S的起源地日本已经将5S的顺序变动，把素养放在了首位。新的5S以提高员工素质为出发点，不仅对现场起到整理、整顿、清扫和清洁的作用，而且成为质量经营模式中推行的一种企业文化，有助于获得7大效果：安全第一（伤亡为零），质量保证（废品为零），降低成本（浪费为零），缩短交付（拖期为零），设备维护（故障为零），降低库存（积压为零），多面技能（交替为零）。今后，钢铁企业推行5S现场管理应该向建设高素质的企业文化转变，为实现结构性转变提供基础保障。

五、质量经营从信息化向可视化方向转变

据钢铁行业信息化专家评价，我国钢铁企业的信息化已经进入成熟期，但重点仍然以财务、采购和销售为重点，质量经营信息仍然是“短板”。某些企业的ERP（企业资源计划）系统虽然也有质量模块，但多数只是质量检验信息。为了转变发展方式，企业也应将质量经营信息，包括市场和顾客信息、相关方和供应链信息、竞争对手信息、行业动态信息、新产品开发和营销形势、顾客满意、顾客投诉和质量异议信息、质量成本信息、人力资源（能力和培训）信息、员工满意度信息、基础设施信息、环境保护信息、安全生产信息、现场管理信息、业绩评价指标（KPI）、重要成功因素（CSF）等通过计算机和网络集中收集和统一分析，并作出经营判断和可视化展示。企业员工随时从视频媒体上了解企业的经

营现状，并从中看出与个人或部门业务的关系，从而提高个人或部门的业务水平。

我国钢铁工业要实现结构性转变，质量工作不应只关心提高产品合格率和减少顾客质量异议，更应关注生产、管理和经营过程质量，建立质量经营过程的信息系统，并与企业管理信息系统整合、集成和实现可视化。目前，不少钢铁企业考虑到节能减排的要求，正在策划能源和环境管理系统的信息化，但是企业质量经营信息系统的建立更为重要，它不仅能对企业现时经营进行管控，而且对企业的未来发展和实现结构性转变具有重要作用。

探讨实现结构性转变的质量工作重点*

前不久，国务院总理温家宝同志在南方视察时说：“当前钢铁业面临的主要矛盾是产能过剩，面临的最大任务是钢铁行业的结构性转变，主要包括钢铁产业的集中度和现代化，其中一个重要的方面就是要努力实现钢铁行业的节能环保”。在“十二五”期间大规模的基础设施的发展可能趋缓，而城镇化的建设和制造业的发展将有较大增长，拓展跨国经营，面临全球挑战，这种市场需求的变化必然会对钢铁工业的发展产生重要影响。我国钢铁工业必须实现结构性转变，不仅包括产品的结构性转变，也包括提高产业集中度和现代化水平，实现节能减排和安全生产目标，提高钢铁企业在全球市场的竞争力。为了实现结构性变化，质量工作也应有所创新，并以下列几项工作为重点。

一、产品质量从满足标准要求向满足顾客要求转变

从20世纪80年代末、90年代初，为了提高产品的质量，我国钢铁行业曾提出从满足标准要求向提高实物质量转变。而衡量实物质量水平是与国外同类产品进行对比。这项工作虽然取得了一些的成绩，但产品质量的水平与顾客的日益提高的要求仍然存在较大差距。我国每年进口钢材2000万吨左右，多数是高附加值的产品，实际上是国内产品质量达不到要求的高强度、高精度和高寿命的产品。例如近年来我国汽车行业有了飞快的发展，年产销量达到1500万辆，居世界第一。今后的发展方向将是轻量、环保、安全、信息化和低成本。汽车用钢材质量也必须满足汽车节能、减排、安全、长寿、轻量化和防腐蚀的要求。如果国产钢材只符合通用的标准、但达不到顾客上述增值要求，国外竞争对手便会进入中国市场。工业发达国家具有品牌产品的企业向顾客提供的产品，国家标准或国际标准只是最低的要求，多数是以与顾客协商的技术条件（或企业标准）为主，为了满足顾客的轻量、环保、安全、信息化和低成本等要求，提供具有本企业特色的产品。另外，提供给顾客的不仅是产品质量，还包括经营质量和工作质量的可信度和可靠性，提高顾客的信任、员工的信任和社会的信任，从而提高了企业的价值，具有强大的竞争力。目前，我国不少企业也有高于或严于国家标准的企

---

* 原载于《中国冶金报》2011年2月10日。

业标准，但是多数只是作为对内部的控制，而不是对顾客的承诺，对满足顾客增值要求没有明显作用。产品结构的转变不只是解决规格品种问题，更重要的是针对顾客的特性化或差异化的要求提供特性化或差异化的产品。国外把这种高质量带动的高附加值的优势叫作“商品力”，并把它看成是企业竞争力的核心。具有“商品力”的企业非常关注顾客对产品和服务的要求，包括适用性、变化性、超值性、差异性和综合性要求，提供顾客满意的产品。

二、从“跟踪性”技术创新向“原创性”技术创新转变

在“十二五”期间我国将改造提升制造业。制造业发展重点是优化结构，改善品种质量，增强产业配套能力，淘汰落后产能。发展先进装备制造业，调整优化原材料工业，这对钢铁产品的要求将会有结构性的和升级换代的变化，钢铁工业也将进入一个必须依靠技术创新发展的新阶段。近年来随着钢铁工业的发展，在新建、改建和扩建过程中，引进了很多先进的设备和技术，充实了技术创新的物质基础。但是我国钢铁工业的产品创新仍然以“跟踪性”居多，“原创性”比较少。对具有“商品力”产品的核心技术仍然处于跟踪或追随阶段。例如石油天然气用管线钢国外已经可以生产 X120，而我国还只限于 X80，汽车用钢板国外已经开发成功 600～900MPa 的 TRIP 钢和 1300MPa 的 DP 钢，而我国汽车钢板的强度还在 210～550MPa 之间。超临界和超超临界火力发电机组所用的锅炉管 WB36、T/P23、T/P122 等基本上依靠进口；家电行业用国产钢材 H13 制造的压铸模具寿命只有 3 万～5 万次，而进口 H13 钢的压铸模具的寿命可达 20 万次。

为了扭转这种局面，今后的技术创新必须以顾客需求为导向，以生产企业为主体，以核心技术为目标，对创新产品的及时性、通用性、差异性和灵活性进行有区别的对应，将计算机辅助设计开发和质量功能分配等先进的方法用于产品设计和技术创新过程，特别是将产品的设计开发与生产技术和装备（特别是后步工序）的系统优化结合起来，将是实现钢铁产品结构性转变的关键。为了实现“原创性”的技术创新，企业不仅要关注顾客和市场的需求，也必须注意正确地选择技术获取方式，加大对研究开发的投入，将具有生产经验和创新能力的人才用于产品的研发上，并建立相应的激励机制，将创新成果迅速转化为有形产品和无形资产，推动“商品力”产品具有国际先进水平，不仅满足国内市场要求，而且将同先进装备制造业同步发展并一起进入国际市场。

三、将质量管理从生产过程向企业经营全过程转变

“十二五”期间世界多极化和经济全球化将深入发展，我国发展中的不平

衡、不协调、不可持续问题依然存在。钢铁企业也必须科学判断和准确把握钢铁工业的发展趋势，充分利用各种有利条件，加快解决突出矛盾和问题，集中力量办好自己的事情。日本企业界考虑到国际和国内经济和市场形势，在21世纪初提出了质量管理的新模式——“质量经营”来应对国内外经营形势的变化。质量经营强调质量管理为企业经营服务，企业经营是以质量（包括产品质量、服务质量、工作质量和经营质量）为核心，强化企业持续发展能力和提高企业市场竞争力。现在广泛采用和实施认证的GB/T 19000质量管理基本上是以产品生产和服务提供过程为主，预防不合格品的产生。这种管理模式只局限于企业内部的质量控制和质量保证。对企业的经营以及企业在大环境下如何持续健康地发展，缺乏应对思路和措施。

质量经营从企业领导的经营理念和愿景出发，考虑到顾客、投资方、员工、相关方利益和社会责任，认清使命，看准方向，树立正确的价值观和制定适宜的发展战略，将质量经营思路和措施渗透到企业的全过程，带领员工使企业在竞争中创新，在创新中发展。质量经营不仅重视有形资产经营，也重视顾客、品牌、专利、诀窍和企业声誉等无形资产经营。例如鞍钢以建设钢铁强国为己任，以为股东、为客户、为员工、为社会创造价值为使命，愿景是成为钢铁行业的“排头兵”。战略目标是到2015年实现年产钢量进入世界钢铁行业前五位，成为多角化产业协调发展、最具有国际竞争力，能够引领世界钢铁工业发展的特大型跨国集团。为此，在发展战略上要实现四大转变：即在长大方式上，从投资新建为主向投资新建与兼并重组转变；在产业布局上，从内陆发展向沿海发展和国际化经营转变；在自主创新上从“核心技术”的“追随者”向“领跑者”转变；在对外输出上从单一产品输出向技术输出和管理输出转变。这应是我国钢铁企业中在实现结构性转变的最好的案例之一，也可以看作是向质量经营过渡和发展的典型。

四、将5S现场管理向建设高素质的企业文化转变

5S是整理（Seiri）、整顿（Seiton）、清扫（Seiso）、清洁（Seiketsu）、素养（Shitsuke），因为这五个词的日语拼音全是“S”开头，所以称成“5S”。5S起源于日本，通过规范现场，创造一个好的工作环境，培养员工良好的工作习惯，以此来提高员工的素质。在我国有不少钢铁企业把5S也作为质量管理中重要的现场管理方法，对生产现场的人、机、料、法、环进行管理，目的在于想使现场处于优质、高效、低耗、均衡、安全和文明的生产状态。通过现场管理期待实现遵守规定整理工作环境，劳动行为规范纪律严明，设备设施完好正常运行，物资流能源流无阻畅通，执行计划保证生产均衡，提高质量严格执行规程，信息准确可视反馈经营。现场管理有助于落实企业的理念、愿景、使命、战略、方针、目

标和指标，构筑企业文化，改进企业形象。

前不久，日本已经将5S的顺序变动，把素养放在首位，如果不提高员工素质，其他4个S：整理、整顿、清扫、清洁将流于形式，不可能持续坚持。如果员工素质提高了，整理、整顿、清扫、清洁才能成为习惯，形成高素质的企业文化。新的5S是以提高员工素质为出发点，不仅对现场起到整理、整顿、清扫和清洁的作用，而且还会有助于获得7大效果：安全第一（伤亡为零），质量保证（废品为零），降低成本（浪费为零），缩短交付（拖期为零），设备维护（故障为零），降低库存（积压为零），多面技能（交替为零）。5S与可视化结合，不仅是现场管理，也成为质量经营模式中推行的一种企业文化。今后，钢铁企业推行5S现场管理向建设高素质的企业文化转变，会对实现结构性转变提供重要的基础保障。

五、将质量经营信息化向可视化方向转变

据钢铁行业信息化专家评价，我国钢铁企业的信息化已经进入成熟期。逐步从“孤岛”整合和集成，并实现“管控衔接、产销一体、业务与财务无缝连接”。多数企业的信息化促进了财务、采购、销售、库存与生产的集中化。但是钢铁企业信息化的重点仍然以财务、采购和销售为重点，质量经营信息仍然是“短板”，在某些企业的ERP中虽然也有质量模块，但多数只是质量检验信息。为了转变发展方式，企业也应将质量经营信息，包括市场和顾客信息、相关方和供应链信息、竞争对手信息、行业动态信息、新产品开发和营销形势、顾客满意、顾客投诉和质量异议信息、质量成本信息、人力资源（能力和培训）信息、员工满意度信息、基础设施信息、环境保护信息、安全生产信息、现场管理信息、业绩评价指标（KPI）、重要成功因素（CSF）等通过计算机和网络集中收集和统一分析，并做出经营判断和可视化展示，使企业员工随时从视频媒体上了解企业的经营现状，是“晴天”还是“阴天”，并可以看出与个人或部门业务的关系，从而改进个人或部门的业务质量，使企业保持“晴”而不“阴”。

为了实现结构性转变，质量工作不应只关心提高产品合格率和减少顾客质量异议，更应关注生产过程质量、管理过程质量和经营过程质量。建立质量经营过程的信息系统并与企业管理信息系统整合、集成和可视化，有助于对企业经营全局采用数字化分析、形象判断和持续改进。目前，不少企业考虑到节能减排的要求，正在策划能源和环境管理系统的信息化，但是企业质量经营驾驶舱和方向盘的建立更为重要。它不仅能对企业现时经营进行管控，而且对企业的未来发展和实现结构性转变具有重要作用。

发挥计量工作在节能减排中的作用*

我国钢铁工业是能源和资源消耗的大户，能源消耗构成中煤炭消耗约占70%，焦炭消耗占全国的80%，我国钢铁工业总能耗约占全国工业总能耗的15%，而能源有效率仅为30%左右，全行业固体废物回收利用率低于60%，水资源利用率在40%左右。总体上讲，中国钢铁工业的资源和能源综合利用指标与国际先进水平相比，其差距在20%～40%。与国际先进水平相比差距很大。我国钢铁工业每生产1t钢需要消耗6～7t原料和燃料，其中80%以上以各种废弃物形式排入环境，钢铁工业废气、废水、废渣的排放量占全国的10%～15%。在生产过程中产生大量的污染物，对大气、土壤、水系、海洋以及人类生活都具有重大影响。因此，钢铁工业是国民经济中重污染行业。

《中华人民共和国国民经济和社会发展第十二个五年规划纲要》要求，化学需氧量、二氧化硫排放分别减少8%，氨氮、氮氧化物排放分别减少10%。工业和信息化部发布的《关于钢铁工业节能减排的指导意见》要求，到“十二五”末，重点大中型企业基本建成资源节约型、环境友好型企业，能耗、水耗达到国际先进水平。吨钢综合能耗不超过615kg标准煤，主要生产工序能耗全部达到国家《粗钢生产主要工序单位产品能源消耗限额》和《焦炭单位产品能源消耗限额》限定值。钢铁企业的节能减排的目标：一是普及推广已成熟的节能减排技术，大中型钢铁企业2015年干熄焦率达到100%；二是按国家要求2015年焦化、烧结、炼铁、炼钢的工序能耗达标率要达到100%；三是凡没有通过国家建设项目环境影响评价的，要努力完善环保措施，补办手续，获得审批。

根据国家发改委能源研究所的统计，我国钢铁的单位产品能耗和国际先进水平的差距为21.4%，能源有效率仅为30%左右，比发达国家低10%。可以看出我国钢铁企业的节能空间很大。差距不仅仅在于能源消耗高，而且“二次能源”利用效率也低。钢铁企业的能源管理不仅应重视降低各生产工序的能源消耗，也必须考虑能源的转化、回收和利用。如图1和图2所示，可以看出，钢铁生产过程吨钢能耗的40%外排了，而在生产过程中不同的工序都有可以回收的热能。

---

* 原载于《计控技术》2011年5月10日。

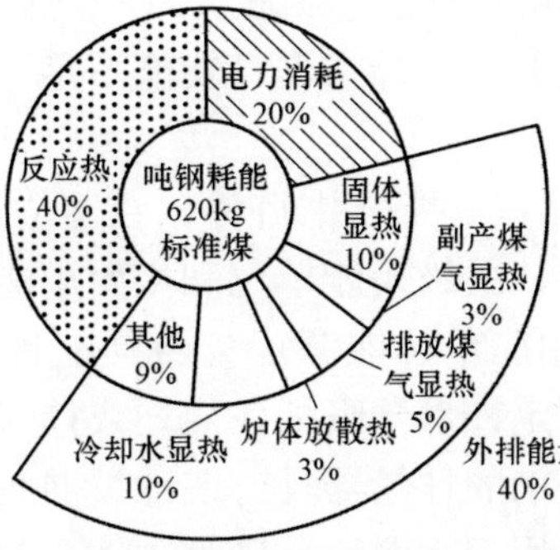

图1 钢铁联合企业的能量结构

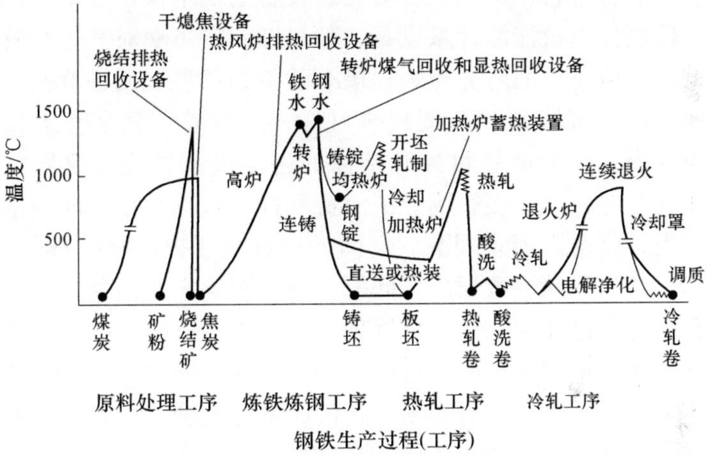

图2 钢铁生产过程铁素流的温度变化和回收技术

当前，钢铁企业正在从减量化用能、提高能源利用效率和提高二次能源回收利用水平三个方面努力达到预期的节能目标。除了积极采用先进的节能技术和设备，优化生产工艺和产品结构，提高能源管理水平也非常重要。但是，目前钢铁企业的能源和环境管理还存在不少问题。主要问题是以离线管理为主，能源和环境指标，特别是能源和环境的计量和统计准确度不能满足适时管理的需求。节能和环保的目标不能与生产目标同步策划、实施、检测和调整。能源和环境指标的计量不完善，也不规范，信息化缺乏能源管理和环境管理支持系统，缺乏能源和环境成本管理的流程和方法，不能与生产、成本、设备等专业管理融合，很多企业的能源和环境管理所需的资源得不到保障。

为了达到“十二五”规划节能减排目标，在建立和健全能源和环境管理体系的过程，充分发挥计量的作用，必须首先解决计量存在的问题。目前钢铁企业普遍存在的问题是计量基本上是为产量、质量和效益服务的，能源和环境计量器具的配置率低，不能满足 GB 17167 的要求。即使设置了一部分计量器具，但可靠性不够，难以适应使用的要求。计量器具功能不足，智能化水平低，不能实现数据的直接传递和并网分析。

为了达到“十二五”规划节能减排目标，在建立和健全能源和环境管理体系的过程，应建立用能单位、次级用能单位和主要用能设备或单元的三级能源计量系统。根据 GB 17167《用能单位能源计量器具配备和管理通则》的要求，并结合本企业的实际情况，制定计量器具配备规划或计划，根据标准对主要用能和环保设备或单元配置符合要求的计量器具，使计量器具的配置率、准确度满足能源和环境监测的需要。建立用于能源和环境管理体系的监视和测量，应使数据的读取或传输自动化、网络化和可视化，并对计量器具进行维护和校准，建立能源和环境计量器具的管理台账或档案。对已经设置的基本仪器、烟气监测仪、水质监测仪、噪声监测仪以及能源计量设备，计量部门应主动对其进行管理，对这些装置所监测的数据应进行适时分析，提供有价值的信息，促进节能减排。

为了达到“十二五”规划节能减排目标，在建立和健全能源和环境管理体系的过程，应为企业节能减排目标和指标的科学决策和检查效果提供量化的依据。钢铁企业的节能减排直接影响经济效益和社会效益，如果能源消耗计量不准确或者数据缺失，就会出现管理漏洞。国外钢铁企业把节能减排作为社会责任，必须向社会公示。如果计量数据出了问题，就会影响企业形象，甚至涉及法律责任。目前，有些企业已经建立了对标管理，对标中不仅应包括一般的技术经济指标，也当包括工序环境指标和能耗指标，例如废气中的 SO_2、NO_2、CO_2，废水中的 COD 和 SS 等，对这些数据的监测，不仅计量要准确，而且分析要科学，并为对标管理提供可靠信息。特别是 CO_2 排放量的准确计量，对环境保护和节约能源，甚至对提高资源节约和环境友好型高附加值产品和循环利用可再生资源具有表征作用。利用这些数据和信息的是环境和能源管理部门，而提供这些数据和信息的，应当出自包括计量部门。特别是把企业实际能源消耗和能量回收，二氧化碳、二氧化硫和氮氧化物、COD 和氨氮排放量的量化并具有可比性，应是钢铁企业计量工作的一项重要任务。

创新质量经营，建设钢铁强国*

今年上半年我国生产粗钢超过3.5亿吨，同比增长接近10%，相当于今年的粗钢产量在7亿吨以上；但今年上半年我国钢铁企业经济效益却普遍下降，处于微利迷局和步履维艰的严峻形势。据说鞍钢股份公司上半年实现净利润2.2亿元，同比减少92%；宝钢净利润也减少36.91%；广钢股份公司上半年的净利润亏损1.29亿元。1~6月份全国39个工业大类行业中，钢铁行业实现利润增长只有6.9%，远远低于全国规模以上工业企业实现利润同比增长28.7%的水平。表面上来看是市场问题，但本质上反映的是钢铁产业结构的深层次问题。也就是说，虽然我国已经成为“钢铁大国”，但是作为“钢铁强国”还有相当大的距离。在今年中国钢铁工业协会第四次会员大会上曾经提出，中国钢铁工业要加快四个转变，其中包括重视注重品种质量效益，但是目前产品质量依然存在不少问题，对经济效益下滑也有一定的影响。当前钢铁企业存在的主要的质量问题是关键产品的实物质量差，一般产品的质量缺陷多，不少企业仍然追求规模经济效益，忽视质量经营和结构调整的作用。今年“质量月”的主题是“建设质量强国，共创美好生活”。钢铁行业应为“建设钢铁强国”在产品质量和质量管理上登上一个新的台阶。为此，建议探讨以下几项工作。

一、提高产品标准水平，满足顾客增值要求

目前，我国钢铁产品标准基本上分为国家标准、行业标准和企业标准，但是有些产品标准不能满足顾客要求，在签订合同时往往引用外国标准或附加质量要求。国家标准和行业标准中有相当一部分不仅不能满足顾客要求，反而低于企业生产水平，例如核能工业和锅炉用钢管的外径远远小于顾客要求的尺寸。有些企业虽然有企业标准，但只用于产品质量内部考核，不作为向顾客交付的准则。另外，在产品标准中有些项目规定的不具体、不严格，例如有害元素含量、尺寸规格与偏差，特别是表面质量和缺陷，在顾客有异议时难于从质量上解决，只能赔款了事。有不少企业每年的质量投诉赔款相当多，让步接收或降级处理的也不少，在一定程度上也影响企业的经营效益。所以提高产品标准水平，满足顾客增

---

* 原载于《中国冶金报》2011年9月8日。

值要求，应是当前非常重要的工作。

二、提高产品实物质量，实现产品“零缺陷”

当前钢铁产品的质量争议与纠纷主要来自产品缺陷。长材尺寸偏差争议大，平材表面质量纠纷多。关键在于实物质量有问题，特别是缺陷问题多。例如，有的企业生产的HRB400牌号的螺纹钢强度合格，但伸长率偏低，有的企业生产的Q345E钢板强度合格，但低温冲击性能差，原因都是钢中夹杂物偏多。现在多数钢铁企业的技术装备水平并不低，但是操作技术不精细和质量管理不严格，产品的实物质量差，缺陷比较多，应认真加以解决。零缺陷（Zero Defects，ZD）管理在20世纪70年代已经在我国推行，现在又提倡“精细管理”和“6σ”，这些管理方法的核心都是追求“零缺陷”生产，任何管理方法的应用关键在于取得实效。但是我国钢铁企业仍然没有达到“缺陷为零”的质量目标，应在“质量月”期间对提高产品实物质量，实现产品“零缺陷”的技术和管理进行探讨。

三、加强原创性技术创新，提高产品质量的先进性

在“十二五”期间我国将改造提升制造业，这对钢铁产品的质量要求将会有结构性的和升级换代的变化。近年来随着钢铁工业的发展，虽然充实了技术创新的物质基础，但是产品的创新仍然以“跟踪性”居多，“原创性”比较少。对具有“商品力”和质量先进性产品的核心技术仍然处于跟踪或追随阶段。例如石油天然气用管线钢国外已经生产X120，而我国大规模生产基本上还只限于X80，汽车用钢板国外已经开发成功600～900MPa的TRIP钢和1300MPa的DP钢，而我国汽车钢板的强度还在210～550MPa之间。超临界和超超临界火力发电机组所用的锅炉管WB36、T/P23、T/P122等基本上依靠进口。即使部分产品国内能够生产，但由于没有掌握原创性技术，质量差距仍然存在。今后，钢铁产品质量的提高，需要以“原创性”的技术创新为重点，企业的“原创性”技术创新和积累越多，满足顾客特定要求的可能性越大，质量水平越高，市场竞争能力越强，企业的经济效益越好。

四、推行“质量经营”模式，系统优化管理水平

全球市场快速膨胀，国际竞争日益激烈。质量不再是企业给予的，而是顾客要求的。产品质量不仅仅是生产和检验出来的，而是企业系统优化管理的结果。为了赢得顾客，不仅需要充分地了解顾客要求，为了使顾客满意必须满足和超越

顾客的要求，应提供增值的产品和服务。质量经营是指在市场经济条件下，企业在经营管理活动中以顾客为中心，以创造相关方（顾客、员工、投资方、供方和社会）价值为目标，从战略决策、方针目标、人力资源、采购营销、生产检验、设计开发、基础设施、质量成本、无形资产、信息分析和持续改进等多方面进行提高产品质量和追求卓越绩效的经营管理模式。以这种模式是把质量与经营结合在一起，企业的所有工作都应追求完美和卓越，都要为提高产品和服务质量而努力。这种质量经营模式不仅能够系统优化管理水平，而且会明显地提高产品和服务质量，并为加快钢铁工业实现四个转变和建设钢铁强国做出贡献。

漫谈钢铁企业计控信息化的使命*

钢铁企业计控信息化的使命是以“网络生产”替代“平台生产”。

“平台”是指焦炉、烧结、球团、高炉、转炉、电炉、精炼炉和轧机等生产装备，也包括设计开发、生产制造、采购销售、检验分析等部门。“网络生产”是将“平台”纳入网络、以网络为中心的生产，也就是说，“网络生产”是把生产理解为由各种“平台”组成的统一指令和协调生产的一个大系统。

“平台生产”是按“自上而下”的生产指令进行的，而“网络生产”是以“自下而上”（类似 just in time，JIT）按信息，使各平台自动融入网络构成大系统，发挥能动作用，加快生产速度，与“平台生产”对比，具有强大的竞争优势。

“网络生产”把企业转化为一个完整的生产系统，它所拥有各种各样的基础设施、生产装备、工作环境和通讯线路都是网络的一个“点”，为了达到统一的和完整的生产系统的整体功能，所有“点”都必须在网络系统内进行“全局性”运行。所有的硬件和软件都应规定相应的标准，并按照这些规定的标准去运行。

“网络生产”的优势在于为企业提供快速、安全、宽频和无间隙的链接和通用性手段，把各种“平台”联合在一起，通过快速指令和同步行动，使生产变得快速和高效。“网络生产”节奏加快，整体协调，把企业各生产单元网络化，使信息优势转变成生产优势，使分散的平台能够充分掌握生产态势，统一行动，自动协调，发挥最大生产效能。

为了实现“网络生产”，钢铁企业必须不断加快推进“网”化过程，包括：基础设施的“网”化和人力资源的“网”化。基础设施的“网”化，主要解决微电子技术问题，从基础做起，开发软件、从单体控制向系统集成提升，加速建设信息网、传感网与生产网，将基础设施分阶段、分层次地以各种数据链的形式连接起来，构建覆盖所有生产装备系统的网络。人力资源的“网”化，包括克服“重专业、轻系统”的思想。既要重视专业人才，更应重视通用人才，培养网络化与大系统的人才。人才应从“操作平台”转向“驾驭系统”，即：不仅能够“操作设备”，而且能够“驾驭网络”，将基础设施和生产装备整合到“网络生产”的大系统中。

---

* 原载于《计控信息报》2011 年 10 月 28 日。

漫谈计量职能*

计量的职能应包括：检测、控制、监督、评估和管理。

计量最初只是检测，包括测温、测压、测速、测量尺寸和重量等，后来发展进入计控领域，将控制作为计量职能之一。检测就是检查和测量，测量的仪器装备越来越先进，检查的结果就越来越准确。对产品的检测可以发现不合格品，对过程的检测可以防止偏离程序，对环境的检测可以防止污染，对安全的检测可以防止事故发生，对能源检测可以促进节能降耗。检测范围的扩大和水平的提升，除了传感器的创新外，“软件检测”也是其重要原因。软件检测是为了发现程序的错误而执行程序的过程。现在的检测已经从仪器检测、软件检测发展到“网络检测”。不论是技术还是管理的控制，没有计量信息是不可能得到有效控制的，计控必须实现一体化。现在最时髦的 6σ 管理的核心方法的 DMAIC 中的 M (Measure) 也是检测，是发挥“概率效应”的关键。

监督不仅是自上而下的监视和督办，居高临下的控制；计量提供的信息对控制和管理也具有重要作用。法国管理学家亨利·法约尔曾经说过，“在企业中控制就是核实所发生的每件事情是否符合所规定的计划、所发布的指示和所规定的原则。目的在于指出计划和实施过程中的缺点和错误，以及加以纠正和预防再发生。控制在每件事情、每项工作、每个过程和每个人都起作用”。

评估是评价和估计，评价往往是针对现状，估计应是针对未来。因为计量能够掌握数据信息链，如果在能够对数据链进行分析（包括应用统计技术或建立评估模型），就会对现状进行评价，对未来进行预测。数据信息链不仅限于本企业，也应采用案例和规则，包括 benchmarking 信息，提高评估的针对性和有效性。

管理不应仅是领导的权力和责任，也应是企业全体员工的共同职责。应从最高管理者到基层管理人员组成金字塔式的组织，使发出的指令、解决的问题和传递的信息都经过法定的渠道。计量也应属于金字塔式组织的组成。但是在有些企业计量部门只负责检测或参与控制，不纳入管理机构，不参与监督和管理，显然是不合适的。

---

* 原载于《计控信息报》2011 年 12 月 16 日第 857 期。

特种设备和特种作业安全管理亟待加强*

从我国钢铁企业的伤亡事故来看，机械伤害和物体打击是最主要的危险因素之一。近年来，钢铁企业设备机械化和自动化程度有了很大的提高，但是特种设备和特种作业依然存在薄弱环节。例如，有些企业对特种设备管理的重点只放在向地方特种设备安全监督管理部门登记上（偏重设备注册）；特种作业人员的管理重点也只是关注给考核合格者发特种作业操作证（偏重资格认可）。这导致特种设备和特种作业缺乏对生产现场的安全管理，存在着较高的安全风险，须得到重视和控制。

特种设备是指涉及生命安全、危险性和危害性较大的设备，包括锅炉、压力容器、压力管道、起重机械等设备；特种作业是指容易发生伤亡事故，可能造成重大危害的作业，包括电工、焊工、起重机械和厂内机动车辆驾驶、登高架设、锅炉作业、压力容器操作、制冷、矿山通风和排水等作业。对钢铁企业来说，特别是与煤气和氧气有关的压力容器和管道，生产过程的起重和运输，检修过程的电工和焊工，具有多种危险和危害因素。

为了消除或预防特种设备和特种作业的安全事故，笔者认为，要从安全生产管理体系构建、过程控制、人员培训三个方面入手。

（1）构建专门的安全生产管理体系。企业要针对特种设备和特种作业制订专门的安全管理方案，包括责任分工明确，方案措施具体，监督检查落实、进行考核奖惩严格。特种设备要建立设备安全和岗位安全责任制，其生产、使用和监测机构要依法接受安全监察。特种设备使用单位要建立特种设备安全技术档案，并至少每月进行一次检查。存在严重事故隐患、无改造、维修价值或超过安全技术规范规定使用年限的设备，要按照规定流程及时报废和注销。此外，对特种设备和特种作业应具有危险预知和应急响应措施，最好采用可视化方式，既注意防止事故发生，也能避免或减轻事故伤害。

（2）注重设备使用和检修工程的安全控制。

第一，将特种设备和特种作业作为重要对象，采用适宜的方法对机械伤害、车辆伤害、起重伤害、爆炸、火灾、触电、灼烫和中毒等危险源进行辨识和评价，找出重要的危险源进行控制。

---

* 原载于《中国冶金报》2012 年 1 月 12 日。

第二，对特种设备和特种作业中的危险源的风险控制应执行责任制，明确分工，规定职责和权限。不应只局限于设备和人员管理部门，更应包括运行单位和操作人员。责任不仅是设备登记和人员取证，而应按保证特种设备和作业的安全运行。

第三，制定安全操作规程和作业标准，强化员工的标准化作业。作业标准要合理地规定作业内容、作业顺序、作业条件（包括技术、设备和环境），尽可能实现作业标准化的可视化，纠正并杜绝习惯性违章操作。

第四，要加强对待特种设备检修工程的安全管理。为了保证特种设备检修过程的安全，企业要以设备点检定修制为依据，针对检修中的危险源采取对策。比如，对检修前、检修中和试车过程的安全要求和责任做出规定；在检修开始前，就工程项目的危险源的影响及其防控措施进行教育；加强对频繁使用的检修工、器具及其操作的安全管理，包括合理选用、定置放置等。同时，检修安全工作也要实现标准化，包括采用工程委托单、建立安全组织、进行现场调查和安全交底，实施安全确认和联络挂牌、满足5S管理等规范性的规定和要求。

（3）加强对特种作业人员的教育和培训。对特种设备和特种作业的安全控制，增强员工安全生产意识，规范安全生产作业，同时注意设计和使用消除、预防、减弱、隔离、连锁、加强防护、合理布置等措施，防止能量释放和故障传递。要对特种设备和特种作业的安全生产教育和培训，增强安全生产意识和能力。特种作业工作人员要在独立上岗工作前，必须接受《特种作业人员安全技术培训考核大纲》规定的培训，除现有的常规三级安全教育外，应加强对特种设备和特种作业的安全教育和培训、职业健康教育和本工种的安全规程教育，最好包括案例分析和应急演练。此外要健全监督检验程序，包括主动检查、被动检查、预防性指标、事后性指标等，并将特种设备和特种作业安全绩效的检查结果包含在目标评价和奖惩考核制度中。

思考计量管理的基本原则*

计量管理应是一项具有科学规律和规范的工作。为了做好这项工作，是否应遵守以下基本原则：

（1）目标原则。计量管理的首要原则应是目标管理原则。“目标管理”是美国加利福尼亚大学杜拉克教授在1954年发表的《管理实践》一书中首先提出的概念，基本含义是让组织的领导和员工共同参与制定目标，并通过全员参与和自我控制积极地完成目标。美国哈佛大学商学院的理查德·巴斯柯克教授认为，不是有了工作才有目标，恰恰相反，是有了目标才能确定工作。目标管理起源于美国，但成功地应用却是在日本。日本新日铁原副社长相原满寿美先生认为：“目标一般是领导决定的，领导应对目标任务负有全责，部下只不过是责任的分担者。如果领导确定一个很高的目标，完不成就责备部下，对部下来说，目标管理就成了‘受责备’的管理了，这样一定会失去信心和干劲的”。计量管理应将目标管理作为主要原则之一，才能够让员工用创新性工作完成挑战性目标。

（2）系统原则。系统原则也是质量管理的基本原则，过程方法是使过程增值，而系统方法是使系统优化。采用系统方法管理计量工作，就像用“网络生产”替代“平台生产”一样，在信息化的时代的计量工作更需要采用系统原则，统一规划，统一指挥和统一行动。计量不应只考虑为采购和销售服务，也不能只为生产过程服务，应为企业的资金流、物质流和信息流全面整合服务。企业的计量应从为降低成本和提高效益，逐步转向提高产品质量、环境保护、安全生产和节能降耗。从企业经营的全局系统地考虑策划和实施计量工作。系统原则不仅有利于信息沟通、资源共享和系统互联，更有利于领导集中管理和员工的统一行动。

（3）公正原则。计量管理具有监测和评价职能，特别是在能源审计过程中的计量，必须坚持公正原则，保证计量工作科学化和数字化，避免人为因素干扰。计量对产品的检测可以发现不合格品，对过程的检测可以防止偏离程序，对环境的检测可以防止污染，对安全的检测可以防止事故发生，对能源检测可以促进节能降耗。检测范围的扩大和水平的提升，除了传感器和软件外，在管理原则上保持公正也是非常重要的。为了实现公正原则，在组织机构、职责权限和数据

* 原载于《计控信息报》2012年1月20日第862期。

信息上应探讨如何“解耦”——解脱耦合，保持独立。

（4）可视原则。在《论语》“为政第二”中，孔子就说过：“视其所以，观其所由，察其所安，人焉廋哉，人焉廋哉”？意思是说，视其行为，观其经纬，察其动机，任何人都隐蔽不了。《孙子·谋攻》中提到：“知己知彼，百战不殆”。人接受信息，90%是靠视觉。计量管理也同样，只有将管理内容和要求公开和透明了，才能激发员工的积极性和创造性。可视化管理的方法主要有标牌、标语、手势、看板、灯具、图表、画线和影视等，现在已经发展到利用电子媒体进行可视化管理。只有可视，才能可知；只有可知，才能可动；只有可动，才能可变。

（5）联锁原则。对产品来说，设计应有余度，零件应有备份，设备应有保险，功能应有联锁。天车行走有限位装置，电器使用有过电保护装置，煤气系统有报警装置。为了保证计量工作准确性和公正性，通过技术和管理两个方面采用措施和按一定程序建立起的既相互联系，而又相互制约的关系，这种制约关系就是联锁原则。例如ERP把企业的物流、人流、资金流、信息流统一起来进行管理，最大限度地利用企业现有资源，实现企业经济效益的最大化。但在管理过程中既对物流、人流、资金流和信息流进行整合，也对这些过程具有联锁性制约。计量管理也应对管理的要素或过程进行联锁性控制。

从“海恩法则”看安全事故预防*

德国人帕布斯·海恩认为，每一起严重事故的背后，必然有29次轻微事故和300起未遂先兆以及1000起事故隐患。人们将这一观点称为“海恩法则”。“海恩法则”强调事故的发生是隐患、先兆和轻微事故或事件积累的结果，即使技术先进和管理严格，在实际操作中，也无法取代员工的素质和干部的责任心。对某些企业来说，事故是新的，但问题是老的；不是不知道，而是不重视；不是没信息，而是不监测；不是没措施，而是不落实；不是没管理，而是不坚持。关键在于对隐患、先兆和轻微事故或事件没有进行监测分析、提高意识和进行防范。出现安全事故的根本原因在于员工素质低和干部责任心不强。

工业发达国家的钢铁企业，尽管生产车间和设备配置了消除、预防、隔离和防护等安全装置，但是员工上班见面都还对呼“安全”，在操作前进行“危险预知”活动，在危险源处有监测仪表和可视化标识，在车间内外行走也用手指确认前后左右安全。干部头戴安全帽，胳膊有安全袖标，车间内部通道也有红绿灯。每周有一次安全日，厂区升挂安全旗，员工和干部都佩戴安全胸标。即使是参观者也必须戴安全帽、眼镜和耳塞，看起来是形式，其实是表现了企业文化、员工的素质和干部的责任心。

煤气作业区煤气报警仪器失效，检修过程缺乏防止泄漏和倒灌，氧气呼吸器压力不足，消防灭火器材过期，乙炔瓶和氧气瓶在一起操作，特别的对铁罐、钢包或铸型的水分缺乏监测等，这些隐患和先兆在我国钢铁企业随处可见。正是对轻微事故没有引起重视，重大事故的发生才是必然的，只是时间早晚的问题。

“安全第一，预防为主”的方针不是一句口号，企业要实现安全生产，必须对轻微事故、未遂先兆和事故隐患进行监测、分析和控制，将风险降到可容许程度，防患于未然。

---

* 原载于《中国冶金报》2012年4月17日。

多措并举实现钢铁企业安全生产*

近期，钢铁企业出现的安全事故比较多，甚至造成严重的人员伤亡，引起了行业内外对这些高危行业安全生产问题的关注。面对产能过剩的矛盾和结构调整的艰巨任务，钢铁企业十分重视产品的结构调整，建立技术创新机制，实现节能减排，增强核心竞争力等，但是安全生产的重视尚未提升到应有的高度。如今打造“绿色”（环境保护）的呼声很高，对生产过程的“红色”（安全事故）关注不多。其实，“安全生产，事故为零”应是所有钢铁企业追求的目标，它应与“绿色钢铁”和“低碳经济”一样，成为钢铁企业转变发展方式的任务之一。

针对钢铁企业的生产实际，要实现“安全生产，事故为零”，以下几个方面的工作非常重要。

（1）严格落实安全生产的相关制度。安全生产责任制、安全生产教育和安全生产检查制度是国家法规的要求，是按照职业健康安全方针、目标和遵循管生产的同时必须管安全原则所制定的，是各级负责人员、各职能部门及其工作人员和各岗位生产工人应执行的制度。

安全生产责任制的核心是实现安全生产的“五同时”，就是在计划、布置、检查、总结、评比生产的同时，计划、布置、检查、总结、评比安全工作。三级安全教育是安全生产教育的基本形式和方法，包括入厂安全教育、车间安全教育和岗位安全教育。其中岗位安全教育更重要，包括特种设备和特殊作业人员的专业安全教育，教育的重点应是生产过程和设备的危险源，安全装置、防护设施和安全作业规程以及应当遵守的劳动纪律。安全生产检查包括定期和不定期安全检查、专业性安全检查和季节性安全检查以及班前班后经常性安全检查等。进程本单位的安全生产工作，即使消除生产中的安全隐患是企业领导的重要职责之一。目前，很多的钢铁企业安全生产检查中的缺陷是领导不亲自参加，部门检查形式化。

（2）辨识、评价危险源，分解安全生产指标。钢铁企业的生产过程存在很多危险源，例如炼铁过程煤气泄漏造成的一氧化碳中毒、喷煤设施可能发生的爆炸、铁水和炉渣遇水的爆炸；出铁时开堵铁口操作失误，出铁沟的修补以及出渣

* 原载于《中国冶金报》2012 年 4 月 19 日。

出铁时的渣铁飞溅灼烫。炼钢过程的高温钢水炉渣喷溅或遇水也能引起爆炸；轧钢过程也存在易燃易爆气体火灾和爆炸、机械伤害、起重伤害、高处坠落伤害等。

针对上述情况，钢铁企业应按过程、设备和岗位对危险源进行辨识和评价，对重要的危险源应规定安全生产的目标和指标。“事故为零”应是所有钢铁企业追求的目标，并按过程、设备和岗位分解安全生产指标，与经济效益、质量水平和节能减排一起纳入业绩考核项目中。

（3）切实加强对危险源的预知和控制。现在有些企业的《安全操作规程》只存在于设备操作或检修程序中，与生产过程有所脱节，在交接班时也很少进行危险预知活动。没有把危险源预知作为时刻警惕的作业活动，甚至对劳动保护用品和危险因素的监测工具也缺乏规范使用。安全生产控制应包括对物的安全管理和对人的安全管理。对人的安全管理的关键是标准化作业，作业标准尽可能做到可视化。钢铁企业应在辨识和评价冶炼伤害、机械伤害、电气伤害、爆炸火灾、中毒窒息、起重伤害、运输伤害以及职业病等危险源后，采取消除或降低职业健康安全风险的措施，并对员工进行预知沟通，使安全生产得到有效控制。

安全生产控制应包括对物的安全管理和对人的安全管理。对人的安全管理的关键是标准化作业，对作业标准尽可能做到可视化。同时，落实岗位责任制，在一些重要、关键的岗位应设立相应的岗位责任人，如锅炉作业中的段长、组长、司炉工、化验工、维修工等岗位，详细列举出他们的责任；实现交接班制，明确交接班的检查内容、交接手续、记录要求。

（4）配置安全消除、预防、隔离和防护装置。钢铁企业设备众多，这些设备涉及企业所有的生产工艺系统，安全管理稍有疏忽就会引起混乱。目前，我国钢铁企业的生产设备已逐步实现大型化、现代化，不仅提高了产品的产量和质量，也应对安全生产提供了必要的设备保证。但从行业的整体情况看，企业对于生产设备的安全重视程度不够。现在，钢铁企业的信息化建设总水平和能力正在迈向国际先进水平行列，但多数企业的信息化体系中没有设置安全生产管理模块。

在对设备和设施的操作、检查、检修等 3 个重点环节的作业活动建立明确的作业流程和作业标准的基础上，企业要为生产设备配置安全消除、预防、隔离和防护装置，即实现生产设备的本质安全。“本质安全”主要取决于原有设备、设施的安全化程度、生产过程中人的安全操作和设备、设施的管理与检修。其中，原有设备、设施的安全化程度起决定性作用。

（5）完善应急准备、预案和处理制度。通过安全生产管理可以预防事故和降低风险，但是达不到绝对安全。万一发生事故，应当采取应急准备和相应措施。事故应急管理是控制或排除事故、减少损失的重要措施。钢铁企业应警惕高炉垮塌事故、钢水、铁水爆炸事故、煤气火灾爆炸事故，煤粉爆炸事故、煤气、硫化氢、氰化氢中毒事故和氧气火灾事故等。针对这些事故的分类和性质，企业应制订相应的应急预案。应急预案要按事故严重性和影响范围进行分级响应。预案包括应急求援、疏散撤离、紧急救护和处理事故。目前多数钢铁企业都有安全事故应急预案，但是否有效仍缺乏评审和演习。

从新标准看安全管理改进方向*

自 GB/T 28001—2001《职业健康安全管理体系规范》（以下简称原标准）和 GB/T 28002—2002《职业健康安全管理体系指南》发布以来，该标准在全国普遍采用，并开展了职业健康安全管理体系的认证。在这时，多数钢铁企业在取得认证的过程中还将质量管理体系、环境管理体系和职业健康安全管理体系进行整合，取得了管理工作的创新发展。为适应这一发展形势的需要，我国国家质量监督检验检疫总局对 GB/T 28001—2001《职业健康安全管理体系规范》进行了修订，并于 2012 年 2 月 1 日起开始实施 GB/T 28001—2011《职业健康安全管理体系要求》（以下简称新标准）。对比修订前后的版本，主要有以下几个方面的变化：

（1）新标准更加强调健康的重要性。新标准更强调“健康”的重要性，体现“以人为本”的管理理念。企业管理主要是依靠激发和调动人的主动性、积极性和创造性。健康是生活质量和工作环境的最佳状态。企业要激发员工的主动性、积极性和创造性，就要为员工创造职业健康、安全的工作环境。为了强调健康的重要性，在贯彻实施新标准的过程中，钢铁企业不仅要关注对职工有人身伤害的危险因素，也应控制对员工健康有损害的危害因素。

（2）变 PDCA 模式介绍方式有所改变。原标准用 PDCA（策划—实施—检查—改进）来描述职业健康安全管理体系的过程方法，以及职业健康安全方针、策划、实施、运行、检查和纠正措施以及管理评审过程方法。这样不仅与质量管理体系和环境管理体系的表述不一致，而且将审核和绩效测量的反馈作为每个子过程的输入，有些过于形式化。

新标准仅在引言中对职业健康安全管理体系运行模式用过程方法和 PDCA 方法进行了描述。由于 PDCA 方法可以引用于所有过程，将这两种方式兼容有助于同 GB/T 24001 和 GB/T 19001 兼容，也便于企业对质量管理、环境管理和职业健康安全规律体系进行整合。

（3）对部分术语和定义进行调整和变动。在原标准的基础上，新标准增加了 9 个术语（可接受风险、纠正措施、文件、健康损害、职业健康安全方针、工作场所、预防措施、程序和记录），修改了 13 个术语的定义（审核、持续改进、

---

* 原载于《中国冶金报》2012 年 4 月 23 日。

危险源、事件、相关方、不符合、职业健康安全、职业健康安全管理体系、职业健康安全目标、职业健康安全绩效、组织、风险和风险评价)。将原有的“可接受风险”改为“可容许风险”;将原有的“事故”和“事件”合并到“事件”中;将“危险源”的定义不再涉及“财产损失”和“工作环境破坏”。

(4)将原标准的条款合并。为了与环境管理体系兼容和整合,新标准将原标准中的4.3.3目标和4.3.4职业健康安全管理方案合并为4.3.3目标和管理方案,没有涉及指标。管理方案包括规定组织内各有关职能和层次实现目标和指标的职责,以及实现目标和指标的方法和时间表。企业的安全技术措施计划管理制度和管理方法与管理方案具有类似的作用。

(5)针对策划对控制措施的层级提出新要求。在4.3.1危险源辨识、风险评价和控制措施的确定中,针对策划对控制措施的层级提出新要求,即在确定控制措施或考虑变更现有控制措施时,应按如下顺序考虑降低风险:消除,替代,采用工程控制措施,采用标志、警告、和(或)管理控制措施以及个体防护装备。也就是说,在选择和采用风险控制措施时,应考虑下列问题:如果可能,应完全消除或消灭危险因素或危害因素;如果不可能完全消除或消灭,应努力降低风险;在可能的条件下是生产环境适合于人的精神和体能状态;依靠技术进步措施,改善风险控制水平;将技术措施和管理措施结合起来进行控制;采取必要的安全防护装置或个体防护措施。

(6)更强调变更管理的重要性。新标准更强调企业在产品、工艺、技术或设备有变化时,职业健康安全管理应适应变化进行动态控制。目前,我国钢铁企业正在进行结构调整和淘汰落后产能,在这个过程中,必须重视对职业健康安全管理的变化。

(7)增加了“合规性评价”。为了与环境管理体系兼容、整合,新标准中增加了4.5.2“合规性评价”。遵守适用的法律、法规是《职业健康安全管理体系》的要求,特别是《中华人民共和国安全生产法》、《中华人民共和国职业病防治法》以及国家职业健康安全管理制度,包括安全生产责任制、职业健康安全措施计划制度、职业健康安全教育制度、职业健康安全检查制度、伤亡事故职业病统计报告和处理制度、职业健康安全监察制度、“三同时”制度和职业健康安全预报评价制度等。因此,“合规性评价”也是必要的。

(8)对参与和协商提出新要求。将原标准中的4.4.3“协商与沟通”修订为4.4.3.1“沟通”和4.3.3.1“参与和协商”,对工作人员和承包方以及其他相关方的参与和协商的新要求,也是了解和满足其他要求的信息来源。同时,新标准特别强调对员工和承包方通过沟通与协商进行控制,对员工尽可能做到危险预知,防范事故;对外包方避免“以包代管”。部分钢铁企业正是因为忽视了对外包方的控制,在生产或建设中屡有伤亡事故发生。

（9）对于“事件”调查提出新要求。新标准要求不仅要避免事故，而且应防止“事件”发生。“事件”包括发生或可能发生与工作相关的健康损害或人身伤害或死亡的情况，包括紧急情况。因工作而发生的或可能发生的轻伤、重伤、死亡以及引起身体或精神的不良状态，都属于“事件”。与原报纸不同的是，新标准将“事故”也作为“事件”的一种。紧急情况有时会发生或可能发生健康损害和人身伤害或死亡的后果，有时没有造成健康损害和人身伤害或死亡的后果，但它也是一种特殊类型的“事件”，因为它发生健康损害和人身伤害或死亡的可能性比较大。

转方式要重视“绿色”也不要忽视“红色”*

2月20日23时30分，鞍钢重型机械有限责任公司铸钢厂砂型腔发生喷爆事故，造成13人死亡、17人受伤。

2月23日11时50分左右，梅山钢铁厂发生煤气泄漏事故，导致转炉煤气倒灌进煤气柜，造成柜内正在进行技术改造大修施工的13名作业人员煤气中毒，其中6人死亡。

3月15日深夜1时许，山东苍山石门铁矿有限公司基建矿井副井发生罐笼坠落事故，造成13人死亡。

3月20日凌晨，酒钢集团炼铁厂检修人员在检修2号高炉地沟除尘器时，管道撕裂，拉倒除尘箱体，造成2人死亡、1人失踪。据了解，3名检修人员均属嘉峪关汇博劳务公司员工。

按照《生产安全事故报告和调查处理条例》对于事故等级的界定，造成10人以上30人以下死亡的属重大事故，造成3人以上10人以下死亡的属于较大事故。短短30天的时间，钢铁行业就发生重大事故两起、较大事故两起，死亡人数达到35人。

一、深度

多措并举实现钢铁企业安全生产。近期，钢铁企业出现的安全事故比较多，甚至造成严重的人员伤亡，引起了行业内外对这个高危行业安全生产问题的关注。面对产能过剩的矛盾和结构调整的艰巨任务，钢铁企业十分重视自身的产品结构调整、建立技术创新机制、实现节能减排、增强核心竞争力等，但对安全生产的重视尚未提升到应有的高度。如今，打造“绿色”（环境保护）的呼声很高，对生产过程的“红色”（安全生产）关注不多。其实，“安全生产，事故为零”应是所有钢铁企业追求的目标，它应与“绿色钢铁”和“低碳经济”一样，成为钢铁企业转变发展方式的任务之一。

针对钢铁企业的生产实际，要实现“安全生产，事故为零”的目标，以下几个方面的工作非常重要。

---

* 原载于《中国冶金报》2012年4月27日。

（1）严格落实安全生产的相关制度。安全生产责任制、安全生产教育和安全生产检查制度是按照职业健康安全方针、目标，遵循管生产的同时必须管安全的原则所制定的，是企业各级负责人、各职能部门、各岗位操作工人都必须严格执行的制度。

安全生产责任制的核心是实现安全生产的“五同时”，就是要在计划、布置、检查、总结、评比生产的同时，计划、布置、检查、总结、评比安全工作。三级安全教育是安全生产教育的基本形式和方法，包括入厂安全教育、车间安全教育和岗位安全教育。其中，岗位安全教育最为重要，包括特种设备和特殊作业人员的专业安全教育，教育的重点应是生产过程和设备的危险源辨识，安全装置、防护设施和安全作业规程以及应当遵守的劳动纪律。安全生产检查包括定期和不定期安全检查、专业性安全检查和季节性安全检查，以及班前、班后经常性安全检查等。检查本单位的安全生产工作，及时消除生产中的安全隐患是企业领导的重要职责之一。目前，很多钢铁企业安全生产检查中的缺陷是领导不亲自参加，而部门检查又常常流于形式化。

（2）辨识、评价危险源分解安全生产指标。钢铁企业属于高危生产企业，生产过程存在着很多危险源。例如，在炼铁过程中，煤气泄漏造成的一氧化碳中毒，喷煤设施可能发生的爆炸，铁水和炉渣遇水的爆炸，出铁时开堵铁口的操作失误，出铁沟的修补、出渣出铁时的渣铁飞溅灼烫；在炼钢过程中，高温钢水炉渣喷溅或遇水会引起的爆炸；在轧钢过程中，可能发生易燃易爆气体引起的火灾和爆炸、机械伤害、起重伤害、高处坠落伤害等。

针对以上情况，钢铁企业应按过程、设备和岗位对危险源进行辨识和评价，针对重要的危险源详细规定安全生产的目标和指标，并按过程、设备和岗位分解安全生产指标，将安全生产与经济效益、质量水平和节能减排一起纳入到业绩考核中。

（3）切实加强对危险源的预知和控制。现在，有些企业的《安全操作规程》只存在于设备操作或检修程序中，与生产过程有所脱节，在交接班时也很少进行危险预知活动，没有把危险源预知作为时刻警惕的作业活动，甚至对劳动保护用品和危险因素的监测工具也缺乏规范使用。这要求钢铁企业在辨识和评价冶炼伤害、机械伤害、电气伤害、爆炸火灾、中毒窒息、起重伤害、运输伤害以及职业病等危险源的基础上，采取消除或降低职业健康安全风险的措施，并与员工进行预知沟通，使安全生产得到有效控制。安全生产控制应包括对物的安全管理和对人的安全管理。对人的安全管理的关键是标准化作业，对于作业标准尽可能做到可视化。同时，落实岗位责任制，在一些重要、关键的岗位应设立相应的岗位责任人，如锅炉作业中的段长、组长、司炉工、化验工、维修工等岗位，详细列举出他们的责任；实行交接班制，明确交接班的检查内容、交接手续、记录要求。

（4）配置安全消除、预防、隔离和防护装置。钢铁企业设备众多，这些设备涉及企业所有的生产工艺系统，安全管理稍有疏忽就会引起混乱。目前，我国钢铁企业的生产设备已逐步实现大型化、现代化，不仅提高了产品的产量和质量，也为安全生产提供了必要的设备保证。但从行业的整体情况看，企业对于生产设备的安全重视程度不够。现在，钢铁企业的信息化建设总体水平和能力正在迈向国际先进水平的行列，但多数企业的信息化体系中没有设置安全生产管理模块。

在对设备和设施的操作、检查、检修等3个重点环节的作业活动建立明确的作业流程和作业标准的基础上，企业要为主要生产设备配置安全消除、预防、隔离和防护装置，即实现生产设备的本质安全。本质安全主要取决于原有设备、设施的安全化程度，生产过程中人的安全操作，设备、设施的管理与检修。其中，原有设备、设施的安全化程度起决定性作用。

（5）完善应急准备、预案和处理制度。通过安全生产管理可以预防事故和降低风险，但是达不到绝对安全。万一发生事故，应当采取应急准备和相应措施。事故应急管理是控制或排除事故、减少损失的重要措施。钢铁企业应警惕高炉垮塌事故，钢水、铁水爆炸事故，煤气火灾爆炸事故，煤粉爆炸事故，煤气、硫化氢、氰化氢中毒事故，氧气火灾事故等。针对这些事故的分类和性质，企业应制订相应的应急预案。应急预案要按事故的严重性和影响范围进行分级响应，包括应急求援、疏散撤离、紧急救护和处理事故。目前，多数钢铁企业都有安全事故应急预案，但是否有效仍缺乏评审和演习。

二、观察

从新标准看企业安全管理改进方向。自 GB/T 28001—2001《职业健康安全管理体系规范》（以下简称原标准）和 GB/T 28002—2002《职业健康安全管理体系指南》发布以来，该标准在全国被普遍采用，并开展了职业健康安全管理体系认证。在这期间，多数钢铁企业在取得认证的过程中还将质量管理体系、环境管理体系和职业健康安全管理体系进行整合，取得了管理工作的创新发展。为适应这一发展形势，国家质量监督检验检疫总局对 GB/T 28001—2001《职业健康安全管理体系规范》进行了修订，并于 2012 年 2 月 1 日起开始实施 GB/T 28001—2011《职业健康安全管理体系要求》（以下简称新标准）。对比修订前后的版本，主要有以下几个方面的变化：

（1）新标准更加强调健康的重要性。新标准更强调职业健康的重要性，体现了“以人为本”的管理理念。企业管理主要依靠激发和调动人的主动性、积极性和创造性。健康是生活质量和工作环境的最佳状态。企业要激发员工的主动性、积极性和创造性，就要为员工创造健康、安全的工作环境。钢铁行业是高危行业，为了强调健康的重要性，在贯彻实施新标准的过程中，钢铁企业不仅要关注对职工有人身伤害的危险因素，也应控制对员工健康有损害的危害因素。

（2）PDCA 模式的介绍方式有所改变。原标准用 PDCA（策划—实施—检查—改进）来描述职业健康安全管理体系的过程方法，以及职业健康安全方针、策划、实施、运行、检查和纠正措施以及管理评审的过程方法。这样不仅与质量管理体系和环境管理体系的表述不一致，而且将审核和绩效测量的反馈作为每个子过程的输入，有些过于形式化。

新标准仅在引言中对职业健康安全管理体系的运行模式用过程方法和 PDCA 方法进行了描述。由于 PDCA 模式可应用于所有过程，将这两种方式兼容有助于与 GB/T 24001 和 GB/T 19001 兼容，也便于企业对质量管理、环境管理和职业健康安全管理体系进行整合。

（3）对部分术语和定义进行调整和变动。在原标准的基础上，新标准增加了 9 个术语（可接受风险、纠正措施、文件、健康损害、职业健康安全方针、工作场所、预防措施、程序和记录），修改了 13 个术语（审核、持续改进、危险源、事件、相关方、不符合、职业健康安全、职业健康安全管理体系、职业健康安全目标、职业健康安全绩效、组织、风险和风险评价）的定义，体现了健康优先的方针。同时，新标准将原有的“可接受风险”改为“可容许风险”，将原有的“事故”和“事件”合并到“事件”中，对“危险源”的定义不再涉及“财产损失”和“工作环境破坏”。

（4）将原标准的条款合并。为了与环境管理体系兼容和整合，新标准将原标准中的 4.3.3“目标”和 4.3.4“职业健康安全管理方案”合并为 4.3.3“目标和管理方案”，但是没有涉及指标。管理方案包括规定组织内各有关职能和层次实现目标和指标的职责，以及实现目标和指标的方法和时间表。企业的安全技术措施计划管理制度与管理方案具有类似的作用。

（5）针对策划对控制措施的层级提出新要求。在 4.3.1“危险源辨识、风险评价和控制措施”的确定中，针对策划对控制措施的层级提出了新要求，即在确定控制措施或考虑变更现有控制措施时，应按如下顺序考虑降低风险：消除，替代，采用工程控制措施，采取标志、警告和（或）管理控制措施以及个体防护装备。也就是说，在选择和采用风险控制措施时，应考虑下列问题：如果可能，应完全消除或消灭危险因素或危害因素；如果不可能完全消除或消灭，应努力降低风险；在可能的条件下使生产环境适合于人的精神和体能状况；依靠技术进步措施，改善风险控制水平；将技术措施和管理措施结合起来进行控制；采取必要的安全防护装置或个体防护措施。

（6）更强调变更管理的重要性。新标准更强调企业在产品、工艺、技术或设备有变化时，职业健康安全管理应适应变化进行动态控制。目前，我国钢铁企业正在进行结构调整和淘汰落后产能，在这个过程中，必须重视对职业健康安全管理进行变更。

（7）增加了“合规性评价”。为了与环境管理体系兼容、整合，新标准增加了4.5.2“合规性评价”。遵守适用的法律、法规是《职业健康安全管理体系》的要求，特别是《中华人民共和国安全生产法》、《中华人民共和国职业病防治法》以及国家职业健康安全管理制度，包括安全生产责任制、职业健康安全措施计划制度、职业健康安全教育制度、职业健康安全检查制度、伤亡事故职业病统计报告和处理制度、职业健康安全监察制度、“三同时”制度和职业健康安全预报评价制度等。所以，“合规性评价”也是必要的。

（8）对参与和协商提出新要求。将原标准中的4.4.3“协商与沟通”修订为4.4.3.1“沟通”和4.3.3.1“参与和协商”，对工作人员和承包方及其他相关方的参与和协商提出新要求，这也是了解和满足其他要求的信息来源。同时，新标准特别强调对员工和承包方通过沟通与协商进行控制，对员工尽可能做到危险预知，防范事故；对外包方避免“以包代管”。部分钢铁企业正是因为忽视了对外包方的控制，在生产或建设过程中屡有伤亡事故发生。

（9）对“事件”调查提出新要求。新标准要求不仅要避免事故，而且应防止“事件”发生。“事件”包括发生或可能发生与工作有关的健康损害和人身伤害或死亡的情况，包括紧急情况。因工作而发生的或可能发生的轻伤、重伤、死亡以及引起身体或精神的不良状态，都属于“事件”。与原标准不同的是，新标准将“事故”也作为“事件”的一种。紧急情况有时会发生或可能发生健康损害和人身伤害或死亡的后果，有时没有造成健康损害和人身伤害或死亡的后果，但它也是一种特殊类型的“事件”，因为它发生健康损害和人身伤害或死亡的可能性比较大。

三、视点

从“海恩法则”看安全事故预防。德国人帕布斯·海恩认为，每一起严重事故的背后，必然有29次轻微事故、300起未遂先兆、1000起事故隐患。这一观点被称为“海恩法则”。“海恩法则”强调事故的发生是事故隐患、先兆和轻微事故或事件积累的结果，在实际操作中，即使技术再先进，管理再严格，也无法取代员工的素质和管理者的责任心。

对某些企业来说，安全事故是新的，但问题是老的，关键在于对事故隐患、先兆和轻微事故或事件没有进行监测分析和防范。对于事故隐患，企业不是不知道，而是不重视；不是没信息，而是不监测；不是没措施，而是不落实；不是没管理，而是不坚持。

在工业发达国家的钢铁企业，虽然生产车间和设备都配置了消除、预防、隔离和防护等安全装置，但是员工上班见面都还互相提醒，在上岗操作前会认真进行危险预知活动，在车间内外行走也用手指确认前后左右的安全；管理者头戴安全帽，胳膊戴有安全袖标；车间内部通道有红绿灯，在危险源处设有监测仪表和可视化标识；每周有一天安全日，厂区升挂安全旗，员工和管理者都佩戴安全胸标，即使是参观者也必须戴上安全帽、眼镜和耳塞。这些看起来是形式，其实是表现了企业的安全文化、员工的素质和管理者的责任心。

煤气作业区的煤气报警仪器失效、检修过程缺乏防泄漏和倒灌措施、氧气呼吸器压力不足、消防灭火器材过期、乙炔瓶和氧气瓶在一起操作、对铁罐和钢包或铸型的水分缺乏监测等，这些安全隐患和事故先兆在我国一些钢铁企业随处可见。正是对轻微事故没有引起重视，重大事故的发生才是必然的，只是时间早晚的问题。

“安全第一，预防为主”的方针不是一句口号。企业要实现安全生产，必须对轻微事故、未遂先兆和事故隐患进行监测、分析和控制，将风险降到可控的程度，防患于未然。

（1）安全事故可防可控。安全事故不存在必然性，是可防可控的。只要我们重视安全，珍惜生命，超前预防，就一定能实现安全生产。

（2）预防事故必须认之有道。要认知事故，必须知其根源，究其特性，晓其利害而后治之。事故一般有以下四种特性：

一是因果性。事故的发生都有原因，人的不安全行为、物的不安全状态、监督和管理上的缺陷都会引发事故。因此，要把安全工作的重心从事后救援转移到事前防范上来，调查清楚事故发生的原因，然后对症下药、亡羊补牢。

二是偶然性。偶然性增加了事故的防控难度，但这种偶然性是可以通过事故资料的积累、统计、分析找到规律的，这对预防事故大有裨益。

三是隐蔽性。据美国安全工程师海因里希对55万余起工业伤害事故的统计分析，重伤或工亡、轻伤、违章的比例关系是1∶29∶330，即在330起违章中，可能导致29起轻伤，1起重伤或工亡。从表面上看，事故的发生很突然。但仔细追究起来，事故是人、机、料、法、环的不安全状态积聚到一定程度后爆发的结果，发生前有一段潜伏期。在潜伏期，由于大家对不安全状态和监督管理上的缺陷习惯了、麻木了，“小恶”才会酿成大患。

四是可控性。事故是由多个错误共同作用引发的，在这个过程中只要有一个环节被有效地制止，事故就不会发生。因此，要有效避免事故，必须通过规范职工行为、保证设备和设施安全、严格执行制度、提高现场本质安全的水平等多种方式，切断容易导致事故发生的链条。

(3) 预防事故必须防之有效。一是要在行为意识上下工夫，变无为为有为。增强人的安全意识是防范事故的关键。企业必须倡导安全工作中的一些好做法和经验，通过宣传鼓动、家庭互动、案例触动、措施带动、考核驱动、环境推动等方式，分层次、多渠道、有针对性地对职工进行安全教育，提高职工的安全意识，让职工由强制服从转化为自觉行为，继而转化为安全习惯。

二是要在安全学习上下工夫，变无心为有心。安全知识和业务技能是安全作业的根基。就普通职工而言，各类安全生产规章制度是由事故教训积累而成的，是安全作业必备的“法宝”，必须牢牢掌握。如果工作中注重积累，具备一定的危险辨识能力和安全工作经验，作业前能够主动熟悉现场作业环境，多问几个“会不会”，多想几个“万一”，安全会更有保障。对于安全管理人员来说，不仅要熟悉国家有关安全生产的法律、法规，企业的安全规章制度，还要具备安全生产管理知识、安全生产技术知识、劳动保护及职业卫生知识、安全文化知识和事故应急救援知识，善于对危险因素全面预知、预判，能够及时发现问题，快速解决问题。

三是要在制度执行上下工夫，变无力为有力。现在，企业在安全工作上下了很大工夫，但为什么安全事故仍时有发生，各种违章行为仍屡禁不止呢？其中的一个重要原因，就是制度执行力不强，从上到下有层层衰减、逐级弱化的趋势。强化安全管理，执行是关键；落实安全管理制度，领导是关键。安全管理是一项系统化工程，只有领导重视了，各级管理人员才不会懈怠，不敢敷衍了事。领导干部要做执行制度的表率，给职工树立榜样，上行下效。同时，要注重吸收新经验，引入新技术，创新新工艺，不断提高现场安全的本质化和科学化水平，确保机、料、法、环的安全。此外，安全管理要注重理清责任，明确职责，严格落实责任评价和问责制，使各级管理人员在其位、尽其责，真正把安全工作落实到位。

转变经营理念，推动转型升级*

推动转型升级是我国钢铁行业的发展趋势。转什么型，升什么级，也需要深入探讨。笔者认为，应推动产量效益型和成本效益型向以市场需求为发展方向的品种质量效益型转型，为此应推动技术升级、管理升级、产品升级和企业升级。推动上述的转型升级不能只靠管理机制，关键是要靠经营理念。

只有在以顾客和相关方利益为关注焦点的经营理念指引下，强化市场机制才有可能有效运行。机制是管理模式，经营是体现理念。强化市场机制是根据市场需求和顾客利益，创新和提供能够给顾客增值的产品，从顾客增值效益中获取回报，提高钢铁企业的经济效益。在企业内部"模拟市场核算，实行成本否决"，来提高经济效益或扭转当前微利或亏损问题，并不见得是属于完整的市场机制，在某种程度上是最高经营者将企业的经营责任（特别是提高经济效益）下放给基层了。基层没有法人权利，却要承担法人责任和义务，不见得是合理的和适宜的。

日本新日铁原副社长相原满寿美先生在其《管理者是企业的太阳》一书中说："目标一般是领导制定的，领导应对目标任务负有全责，部下只不过是责任的分担者。如果领导确定一个很高的目标，完不成就责备部下，对部下来说，目标管理就成了'受责备'的管理了，这样一定会失去信心和干劲的。"这种观点表明企业经营是由最高经营者负责，基层只负责完成产量、质量和成本目标。采购（与成本有关）、销售（与效益有关）的供应链是集团或公司的责任。推动转型升级过程中技术创新具有重要作用，但是"模拟市场核算，实行成本否决"的管理机制只靠降低成本来提高效益，而没有考虑技术创新所带来的增值。降低成本的效益是有限的，技术创新的业绩是无限的。在20多年前值得推荐的经验，在当前面临的形势下，不一定对全行业继续有效。

宝钢转变观念，建立"以顾客为中心"的经营模式和"市场倒逼"长效机制，秉承"打造服务最好、速度最快、成本最低的最优营销价值链"的服务理念，长期以来一直坚持以用户需求为导向，坚持三个"就是"的承诺：用户的标准就是宝钢的标准、用户的计划就是宝钢的计划、用户的利益就是宝钢的利益。宝钢致力于与用户结为战略伙伴，强化与用户的协同效应，重视服务增值对最优营销价值链的贡献，追求与用户实现共赢。宝钢的这种经营理念和管理机制是转型升级的重要典型，很值得钢铁行业学习和借鉴。

---

* 原载于《中国冶金报》2012年5月15日。

转变经营理念，开展技术创新，推动计控工作转型升级*

推动转型升级是我国钢铁行业的发展趋势，也是计控工作的发展方向。转什么型，升什么级，我认为，应推动产量效益型和成本效益型向以市场需求为发展方向的品种质量效益型转型，为此应推动技术升级、管理升级、产品升级和企业升级。推动上述的转型升级不能只靠管理机制，关键是要靠经营理念。

只有在以顾客和相关方利益为关注焦点的经营理念指引下，强化市场机制才有可能有效运行。机制是管理模式，经营是体现理念。强化市场机制是根据市场需求和顾客利益，创新和提供能够给顾客增值的产品，从顾客增值效益中获取回报，提高钢铁企业的经济效益。例如宝钢转变观念，建立“以顾客为中心”的经营模式和“市场倒逼”长效机制，秉承“打造服务最好、速度最快、成本最低的最优营销价值链”的服务理念，长期以来一直坚持以用户需求为导向，坚持三个“就是”的承诺：用户的标准就是宝钢的标准、用户的计划就是宝钢的计划、用户的利益就是宝钢的利益。宝钢致力于与用户结为战略伙伴，强化与用户的协同效应，重视服务增值对最优营销价值链的贡献，追求与用户实现共赢。宝钢的这种经营理念和管理机制是转型升级的重要典型，很值得钢铁行业学习和借鉴。

下面对钢铁计控工作转变经营理念，开展技术创新，推动转型升级，提出一些看法。

（1）钢铁计控的经营应以市场为导向。钢铁计控多属于钢铁企业的一部分，有的是管理部门，有的是分支组织（或公司），有的是两者兼有之。基本上是为主体企业行使部分管理职责或为主体公司服务，靠主体企业的“钢”来生存和发展的。这种体制的存在，使钢铁计控工作成为主体企业的二级单位。虽有经济责任制，但仍然是以指令为导向，相当多的计控部门或单位缺乏市场意识。首钢自动化信息技术公司（最初叫计控自动化公司）是钢铁行业中第一个将计控分立为独立法人的企业。这种体制的变革，迫使首钢的计控工作走向了市场。当初他们以转变观念为突破口，树立市场经营观念，迈出了创新的第一步。以市场为导向，包括内部市场，也包括外部市场。通过市场了解顾客的需求，包括长远的和近期的，明示的和隐含的，并满足和超越顾客的需求。在这一变革实现了可观

---

* 原载于《计控信息报》2012 年 6 月 1 日第 880 期。

的经济效益。这些效益是通过向顾客提供增值产品或服务的回报。重要的不是利润多少，而是一种体制的创新，树立了以顾客为中心的经营理念，以市场为导向的创新动力，不少企业（例如武钢计控公司、太钢自动化公司、马钢自动化工程公司、重钢电子公司等）也陆续走上了这条道路。

（2）创新的重点应是管理精细化和信息化。钢铁企业计控工作的创新方向为定量化、高精度化、高灵敏度化、连续化、实时化和智能化。定量化的关键是对“计控的标准化”，即从感官和目视向定量和自动化发展。高精度化、高灵敏度化的主要内容是“计控的精细化”，即提高控制和检测精度。连续化、实时化的任务是“计控的时间和空间的精细化”，即从离线到在线，从抽样到连续，从点到线，从线到面。智能化的开发是“计控的适用化”，即识别、判断和控制的一体化，将以“网络生产”替代“平台生产”。

首钢的计控技术创新是将信息化作为实现企业创新和转型的有效手段，实现以财务管理为中心的全流程管理的优化升级，为生产、供应、销售、成本、质量、技术等各个方面的精细化管理和业务考核提供了科学依据。

在计控技术创新的同时，应对计控装置进行开发，不仅能够对过程和产品进行全面的和定量的检测和评价，而且能够把握过程参数和产品特性的因果关系，确定形成最佳质量的最佳过程，实现使产品增值和使过程优化控制和管理。

（3）创新的目标应是提高企业竞争力。自主创新能力是国家竞争力的核心，也是企业竞争力的核心。企业的核心竞争力就是具有自主知识产权的产品和技术。钢铁计控企业的创新会使企业有更多的获取技术的机会，在产品和技术创新过程中提高企业的竞争力。这种竞争力不仅表现在国内市场上，也应当表现在国际市场上。例如我国钢铁企业的称重技术，通过各企业的自主开发有了长足的进步，从单体或单点称重计控开始向自动化、网络化和智能化方向发展；但是在性能和价格上具有竞争力是衡量产品或技术创新的关键。如果我国的产品或技术能够在国内和国际市场上具有竞争力，就证明我们的创新是成功的。“不能出口，就必然进口”，这话有一定道理。衡量竞争力可以采用“benchmarking”（标杆管理）的方法，如果我们的计控产品或技术达到或超过霍尼韦尔、西门子或横河的话，我们的创新就见到了成效。

创新是一个过程，是综合性的和创造性的过程，是开发与应用统一的过程，是与生产和营销相结合的过程。创新不能只理解为技术进步，而是一种坚持动态平衡和永远发展变化的经济观。创新是以企业为主体，以市场为导向，产学研相结合，全面提高企业的自主创新能力。企业既是创新开发的主体，也是创新应用的主体。可以预期一个为建设创新型国家，走中国特色的自主创新活动将在我国蓬勃兴起。这将给企业的改革和发展提供了空前未有的机遇和挑战。作为企业组织和活动一部分的计控工作，同样也将面临如何转变经营理念，开展技术创新，在发展中创新和通过创新来推动转型升级。

加强“两化融合”，提高经营水平*

2015年1月5~6日在北京召开了两化融合管理体系评定专题培训会。会议要求企业提高对两化深度融合及管理体系贯标工作的认识；将贯标工作落实到反映提升企业核心竞争力、加快企业转型升级等定量指标上。其中，“深入推进两化融合管理体系贯标工作”作为主要任务体现在了《原材料工业两化深度融合推进计划》中。

2015年1月21日，工业和信息化部制定的《原材料工业两化深度融合推进计划（2015~2018年）》正式出台。“计划”提出了我国原材料工业为推进两化深度融合在2015~2018年的主要目标和任务。

一、“两化融合”基本概念

“两化融合”，即信息化和工业化融合，是指运用以电子计算机、互联网络等科技手段，与传统的生产、销售、管理方式相结合，改善工业化经济中所存在的问题，实现经济、资源和能源的合理利用。“两化融合”主要在技术、产品、业务、产业四个方面进行融合。技术融合是指工业技术与信息技术的融合，产生新的技术，推动技术创新。产品融合是指电子信息技术或产品渗透到产品中，增加产品的技术含量。业务融合是指信息技术应用到企业研发设计、生产制造、经营管理、市场营销等各个环节，推动企业业务创新和管理升级。产业融合是指两化融合可以催生出的新产业，形成一些新兴业态。也就是说，“两化融合”不仅是工业化和信息化技术的融合，也涉及管理体系优化的过程。

我国钢铁行业的“两化融合”基本上包括以下5个方面：

（1）信息技术与研究、开发和设计融合。使信息技术与计算机辅助设计（CAD）、计算机辅助工艺计划（CAPP）、计算机辅助制造（CAM）和计算机辅助工程（CAE）等信息技术融合，优化研究、开发和设计手段，提升产品研发创新能力，促进产品优化升级和更新换代。

（2）信息技术与生产和制造过程融合。使信息技术与制造执行系统

---

* 原载于《冶金标准化与质量》2015年第1期。

（MES）、计算机集成制造系统（CIMS）、计算机柔性制造（FMS）等技术融合，实现生产控制的智能化、网络化、精准化，促进工业精益化生产。

（3）信息技术与经营管理融合。使信息技术与企业资源计划（ERP）、财务管理（FM）、知识管理（KM）、人力资源管理（HR）等技术融合，实现企业管理中的信息流、物流、资金流的集成，提高企业综合效益和核心竞争力。

（4）信息技术与采购营销融合。使信息技术与供应链管理（SCM）融合，大力发展电子商务，拓展 B2B、B2C 等模式在工业企业的应用，推广在线交易、电子支付及物流的一体化集成，提高对市场的响应速度和服务水平，提升企业采购和营销效率。

（5）信息技术与节能减排的融合。使高耗能生产设备数字化和智能化，改造传统工艺和生产流程，提高能源综合利用、污染源（物）监控和清洁生产的水平。引导企业应用信息技术节能减排，提高企业经济效益，增强可持续发展能力。

企业两化融合在操作层面体现数据、技术、业务流程、组织结构四个基本要素互相创新和持续优化的过程。两化融合管理体系的基本框架具有管理职责、基础保证、实施过程和评测改进四个管理域。

二、钢铁行业发展现状

当前发达国家在市场竞争优势的环境下，启动“再工业化”战略、加快推进企业两化深度融合，网络化、数字化、智能化已成为企业发展制高点的关键的内部发展形势。近年来，随着信息技术的普及应用，我国大型钢铁集团企业基本上完成了信息化系统的建设，70% 以上的企业大力推广应用了产销及 MES 系统。

两化融合开始由单项应用向综合集成提升、整合创新阶段迈进。但也要看到，我国钢铁工业两化融合深度与国际先进水平相比还存在较大差距，信息化投资不足、公共服务平台缺失、政策标准建设滞后等问题仍比较突出。中国钢铁工业协会在 2011 年曾发布《中国钢铁行业企业信息化和工业化融合发展水平评估报告》，《报告》将两化融合划分为四个阶段：基础建设阶段、单项应用阶段、综合集成阶段和协同与创新阶段。

目前，钢铁企业“两化融合”的发展有三种模式：

（1）以全程自主开发为主的发展模式。宝钢、武钢等钢铁企业的两化融合属于全程自主开发为主的发展模式，使企业在满足两化融合发展深层次需求、实现全面的综合集成、适应企业需求变化、降低运营成本等方面，表现出强大的优势。其中宝钢的两化融合从现场逐步扩向市场，从制造管理扩向经营管理、并应用于集团化运作管理，并且也形成了制造过程管理、全局性跨地域、多基地经营管理、集团化管控等自下而上的多层次和多角度信息化，是全程自主开发为主的发展模式的典型。

（2）以套件为主、开发为辅的外包主导型模式。首钢、邯钢、济钢、太钢等企业选用成熟的ERP（企业资源计划）套件和MES（制造执行管理系统）软件来构建企业信息化系统。其中济钢是采用ERP由单一部门信息化向跨部门信息化方向发展，采用电子商务套件以物流为基础，物流、信息流、资金流和商务流四流合一，解决企业内外信息化问题。

（3）开发与套件并重的混合发展型模式。鞍钢、湘钢等企业的信息化发展采用开发与套件并重的混合发展型模式，这种模式既能充分考虑本企业的特点，又能充分利用套件在财务管理、设备管理、人力资源管理、项目管理等方面积累的成熟经验。其中鞍钢的信息化建设是在实施管理机构改革和业务流程再造的基础上，通过构建覆盖产品全制程的物流、工作流、资金流及信息流等高度集成的ERP系统，规范、完善企业管理规制，构造科学的管理体制和运行机制，实现管理创新和管理水平的提升。

三、存在问题和发展方向

我国钢铁企业两化融合促进了部分业务流程的创新和先进技术的应用。但是，有的企业的ERP系统并没有在企业全面领域展开，与“两化融合”的要求有较大的距离。在当前钢铁行业整体形势严峻的背景下，并受近几年大规模改造导致的资产负债较高的影响，部分钢铁企业经营艰难，资金紧张，一些规划项目不能及时完工，制约了战略目标的实现。信息化系统缺乏整体性，层级之间缺乏沟通，影响工作效率和系统功能。例如，销售系统的订单评审、合同签订、排产计划、价格审批、合同调整和异议处理等功能；物流系统的批次管理、发运管理、库存计划和单品库存等功能；采购系统中的供应商分级管理功能；财务系统中的多账簿管理和往来管理等功能；能源系统中的在线预测等功能和人力资源系统中的考勤管理功能等没有投用，制约了管理水平的提升。信息系统对部分业务的支撑力度不够，系统功能需要进一步完善。现有信息系统的功能还需要进一步扩展。例如，财务管理的预算编制与下达、物流管理的物流预报与调度、能源系统的能质监控、经营业务的价格管理、销售管理的顾客满意度调查、采购管理的进货时间控制等仍属于线下运行，系统还未实现相应的功能。现有信息化系统与业务要求还存在不适应。另外，基础管理还需要进一步细化，需要依托信息化手段进行管理变革，向更加精细化的方向再次跨越。部分钢铁企业两化融合总体上仍处于单项应用，应向综合集成发展，健全系统配置，沟通系统层级之间和模块之间的数据通讯，完善系统功能，提高大信息化应用能力和水平。钢铁企业应进一步完善信息化管理制度，优化业务流程和组织结构，并与技术进行匹配性调整，建立考核机制。同时，相关部门应围绕材料性能和质量控制、安全生产和节能减排、物料管理和产品流通、数字化研发和服务等，加快制修订一批数据采集、传输、交换及借口、信息安全、智能监测及监管等“两化融合”关键技术标准，实现物料、产品、设备编码和各种接口标准的统一，为推进企业两化融合过程的制度化与规范化、提高企业经营水平提供引导和支撑。

钢企要以质量经营适应新常态*

目前，全国钢铁行业步入了微利时代，许多钢铁企业处于微利甚至亏损的困境。2014 年，中国钢铁工业协会会员企业实现利润前 10 名的企业盈利额占全行业盈利额的 60%，其中有 7 家企业利润保持增长，而亏损前 10 名企业的亏损额占全部亏损额的 90%。盈利比较好的钢铁企业，不仅产品市场竞争力强，而且企业经营管理水平也比较高；而亏损企业不仅产品竞争力弱，经营管理水平也存在一些问题。今年上半年，我国大中型钢铁企业主营业务亏损 216.8 亿元，同比增亏 167.68 亿元；亏损企业 43 户，占统计会员企业数的 42.6%，亏损企业产量占会员企业产量的 36.8%；亏损企业亏损额达到 185.5 亿元，同比增长 98.5%。上半年，盈利前 10 名的企业盈利合计 165.9 亿元，同比增长 113.1%；亏损前 10 名的企业亏损合计 139.7 亿元，同比增长 152.3%。鉴于此，如何脱困已成为钢铁企业关注的要点，而加强企业的质量经营管理也是提升企业盈利能力的重要方向。

钢铁企业需重视质量经营在我国钢铁行业在推广武钢质量效益型经验过程中，曾经取得的重大成果。钢铁企业从主要重视质量控制（QC）向重视质量管理（QM）过渡。钢铁企业的质量管理主要是满足顾客对产品的质量要求。但是，为了扭转当前这种亏损形势，应重视质量经营的重要作用。质量经营不只重视产品质量，更要求提高经营质量。质量经营应该是针对当前钢铁行业困难形势所采取的管理创新、促进改革、扭转亏损和提高效益的组合拳。质量经营也是企业在以顾客为关注焦点的基础上，考虑到企业投资方、员工、供方等相关方的利益和社会责任，而推出的经营原则、方针、目标和方法，有助于钢铁企业改革创新和在新常态下进行转型升级，扭转亏损局面。质量经营是用质量去管理企业，用质量去经营企业，用质量去发展企业。也就是说，在全球市场竞争激烈的形势下，质量管理已经突破了产品和服务质量的范围，也超越了企业传统的管理范围，与企业的价值观、理念、战略、使命、顾客、市场和经营等密切融合，向质量经营发展。

怎样贯彻实施质量经营？针对我国钢铁行业的现有形势和局面，贯彻实施质量经营的核心应是：不仅以国内顾客的需求为中心，也应包括以国外顾客的需求

---

* 原载于《中国冶金报》2015 年 8 月 6 日。

为中心，积极接近关键顾客（包括“一带一路”），扩大领先产品的海外销售额，提高国外销售率和国际竞争力。质量经营要求重视与国内外顾客的相互交流，提供符合顾客要求的产品，包括提供机械加工和热处理的钢铁产品和服务。2014年，我国钢材出口量接近1亿吨，创历史新高，但出口销售率不到1/10，而国外有的钢铁企业在国际市场的销售率达到30%，接近1/3。质量经营非常重视产品的品牌战略。在市场竞争激烈的情况下，品牌是客户选择生产企业的重要因素，是生产企业有效经营的重要基础。例如，宝钢的汽车板、武钢的硅钢片、包钢和攀钢的重轨、莱钢和马钢的H型钢，均是我国名牌产品，不仅在国内，在国际市场上也具有一定的竞争力。据统计，宝钢汽车板实施品牌战略的第一年，品牌第一的提及率为73.02%，品牌认同度为94.18%，品牌影响力为81.55%，当年世界品牌实验室给宝钢品牌价值评估为597.38亿元。武钢是继宝钢之后获得驰名商标的又一家钢铁企业，世界品牌实验室给武钢品牌价值评估为101.72亿元。可见品牌不仅塑造了企业形象，而且提高了经济效益，品牌已经成为企业的重要发展战略。质量经营非常重视品牌战略，除产品和服务质量、成本和交付期等竞争外，品牌战略更强调经营理念、管理水平、信誉程度和社会责任。为了实现品牌战略目标，企业应提高产品实物质量，满足客户增值需求；坚持企业技术创新，提升产品竞争优势；重视关键技能传承，提高技术装备效能；严格质量经营，健全和提高质量保证体系管理水平。质量经营也要求降低产品生产成本。降低生产成本不仅是节约生产过程能耗，降低原料消耗和提高生产效率，更重要的是防止盲目投资和减少贷款。

某省一位领导在视察当地3家钢铁企业时，命令各企业要发展1000万吨产量，还命令银行贷款给予资金支持，结果现在银行收贷导致企业已经无法自行运转了。质量经营的内涵是依靠市场需求确定生产规模，而不是按政府官员的命令扩大规模。另外，为了降低成本和提高效益，也应降低采购成本，在选择供方前，应当对供方进行评价。为了建立互利共赢的关系，企业应首先评价和选择关键的供方。在评价和选择供方时应制订比较完整和规范的准则，包括经营理念、质量管理、核心技术、装备水平、产品价格、售后服务、财务状况、行业信誉等。另外，通过降低故障成本和提高预防与鉴定成本，达到最佳的质量状态，应是质量成本控制的关键。质量经营还非常重视相关方要求和社会责任。因此，节能减排、打造绿色钢铁，应是钢铁企业质量经营的重要任务之一。绿色钢铁，不仅仅是节能减排，同时也包含再资源化、再能源化和清洁生产。节能可以降低生产成本，减排不仅有利于环境保护，也可以将排放的废弃物进行资源再利用。例如，将排放的气体用于发电，将酸洗液中的元素回收利用，将炉渣再回收综合利用。国外有的钢铁企业把废气、废水和废渣作为资源全部回收利用，不仅有利于工业生态园的建立，也有助于企业经营效益的提升。打造绿色钢铁，不仅应当成为钢铁企业的经营理念，更应当成为质量经营的目标。质量经营也要求信息准确和灵通，并做到及时传递与沟通。国外有的企业把 OA 和 ERP 整合，国内有的企业将 CRM 与 ERP 整合。通过把合同数量变化、应收应付资金、交付期的准时率、产品产销率、销售利润率、顾客满意率、高端用户使用率、设备完好率和运转率等信息进行统计分析，形成企业生产经营的完整信息。目前，我国有些钢铁企业已建立两化融合管理系统，但是多数局限于企业内部，缺乏与顾客、供应商、分销商集成和协同的企业间供应链系统。业务运行系统多，决策支持系统少，普通信息系统多，战略信息系统少。质量经营也要求信息化与工业化融合，将与质量经营有关的信息系统化和数字化，成为发展方式转变和战略经营决策的依据。“两化融合”应是质量经营的重要内容之一。

新常态下钢企如何提高质量效益*

在新常态下，钢铁企业需从产能过剩状态向提高质量效益状态发展。为了提高质量效益，贯彻实施标准化质量管理体系是重要的措施之一。目前，国际标准化质量管理体系的内容有所修改，特别要求企业理解当前所处的背景，关注风险和机会，向质量有效经营发展。标准化质量管理体系的重点要求包括以下几个方面。

一、正确理解质量管理原则

质量管理原则包括以顾客为关注焦点、领导作用、全员积极参与、过程方法、改进、循证决策和关系管理。

以顾客为关注焦点是质量管理的重要原则，也就是说企业必须依存于顾客。顾客关系管理（CRM）系统就是以顾客为关注焦点，为顾客服务，满足顾客需求。

领导作用主要强调最高管理者的领导和承诺，对质量管理体系的有效性具有重要责任。最高管理者根据企业的背景、条件和发展方向，为本企业制定质量方针和目标，提高经营质量和效益。

全员积极参与主要是发挥员工的积极性和创造性，提高企业整体素质，体现“以人为本”的思想，让员工为企业质量管理做出贡献。

过程方法是将质量管理看成过程系统，是过程概念和 PDCA 循环的结合产物，包括策划、实施、检查和改进，反映质量管理科学发展的成果和质量管理实践的经验。

改进是企业永恒的目标。坚持改进能够使质量管理从追求符合性发展到追求最佳化，从单纯管理发展到创新管理。在新常态下坚持改进，反映了当代质量管理的理论和实践发展动向。

循证决策是依循证据正确决策，可防止决策失误。对数据和信息的逻辑分析或直觉判断是有效决策的基础，质量管理信息系统等证据是过程控制和质量管理的重要工具。

---

* 原载于《中国冶金报》2016 年 2 月 16 日。

关系管理是指所有相关方（顾客、供方和员工等）关系的管理，因为相关方对企业的绩效具有重要影响，所以企业应强调与所有相关方的关系管理，并充分发挥其在新常态下的作用。

二、加强风险管理

质量管理体系提出，基于风险的思维对实现有效的质量管理是必要的。目前，我国钢铁企业面临的风险是高产量和低效益，也就是说产能过剩和供需矛盾。企业需要制定和采取措施，处理各种风险问题，包括避免风险、承担风险以追求机会、消除风险源、改变可能性或者后果。当前，全球经济一体化逐步深入，市场竞争更加激烈，我国钢铁企业在经营和管理过程中面临着很大的风险，因此，风险管理越来越重要。新常态对钢铁企业来说既是挑战，也是机遇。钢铁企业不应盲目扩大产能，而应加快结构调整、转型升级、创新驱动和扩大营销范围，提高企业的质量管理和经营水平。

质量管理体系也要求树立关注风险和机会的思维，认为企业处理风险问题可以提高质量管理体系的有效性。我国是钢铁生产大国，但是在产能过剩和品种结构问题上仍然存在一些风险。与其他行业相比，钢铁行业转变发展方式尤为重要。目前，世界经济复苏缓慢，国内经济发展也继续承受下行压力，国内钢材市场供大于求矛盾凸显，价格竞争日趋激烈。近年来，钢铁产品质量的升级与生产设备（硬件）的更新有很大关系，而相比之下，质量管理（软件）比较薄弱，颇有“硬件不软，软件不硬”的形势。

为了实现可持续发展，淘汰落后产能、优化品种结构和实施节能减排已成为钢铁企业应对风险的主要发展方向。

三、扩大顾客范围

质量管理是用质量去管理企业，用质量去创新企业，用质量去经营企业，用质量去发展企业。针对当前我国钢铁行业的形势和局面，钢铁企业不仅要以国内顾客的需求为中心，也要以国外顾客的需求为中心，积极接近关键顾客（包括“一带一路”），提高领先产品的海外销售额，增强国际竞争力。2015 年，我国钢材出口量超过 1 亿吨，创历史新高，但出口销售率在 1/10 左右，而国外一些钢铁企业在国际市场的销售率达到 30%，接近 1/3。

为了扩大顾客范围，钢铁企业应重视产品设计开发和创新，例如，宝钢的超超临界火电机组钢管、鞍钢的核反应堆用钢、武钢的无取向硅钢、太钢的精密薄带钢等，都是产品设计开发和创新的实例。为了扩大顾客范围，企业应坚持技术创新，提升产品竞争优势，严格质量管理，提高质量管理体系的管理水平。

四、创新技术与经营

当前，钢铁行业的发展也步入新常态，必须重视技术与经营创新，由原来的依靠数量扩张和价格竞争向依靠高质量、差异化竞争转变。钢铁企业应对未来市场做出判断，甚至做到“前期介入”，为企业技术创新找到切入点，开发新产品，开拓新市场，从跟踪性创新向原始性创新发展。

目前，顾客和市场对产品质量的要求越来越高，钢铁企业应向高端技术和经营创新发展。例如，宝钢的汽车板、武钢的硅钢片、鞍钢的中厚板、包钢和攀钢的重轨、莱钢和马钢的H型钢，均是我国技术与经营创新的产品，不仅在国内，在国际市场上也具有一定的竞争力。宝钢汽车板实施品牌战略的第一年，品牌第一的提及率为73.02%，品牌认同度为94.18%，品牌影响力为81.55%，当年世界品牌实验室给宝钢品牌价值评估为597.38亿元，可见技术与经营创新是企业的重要发展战略。

五、充分利用机会

机会是有利于实现预期结果的形势。例如，市场是由顾客组成的，但不同的顾客对钢铁产品的要求不同，钢铁企业应针对不同的顾客要求，开发设计和生产供应不同的产品，以吸引更多客户。企业在利用机会的同时，也要对相关风险进行考虑，风险是不确定性的影响。

“十三五”期间，为了充分利用机会，钢铁企业应贯彻实施质量管理体系的要求，提高产品和服务质量。提高产品和服务质量主要包括两个方面：一是采取一些必要措施促进技术创新，在一定程度上提高产品质量，尤其是提高产品质量的稳定性和有效性；二是根据企业的发展战略和目标，促进产品创新，提高产品附加值和效益。

六、整合管理体系

质量管理体系在提到与其他管理体系的关系时，表示采用由ISO（国标标准化组织）开发的框架，以提高管理体系国际标准之间的一致性。无论是大型企业或小型企业，无论是国营企业或民营企业，都应根据其需要和特点建立一体化的管理体系。

建立一体化管理体系实际上是企业对质量管理、环境管理、职业健康安全管理、能源管理和两化融合管理进行整合，从而提高产品质量、改善环境、保证安全、节约能源和实现两化融合。目前，有些钢铁企业正在或已经进行了3个（或更多）管理体系的认证，取得了一定的成效。但是，管理体系的整合不应只是文件信息的一体化，而应是整个管理体系的一体化。企业在完成质量管理体系认证后，应积极对环境、职业健康安全、能源和两化融合管理体系进行整合，形成一体化的管理体系。

附件1 作者在《中国冶金报》上发表的部分文章目录

序号	标 题	日 期	期 号
1	钢铁工业计算机应用的新发展	1986年8月8日	第1242期
2	坚持改革促进技术进步	1987年1月13日	第1289期
3	开发相关技术，发展涂层钢板	1988年6月4日	第1503期
4	加速成果转化，推进技术进步	1988年8月6日	第1530期
5	充分重视新兴技术的开发	1989年4月1日	第1630期
6	认真贯彻《标准化法》	1989年4月13日	第1635期
7	钢铁标准与质量40年	1989年10月21日	第1717期
8	贯彻冶金工作会议精神，开创冶金标准化新局面	1990年2月6日	第1760期
9	学武钢要学到点子上	1990年3月20日	第1778期
10	统一思想，提高认识，依法清理整顿现行标准	1990年6月21日	第1818期
11	加强企业升级中的质量考核	1990年9月1日	第1849期
12	计量工作应向计控一体化方向发展	1990年12月15日	第1894期
13	加快从引进到创新的步伐	1991年1月19日	第1909期
14	我对“大科技”的理解	1991年4月20日	第1946期
15	钢铁工业仍然是国民经济的支柱产业	1991年6月8日	第1967期
16	钢铁工业的技术进步与动向	1991年6月11日	第1968期
17	用好两种资金	1991年6月13日	第1969期
18	正确处理集中和分散的关系	1991年6月15日	第1970期
19	意大利钢铁工业的技术改造	1991年6月18日	第1971期
20	提高质量和缩短工序	1991年6月20日	第1972期
21	钢铁企业的多元化经营	1991年6月22日	第1973期
22	开发中的薄板坯连铸技术	1991年6月25日	第1974期
23	值得学习的群体质量意识	1991年6月27日	第1975期
24	几个机械制造厂见闻	1991年6月29日	第1976期
25	环境保护与质量管理	1992年5月19日	第2113期
26	更新观念转变职能 改革质量管理工作	1992年7月28日	第2143期

续表

序号	标　　题	日　期	期　号
27	关贸总协定和技术壁垒	1992年11月24日	第2194期
28	对当前冶金行业质量工作的思考	1993年7月25日	第2328期
29	日本钢铁工业质量体系的审查登记制度	1993年9月28日	第2365期
30	竞争激烈的日本小钢厂	1994年1月22日	第2431期
31	《质量管理和质量保证》系列谈	1994年11月5日	第2592期
32	注意发挥用户评价质量的深层次作用	1994年11月8日	第2594期
33	《质量管理和质量保证》系列谈	1994年11月19日	第2600期
34	《质量管理和质量保证》系列谈	1994年11月26日	第2604期
35	《质量管理和质量保证》系列谈	1994年12月3日	第2608期
36	《质量管理和质量保证》系列谈	1994年12月10日	第2612期
37	《质量管理和质量保证》系列谈	1994年12月17日	第2616期
38	《质量管理和质量保证》系列谈	1994年12月24日	第2620期
39	《质量管理和质量保证》系列谈	1995年1月7日	第2628期
40	《质量管理和质量保证》系列谈	1995年1月14日	第2632期
41	武钢质量体系认证的启发	1995年4月13日	第2680期
42	正确认识质量体系认证有关问题	1995年9月16日	第2769期
43	质量监督检验机构的现状与出路	1996年1月20日	第2840期
44	ISO 9000要求企业做什么？	1996年1月27日	第2844期
45	从武钢硅钢技术创新想到的	1996年3月7日	第2864期
46	ISO 9000要求企业领导做什么？	1996年5月11日	第2901期
47	冶金企业贯标工作中的十方面问题	1996年9月7日	第2969期
48	应重视质量管理对降成本的作用	1996年12月7日	第3020期
49	警惕：不要走入误区	1996年12月12日	第3023期
50	开展技术创新研究　确定企业发展战略	1996年12月28日	第3032期
51	以系统结构优化质量全面提高	1997年2月4日	第3054期
52	马钢加大车轮轮箍开发力度	1997年7月1日	第3135期
53	2000年以后的ISO 9000标准	1998年9月24日	第3388期
54	ISO 9000认证的符合性和有效性	1998年11月5日	第3411期
55	在钢铁工业结构调整中充分发挥行业调控作用	1999年1月7日	第3446期
56	柳钢招标采购成效显著	1999年5月23日	第3518期
57	ISO 9000标准为什么要修订？	2000年6月16日	第3725期

续表

序号	标　　题	日　期	期　号
58	2000 版 ISO 9000 标准何时可采用	2000 年 6 月 23 日	第 3729 期
59	2000 版 ISO 9001 标准有何特点	2000 年 6 月 30 日	第 3733 期
60	八项质量管理原则	2000 年 7 月 7 日	第 3737 期
61	什么叫过程方法?	2000 年 7 月 14 日	第 3741 期
62	管理的系统方法	2000 年 7 月 26 日	第 3748 期
63	第七讲　新标准强调　最高管理者的作用	2000 年 8 月 2 日	第 3752 期
64	第八讲　新标准强调　持续改进	2000 年 8 月 8 日	第 3755 期
65	ISO 9001：2000 的新要求	2000 年 8 月 23 日	第 3764 期
66	今年完成认证的企业怎么办	2000 年 9 月 6 日	第 3772 期
67	你准备好了吗?	2001 年 3 月 13 日	第 3872 期
68	投身开放的国际竞争	2001 年 9 月 7 日	第 3971 期
69	加入 WTO 与质量认证	2001 年 11 月 13 日	第 4006 期
70	钢铁与辅料应互利双赢	2002 年 1 月 24 日	第 4049 期
71	质量和环境应“双管齐下”	2002 年 2 月 13 日	第 4063 期
72	提高 ISO 9000 标准运行的有效性	2002 年 9 月 5 日	第 4201 期
73	积极稳妥地推进管理体系整合	2003 年 3 月 27 日	第 4337 期
74	供需双赢　共同发展	2003 年 4 月 3 日	第 4342 期
75	关键是改革创新	2003 年 7 月 3 日	第 4403 期
76	质量管理基本原则——关注顾客	2003 年 9 月 5 日	第 4449 期
77	不应怀疑 ISO 9000 基本原则	2003 年 10 月 30 日	第 4484 期
78	不能忽视潜在的质量危机	2004 年 1 月 1 日	第 4529 期
79	设备更新了，管理要跟上	2004 年 2 月 12 日	第 4544 期
80	让“动脉”与“静脉”闭路循环	2004 年 8 月 21 日	第 4623 期
81	ERP 与 ISO 9001 的关系	2005 年 2 月 24 日	第 4697 期
82	用安全教育提高安全意识	2006 年 3 月 7 日	第 4849 期
83	提高质量管理体系的有效性	2006 年 11 月 16 日	第 4952 期
84	别忘了建立安全管理体系	2007 年 7 月 19 日	第 5051 期
85	质量，一个永恒的主题	2007 年 9 月 29 日	第 5082 期
86	五大质量问题影响“钢铁强国”进程	2007 年 11 月 6 日	第 5095 期
87	质量保证不可忽视设计和开发	2008 年 9 月 4 日	第 5219 期
88	建立能源管理体系，规范企业节能减排	2009 年 2 月 3 日	第 5277 期

续表

序号	标　题	日　期	期　号
89	创新质量管理，打造钢铁强国	2009年9月17日	第5373期
90	可视化管理须向全面管理扩展	2009年12月1日	第5402期
91	品牌之路，中国钢铁怎么走?	2009年12月29日	第5414期
92	质量经营，钢企“转方式”的又一抓手	2010年8月12日	第90期
93	用户在我心中　以CS驱动经营	2010年9月16日	第105期
94	安全生产必须“软硬兼施”	2010年12月2日	第135期
95	适应钢铁工业的结构性转变要求——“十二五”质量创新应突出五大转变	2011年2月10日	
96	创新质量经营　建设钢铁强国	2011年9月8日	
97	从“海恩法则”看安全事故预防	2012年4月17日	
98	多措并举实现钢铁企业安全生产	2012年4月19日	
99	从新标准看安全管理改进方向	2012年4月23日	
100	转方式要重视“绿色”也不要忽视“红色”	2012年4月27日	
101	转变经营理念，推动转型升级	2012年5月15日	
102	钢企要以质量经营适应新常态	2015年8月6日	
103	新常态下钢企如何提高质量效益?	2016年2月16日	

附件2 作者在《冶金标准化与质量》上发表的文章目录

序号	标　　题	日　期
1	坚持改革，加强管理开拓冶金标准样品事业的新局面	1994年1月
2	日本工业标准与政府管理职能	1994年2月
3	ISO 9000系列标准培训与考察报告	1995年7月
4	ISO 9000系列标准第二版（1994年版本）修改的若干问题（一）	1995年9月
5	ISO 9000系列标准第二版（1994年版本）修改的若干问题（二）	1995年10月
6	访日归来话质量	1996年1月
7	粉末冶金工业和ISO 9000系列标准	1996年4月
8	对质量监督检验机构的几点分析	1996年第2~3期
9	正确处理质量体系认证中的若干问题	1996年4月
10	ISO 9000与QC小组活动	1996年6月
11	市场经济体制下的标准化和质量管理工作	1996年9月
12	通过系统结构优化促进钢铁质量振兴——对制定和实施《冶金工业质量振兴实施计划》的几点意见	1997年3月
13	对质量体系认证中若干问题的理解	1997年4月
14	对质量体系认证中若干问题的理解（续完）	1997年5月
15	由α引起的思考——用技术质量创新思想来改革质量标准工作	1997年6月
16	参加亚太全面质量管理会议印象记	1997年12月
17	带料加工的坯料是顾客提供的产品吗?	1998年3月
18	2000年版的ISO 9000标准修订动态	1999年4月
19	如何理解质量管理原则——学习ISO/DIS 9000：2000的体会之一	2000年4月
20	充分理解实施过程广泛和管理系统方法及新增加的要求——学习ISO/DIS 9000：2000的体会之二	2000年5月
21	对ISO/DIS 9000：2000术语的理解	2000年6月
22	用过程方法策划质量管理体系	2001年5月
23	监视和测量在质量管理体系中的作用	2001年6月
24	按ISO 14000标准建立环境管理体系	2002年2月

续表

序号	标　　题	日　期
25	持续改进与 QC 小组活动	2002 年 2 月
26	对“三同时”评价什么?	2004 年 2 月
27	钢铁工业主要危险源及其控制措施	2004 年 2 月
28	钢铁工业环境因素及其控制措施	2004 年 2 月
29	新版 ISO 14001 将有哪些变化?	2004 年 3 月
30	影响钢铁工业主要环境因素及其控制措施	2004 年 3 月
31	对质量、环境和职业健康安全管理体系整合的认识	2005 年 2 月
32	如何处理 ISO 9001 与 ERP 的关系	2005 年 3 月
33	ISO 9000 + α——审核过程的增值服务	2005 年 5 月
34	环境和职业健康安全管理体系中的管理方案和运行控制的关系	2006 年 1 月
35	再谈标准 + α	2006 年 2 月
36	日本特殊钢企业的节能减排	2007 年 5 月
37	质量管理的未来——系统创新	2007 年 1 月
38	创新计量技术　打造钢铁强国	2009 年 6 月
39	2008 版 ISO 9001 中 7. 6 的变化与理解	2009 年 4 月
40	产品的监视和测量是质量保证的原点	2010 年 2 月
41	“顾客满意”的监视和测量是企业经营的“晴雨表”	2010 年 4 月
42	质量经营是转变发展方式的重要管理模式之一	2010 年 5 月
43	用过程方法策划质量管理体系	2001 年 5 月
44	监视和测量在质量管理体系中的作用	2001 年 6 月
45	影响钢铁工业主要环境因素及其控制措施	2004 年 3 月
46	探讨质量创新的重点	2011 年 1 月
47	加强“两化融合”，提高经营水平	2015 年 1 月

附件3　作者曾经编著的图书书目

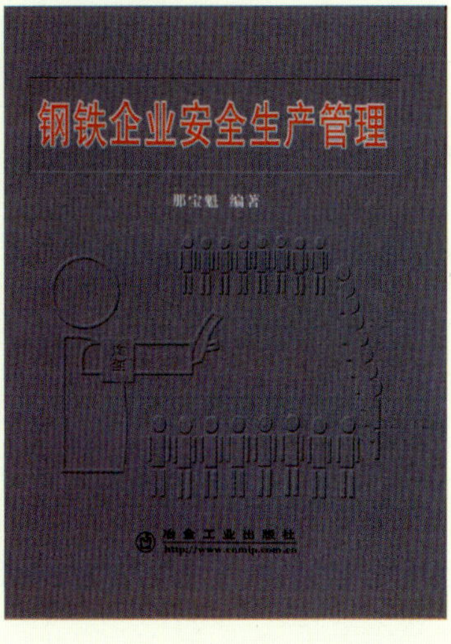

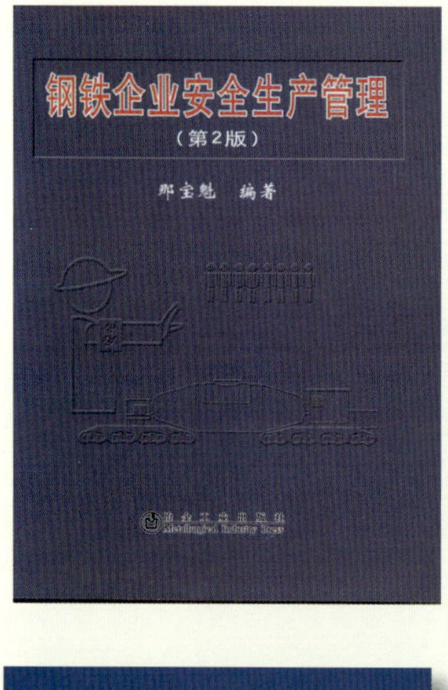
钢铁企业安全生产管理
（第2版）
邢宝魁 编著

钢铁企业标准化
管理体系
GANGTIE QIYE BIAOZHUNHUA GUANLI TIXI
邢宝魁 编著

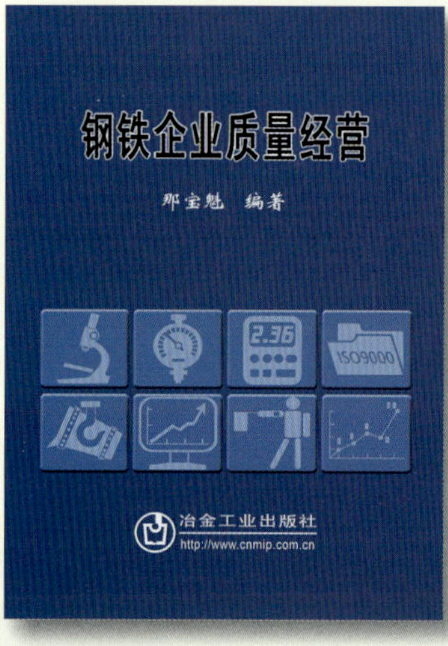
钢铁企业质量经营
邢宝魁 编著
2.36
ISO9000
冶金工业出版社
http://www.cnmip.com.cn

解读质量经营
JIEDU ZHILIANG JINGYING
邢宝魁 编著
冶金工业出版社
Metallurgical Industry Press

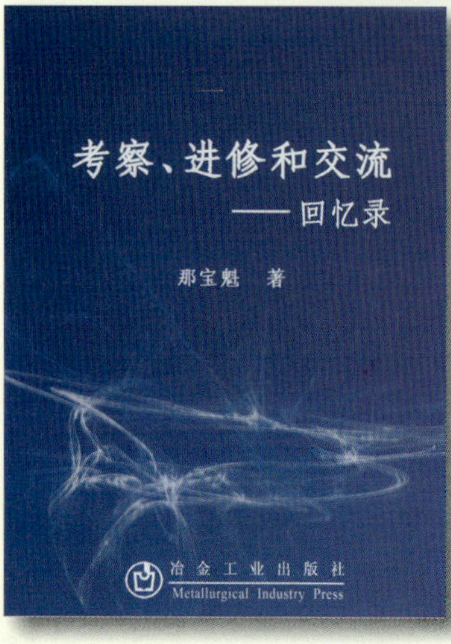
考察、进修和交流
——回忆录
邢宝魁 著
冶金工业出版社
Metallurgical Industry Press

晚年回忆往事
邢宝魁 著
冶金工业出版社
Metallurgical Industry Press

我对日本的印象
邢宝魁 著